올림픽 퀴즈

OLYMPICS QUIZ

빈칸을 채워 보세요!

보통은 올림픽 성화를 붙이기에 앞서서 비둘기를 날리던 시절이 있었다. 하지만 ______ 올림픽에서 많은 비둘기가 성화대 테두리에 앉았다가 성화가 점화 되었을 때 그만 불에 타버린 사건이 일어났다. 이제 비둘기는 성화를 붙인 후에 날린다. _15쪽

1984년 로스앤젤레스 올림픽에서 뉴질랜드의 양궁 선수 네롤리 페어홀은 하반신 마비 장애인으로는 올림픽 ______ 시합에 최초로 출전했다. _32쪽

육상이라는 활동의 기원을 살피는 것은 무의미한 일이나 마찬가지이다. 이를테면 ______는 올림픽 종목인데, 현재 인류의 조상은 400만 년 전부터 이걸 했다고 알려져 있다. 창던지기 얘기를 해보자면, 심지어 야생 침팬지도 작살을 쓴다고 한다. _37쪽

인간이 얼마나 빨리 달릴 수 있는지를 궁극적으로 드러내는 행위가 직선 코스에서 내달리는 것이다. 국제 ______ 코스는 출발선에서 결승선까지 길이 2센티미터까지는 벗어나도 되고, 높낮이는 10센티까지 차이가 나도 된다. 측량사와 건설업자는 덕분에 미치지 않아도 된다. _46쪽

한 가지는 분명하다. 오로지 바보만이 남자 1만 미터 경기에서 ______ 아프리카계가 아닌 선수에게, 혹은 100미터에서 백인에게 내기를 걸 것이라는 점이다. _48쪽

참으로 안타깝게도 ______는 1912년 올림픽 종목에서 빠졌다. 그리하여 '인간 개구리' 레이 어리 같은 기인을 우리에게서 앗아갔다. 그는 1900년부터 1908년까지 올림픽 3회 연속 ______ 금메달을 싹쓸이한 선수였다. 역설적이게도 그의 성공은 어린 시절에 앓은 소아마비가 결정적인 역할을 했다. 어린 어리는 휠체어에서 벗어나려고 운동을 하면서 다리를 어찌나 강하게 키웠는지, 뒤로 뛰어도 2미터 70센티미터 이상은 날아 갈 정도였다. _56쪽

그리스 팬들에게는 스피리돈 루이스가 마라톤에서 우승한 것이 결정적이었다. 기쁨에 젖은 7만 명가량의 그리스 구경꾼들이 그리스 왕자 2명과 마지막 바퀴를 돌던 24살짜리 ______ 배달꾼에게 환호를 보냈다. _64쪽

바로셀로나에서는 더없이 감동적인 일화가 있었다. 일은 남자 300미터 준결승전인 150미터 무렵에 시작되었다. 우승 후보였던 영국의 [redacted] 가 오른쪽 햄스트링 파열을 느낀 순간 그라운드에 무릎을 꿇고 무너졌다. 그의 아버지 짐이 관중석에서 달려 내려와 아파서 절뚝거리는 아들의 어깨에 팔을 두르고 말했다. "우린 네 선수생활을 함께 시작했다. 이 경기도 함께 마칠 거야." 둘이 절뚝거리며 결승선으로 가는 동안에 6만 5000관중이 기립박수를 보냈다. _75쪽

뭐니 뭐니 해도 가장 장관을 연출하는 득점은 [redacted] 이다. (···) 이런 플레이는 네이스미스가 고안한 농구라는 경기의 일부는 아니었고, 미국 대학 농구는 10년간 이 플레이를 금지했다. 하지만 이 [redacted] 은 현대 스포츠의 주요 상품이 되었고, 특히 금지되었을 적에 더욱 그랬다. _98쪽

시합 후 기자회견에서 소련의 한 저널리스트가 난감한 질문을 던졌다. 흑인으로서 제 나라에 출입이 금지된 곳이 많은데 이 사실을 어떻게 느끼는가? [redacted] 는 자질 있는 사람들이 그 문제를 해결하려 노력하는 중이라면서 굳세게 미국을 옹호했다. 하지만 켄터키 주 루이빌로 돌아와서, 그 공산주의자 글쟁이 말에 일리가 있음을 인식하지 않을 수 없었다. "당신 내가 누군지 알아?"라는 수법에도 싸구려 햄버거 음식점에서 음식 대접을 거절당했고, 친구와 함께 인디언 보호구역 경계지에 있는 제퍼슨 카운티 브리지까지 오토바이 족들에게 쫓겼다. 뒤따른 싸움에서 인종주의자들은 재미를 못 보았지만, [redacted] 는 [redacted] 대로 올림픽 승리가 공허한 장식에 지나지 않는다고 느꼈다. 그는 혐오감에 금메달을 오하이오 강에 거칠게 던져버렸다. _115쪽

카누와 [redacted] 의 차이점을 머릿속에 집어넣으라. 올림픽에서 노 젓는 경주가 무엇인지 이해할 수 있을 뿐만 아니라, 두 종목 선수 모두에게 사랑받는 존재가 될 것이다. 카누와 [redacted] 선수들을 둘을 헛갈려하고 뒤바꾸어 말하는 사람들에게 진저리를 낸다. 카누는 노깃이 한쪽에만 달린 노를 사람이 한 무릎을 갑판 바닥에 꿇고 저어 나아간다. [redacted] 은 노깃이 양쪽에 달려 있고 자리에 앉아서 젓는다. _124쪽

대부분의 다른 스포츠들과 마찬가지로 [redacted] 도 올림픽 초창기 시절에 좀 별나고 '신사적인' 사건들이 있었다. 1896년 아테네에서 언제 끝날까 싶은 300킬로미터 트랙 경주에서 금메달을 딴 프랑스의 레옹 플라멩은 중간에 레이스를 멈추고 장비 결함 문제를 겪고 있던 상대 그리스 선수를 기다려주었다. _140쪽

[redacted] 은 과거에는 사람을 죽이기도 하는 경기였고, 여전히 위험한 스포츠이다. 1980년에 한 러시아 선수는 가슴을 칼에 베이는 상처를 입었다. 1982년 세계선수권대회에서 블라디미르 스미르노프는 플뢰레 검이 마스크를 찢고 눈을 찌르는 바람에 사망했다. 3년 후 같은 대회에서 프랑스 선수는 허벅지에 칼이 꽂혔고, 관중석에 있던 한 스페인 의사가 그를 구해주었다. _171쪽

[redacted] 는 몬트리올 올림픽 전에도 만점을 받은 적이 있었다. 그럼에도 1976년 7월 18일에 올림픽 스코어보드에 마침내 10점이(아니면 1.00점이거나) 등록되던 때 전혀 예상치 못했던 경이로운 일이 이 일어났다. 스코어보드에는 1.00점이 찍혔다. 스코어보드를 만든 사람들이 만점의 가능성을 염두해 두지 않았던 까닭이었다. _205쪽

〈우리 생애 최고의 순간〉도 비슷하게 실화에 바탕을 둔다. 이 영화는 평소에는 [redacted] 에 그다지 관심이 없던 한국 전체가 한 올림픽 스포츠에 사로잡혔던 길지 않은 순간을 기념한다. _210쪽

많은 스포츠가 텔레비전보다는 실제로 보는 것이 나은데, [redacted] 은 특히 더 그렇다. 하루가 지나가는 동안 격렬한 긴장감이 쌓이고, 그 드라마를 실제로 보지 않고서는 도저히 느낄 수 없는 경기 마지막 순간의 윙윙거림이 조성된다. (…) 이 스포츠는 누적해서 생각하는 법을 배워야 한다. _244쪽

2004년 올림픽 사격은 최초의 중신을 섰다. 10미터 공기소총에서 동메달을 딴 카테리나 쿠르코바와 미국인 사격수 매슈 에먼스 사이에 로맨틱한 감정이 싹튼 것이다. 에먼스는 이 올림픽에서 아주 애석한 사연의 주인공이 된 터였다. 남자 50미터 소총 3자세에서 선두 자리를 지키던 그는 마지막 발을 불스아이에 명중 시켰다. 하지만 사격 레인을 넘어 상대 선수의 표적에 맞힌 것이었다. 에먼스는 [redacted] 점을 받았고, 메달을 잃었다. _281쪽

조니 위에스뮬러는 1924년과 1928년 수영 금메달리스트로, 1932년에 [redacted] 을 연기하고 1948년까지 계속 [redacted] 역할을 맡았다. 그가 연기한 [redacted] 은 다이빙을 보여주었을 뿐만 아니라, 저 유명한 "아아아아아~" 포효 소리도 발명해서 독특한 개성을 부여했다. _297쪽

손발이 오글거리는 느끼한 미학과 주관적 채점에 의존한다는 점에 조롱이 쏟아지는 종목이기는 하지만, 둘 다 [redacted] 을 들여다보지 말아야 할 이유는 되지 못한다. [redacted] 은 무자비하게 지난한 경쟁을 벌이는 종목이며, 어마어마한 힘과 민첩함, 완벽한 타이밍과 거대한 허파가 필요한 운동이다. _304쪽

[redacted] 는 세계에서 가장 인기 있는 무술 가운데 하나이며, 가장 빨리 성장하고 있는 무술이다. 생긴 지가 60년이 채 되지 않는데도 600만 명 정도로 추산되는 사람들이 이미 [redacted] 를 하고 있다. 미국의 영화배우인 척노리스와 〈뱀파이어 해결사〉의 주인공 사라 미셸 갤로도 여기에 포함된다. 둘 다 검은 띠를 찼다. _326쪽

한국 선수들은 베이징에서는 전체 금메달 중에 절반을 쓸어 담아 명예를 회복했지만, 가장 큰 화제를 몰고 온 선수는 쿠바의 [redacted] 였다. 시드니 올림픽에서 미들급 챔피언이었던 그가 시간제한을 넘어서 실격을 당한 후 심판의 얼굴에 발차기를 날린 것이다. _335쪽

[redacted] 의 득점 시스템은 누가 만들었는지 몰라도, 천재이자 미치광이가 만들었음에 분명하다. 룰에 이렇다 할 논리가 없는 것 같으면서도, 시합이 긴장감을 유지하고 균형을 똑바로 유지하는 방식으로 고안되어 있다. _340쪽

[redacted] 은 늘어나는 뱃살의 고삐를 쥐려고 3년 전부터 조깅을 했던 38세 남자 잭 존스턴의 머리에서 나왔다. 열성적이지만 별 볼일 없는 러너였던 그는 도로 경주에서 번번이 꼴찌를 하는 데 취미를 붙였다. 하지만 어렸을 적에는 수영을 뛰어나게 잘했다. 존스턴을 데이비드 페인의 생일맞이 바이애스론이라는 행사 얘기를 들었을 적에 "나를 위한 경기가 될지 몰라"라고 생각했다. 약 7킬로미터를 달린 다음, 400미터가량 수영을 하는 경기였다. _347쪽

배구는 실내 배구와 [redacted] 로 나뉜다. 한 팀이 6명이던 실내 판은 배불뚝이 매사추세츠주 그리스교도 사업가들을 위한 건전한 스포츠 오락으로 시작되었다. 그리고 최근까지도 영예로운 아마추어리즘을 만끽했다. 이와는 대조적으로 [redacted] 은 향락적이고 현란하고 아크로바틱한 변종 배구로, 하와이와 캘리포니아의 해변에서 태어났다. _354쪽

올림픽 역사상 가장 심각한 주먹다짐이 1956년 [redacted] 와 소련 사이에 벌어진 준결승점에서 터졌다. 하지만 이 사건에 견줄 만한 사건이 없는 것도 아니다. 2000년 올림픽에서 러시아와 [redacted] 사이의 쓰라린 재대전이 벌어졌고, 뒤늦게 올림픽 데뷔한 여자 수구도 수영복 벗기기, 주먹질 하기 등 온갖 구경거리를 제공하면서 남자들만 난투극의 전매특허를 낸 것만은 아님을 보여주었다. _370쪽

패션에 관심이 있는 사람들에게도 재미가 있다. 2010년 아시안게임에서 [redacted] 의 남자 선수들은 품위 없는 수영복으로 [redacted] 정부에 한바탕 야단을 맞았다. 팀 스스로 디자인한 수영복은 [redacted] 국기처럼 빨간색 바탕에 하얀색 별 다섯 개, 하얀색 초승달이 그려져 있었다. 의도적이었든 아니었든 간에 초승달은 선수들의 사타구니 쪽을 곧장 향하고 있었다. _372쪽

일부 [redacted] 선수들은 경기대에 올라가면서 매우 유별난 행동을 보인다. 멕시코 올림픽 밴텀급에서 금메달을 딴 이란 선수 쿠르드 모하마드 나시리는 30초는 기도하는 데 쓰고, 바를 집으며 "야 알리!"라고 외쳤다. 1984년 올림픽 밴텀급에서 4위를 차지했던 일본의 이치바 다카시는 경기를 하러 나올 때마다 뒤로 공중제비를 한 번 넘었다. _380쪽

1984년 로스앤젤레스에서 권투 헤비급의 새로운 챔피언이 된 유고슬라비아의 안톤 요시포비치가 동메달리스트인 에반더 홀리필드를 자기 연단에 끌어올렸다. 홀리필드가 준결승전에서 터무니없는 심판 판정 때문에 패했음을 알고 한 행동이었다. 더 가슴 저미는 장면은 베이징 올림픽 10미터 공기권총 [redacted] 에서 나왔다. 그루지야의 니오 살루크바체와 러시아의 나탈리아 파데리나가 포옹하며 양국의 싸움을 멈추라고 요구한 것이다. _399쪽

1920년 이후 [redacted] 가 빠졌다. 올림픽에서 가장 흥미진진한 시합 가운데 하나를 앗아가 버린 것이다. 냉전 시대에 미국과 소련, 혹은 동독과 서독, 혹은 북한과 남한의 긴장감을 상상해보라. 이제까지도 그랬고, IOC가 이 스포츠를 다시 들여올 징조는 전혀 보이지 않는다. _410쪽

HOW
TO
WATCH
THE
OLYMPICS

올 어바웃 올림픽

HOW TO WATCH THE OLYMPICS
by David Goldblatt and Johnny Acton

HOW
TO
WATCH
THE
OLYMPICS

역사와 기록,
규칙과 상식
그리고
승자와 패자

올 어바웃 올림픽

데이비드 골드블랫 & 조니 액턴 지음
문은실 옮김

오브제

HOW TO WATCH THE OLYMPICS

차례 CONTENTS

차례 CONTENTS

HOW TO WATCH THE OLYMPICS

머리말

4년마다 2주 반 동안, 지구촌 사람들은 누가 뭐라 해도 스포츠에 빠져 광기 상태가 된다. 역사상 사람들이 가장 많이 본 사건은 1969년의 달 착륙도 찰스 황태자와 다이애나의 결혼식도 아니었다. 지구촌 사람들이 가장 많이 본 이벤트는 2008년 베이징 하계 올림픽 개막식이었다. 10억 명이 넘는 사람들이 이 호화로운 장관에 시선을 고정했다. 처음부터 끝까지는 아니라고 해도, 적어도 군데군데는 보았다. 세계 인구의 70퍼센트에 달하는 연 47억 명이 개막식 다음에 펼쳐진 2주 반 동안에 이 스포츠 축제의 어느 시점, 어느 한 경기라도 지켜보았다.

2012년 7월에 우리는 다시 축제 속으로 빠져든다. 그렇기는 하지만, 가만히 따져보면 올림픽을 체험하는 우리에게는 커다란 장애가 있다. 우리는 4년에 한 번 어떤 스포츠들에 느닷없이 미쳐버리는데, 그중 대부분의 스포츠에 대해 너무 아는 것이 없다. 터무니없을 정도다. 소파에 풀썩 주저앉아 눈만 뜨고 있어도 해로울 일은 없다. 하지만 기왕 보는 거 제대로 즐겨볼 요량이면, 경기 보는 법을 확실히 알아두자. 이 책은 올림픽 종목을 즐기기 위해 알 필요가 있는 가장 긴요한 정보를 담았다.

우선 애초에 스포츠란 걸 왜 보는가 하는 물음을 던질 수 있다. 한국 사람들은 어째서 자기 나라 최고의 궁수들을 보겠다고 수천 명씩 무리지어 경기장에 나타나는가? 터키 사람들이 1미터 50센티미터짜리 역도 선수에게 입이 벌어져 숭배를 보내는 까닭은 무엇인가? 다들 머리가 어떻게 된 것은 아닌가? 때로 전율은 그냥 오기도 하지만, 스포츠의 역사와 사연을 알아야 할 때도 있는 법이다. 그 스포츠가 왜 중요한지, 누구한테 그렇게 중요한지 말이다. 그것을 알고 나서야 여자 핸드볼 경기가 열리는 동안이면 덴마크가 왜 얼음이 되는지, 헝가리 사람들은 왜 수구 시합에서 죽자사자 러시아를 물리쳐야만 하는지를 알게 되면 올림픽의 색다른 재미를 느낄 수 있다.

그러고 나면 기본을 알 필요가 있다. 올림픽이 어떻게 돌아가는지 알려면 경기 목적이 무엇인지, 선수들이 무엇을 지켜야 하는지를 알아야 한다. 어떻게 해야 이기고 지고, 점수는 어떻게 나며, 경기는 얼마 동안 하는 걸까? 말하자면 규칙을 알아야 한다는 뜻이다. 이 허들을 뛰어넘기만 하면, 최고의 스포츠 세계에 탑승할 준비가 된 셈이다. 이루 헤아릴 수 없을 만큼 즐거움이 배가될 것이다. 예를 들어 탁구의 다양한 스핀 종류를 익혀보라. 탁구를 보는 체험이 한없이 상승한다. 농구의 갖가지 전술을 이해해보라. 그냥 뒤엉킨 몸뚱어리들로만 보이던 모습이 선명하게 구분이 되면, 더욱 흥미진진한 게임의 세계로 들어갈 수 있을 것이다.

이쯤 되면 스포츠에서 올림픽의 역사로 옮겨 타볼 만큼 워밍업을 한 셈이다. 이 항목에서는 올림픽의 역사적인 맥락을 설명하고, 전설과 스캔들, 경쟁 관계를 소개하면서 올림픽을 거쳐 간 스포츠의 궤적을 드러내면서 올림픽이 우리 시대에 어떤 영향을 미쳤는지를 보여준다.

마지막으로 올림픽에는 장 하나를 온전히 내주어야 할 만큼 흥미로울 뿐 아니라 말도 많고 탈도 많은 화제가 있다. 비록 따로 떼어 다루지는 못했

지만, 역도의 약물 사건에서부터 카누를 대중화한 남자의 기이하고 별난 짓까지 무궁무진한 이야깃거리를 독자 여러분은 만날 것이다. 책 말미에는 지금까지 26차례 열림 올림픽의 개최 도시와 핵심 사건, 마스코트는 물론이고 매 대회를 상세히 정리한 부록이 있다.

이 책을 재미있고 지식이 넘쳐나며 유별나게 열정적인 친구로, 올림픽을 가장 알차게 즐기게 해줄 친구로 손잡고 가주시기를. 우리는 독자 여러분이 올림픽 전문가가 아님을 안다. 카약과 카누를 헛갈린다고 해서 비웃는 짓은 하지 않을 것이다. 우리는 경보가 아주 살짝 우스꽝스러운 점이 있다는 것을 안다. 자전거 위에서 30분을 꼼짝 않고 앉아 있기도 하는 사이클 경기도 마찬가지다. 그러나 우리는 올림픽이 지구촌 사람들이 모여 인류애를 칭송하는 자리이며, 스포츠의 보편적인 힘을 증명하고 인간의 육체와 정신에 깃든 경이를 표출하는 전시장이라는 점에 실로 크나큰 존경을 보내며, 독자 여러분이 올림픽을 즐기도록 돕고 싶다.

–데이비드 골드블랫, 조니 액턴

추신: IOC란?

올림픽 스포츠는 별별 용어와 두음문자가 난무한다. 이런 단어들을 모른다고 게임을 즐기는 데 지장이 있을 리는 없지만, 혹시 필요할지도 모르니 설명을 해놓겠다. 올림픽을 얘기할 때마다 빠짐없이 튀어나오는 이니셜이 IOC이다. IOC는 국제올림픽위원회(International Olympic Committee)를 칭하는 이니셜로, 1894년에 피에르 드 쿠베르탱 남작이 이제는 우리에게 '근대 올림픽'으로 알려진 대회를 감독하려고 만든 조직이다. IOC는 갖가지 국제 스포츠 연맹의 경륜 있는 인사(예로 FIFA의 조셉 블래터)와 기라성 같은 전 올림픽 출전 선수, 명망가들로 위원들을 꾸리고 있다. IOC는 하계와 동계 올림픽 둘 다 조직하며, 주최 도시를 선정하고, 새 종목을 포함하거나 기존 종목(해당 종목 국제연맹이 관할한다)을 빼는 것을 승인한다.

206개 나라별 올림픽위원회도 있어서 자국의 대표 선수와 관리자를 조직한다. 이는 UN이 밝히는 국가 수보다 많은데, 아루바, 괌, 쿡 제도 같은 '국가'를 포함하기 때문이다. 팔레스타인도 올림픽에 참가할 수 있는 국가로 인정된다.

THE OPENNING CEREMONY

개막식

2012년 7월 27일 / 올림픽 스타디움

선수: 전부 참여할 경우 1만 2000명

올림픽 역사

1896년 대회는 연설과 찬가만으로 서막이 올라갔다. 1900년 파리 올림픽에서도 개막식이 열리지 않았으며, 1904년 세인트루이스에서도 큰 차이가 없었다. 하지만 1908년 런던 올림픽 이래 개막식은 올림픽에 붙박이 요소가 되었다.

올림픽 형식

싱크로나이즈드 스위밍이나 다이빙과 마찬가지로, 개막식도 필수 프로그램과 자유 프로그램이 있다. 필수 프로그램은 올림픽 의전에 따라 마련되는데, 선수 입장과 성화 봉송, 점화, 오륜기 입장, 선서를 포함한다. 자유 프로그램은 주최 도시의 재량에 맡긴다.

최다 개최 도시

런던, 파리, 아테네, 로스앤젤레스: 각각 2차례.

개막식은 왜 보는가?

올림픽 때마다 시청률이 가장 높은 행사는 무엇일까? 어떤 행사의 티켓이 가장 많이 팔릴까? 말할 것도 없이 개막식이다. 개막식은 4년, 그러니까 수그러들지 않는 흥분, 냉소주의, 논쟁, 스캔들, 불확실함으로 얼룩진 4년이 지나고 나서, 마침내 커튼이 젖혀지는 순간이다. 개막식은 1896년 올림픽이 최초로 선보인 후 모든 요소가 싹 바뀌어온 쇼이다. 한 번 한 번 치를 때마다 지구촌의 갖가지 의식이며 군사 행진, 텔레비전을 물들이는 장관,

브로드웨이 뮤지컬과 서커스 같은 온갖 장면이 연출되었다.

이제 올림픽 개막식이 시작할 때 늘 등장하는 예술 프로그램은 주최국의 전통 의상을 차려입은 익살극이랄까, 주최국의 자아상을 보여주는 메시지, 아니면 둘 다가 되었다. 그다음으로는 필수 프로그램에서 고대하고 고대하던 익숙한 장면이 펼쳐진다. 참가국 입장, 오륜기 도착, 성화 점화식 말이다. 개막식은 즐거운 볼거리로 넘쳐난다. 나라별로 선수들이 차려입은 비범한 의상, 적대적이거나 우호적인 국가의 대표선수들에게 군중이 보내는 상반된 반응, 무엇보다 실수가 나올지도 모른다는 가능성 등이 어우러져 흥미를 더한다.

개막식의 기초

2012년 런던 올림픽 조직위원과 편성 담당자들은 베이징 올림픽과 겨룰 생각이 없다는 뜻을 분명히 했다. 베이징 올림픽 개막식으로 말할 것 같으면, 1만 5000명의 연기자가 등장하고 비용이 1억 달러가 소요되었다. 2012년 올림픽 개막식과 폐막식 감독은 놀랍게도 오스카 수상 경력의 영화감독 대니 보일(〈트레인스포팅〉 〈슬럼독 밀리어네어〉 〈127시간〉 등을 연출)에게 돌아갔다. 개막식에서 무슨 쇼가 벌어질지는 새어 나온 정보가 거의 없다. 하

2008년 베이징 올림픽. 수천 명의 출연자들이 5천년 중국 역사를 펼쳐 보이고 있다.

지만 주요 재료를 살짝 맛보기로 하자.

예술 프로그램

거대한 스타디움 스크린과 지구촌을 다 포괄하는 텔레비전 중계의 시대에, 올림픽 개막식은 아무리 사소한 허점도 허용하지 않으며 잠시도 한눈을 팔 수 없다. 이런 꼼꼼함은 심지어 식을 시작하려고 카운트다운을 하는 데에도 해당된다. 2008년 베이징에서는 발광 다이오드를 장착한 북들이 올림픽 카운트다운을 알리며 소리를 울리는 한편으로, 한자와 아라비아 숫자를 비춰주기도 했다.
카운트다운 숫자가 0에 도달하면, 다음에 뭐가 나올지 예측할 수 있는 사람은 아무도 없다. 1980년에 모스크바에서 수천 명의 출연진이 거대하고도 끝도 없는 행렬을 이루어 집단 군무와 행진, 곡예를 선보인 이래 올림픽 개막식에서 예술 프로그램은 한계를 모르고 날로 화려하고 웅장해지고 있다. 1984년 로스앤젤레스에서는 스타디움에 모인 전 관중이 전 참가국의 국기 모양을 표현하는 카드 섹션을 펼쳤다. 1988년 서울 올림픽은 한강 한복판에서 강상제를 올리는 것으로 시작했다. 2000년 시드니는 기마대의 입장으로 올림픽의 시작을 알렸다. 주제 면에서 예술 프로그램들의 야심은 종종 거창하고 과시적인 측면을 드러내는데, 인류애 이야기, 5000년 중국 역사, 우주의 균형과 예측 불허를 형상화하는 장관을 연출하기도 한다.

필수 프로그램

선수 퍼레이드

예술 프로그램이 마침내 막을 내린다. 마임 예술가들과 갖가지 피조물로 분장한 공연자들이 경기장을 빠져나간다. 이제 선수들을 위한 시간이다. 각 나라는 개최국이 제공하는 일반 기수 한 명과 국기를 든 자국 기수를 앞세워 입장한다. 모든 올림픽에서 그리스 선수단이 항상 맨 먼저, 그리고 개최국 선수단이 가장 마지막에 입장한다. 그 사이에는 개최국 언어의 알파벳 순서로 참가국 선수들이 입장한다. 선수단은 트랙을 한 바퀴 돌고 나서 스타디움 한가운데 도열한다. 보통 여자들인 일반 기수들이 입는 의상은 종종 깜찍하고 유쾌하고 통통 튄다. 1988년 서울에서 일반 기수들은 하얀 가죽 부츠와 앞 챙이 튀어나온 피크트 캡을 쓰고 나왔다.
각 대표단을 향한 관중의 반응은 언제나 흥미롭다. 2004년 아테네에서는 터키와 이스라엘과 마케도니아 선수단이 입장할 때는 침묵으로 일관하던 관중이 팔레스타인과 세르비아 선수단에는 매우 긍정적인 환대를 보여 특히 편파적인 모습을 보였다. 환호는 당연히 그리스와 사이프러스와 오스트레일리아처럼 그리스 인구가 많은 국가, 전쟁으로 만신창이가 된 아프가니스탄과 이라크에 예약되어 있었다.

연설

이제 연설이다. 연설은 3번이나 된다! 기나긴 선수 퍼레이드가 끝나고 이 시간에 관중더러 마실 걸 사러 가거나 화장실에 가라는 배려인 걸까? 해당 도시 조직위원회 수장이 격식을 차린 연설을 하고, 비슷한 식으로 IOC 위원장이 연설한다. 올림픽인데 IOC 위원장이 연설을 하지 누가 하겠는가. 마지막으로 개최국 수장이 올림픽 개막을 선포한다. 다행히도 국가 수장은 엄격한 의전에 따르기 때문에 그다지 길게 끌지 않는다.

올림픽 찬가

올림픽 찬가는 연설 다음에 울리거나 오륜기를 게양하는 동안, 혹은 게양한 후에 울리기도 한다. 둘 중 어느 경우를 택하건 올림픽 찬가는 연주하게 되어 있다. 찬가는 근대 올림픽 제1회 대회가 열리던 1896년에 코스티스 팔라마스가 쓴 시를 바탕으로 스피로스 사마라스가 곡을 붙였다. 하지만 1960년까지는 올림픽 찬가가 개막식에 꼭 들어가는 요소가 아니었다. 2008년 중국처럼 일부 개최국은 오리지널 그리스 버전을 사용했고, 다른 나라들은 자국 언어로 번역하여 불렀다. 1960년의 로마나 1964년 일본이 그랬다. 1992년 스페인 바르셀로나의 경우는 언어 정치가 복잡했다. 일부는 카탈루냐어, 일부는 카스티야어, 일부는 프랑스어로 불렸던 것이다. 1972년 뮌헨에서는 가사 없이 연주음악으로 갔다. 영어권 국가들은 옛 그리스의 이 시를 현대 영어로 그럴싸하게 바꾸어보려고 다양한 시도를 했다. 장중한 합창으로 첫 몇 소절을 들어보면 전율이 인다.

고대의 불멸하는 정신이여
진리와 아름다움과 선의 아버지여
내려와서 드러내네, 당신의 빛을 우리 위에 뿌려
이 지상에, 이 하늘 아래를 빛나게 하도다
변하지 않을 당신의 명성을 처음부터 알아보리라

이 고귀한 경기에 생명과 활기를 불어 넣어라!
시들지 않을 화환을 승리자들에게 던져라
육상에서, 모든 겨룸에서
우리 가슴에 철의 심장을 만들어내라!

오륜기를 날려라

다음으로 오륜기인데, 예외 없이 개최국의 위대한 올림픽 선수들이 나른다. 깃발을 수월하게 나르려고 보통 8명이 받쳐 든다. 복장은 다양하지만, 대부분의 올림픽조직위원회는 이제까지 하얀색으로 통일해왔다.

성화를 올려라

오늘날에도 여전히 성화 봉송의 마지막 주자가 수동으로 올림픽 성화대에 불을 붙인다. 하지만 참신한 변주도 있었다. 1988년 서울 올림픽에서는 3명의 봉송주자가 불을 지폈으며, 4년 후 바르셀로나에서는 화살을 쏘아 불을 피워 올렸다. 2000년 시드니에서는 불이 쏟아져 내리는 물을 타고 올라가 성화대에 옮겨 붙었고, 2004년 아테네에서는 점화자에게까지 내려온 성화대가 불을 붙이고 나자 다시 일어서는 장관을 연출했다. 베이징에서는 한 체조 선수가 줄에 매달려 스타디움을 날아서 긴 도화선을 타고 올라가는 큰 불길을 놓았다.

방법이 어떻건 간에 성화대 점화는 개막식에서 절정의 순간이다. 개최지마다 마지막 봉송주자를 누구로 결정할지 가늠하는 기준은 몹시 다양했다. 1960년 로마 올림픽에서 지안카를로 페리스는 주니어 크로스컨트리 경주에서 우승한 공로로 영광을 굳혔다. 서울올림픽에서 세 명의 점화자 중에는 학교 교사인 김원택이 끼어 있었다. 한 마라톤 대회에서 우승한 경력이 있는 사람이었다. 1964년 도쿄에서는 히로시마에 원자폭탄이 폭발하던 날 태어난 사카이 요시노리가 낙점되었다. 1976년 몬트리올에서는 프랑스어와 영어를 국어로 삼는 캐나다를 대표해서 2명의 십대가 마지막 성화를 들었다. 캐나다 땅의 원주민들이 이 상징성을 눈치채지 못할 리 없었기에 논란이 불붙었다. 1952년 헬싱키 올림픽에서 파보 누르미처럼, 최고의 올림피안들이 점화자로 나서는 일이 당연히 많다. 2000년 시드니에서 오스트레일리아 원주민 혈통의 육상 선수 캐시 프리먼, 1996년 애틀랜타의 무하마드 알리는 개최국의 민족 구성과 국가 정체성에 경의를 표하기 위해 선택되었다.

비둘기 잡아!

보통은 올림픽 성화를 붙이기에 앞서서 비둘기를 날리던 시절이 있었다. 하지만 1988년 서울 올림픽에서 많은 비둘기가 성화대 테두리에 앉았다가 성화가 점화되었을 때 그만 불에 타버린 사건이 일어났다. 이제 비둘기는 성화를 붙인 후에 날린다. 베이징 올림픽에서 중국은 새들은 아예 포기하고, 비둘기 모양을 상징하는 불꽃놀이로 대체했다.

부정행위는 안 돼, 약속하자!

다음으로는 선수들과 관계자들의 올림픽 선서가 따른다. 선서는 모든 참가자를 대표해서 한 사람이 맡는데, 오륜기 한쪽을 붙잡고 서서 선서할 때도

1932년 로스앤젤레스에서는 다행스럽게도 살아 있는 비둘기에 총을 쏘는 행위가 더 이상 스포츠로 여겨지지 않았다.

있다. 1920년에 선수 선서를 처음 시작했고, 1972년부터는 관계자들의 선서도 생겼다. 올림픽 선서의 언어는 세월이 흘러도 별로 나아진 점이 없다. 예스러운 우아함이 돋보이는 펜싱 선수 빅토르 볼랭의 선서를 들어보라.

> 우리는 선서한다. 우리는 기사도 정신으로, 우리 조국의 명예를 위해, 스포츠의 영광을 위해 올림픽 게임에 참여한다.

위원회가 최근에 수정한 선서는 다음과 같다.

> 모든 선수들의 이름으로 나는 올림픽 경기를 지배하는 규칙을 존중하고 규칙에 따르며, 약물을 투여하지 않고 경기할 것을 약속하며, 스포츠맨십의 진정한 정신으로, 스포츠의 영광과 우리 팀의 영광을 위해 참가할 것을 맹세한다.

1984년 로스앤젤레스에서 허들 선수 에드윈 모지스는 선서 도중에 더듬거리는 바람에, 나머지 선서 내용을 마침내 기억해낼 때까지 같은 문장을 세 번이나 되풀이해야 했다. 오늘날에는 텔레프롬프터가 있어서 그렇게 더듬을 일이 없어졌다.

불꽃놀이와 마임

개막식을 불꽃놀이로 마무리하는 것은 이제 일반적인 일이 되었다. 올림픽 개막식의 불꽃놀이는 점점 더 길고 요란하고 규모가 커지며 돈이 더 많이 들어간다. 비록 2008년 베이징 올림픽 스타디움의 새집 모양 지붕에서부터 쏟아져 내리던 불꽃을 능가하는 장면을 상상하기란 어려운 일이지만 말이다. 그런데 스타디움에 모인 사람들을 제외한 사람들은 사실 컴퓨터가 만들어낸 이미지를 본 것이었다. 조직위원들이 날씨 때문에 진짜 불꽃놀이를 망칠까 봐 걱정이 되어 생각해낸 방법이었다고 한다.

그렇게 모든 것을 통제하지 못해서 집착하는 행태는 2000년 시드니에서부터 조짐이 보였다. 시드니 심포니 오케스트라가 개막식 내내 가짜로 연주를 한 것이다. 베이징에서 중국 국기가 스타디움에 들어서는 가운데 노래를 부른 아홉 살의 어린 소녀 린 미아오케는 사실은 부분적으로 립싱크를 했다. 진짜 노래를 불렀던 일곱 살짜리 어느 소녀는 뻐드렁니 때문에 사람들 앞에 나서서 노래를 부르기에 적합하지 않다고 여겼기 때문이다.

개막식 이야기

의식으로서 근대 올림픽 개막식은 그리스의 갑부인 게오르기오스 아베로프의 동상을 제막하는 것으로 시작되었다. 그는 1896년 아테네 올림픽에 돈을 댄 사람이었다. 며칠 후에 그는 대가를 받았다. 올림픽 스타디움에 온 관심이 쏠렸을 때였다. 운집한 8만 명의 구경꾼들이 연달은 연설과 더불어 그리스 육해군과 아테네 당국, 각지 관리들로 이루어진 악대가 새로 지은 올림픽 찬가를 부르는 소리를 꼼짝 못하고 듣고 앉아 있어야 했기 때문이다. 짧은 나팔 소리가 폭발하듯 이어지고, 선수들이 도착해 올림픽이 시작되었다.

1900년 파리 올림픽 개막식은 부대 행사로서 소규모 쇼로 전락하고 말았다. 훨씬 더 웅장했던 세계박람회가 동시에 열렸고, 거기서 갈 길을 잃고 찬밥 신세가 되었던 것이다. 결과적으로 개막식이니 뭐니 할 것 없이 열리지도 않았다. 미국 세인트루이스에서 열린 1904년 올림픽도 오십보백보였다. 이번에는 루이지애나 주에서 열린 100주년 구매박람회에 가려졌다. 박람회 조직위원회 회장이었던 데이비드 롤랜드 프랜시스는 대회 첫날 지역 유력인사 몇몇을 대동하고서 필드에 도열한 선수들을 간단히 시찰했다. 그러고 나서 선수들은 흩어져서 몸을 풀고 경기에 임했다.

1896년 첫 대회의 성공에 들떴던 그리스인들은 4년마다 올림픽을 자국에서 개최하겠다고 선동하던 터였고, IOC는 세계 각지에서 돌아가면서 열기를 원했다. 타협안으로 그리스는 1906년에 올림픽 국제박람회 개최를 허가받았으나, IOC로서는 그 해에 열린 줄도 모를 정도로 잊혀진 이 '격년 대회'가 완전히 재앙이었다. 이 대회에서는 각국 국기를 앞세우고 선수단이 입장하는 퍼레이드는 진행되었다.

1908년 런던 올림픽이 선수 퍼레이드를 받아들였다. 보슬비가 내리던 어둠침침한 날에 에드워드 7세와 알렉산드라 왕비는 대회에 참가한 나라, 국기를 든 모든 나라 선수단의 깍듯한 인사를 받았으나, 미국은 다른 반응을 보였다. 가슴에 성조기를 단 투포환 선수 랠프 로즈가 그랬다지 않는가. "이 국기는 지상의 어떤 왕에게도 경례를 붙이지 않는다"고. 1912년 스톡홀름 올림픽에서 스웨덴 사람들은 각국의 국명을 단 일반 기수들을 행진에 포함시켰지만, 그게 다였다. 이어 설교와 찬가, 구스타프 5세의 몇 마디가 더해졌을 뿐이다.

쿠베르탱 남작이 올림픽 로고를 마련하려고 수년간 부지런히 작업을 해온 터였다. 1914년 6월에 원 5개를 맞물린 그림이 IOC에서 승인을 받았다. 제1차 세계대전 기간을 포함한 6년이 지나고 나서, 이 로고는 1920년 앤트워프 올림픽에서 첫선을 보였다. 아무것도 없는 하얀 바탕에 다섯 개의 원이 그려진 로고였다. 그때 이래로 아마추어 정신과 국제주의를 상징하는 이 로고는 지구상에서 가장 열렬히 보호받는 트레이드마크 중 하나가 되었다.(우리는 이 책에 오륜기 혹은 올림픽 성화의 그림이나 사진을 싣지 못하게 되어 있다.)

비둘기가 올림픽에 처음 모습을 드러낸 것은 1900년에 벨기에 사람 레옹 드 렁뎅이 살아 있는 비둘기 사격 시합에서 대학살로 왕관을 차지했을 때였다. 드 렁뎅은 새 21마리를 죽였고, 2만 프랑의 상금을 받기로 되었다. 하지만 너그러운 심성, 올림픽 정신에 따라 4명의 결승자가 상금을 나누기로 결정되었다. 이 행사는 후에 중단되었고, 1924년 파리 올림픽에서 개막식의 한 순서로 대규모 비둘기 방출 행사를 처음 실시했다. 살육을 물리치고 평화를 구현하겠다는 제스처였다.

1928년 암스테르담 대회 개막식에서는 앞선 대회들의 요소를 모두 유지했지만, 희한하게도 선수 퍼레이드를 따로 열기로 하는 결정을 내렸다. 그 때 이래로는 한 번도 되풀이되지 않은 방식이었다. 더 중요한 것은 성화라는 요소가 올림픽에 들어오는 문제였다. 고대 그리스인들이 이 상징적이고 성스러운 불꽃을 얼마나 사랑했는지 생각해보면, 근대 올림픽에 성화가 들어오는 것은 오직 시간과 기술의 문제일 뿐이었다. 1928년 암스테르담 대회에서부터 스타디움 성화대에 불이 붙여졌다. 대단한 의식은 벌어지지 않았다. 1932년에 로스앤젤레스에서 성화대와 성화를 위해 작은 무대를 마련했지만, 1936년 베를린 올림픽에 이르러 비로소 개막식에 필요했던 대단원으로 점화식을 하기 시작했다.

베를린 대회의 주도적 조직자였던 카를 디엠이 고대 그리스에 대한 나치 국가의 집착에 따라 그리스 올림피아에 있는 포물면 거울 안에서 성화의 불을 붙였다. 그러고는 주자들의 릴레이로 성화를 발칸을 거쳐 베를린까지 날랐다. 비록 경로가 반대가 되기는 했지만, 고작 몇 년 후 독일 군대가 남쪽으로 진격하던 방향과 불가사의하게 비슷한 경로였다. 정작 고대 올림픽에서는 디엠이 조직했던 성화 봉송이나 점화 의식은 없었지만, 디엠은 고대 그리스에서 그렸던 불의 이미지를 더 극적으로 되살리려 했다. 그러니까 그리스에서 횃불 경주가 있었고, 신들에게서 프로메테우스가 불을 훔쳐 왔으며, 그리스 전역을 달리는 사람들이 올림픽 기간의 휴전을 알렸다는 점에 착안한 것이다. 횃불을 든 마지막 주자가 스타디움에 도달하면서, 새로운 감각의 드라마가 펼쳐졌다.

제2차 세계대전이 끝난 지 얼마 지나지 않았던 까닭에, 1948년 런던 올림픽 개막식은 간소하게 치러졌다. 이 개막식에서는 보이 스카우트가 진행요원으로 일했다. 그때까지도 배급에 의존해서 살던 관중은 각자 도시락을 마련해왔고, 영국 여자 선수들은 퍼레이드에 입고 나설 블라우스를 손수 준비해야 했다. 마지막 성화 봉송 주자가 도착하기에 앞서서 21발의 예포를 쏜 것이 그나마 극적인 장면을 연출했다. 1952년 헬싱키에서도 마찬가지로 수수했다. 독일의 평화 활동가 바바라 로트라우트 플레예르가 온통 하얀 옷으로 차려입고 트랙을 가로질러 단에 올라 연설한 것이 가장 눈길을 끌고 식에 생기를 불어 넣은 일이었다.

1956년 오스트레일리아의 멜버른에서 열린 올림픽에서는 말 반입을 금지하는 오스트레일리아의 규정 때문에, 대신 경마 경기가 열린 스톡홀름에서 기수들이 개막식 내내 말 등에 묶여 있었다. 1956년 멜버른 개막식에는 작고 새로운 변화가 있었다. 다음 10년 동안 스타디움이 커지기는 했지만, 1960년 로마와 1964년 도쿄는 같은 형식을 유지했다. 도쿄에서 1만 개의 풍선을 날린 것만이 눈에 띌 만한 변화였다.

1968년 멕시코는 대대적인 정치적 저항운동으로 얼룩진 가운데 열렸고, 올림픽이 열리기 직전에 멕시코시티의 거리에서 잔인한 진압작전이 벌어졌다. 틀라텔레코에서 시위를 벌이던 학생 수백 명이 경찰의 총격으로 사망하는 사건이 벌어지고 만 것이다. 개막식은 혼란스럽고 실속이 없었다. 식이 30분밖에 남지 않았는데 관중은 스피커를 통해 귀청이 찢어질 듯한 군가를 들어야 했고, 시작하기 직전까지 잔디 깎는 기계가 돌아가는 소리를 들어야 했다. 북 소리가 두구두구둥둥 구르고, '멕시코 만세' 구호가 거의 모든 행사마다 따라붙었다. 군복을 입은 해병대가 오륜기를 날렸다. 그나마 흐뭇한 일이 있었다면, 개막식 마지막에 선수들이 대열을 흐트러뜨리고 트랙 여기저기로 흩어져서, 성화 봉송의 최종 주자가 그들을 헤치고 지나가야 했던 일이다. 풀어주려고 붙잡아두었던 비둘기 오만 마리는 날갯짓을 하기에는 더위에 지치고 병들어 있었다.

1972년 뮌헨 대회는 그러한 민족주의와 군사주의의 과시에 민감하게 대처했다. 1936년 베를린 올림픽의 빛바랜 위엄과 오만을 편집증적으로 의식하면서, 뮌헨의 조직위원들은 반대 방향으로 가는 편을 택했다. 베를린 대회에서 독일인들이 선수들을 스타디움에 불러 모으면서 게르만 민족의 위

고대 크레타의 황소 붙잡고 점프하기 경기가 아테네 올림픽 개막식에서 되살아나다.

대함을 칭송하며 울부짖었다면, 뮌헨은 '징글 벨'처럼 오래되고 듣기 편한 노래를 네덜란드 철금에 맞추어 불렀다. 선수 입장에는 각 팀을 위해 고른 간지러운 노래가 뒤따랐다. 터키 선수단에는 '터키시 딜라이트', 헝가리아 선수들에는 '집시 러브', 쿠바 선수단에는 '아바나 알레그레'를 틀어주는 식이었다. 환한 복장을 한 어린아이들이 원형으로 모여 춤을 추고, 선수들에게 꽃을 나누어주었다.

올림픽 개막식의 역사에서 판도를 바꾼 것은 1980년 모스크바와 1984년 로스앤젤레스였다. 냉전의 양대 축은 상대방의 파티에 가지 않겠다고 거부한 터였다. 그러면서 상대방이 부재한 상태에서 가장 성대하고 훌륭한 쇼를 연출하려고 안간힘을 썼다. 모스크바는 붉은광장의 군사 퍼레이드와 공산주의 진영 유럽에서 사랑받았던 집단 체조 공연이라는 전통을 쇼에서도 이어갔다. 행사에서 으뜸이 되었던 것은 관중이 머리 위로 치켜들기만 하면 되는 네모난 색채 카드였다. 정교하게 연출한 카드섹션은 스타디움의 한 구역에서 일사분란하고도 쉴 새 없이 바뀌면서 올림픽이라는 행사에 시각적인 이미지를 더해주었다. 개막식 퍼레이드는 그리스 식 이미지와 러시아 스타일을 조야하게 뒤섞은 향연이었다. 경주용 마차와 남신과 여신들이 지나치면서 모스크바 깃발을 나부꼈다. 나중에는 우주비행사들과의 대담, 리듬체조 선수들의 집단 공연, 소비에트의 15개 공화국이 모두 모여서 펼친 무용, 스타디움을 메울 만큼 커다란 대회 마스코트 곰 미샤의 향연이 펼쳐졌다. 로스앤젤레스는 환한 태양 아래 요란한 하이테크와 미국적인 장면으로 맞섰고, 솜사탕을 연상케 하는 장난감 병정 유니폼을 차려입은 대규모 악단이 공연했다. 등에 메는 개인용 분사 추진기를 단 우주비행사가 스타디움 안으로 날아들기도 했다.

모스크바와 로스앤젤레스가 확고한 힘겨루기를 벌인 반면에, 88년 서울 올림픽은 한국으로서는 세상에 자국을 알리는 커다란 파티였다. 한국전쟁이 끝나고 나서 폐허에 휩싸였던 나라가 고작 30년 남짓 만에 강력한 산업 역량을 과시하는 나라로 탈바꿈한 터였다. 개막식은 넘치지 않을 만큼 웅장했으며, 우주 안에서의 균형과 불화를 이야기했던 무용 공연들은 야심찬

서사를 그려내면서 한 획을 그었다.

21세기에 들어서서, 올림픽 개최지는 새로운 무대장치와 조명 기술에 힘입어 점점 더 엄청난 비용을 들이는 장관을 연출해내고 있다. 2000년 시드니 올림픽은 오륜을 비롯하여 130명의 말 탄 기수들이 갖가지 대형을 연출하면서 시작되었고, 1만 3000명에 달하는 공연자를 동원했으며, 6명의 지휘자가 2000명의 뮤지션을 지휘하는 악단을 구성해서 공연했다. 오스트레일리아 원주민과 식민지 역사를 그려내면서 대양저의 삶으로부터 영원의 개념에 이르는 광경을 공연으로 표현해내기도 했다.

2004년 아테네 개막식에서는 에로스가 날아다녔다. 또 DNA 나선구조를 거대하게 형상화했고, 그리스 전통 악기인 부주키 연주자들이 대규모로 모였으며, 알렉산드로스 대왕부터 제우스의 아내인 여신 헤라에 이르기까지 그리스 역사와 신화의 모든 인물이 스쳐 지나갔다. 스타디움 바닥에는 200만 리터가 넘는 물로 채웠는데, 이 물은 각국 선수단 입장에 맞추어 몇 분 만에 다 빠지고 표면이 다시 굳어졌다.

하지만 이 모든 개막식은 2008년 베이징 대회의 개막식에 비교하면 일순간에 빛이 바래고 만다. 장장 4시간에 걸쳐 1만 5000명의 공연자를 동원한 베이징 올림픽 개막식은 예전 개막식을 완전히 뛰어넘어 버렸다. 가장 중심이 되었던 부분은 중국 역사를 시각적으로 다시 보여준 장면이었다. 중국이란 나라가 기술 면에서 이루어온 혁신을 유감없이 부각시킨 개막식이었다. 가령 인쇄기술과 종이, 화약의 발명 등이 등장했다. 개막식에서 중국인들은 20세기에나 했을 법한 일은 어찌 대부분 피해내는 수완을 발휘했다. 식은 불사조의 비상과 급성장 중인 중국의 우주 프로그램을 칭송하는 것으로 대미를 수놓았다. 세계인들이 다 알아들었다. 중국의 경제성장 말이다.

ARCHERY

양궁

2012년 7월 27일~8월 3일 / 로즈 크리켓 그라운드

참가 선수: 128명 | 금메달: 4개

올림픽 참가

1900~1920년, 1972~현재.

올림픽 형식

금메달 4개가 걸려 있다. 남자 단체, 남자 개인, 여자 단체, 여자 개인.

게임의 강자들

한국이 타의추종을 불허할 만큼 강력해서, 한국 국가대표 팀 앞에 다른 양궁 대표선수들은 추풍낙엽이다. 단체 팀도 강하고, 온통 신궁들로 포진한 여자 선수들은 막을 길이 없어 보인다. 남자 경기에서는 그 밖에 미국과 프랑스, 우크라이나가 강세를 보인다.

역대 챔피언

한국: 16 | 미국: 14 | 벨기에: 11

왜 양궁을 보는가?

몬주익의 올림픽 스타디움에 어둠이 깔리며 1992년 바르셀로나 올림픽 개막식의 절정이 가까워왔다. 올림픽 성화 주자가 스타디움 안으로 들어와 기나긴 여정을 마무리 지으려는 참이었다. 스페인의 장애인올림픽 출전 궁수인 안토니오 레벨로가 활을 쏘았다. 그는 올림픽 성화가 타오를 높은 철탑으로 몸을 향하고는, 불붙은 화살을 탑 꼭대기로 쏘아 올렸던 것이다. 화살은 불이 붙은 채로 날아가 밤하늘에 높이 치솟는 불기둥으로 변했다. 스타디움을 가득 채우며 울려 퍼진 퀸의 노래 〈바르셀로나〉, 올림픽을 위해

특별히 만든 이 노래도 경쟁이 되지 않을 만큼 장관이었다.

실제 표적을 맞히는 양궁 시합에서는 그 정도까지 장관을 연출하는 한 발은 없겠지만, 발사마다 흥미진진한 순간이 이어진다. 궁수가 활시위를 팽팽한 긴장감, 활을 탁 놓는 소리, 시속 240킬로미터로 날아가는 화살, 과녁에 가서 화살이 꽂히는 찰나의 순간. 양궁은 또 2004년 아테네 올림픽 남자 단체 동메달 결정전처럼, 손에 땀을 쥐게 하고 잠시도 눈을 돌리지 못할 드라마를 종종 연출해낸다. 우크라이나가 미국을 237 대 235로 누른 시합이었다. 중압감 아래서 평정심을 유지하고, 완벽한 균형과 집중력을 발휘해야 하는 올림픽 양궁은 치명적 무기를 도구로 시합을 벌이는 명상이라 할 만하다.

근래에 스포츠계는 관중과 텔레비전에 더 친근하게 다가가려고 비상한 노력을 기울여왔다. 12명의 궁수가 동시에 활을 쏘는 시합을 폐지함으로써 카메라와 시청자와 관중이 1 대 1 대결의 드라마에 집중하게 했다. 매우 길었던 라운드를 짧게 줄여서 실수에 따르는 대가와 안타까움을 배가시켰다. 나눔 화면 스크린과 커다란 스크린, 전자 득점 전광판도 모두 도입했다. 덕분에 세계 양궁을 이끄는 한국에서는 올림픽 양궁이 높은 시청률을 기록하고 관중 규모도 늘어났다.

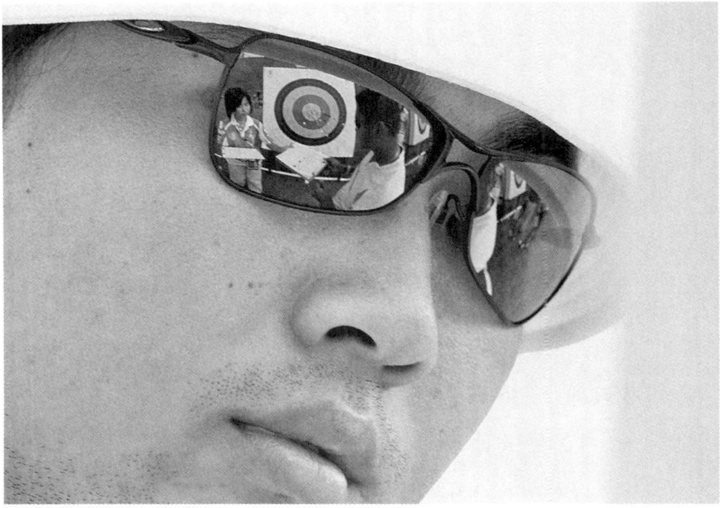

올림픽 2관왕 임동현. 놀랍게도 그는 한국의 법적 기준으로는 시각장애인이다.

로즈 크리켓 그라운드에서 시끌벅적한 분위기가 생겨날 가능성은 적다. 하지만 양궁의 경쟁적 역학이 영국에서 인기 높은 다트와 별반 다르지 않으며 청각적이고 시각적인 즐거움이 골프와 크게 다르지 않음을 감안하건대, 양궁은 평소보다 더 크고 들뜬 반응을 얻을 것이다.

양궁 이야기

활과 화살을 다루는 기술은 인류의 발전에서 중차대한 역할을 했다. 약 2만 5000년경에 그려진 프랑스와 스페인의 동굴 벽화들의 사냥 장면에는 활 쏘는 사람들이 묘사되어 있고, 신석기시대 고고학 유적지에는 돌화살촉이 숱하게 널려 있다. 최초의 위대한 문명이 생계수단을 농업으로 삼았을지는 모르지만, 궁술은 사냥과 조직적인 전쟁에 필수 요소였다. 궁수는 고대 중국과 페르시아, 이집트, 그리스, 로마 군대의 핵심이었다.

사냥과 전쟁과 마찬가지로, 궁술은 제의적이고 경쟁적인 측면이 있었다. 예를 들어 호메로스의 『일리아드』에서 그리스 사람들은 파트로클로스 추모식에서 활쏘기 시합을 열었다. 14세기 기록을 보면 오스만 제국에서는 궁수들끼리 누가 가장 멀리 쏘는지를 가리는 시합을 벌였고, 일본에서는 중세 때 활쏘기 대회가 열렸다는 기록이 많다. 일본에는 유일하게 마라톤 활쏘기 대회가 열린 적도 있다. 경쟁자들이 벽의 한 구멍 안에 24시간 동안 최대한 많은 활을 쏘아 집어넣는 경기였다. 1886년에 어떤 궁수가 1만 3053발을 쏘아 8132발을 성공시켜 최고 기록을 세웠다고 한다.

이 모든 문화권에서 화약이 궁술의 지위를 급격히 무너뜨렸다. 16세기가 끝날 무렵, 유럽 대부분의 군대가 긴 활과 석궁을 내다버렸으며 나머지 세상도 이내 뒤를 따랐다. 영국에서는 궁술이 군사 놀이를 즐기는 상류사회에서 살아남았지만, 18세기 중반에 가서는 죽어가는 예술이 되고 말았다. 궁도의 소생은 골동품 전문가이자 수집가인 애시턴 레버 경의 노력에 힘입은 바가 크다. 그는 영국에서 가장 큰 조류 동물원을 만들었으며, 1781년에는 궁술애호가협회를 창설했다. 표적을 맞히는 양궁을 즐기면서 진탕 먹고 마시는 단체였다. 조지 왕조 시대의 스포츠를 조사한 연구에서 조지프 스트럿은 다음과 같이 말했다. “나는 런던 인근에서 궁술을 연마하는 신사들을 보았다. 이쪽 끝에서 저쪽 끝을 오가면서 거듭 활을 쏘건만, 화살은 표적을 건드리지도 못했다.”

궁술은 상류층 사람들을 벌써부터 유혹하고 있었지만, 1787년 조지 왕세자의 후원에 힘입어 궁술애호가협회의 지위와 회원 자격은 더더욱 선풍을 일으켰다. 귀족 양궁 클럽이 잉글랜드 곳곳에 퍼져 나갔고, 다음 30년간 주연을 즐기는 자리 혹은 남녀간 수작 걸기의 장이 되었다. 후자로 말할 것 같으면, 왕립 영국궁도협회가 19세기 초엽에 여자들의 가입을 허용하면서 확고히 자리 잡았다. 당시 누군가가 적었듯이, 궁도의 점잖은 측면은 궁도가 “여자들이 남자 같다는 책망을 받지 않으면서 즐길 수 있는 오락의 장”이 되는 데 한몫했다. 아닌 게 아니라 1829년에 나온 『젊은 숙녀의 책: 우아한 오락, 운동, 취미 지침서』에서는 “활을 잡아당기는 순간은 특별히 우아하다”고 밝힌다.

1820년대 양궁은 아주 커다란 천막을 친 야생지와 공원의 양궁 클럽에 엄청난 사람이 몰리면서 귀족적인 소일거리로서 절정을 구가했다. 흥청망청 먹고 마시는 연회나 양궁 사교계가 디자인한 비범한 의상을 시연하는 것보다 시합은 완전히 뒷전이었다. 의상은 당시 유행하던 중세주의에 영향을 받은 것이었다. 일부 시합에는 가난한 사람들과 호기심이 동한 사람들이 구경하려고 대규모로 몰려들었다.

빅토리아 여왕 자신도 왕립 세인트 레오나즈 궁도협회 회원이었지만, 양궁은 조지 왕 시대의 의기양양한 시절로는 되돌가지 못했다. 이후 80년 동안 양궁은 드높게 누리던 영광을 대부분 잃었고, 정원 파티와 전국적인 시합으로 좀더 조용한 나날을 보냈다. 하지만 형식과 점수, 기술, 에티켓을 갖춘 스포츠로 진화해갔고, 사냥 전통이 강한 나라들에 퍼져 나갔다. 미국, 프랑스, 벨기에, 네덜란드, 룩셈부르크 등이 양궁을 받아들였다. 그러면서 1900년 올림픽에 공식 종목으로 채택되었다.

게임 시작: 양궁의 기초

득점

지름 1.2미터의 과녁은 10개의 동심원 고리로 나뉘어 있다. 맨 바깥의 동심원을 맞히면 1점이고 맨 안쪽의 과녁 한복판, 즉 불스 아이를 맞히면 10점이다. 불스 아이의 지름은 12.2센티미터이다. 동심원과 동심원 사이 경계선에 꽂힌 화살은 둘 중 더 높은 쪽에 맞추어 점수를 매긴다. 불스 아이의 한복판에 엑스텐(x10)이라고 불리는 더 작은 원을 맞혀도 점수는 똑같이 10점이다. 하지만 동점인 경우에는 x10을 상대보다 더 많이 적중시킨 궁수가 승리한다. 모든 올림픽 양궁 시합에서 과녁과 선수 사이의 거리는 70미터이다. 선수에게는 과녁이 압정만 한 크기로 보이는 거리이다.

올림픽 경기 방식

가장 높은 득점을 올린 선수가 우승자가 된다. 그거야 복잡할 것도 없다. 하지만 올림픽 양궁 경기를 구성하는 방식은 퍽 복잡하다.

개인전에서는 64명의 선수가 예선 라운드를 시작한다. 이 라운드에서 선수들은 활을 72발(12발씩 6번 세트로 쏜다) 쏜다. 랭킹 라운드가 끝나면 1위부터 64위까지 순위가 매겨진다. 다음으로 8강 진출을 가리는 라운드가 열리는데, 1위가 64위와 대전하고, 2위가 63위, 3위가 62위와 붙는 식으로 경기를 치른다. 이 라운드에서 궁수들은 동시에 3발씩 6세트, 총 18발을 쏜다. 그렇게 8강을 가리고, 8강에서부터는 두 선수가 3발씩 4세트, 총 12발을 쏜다. 하지만 8강서부터는 돌아가면서 쏘는데, 덕분에 시합은 한층 드라마틱해진다. 4강전의 패자 둘이 겨루어 동메달을 가린다.

단체전에서 각 팀은 개인전에서 시합을 치르고 온 선수 3명으로 구성한다. 개인 예선 라운드에서 얻은 득점을 한데 합쳐서 팀의 랭킹 스코어를 정한다. 랭킹 스코어에 따라 대진표가 나오면, 팀들은 두 팀 간의 경기에서 지면 탈락하는 토너먼트 방식으로 일련의 시합을 치른다. 이 라운드에서는 팀마다 24발을 쏜다. 6발씩 4세트로 쏘는데, 각 선수가 세트당 두 번씩 화

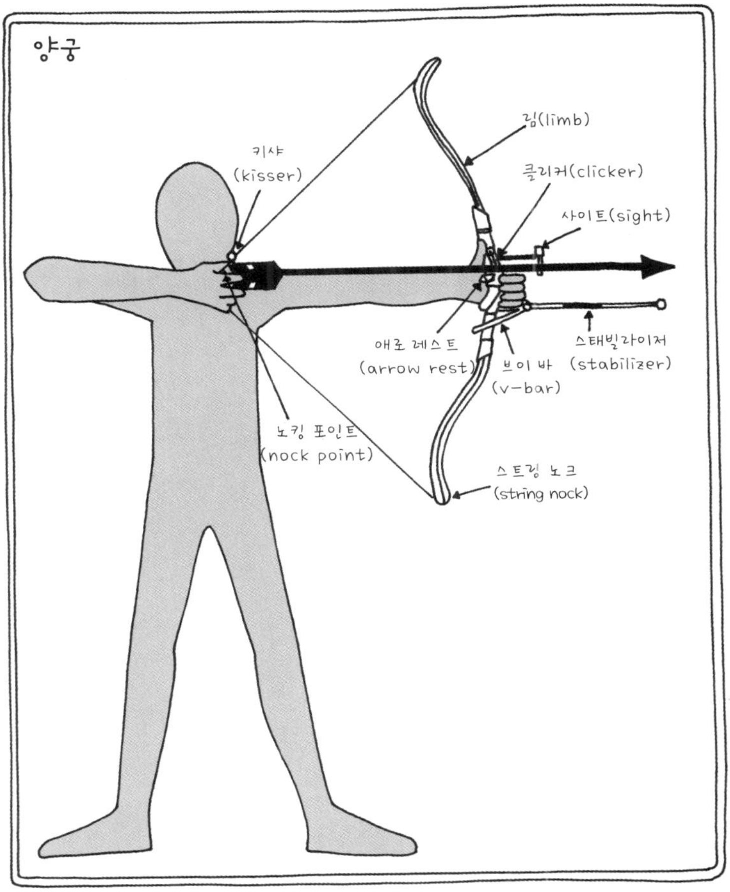

살을 발사한다.

에티켓

양궁처럼 치명상을 입히는 무기를 사용하는 스포츠에서는 에티켓과 안전 조치를 꼭 지켜야 한다. 참가자들은 시작하라는 지시가 떨어질 때까지 꼭 기다려야 하며, 다른 선수가 활을 쏘고 있을 적에는 화살을 회수해오지 못한다.

"패스트(Fast)!"라는 외침이 들릴 때가 있다. 빨리 활을 쏘라는 게 아니라 멈추라는 뜻이다. 이 소리가 나면 모든 선수는 즉시 활쏘기를 멈추어야 하며, 쏘지 않은 화살은 화살집에 도로 넣어야 한다. 약간 별난 관례가 있는데, 상대 선수의 장비에 해를 가한 선수는 손해를 물어주는 것이다.

리커브 보

근대 올림픽에서 규정하는 활의 요소는 3000년도 넘는 과거에도 있었다. 올림픽에서 채택하는 리커브 보라는 활은 활을 놓을 때 활대가 궁수로부터 휘어져 떨어진다. 이런 식으로 시위를 잡아당겼을 적에 활대가 휘지 않고 매끈하게 쭉 이어진 같은 크기의 활보다 힘을 더 많이 모아준다. 오늘날의 활은 섬유유리와 탄소, 목재를 복잡하게 섞어 만들며 림을 분리할 수 있다. 또 최대한 흔들리지 않게 해서 정확도를 높일 수 있도록 온갖 부속과 장치를 단다.

활의 부품

양궁의 진동하는 시위와 쌩 하고 날아가는 화살 탓에 손가락이 쓸릴 수 있다. 궁수들은 손가락을 보호하려고 작은 덮개를 사용한다. 활을 발사할 때마다 시위를 당기는 힘을 일정하게 하려고 사용하는 것이 클리커이다. 클리커는 화살대의 정중앙에 부착하는 작은 줄로서, 힘을 일정하게 하는 데 도움이 된다. 클리커는 시위를 당길 적에 화살 위에 놓이며, 딱 맞는 거리까지 시위를 당겼을 적에는 내려앉는다. 양궁으로 말하자면, 키샤의 일관성이 전부이다. 선수들은 활을 당길 적에 키샤를 올바른 위치에 확실히 놓으려고 시위에 달린 이 작은 버튼을 얼굴이나 입술에 붙인다. 스태빌라이저 형 궁수들은 활을 쏘는 방법과 자세에 맞추어 균형을 유지하려 노력하는 것을 좋아한다. 스태빌라이저는 진동을 흡수하려고 화살대에 부착하는 장치인데, 길이와 무게가 다양한 봉이다.

관전 포인트

개인과 단체 팀이 매 라운드를 거쳐 살아남거나 탈락하면서 긴장감이 점점 더 팽팽해지고 고조되는데 바로 이 점이 양궁의 묘디이다. 올림픽에 나간 대다수 양궁 선수들이 대부분 활을 쏠 때마다 불스 아이를 명중시킨다. 그래서 승패는 불과 몇 센티미터, 활을 발사할 때의 작디작은 흔들림과 움직임에 따라 갈린다. 선수들은 장비를 가지고 안달복달하는 식으로 중압감에 짓눌리는 모습을 드러내기도 한다. 올림픽 수준에서 경쟁한다는 것은 어느 모로 보나 평정심, 명상 상태의 평형과 균형을 유지해야 하는 일이다. 궁수들은 활 쏘는 것을 골프 스윙에 비유한다. 스탠스를 취하는 데서부터 활 들기, 호흡하는 방식에 이르까지 아주 작고 세세하게 구분할 수 있다. 이 모든 행위에 통달해야 한다. 가장 치열한 경쟁의 압박 아래서 흠 없이 활쏘기를 수행할 수 있도록 모든 요소를 자동적으로 움직이며 소화할 수 있을 정도로 숙련되어야 한다.

1908년 런던 올림픽에서 53세의 선수 시빌 퀴니 뉴월.

올림픽에 간 양궁

양궁은 1900년에서 1920년까지 올림픽에서 정식종목이었다가 폐지되었고, 1972년에 다시 올림픽에 들어갔으며 경기 방식도 여러 번 바뀌었다. 대부분의 올림픽 스포츠와 달리, 양궁 경기는 여자 선수들에게도 처음부터 열려 있었다. 1908년에 영국의 궁수 퀴니 뉴월은 53세의 나이에 금메달을 따냈다. 그녀는 아직까지도 올림픽의 모든 경기를 통틀어 여자 최고령 금메달리스트로 남아 있다. 다양성을 끌어안는 양궁의 포용성은 최근에는 신체 장애가 있는 선수들에게까지 확대되었다. 1984년 로스앤젤레스 올림픽에서 뉴질랜드의 양궁 선수 네롤리 페어홀은 하반신 마비 장애인으로는 올림픽 양궁 시합에 최초로 출전했다.

올림픽 초반의 스타로 벨기에의 위베르 반 이니스가 있는데, 1900년부터 1920년까지 금메달 6개와 은메달 4개를 휩쓸었다. 하지만 그후 참가 선수가 적다는 이유로 양궁은 올림픽에서 버림받았다. 그때까지 참여 국가가 프랑스, 벨기에, 미국, 네덜란드, 영국밖에 없었던 것이다.

양궁계는 1931년에 국제연맹을 세웠지만, 다음 반세기가량은 사실 미국에서만 명맥을 유지했을 뿐이다. 1950년대 중반에 스포츠 주간지인 『스포츠 일러스트레이티드』는 미국에 400만 명에 이르는 아마추어 궁수가 있다고 보도했다. 사냥꾼이자 화살 제조업자이며 저술가 및 텔레비전 진행자였던 프레드 베어와 그의 팬들은 양궁을 대중의 눈에서 멀어지지 않게 하려고, 개척 시대의 노스탤지어와 맹수 사냥의 비법을 계속 살려 나갔다. 할리우드의 자칭 '세계 최고' 궁수였던 하워드 힐은 〈로빈 훗의 모험〉(1938년)에서 로빈 훗 역할을 맡은 배우 에롤 플린에게 자문을 해주었고, 스스로 제작한 영화들에서 현란한 궁술과 활쏘기 요령을 선보이기도 했다. 근래에는 배우 윌리엄 섀트너(〈스타 트렉〉의 선장 커크, 〈보스턴 리걸〉의 변호사 대니 크레인)와 배우 지나 데이비스(그녀는 올림픽 미국 대표 선발전에서 아깝게 탈락한 바 있다) 같은 애호가들이 양궁 활성화에 손을 보태왔다.

1972년에 양궁이 올림픽에 돌아오자 미국은 메달을 휩쓸었으며, 1976년

1996년 애틀랜타 올림픽에서 저스틴 허시.

몬트리올 올림픽에서도 마찬가지였다. 1980년에 미국이 모스크바 올림픽을 보이콧하는 바람에, 미국 양궁 팀은 3회 연속 같은 위업을 달성할 수가 없었다. 미국은 1980년대와 1990년대까지 남자 부문에서 압도적인 성적을 거두었다. LA 올림픽에서 대럴 페이스는 경기에서 너무나 일찌감치 승기를 잡은 나머지, 경기 마지막 날 한창 시합이 열리는 와중에 기자회견을 열기까지 했다. 1996년 올림픽에서 금메달은 어렸을 적에 이웃집 잔디밭에서 자기 집 차고로 화살을 쏘며 활쏘기를 익혔다던 스무 살짜리 저스틴 허시에게 돌아갔다. 그는 수염을 기르고 포니테일 머리를 하고 야구 모자를 거꾸로 쓴 전형적인 캘리포니아 날건달 같은 모습으로 올림픽 경기에 모습을 드러냈다. 첫인상이 과히 틀리지 않았는지 허시는 2000년 올림픽을 준비하는 과정에서 마리화나 소지 혐의로 걸려들었다. 그는 미국 국가대표 팀을 그만두고 양궁계에서도 은퇴했다.

미국 양궁은 그때 이래로 쇠퇴의 길을 걸었고, 2004년 아테네 올림픽에서는 메달 하나 건지지 못했다. 올림픽 양궁을 호령하는 새로운 지배자로 한국이 등극했다. 한국에서는 금메달을 따면 평생 후한 연금을 보장 받는데다 대중적으로 어마어마한 갈채를 받는다. 한국의 여자 선수들은 1988년 이래로 세상의 모든 팀을 압도했고, 개인전에 걸린 메달 3개를 밥 먹듯이 싹쓸이해 간다. 현대에 들어 가장 활을 잘 쏘았던 궁수 김수녕은 3번의 올림픽에 출전해 금메달 4개, 은메달 1개, 동메달 1개를 목에 건 신궁이다. 한편 남자 단체 팀은 지난 여섯 번의 올림픽에서 금메달 4개를 쓸어 담았다. 한국 군단의 결속은 2008년에 한국 최고의 남녀 궁수인 박성현과 박경모가 결혼을 발표했을 때 새로운 경지에 올라섰다. 한국 대표팀이 런던에서 전보다 못하리라고 내다볼 근거는 어디에도 없다.

ATHLETICS

육상

2012년 8월 3일~12일/ 올림픽 스타디움

(트랙과 필드, 혼합 종목) 런던, 몰에서 마감(도로 경기 종목)

참가 선수: 2000명 | 금메달: 47개

올림픽 참가

남자: 1896~ 현재. 여자: 1928년~ 현재.

올림픽 형식

24개의 트랙 종목과 16개의 필드 종목(남녀 4개의 도약 종목과 4개의 투척 종목), 5개의 도로 종목(남녀 마라톤, 남녀 20킬로미터 경보, 남자 50킬로미터 경보)과 혼합 종목(남자 10종 경기와 여자 7종 경기).

게임의 강자들

미국이 26번의 근대 올림픽 대회에서 3번만 빼놓고 메달을 가장 많이 땄다. 런던에서도 메달을 가장 많이 따낼 가능성이 높지만, 베이징의 경우를 보건대 장담할 수는 없다. 2008년 올림픽에서 러시아와 케냐, 자메이카가 각각 6개씩 금메달을 챙겨 갔다. 미국 국가대표 팀과 단 1개 차이였다.

역대 챔피언

미국: 311 | 소련/러시아: 64 | 영국: 49 | 핀란드: 48

육상을 왜 보는가?

육상, 복싱, 레슬링은 고대 올림픽에서부터 근대 올림픽까지 내려온 스포츠이다. 텔레비전 시청자들의 인기를 기준으로 삼건, 상징적이고 역사적인 의미를 따지건 간에 육상은 3종목 가운데서도 가장 높은 지위를 차지한다. 높이뛰기에서 포즈베리가 최초로 등을 아래로 하고, 즉 포즈베리 플롭으로 바를 넘던 장면, '플로 조'(플로렌스 그리피스 조이너)의 생체공학적인 체격과 인상적이기 그지없었던 손톱, 혹은 베이징에서 경쟁 선수들을 멀찌감치 따돌리던 우사인 볼트의 모습은 모든 사람의 뇌리에 지워질 길 없이 새겨져 있다. 하지만 정치를 고려하면 얘기가 달라진다. 베를린에서 제시 오언스의 항거와 1968년에 멕시코에서 폭발했던 '블랙 파워 살루트' 사건을 보라.

사람들은 육상 하면 단순함을 떠올린다. 올림픽에 나가는 선수가 아닌 우리도 누구 할 것 없이 달리고 훌쩍 뛰어오르고 던질 수 있거니와, 이처럼 단순한 것을 이 세상 누구보다 잘하는 사람들을 보자면 비상하게 짜릿한 맛이 있다. 모든 스포츠가 이런저런 정도로 극적이지만, 육상의 순전한 단순함은 극적인 재미를 증폭시킨다. 배턴을 놓치는 바람에 팀을 나락에 빠뜨린 계주 주자의 낙담을 상상해보라. 아니면 여러 번 노 스로(no-throw) 실격을 당한 후에 메달을 땄을 뿐 아니라 개인 최고기록을 갱신한 창던지기 선수의 희열과 비교할 만한 일은 정말 흔치 않을 터다.

올림픽 육상에서 또 신기하고 재미있는 측면이 정치적인 차원이다. 올림픽에서 거둔 성공에 수반되는 영광에는 권력이 항상 따라붙었다. 고대 그리스의 도시국가들부터 나치의 제3제국 등, 권력은 올림픽을 정치적으로 이용했다. 스타디움은 한 나라가 자국민과 나머지 세상 양쪽에 자신의 우위를 증명하는 장이었다. 올림픽 육상이 양 체제의 상징적인 전투 행위라는 차원에서 노골적으로 긴장이 고조되었던 냉전 시기만큼 위태롭지는 않지만, 그래도 관심을 둘 만한 민족주의적이고 이데올로기적 맥락은 숱하게 많다. 예를 들어 중국은 얼마나 빨리 미국을 따라잡을 것인가?

육상은 스포츠 세계의 귀족이다. 하지만, 놀랄 만큼 민주적이기도 하다. 올림픽에서는 작고 날쌘 사람들(장거리 장애물 경주), 인간 대벌레(높이뛰기), 덩치가 아주 큰 사람들(해머와 포환던지기)도 겨룰 공간이 있다. 육상의 이런 다양성과 보편성은 모든 사람은 저마다 자신의 특장점을 찾아낼 수 있어야 한다는 점을 드러낸다. 뿐만 아니라 선수들은 여기서 한발 더 나아가 나름의 목표를 좇는다. 일부 인기가 덜한 종목들도 경쟁자들의 실

파라오 덴(기원전 2945년경)이 세드 축제에서 파라오 자리에 부족하지 않은 다리를 여전히 가지고 있음을 보여주고 있다.

력을 가리는 와중에 경이를 창조해낸다. 어쩌다가 저 선수는 장대높이뛰기에서 왕좌에 오르게 되었을까, 저 사람은 어쩌다가 올림픽 경보에 나가겠다고 몸과 마음을 다 바치게 되었을까?

육상 이야기

육상이라는 활동의 기원을 살피는 것은 무의미한 일이나 마찬가지이다. 이를테면 경보는 올림픽 종목인데, 현재 인류의 조상은 400만 년 전부터 이걸 했다고 알려져 있다. 창던지기 얘기를 해보자면, 심지어 야생 침팬지도 작살을 쓴다고 한다.

조직적인 육상 경기를 벌이게 된 근원을 찾자면 약간 더 신빙성 있는 근거를 제시할 수 있다. 알려진 것 중에 가장 오래된 경주는 이집트의 제1왕조(기원전 3100~2890년)가 지휘한 세드 축제에서 열렸다. 파라오들은 제위 30년이 지나면 건재를 증명하기 위해 왕국의 국경과 극경 사이를 달리게 되어 있었다. 이 별난 축제에서 자칼이 뒤쫓아 오는 가운데 사람들은 그들을 지켜보았다.

고대 사회에서는 통과의례로서 육상경기를 이용하는 곳이 많았다. 에티오피아 남서부 하메르 족의 젊은 남자들은 힘이 얼마나 센지 증명하기 위해 소를 뛰어넘었다. 남자는 거세한 수송아지를 네 번 뛰어넘어야 결혼을 할 수 있었다. 그들은 조상이 세월의 뒤안길에서 유목 생활을 하게 된 다음에도 거르는 법이 없이 이 의식을 행해왔다. 소 뛰어넘기는 크레타(기원전 2700~1450년)의 사람들 사이에서도 비슷하게 중요한 역할을 했다. 이 의식에는 소년과 소녀들이 모두 참여했다.

육상은 결정적인 경쟁 요소를 도입해 한 단계 나아갔다. 청동기 시대에 부상하던 제국과 도시국가들은 병사들이 튼튼한 몸을 유지하고 창던지기 등 전투 기술에 능하기를 원했다. 전장에 유용할 기술이 트랙과 필드 경기로 발전했다. 동시에 육상은 다른 역할도 했다. 싸움으로 번질 공격적 충동을 돌려놓았던 것이다. 조지 오웰이 쓴 구절을 빌려오자면, 축구는 "사격을 뺀 전쟁"이었다. 통치자들은 다툼의 대상이나 경쟁 도시를 향한 호전성을 흩트려놓으려고 육상 경기를 후원했다.

기록된 초창기 육상 행사는 장례식에서 열리는 경우가 많았다. 전설에 따르면, 장대높이뛰기와 높이뛰기, 창던지기 종목이 있었던 아일랜드의 한 대회는 루 왕이 기원전 1829년에 어머니의 죽음을 기리려고 개최했다고 한다. 장례식 대회는 『일리아드』에서도 두드러진 역할을 한다. 호메로스가 트로이전쟁을 묘사하는 데 장면이다. 그리스 군대의 영웅이자 종종 '빠른 사나이'로 불렸던 아킬레우스는 사랑하는 친구 파트로클로스의 죽음을 기리는 뜻에서 대회를 열었다. 달리기 경주, 복싱, 레슬링, 창던지기를 종목으로 한 대회였다. 대회에는 세 가지 목적이 있었다. 전사한 군사의 소유품을 나누는 기준을 세운다. 동료 병사의 죽음에 대한 슬픔을 마음에서 떨쳐내는 계기로 만든다. 참가자들에게 '불멸의 명성'을 얻을 기회를 준다.

그리스는 물론 현대 육상의 모판이었다. 올림피아에서 4년마다 열리던 위대한 대회, 코린트와 네메아, 델포이에서 열리던 범(汎)그리스적인 스포츠 축제는 여러 면에서 현대의 각종 경기대회와 같은 기능을 했다. 이 대회들은 문화적인 단일성을 상기시키고 라이벌 도시국가들과 힘을 비교할 기회를 주었으며 영광의 길을 향한 쉼 없는 탐사를 만족시켜주었다.

고대 올림픽의 육상 경기

고대 올림픽 대회는 그리스 신들의 왕인 제우스에게 바치는 종교 축제의 일부였다. 통설로는 기원전 776년에 시작되었는데, 펠로폰네소스 반도 올림피아에서 4년마다 열렸고 서기 4세기 말엽까지 지속되었다. 그후에 로마가 그리스를 정복했으며 그리스도교도인 비잔틴 황제들에 의해 올림픽도 막을 내렸다.

축제는 처음에는 지역 행사였으나, 기원전 5세기 즈음에는 흑해와 지중해 중서부에 사는 사람들까지도 참가자로 받아들였다. 대회가 열리기에 몇 달 앞서서, 전령들이 그리스어를 쓰는 세계를 두루두루 다니며 올림피아로 오라고 선수들과 구경꾼들을 초대했다. 그들은 성스러운 휴전을 체결해 안전한 여행 경로를 보장해준다는 선언도 덧붙였다. 도시국가들 사이에 전쟁이 거의 끊이지 않았던 시기였음을 생각하면, 올림픽이 종교적으로 얼마나 중요한 행사였는지 알 수 있다.

제우스는 축제 면면마다 강조되었다. 올림피아에 도착하면 선수들은 제우스의 무시무시한 이미지 앞에서 자신들이 자유로운 그리스 국민이며 적어도 열 달은 훈련했다는 선언을 해야 했다. 대회가 열리는 동안 황소 100마리를 제물로 바쳤다. 기원전 432년에는 조각가인 페이디아스가 황금과 상아로 만든 거대한 제우스상의 제막식이 대회 장소에서 열리기도 했다. 13미터 높이의 제우스상은 고대 세계의 7대 불가사의 가운데 하나가 되었다.

초창기에 이 축제의 스포츠 부문은 오로지 육상뿐이었다. 그것도 첫 50년쯤은 딱 한 가지 경기밖에 없었다. 스타데라고 불리는 192미터 전력질주였다. 그리스 말로 스타디온, 즉 스타디움의 길이만큼 달리는 경기였다. 선수들은 다진 모래 위를 맨발로 달렸다. 기원전 776년 최초로 기록된 경기의 우승자는 엘리스 시 근처에 살던 코로이보스라는 요리사였다.

다른 종목도 점차 생겨났다. 기원전 724년에 대회 주최측은 스타디움을 달렸나갔다가 돌아오는 약 400미터 길이의 경주를 신설했다. 4년 후에는 스타디움 192미터를 20~24번 뛰는 '장거리 경주'가 생겼다. 기원전 708년에 가서야 최초로 육상이 아닌 레슬링이 종목에 추가되었다. 후에 전차 경주, 복싱, 판크라티온이라고 불리는 인정사정없고 규칙도 없는 격투기(걱정스럽게도 최근에 부활했다), 갑옷을 비롯하여 완전무장하고 스타디움을 왔다

그리고 그들은 출발했다! 기원전 6세기 꽃병에 그려진 그리스 경주자들.

갔다 하는 경주인 호플리토드로모스라는 종목도 생겼다.

육상 쪽에서 더 흥미를 끌었던 것은 레슬링과 같은 해에 도입한 5종경기였다. 스타데 경주, 높이뛰기, 원반던지기와 창던지기에 레슬링을 포함한 경기였다. 팔리오스라는 5종경기 선수를 기리는 기원전 5세기의 시가 있다. 팔리오스가 16미터를 건너뛰었다고 주장하는 이 시를 보면 도약 종목에 가령 오늘날의 세단뛰기 같은 경기를 비롯해서 여러 종목이 있었음을 알 수 있다. 고대의 원반던지기는 현대와는 다르게 투척 서클 안에서 발을 고정한 채로 원반을 던졌다. 원반의 무게와 크기는 표준화되지 않았다. 대신 선수들은 경기 때마다 생산한 원반 중에 가장 큰 것을 사용해야 했다. 창던지기도 오늘날 우리가 보기로는 익숙하지 않은 방식으로 실시되었다. 창은 끈에 감겨 있고, 한쪽 끝은 선수의 손가락에 묶여 있었다. 창을 놓는 순간에 끈이 엄청난 속도로 풀려나면서 창이 안정감 있게 돌아가게 하는데, 그렇게 날아간 창은 100미터를 훌쩍 넘겨 떨어지기도 했다.

선수들은 처음에는 옷을 다 입고 시합에 나섰지만, 기원전 720년경 오르시포스라는 스프린터가 스타데 경주를 하러 나오면서 허리옷을 떼어내고 달려 우승을 차지했다. 아칸토스라는 스파르타 사람이 우연이 아니라고 생각하고, 마찬가지로 옷을 입지 않은 상태에서 곧이어 열린 더블 스타데 우승을 차지했다. 그후로 알몸은 표준이 되었다. 알몸 경주 탓에 결혼하지 않은 여자가 올림픽을 관전할 수 없었다고 생각하기 십상이지만, 실은 종교적인 이유 때문일 가능성이 크다. 제우스는 마초적인 신으로, 테스토스테론으로 가득한 분위기가 희석되는 것을 친절하게 받아들일 신이 아니었던 것이다. 오늘날처럼 고대 올림픽에서도 우승자들에게 상금을 주진 않았다. 우승자들은 올리브 화환을 받고 올림피아에 자신들의 조각상이 세워지는 것에 만족해야 했다. 그러나 부수적인 혜택은 상당했다. 전도유망한 선수들은 고향 도시국가에서 후하게 후원을 받았으며, 승리자들은 당연히 선물과 금전으로 목욕을 하게 마련이었다. 과연, 올림픽 우승에 따라붙는 영예는 너무나 컸던 나머지, 선수를 가로채는 일도 비일비재했다. 예를 들어 소타데스라는 선수는 99회 축제에서는 크레타 선수로 장거리 경주에서 우승했으나, 다음 대회에서는 에페소스 사람으로 출전했다. 오늘날 큰돈이 오고가는 이적시장의 고대 판이라고 할까.

하지만 승리의 주요한 특전은 불멸이었다. 환상에 불과한 일이 아니다. 기원전 164년부터 기원전 152년까지 올림픽 달리기 부문에서 4번 연속 3관왕을 차지한 로도스의 레오니다스 같은 선수들은 오늘날에도 길이 기억되고 있으니까 말이다.

로마인들 역시 그리스인들처럼 조직화한 대회를 선호했으며 종종 종교적인 축제와 경기를 함께 벌였다. 그들은 피비린내 나는 검투 시합과 전차 경주를 순전히 운동 경기로 즐겼다는 사실은 유명하다. 식민지 이전 시대에 지카릴라 아파치와 오세이지 같은 부족은 전사의 몸을 유지하려고 달리기를 했는데, 반면에 저 먼 유럽 쪽 사람들은 남자다움을 시험하는 장으로서 창던지기 시합을 이용했다. 예를 들어 바이킹은 새로이 정복한 땅을 나누는 방법으로 해머던지기 시합을 활용했다. 선수들은 해머를 더 멀리 던질수록 더 많은 땅을 차지할 수 있었다.

중세와 르네상스 유럽에서 가장 화려한 위치를 누린 스포츠는 마상 창시합 대회로, 기사들의 전투 기술 연마를 북돋우려고 열렸다. 그러나 일반 병사들이 했던 활동이야말로 현대 육상과 더 깊은 관련이 있다. 가령 오늘날의 포환던지기는 그들이 포탄을 던지던 훈련에서 파생돼 나온 경기이다.

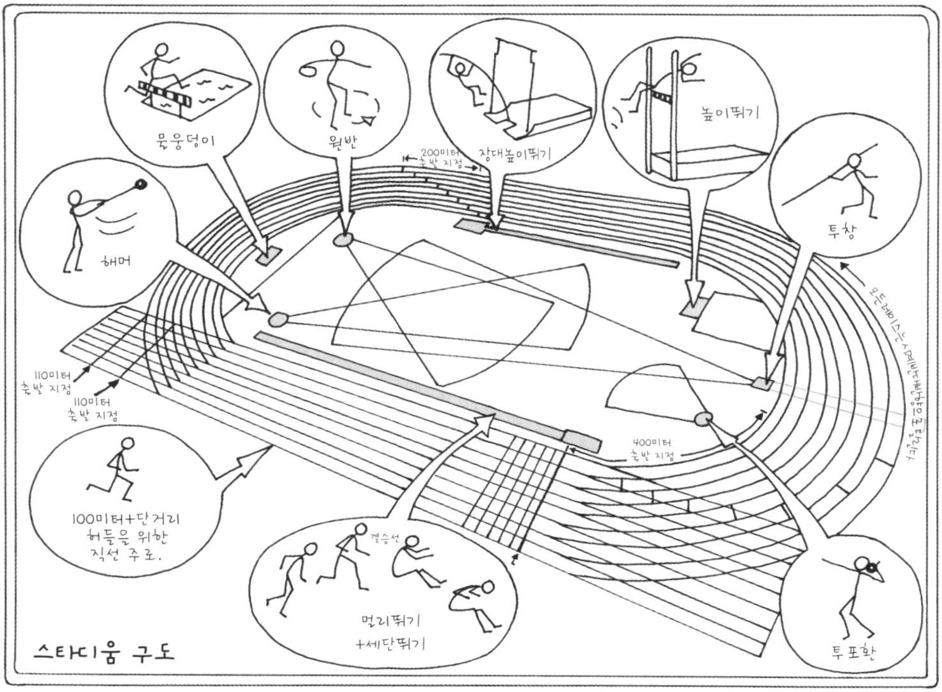

17세와 18세기에 이르러, 운동 시합의 주요한 후원자들은 영국의 지배 계급이었다. 귀족들은 고용인들의 육상 경기를 조직했고, 결과를 놓고 도박을 거는 데 열을 올렸다. 카운티 코크 클로인의 비숍 백작은 목사보들을 상대로 경주를 연 것으로 유명하다. 교구의 한 자리가 승자에게 돌아가는 선물이었다. 선수들은 비숍 백작이 보기에 재미있자고 늪에 가까운 진창을 달려야 했다. 영국의 최상류층 인사가 최초로 전면적인 육상대회를 여는 데 박차를 가한 까닭은 고대 세계를 숭배했기 때문이다. 1612년에 로버트 도버라는 변호사가 제임스 1세의 축복에 힘입어 연례 코츠울드 올림픽 게임을 글로스터셔의 치핑 캠든 근처에서 열었던 것이다. 프로그램에는 달리기와 높이뛰기, 대형 해머던지기가 있었다.

이 고대 올림픽을 재현한 대회는 혁명 시기 프랑스에서 열린 올림피아드 드 라 레퓌블리크의 계기가 되기도 했다. 그리스도 1859년과 1870년, 1875년에 고대 올림픽을 재현해보려 했으며, 영국 리버풀에서는 1862~1867년까지 매해 그랜드 올림픽 페스티벌을 주최했다. 리버풀 대회는 1896년에 아테네에서 열린 올림픽 프로그램과 놀랍도록 흡사했다. 유럽과 미국에서 고대 그리스를 추앙하는 또 한 가지 경향이 있었는데, 육체 운동을 학교와 대학의 교과과정에 들여놓은 것이다. 이것이 현대 체육의 발전에서 중차대한 역할을 했다. 예를 들어 1840년 쉬루즈버리 스쿨과 1850년 엑시터 대학과 옥스퍼드대학에서 열린 대회는 현대 최초의 종합육상대회 가운데 하나였다.

학교 바깥으로 나가보면, 1837년에 로드 크리켓 그라운드에 필드를 에워싼 러닝 트랙이 만들어졌고 1863년에는 같은 도시의 대시번햄 홀에서 최초의 실내 육상대회가 열렸다. 이 대회는 4가지 달리기와 세단뛰기 부문으로 진행했다. 다음 단계는 전국적인 협회와 챔피언십 대회를 마련하는 것이었다. 잉글랜드아마추어육상협회는 1880년에 발족했고, 미국육상연맹(1888년)이 뒤따랐으며, 프랑스육상단체연맹(1889년)도 생겼다. 세계 조직인 국제아마추어육상연맹(IAAF)은 1912년에 창립되었고, 1982년에 '아마추어' 규정을 좀 완화하면서 현재까지도 세계 육상대회들을 계속 관할하고 있다. 2001년에 마침내 '아마추어 육상'을 떼고, '국제육상연맹'으로 이름이 바뀌었다.

게임 시작: 육상의 기초

육상을 구성하는 다양한 종목은 5가지 범주에 들어간다. 달리기, 도약 경기, 투척 경기, 경보, 혼합 종목이다. 종목별로 두 성별이 나뉘어 따로따로 경합한다.

육상의 흥미로움은 도전 내용의 단순성에 비례한다. "있는 힘을 다해 최대한 점프하라"는 "뛰어오르면서 최대한 건너뛰고, 어마어마한 점프를 해내기 위해서는 힘을 좀 비축해두라"라는 말보다 훨씬 명료하다. 그래서 멀리뛰기가 세단뛰기보다 더 높은 지위를 누리는 것이다. 다만 보는 사람들의 우선순위가 당파성에 영향을 받으면(영국이나 세단뛰기 선수 조너선 에드워즈의 경우처럼) 예외가 되겠지만 말이다. 비슷하게 지구상에서 가장 뛰어난 사나이라는 직함은 3킬로미터를 넘게 달리며 다양한 장애물을 다루는 경기에 최고라는 직함보다 더 인상적이게 마련이다. 그러나 덜 인기 있는 종목을 무시하는 것은 실수이다. 해머던지기 선수가 경기를 할 때 무슨 생각을 하는지 그려보기란 쉬운 일이 아니겠지만, 어쨌거나 선수들의 기술과 헌신은 숨이 턱 막힐 만큼 근사하고 놀랍다.

달리기

고도는 경기에 상당한 영향을 미친다. 1968년 멕시코시티(해발 2240미터) 올림픽에서 주자들은 초속 1.5미터의 순풍 덕을 봤다. 당연히 공기저항이 감소하기 때문이다. 이는 단거리 주자에게는 유리한 조건이었다. 하지만 해수면 고도보다 3퍼센트 정도 산소가 부족했기 때문에 긴 거리를 뛰는 주자들에게는 고통스러운 환경이었다. 가령 아프리카의 열곡처럼 비슷한 고도에서 살고 훈련한 선수들은 장거리 경주에서 명백히 유리하다. 그들의 몸은 산소를 좀더 효율적으로 쓰는 데 익숙해져 있기 때문이다. 해수면 고도로 내려오면, 그들의 허파는 가스 과잉 상태가 된다.
400미터 경주까지는 선수들이 자기 레인 안에서만 달려야 한다. 800미터 경기에서도 첫 100미터는 마찬가지로 레인을 지키며 달려야 한다. 그 지점을 지나면 선수들은 스타트했던 레인에서 벗어나 트랙 안쪽으로 파고들어 달릴 수 있다. 안쪽에 있는 레인들이 당연히 가장 짧고 빠른 경로이다. 800미터보다 더 긴 레이스에서는 시작부터 자기 주로를 지키지 않고 뒤엉켜서 달릴 수 있다. 기록은 선수의 몸통이 결승선을 끊은 순간에 따라 판가름이 난다.

단거리

400미터 이하 부문에서 선수들은 스타팅 블록이라고 부르는 출발대에서 시작한다. '발사'야말로 이 단거리 경주의 이름이다. 블록에서 튀어나와 최

우사인 볼트는 베이징에서 육상 100미터 세계기록을 훌쩍 깨버렸다.

대한 빨리 최고 속도에 도달하는 것을 목표로 삼기 때문이다. 주자가 출발 총소리가 울리고 나서 0.1초(귀에서 뇌와 근육으로 정보가 차례로 전달되는 데 걸리는 시간)보다 빨리 출발하면 부정 출발이 된다. 예전에는 모든 선수에게 각각 1번씩 부정 출발이 허용되었으나, 규칙이 바뀌어 1번째 출발에서만 어떤 선수든 부정 출발이 허용되고 2번째 출발에서 부정 출발한 선수는 무조건 실격 처리된다. 2010년에 규칙은 더욱 빡빡해져서 단 1번만 부정 출발을 해도 실격이 되었다. 후에 대단한 악영향을 초래한 실로 터무니없는 결정이었다. 2011년에 한국 대구에서 열린 세계육상선수권대회에서 우사인 볼트가 단 1번의 부정 출발로 실격하면서 100미터 타이틀을 방어하지 못하는 사태가 일어난 것이다.

단거리에서 출발은 대단히 중요하다. 그러나 사람들의 생각만큼 극도로 중요한 것은 아니다. 나쁜 출발이라고 해봤자 좋은 출발보다 약 500분의 1초만 느릴 뿐이고, 최고의 주자는 레이스 도중에 이를 만회할 수 있다. 그러나 일찍 뛰쳐나갈 경우 심리적 이점은 가치를 따질 수 없을 만큼 중요하다. 정신적 상태는 단거리 경기에서 핵심 요인이다. 선수들이 레이스에 앞서 스스로 어떻게 마음을 가다듬는지 보라. 이런저런 몸짓을 하고, 군중의 소음에서 귀를 막고, 저 '100미터 앞을 마냥 응시'하는 모습 말이다.

100미터와 200미터(그리고 단거리 허들 경기와 멀리뛰기와 세단뛰기)에서는 레이스 도중 어떤 순간이라도 선수 뒤에서 불어오는 순풍이 초속 2.1미터를 넘기면, 신기록이 나왔다 해도 인정받지 못한다.

100미터

인간이 얼마나 빨리 달릴 수 있는지를 궁극적으로 드러내는 행위가 직선 코스에서 내달리는 것이다. 국제 100미터 코스는 출발선에서 결승선까지 길이 2센티미터까지는 벗어나도 되고, 높낮이는 10센티미터까지 차이가 나도 된다. 측량사와 건설업자는 덕분에 미치지 않아도 된다.

올림픽 수준의 남자 선수들은 43에서 46보 사이에 결승선을 통과하고, 여자 선수들은 47보에서 52보 사이에 결승 테이프를 끊는다. 최고의 남자 스프린터는 대개 최고 초속 12미터까지 달리는데, 레이스 중 60~70미터 구간을 달릴 때 그렇다. 여자 선수의 경우는 초속 약 11미터이며 50~60미터 구간에서 이런 속도를 낸다. 최고 가속을 낼 경우 남녀 모두 1초당 4.6보를 뛴다.

100미터 올림픽 기록

남자: 9.69초, 우사인 볼트(자메이카), 2008년 베이징.

여자: 10.62초, 플로렌스 그리피스 조이너(미국). 1988년 서울.

200미터

200미터는 고대의 스타데와 거리상 비슷하지만, 사실은 '펄롱'(220야드, 약 201.2미터)에서 유래했다. 근대 올림픽의 역사를 거치면서, 200미터 주자들은 400미터 트랙의 곡선 코스를 달려왔다. 하지만 1960년 이전에 미국인들은 국내 대회에서는 200미터를 직선 코스에서 달렸다. 그 시기에 쌓인 증거를 보면, 곡선을 돌아서 달리는 데는 레이스 시간에서 초당 3분의 1은 잡아먹는다.

선수들은 200미터에서도 100미터 못지않게 전력질주를 한다. 우사인 볼트의 세계기록 시간은 그의 100미터 기록에서 거의 정확히 두 배이다. 하지만 100미터가 지나면서 스피드가 눈에 띄게 줄어드는 것도 사실이다.

200미터 올림픽 기록

남자: 19초.30, 우사인 볼트(자메이카), 베이징 2008년.

여자: 21초.34, 플로렌스 그리피스 조이너(미국), 1988년 서울.

레이스와 인종

국제 육상의 라커룸에는 코끼리가 둘 있다. 하나는 스포츠에서 약물의 역할이고, 하나는 인종과 육상 능력의 관계이다. 거의 모든 사람이 전자(경쟁 정신에 반하는 인공 화학품을 사용하는 것)에는 합의한다. 적어도 이론적으로는 그렇다. 두 번째 문제는 논란의 여지가 몹시 크다.

무엇이 사실인가? 2011년을 기점으로, 올림픽의 모든 남자 종목의 세계기록은 아프리카계 선수가 쥐고 있다. 100미터, 200미터, 400미터, 허들 경기는 고사하고, 모든 레이스 종목의 기록을 그들이 쥐고 있는 것이다. 여자 선수들의 성적은 비교하기에 그리 명확하지 않으나, 어쨌든 단거리 기록은 흑인 선수들 차지이다. 통계가 전부는 아니라고 해도, 흑인들은 다른 모든 인종보다 달리기를 그저 잘하는 것인가?

답은 '그렇다' 그리고 '아니다'이다. 그렇다. 아프리카 조상의 피를 이어받

동부 아프리카의 질주. 2008년 베이징 올림픽에서 에티오피아의 케네니사 베켈레가 엘리우드 키프초게에 앞서서 결승점으로 달려가고 있다.

는 것은 확실히 도움이 된다. 아니다. 사람들을 단 하나의 민족 집단의 범주에 우겨넣는 짓만큼 그릇된 일은 없다. 아프리카야말로 유전적으로 가장 다양한 대륙이다. 예를 들어 줄루 족과 베르베르 족은 육체적으로 스칸디나비아 사람들 그리고 중국 사람들과 공통점이 아주 많다.

논란의 여지가 있을 수 없이 참인 사실은 두 종족 집단 모두 올림픽 달리기 부문에서는 압도적으로 우위를 보인다는 점이다. 최고의 스프린터들은 서부 아프리카인의 혈통을 이어받은 사람들이고, 장거리 주자들은 거의 틀림없이 동부 아프리카인들이다. 놀랍게도 그들 중 절대 다수가 단 한 지역에서 나온다. 케냐 북부 열곡의 칼렌진이다. 과학자들은 관련된 종족 집단의 전형적인 생리학을 지적한다. 서부 아프리카인들과, 그들의 미국, 카리브 해 국가들 · 유럽의 후손들은 엉덩이가 좁고 잘 발달된 근육계와 속근 근섬유의 비율이 유달리 높다. 이 모든 특성이 전력질주에 유리하다. 한편으로 칼렌진 족은 보통 작고 말랐으며, 적색근 섬유로 똘똘 뭉쳐져 있다. 그들 역시 고도가 높은 지역에서 살며, 덕분에 산소를 한층 효율적으로 사용할 줄 안다. 바꾸어 말하면, 끈기가 필요한 달리기에 이상적인 장비를 갖추었다는 뜻이다.

흥미롭게도 중국인들은 운동 능력에서 인종적 차이라는 개념을 대놓고 끌어안는다. 2004년에 중국의 영자 신문《피플스 데일리》는 중국인은 트랙과 필드 경기에서 "선천적인 결함"과 "유전적 차이"를 가지고 있다고 보도했다. 사전에 핑곗거리를 찾으려는 속셈으로 보일 수도 있다. 하지만 이런 생각은 아테네 올림픽 110미터 허들에서 금메달을 딴 류시앙 같은 선수의 성공을 가능케 해준다. 그러니까 규율과 고된 노력, 영리한 기술 같은 중국인의 전형적인 미덕에 공이 돌아가는 것이다. 일본이 뛰어난 마라톤 주자들을 끊임없이 배출해왔다는 점도 흥미로운 대목이다. 그들의 트레이너들은 성공의 원인을 낮은 체지방과 고통을 대하는 매우 바람직한 태도에 돌린다.

한 가지는 분명하다. 오로지 바보만이 남자 1만 미터 경기에서 동부 아프리카계가 아닌 선수에게, 혹은 100미터에서 백인에게 내기를 걸 것이라는 점이다. 자메이카 선수가 1만 미터에서 우승하거나 에티오피아 선수가 100 미터에서 우승을 거두는 일도 딱 그만큼 가능성이 적다.

400미터

400미터는 국제육상연맹이 '지구력의 스프린트'라고 표현하는 바를 선수들에게 요구한다. 제 아무리 완벽한 몸을 가진 선수라 해도 30~35초 이상 최고의 속도를 내서 달릴 힘은 없다. 그 시간이 지나면 몸은 산소 고갈 상태에 놓인다. 이 단계부터 몸은 손실분을 메우려고 산소 결핍 상태로 호흡하기 시작하는 것이다. 그 결과 근육에 젖산이 쌓인다. '알통'이 배기는 것을 경험해본 사람이라면 알겠거니와, 정말이지 젖산의 누적은 너무너무 불편하다. 그러므로 잘나가는 400미터 주자들은 고통 따위는 무시할 능력이 있는 아주 고집스러운 인간이어야 한다. 말할 필요도 없이, 아주 빠르기까지 해야 한다.

한때 최고의 400미터 주자들은 200/400미터와 400/800미터 전문가로 나뉘기도 했다. 쿠바의 위대한 알베르토 후안토레나는 후자에 속했다. 그는 1976년 몬트리올 올림픽에서 두 부문 모두 금메달을 따냈다. 전자에는 1996년 애틀랜타에서 200미터와 400미터 2관왕이 된 마이클 존슨이 있다. 두 기록 다 다시 나오기 어려운, 상상조차 하기 어려운 위업이다. 우사인 볼트가 400미터까지 넘본다면 모를까.

400미터 올림픽 기록

남자: 43초.49, 마이클 존슨(미국), 1996년 애틀랜타.
여자: 48초.25, 마리-조제 페렉(프랑스), 1996년 애틀랜타.

중거리

중거리 달리기는 단거리보다 훨씬 더 전술적인 성격을 띤다. 레이스 내내 전력질주를 할 수는 없기 때문이다. 선수들은 마지막 코너를 돌 때까지 최대한 많은 에너지를 보존해두어야 하며, 상대 선수들이 어떻게 달리고 있는지 쉼 없이 감시해야 한다.
구경하고 있자면 이만저만 재미있지가 않다. 선수들이 단거리 같은 막판 스퍼트를 내려고 어딘가에 뭘 꿍쳐둔 듯한 표정이 아닌가? 아니면 중압감을 느끼는 것은 아닐까? 레이스가 끝나기 전에 주요 그룹에서 떨어져 나오는 주자들은 작전을 너무 일찍 쓴 걸까, 아니면 완벽하게 타이밍을 맞춘 것일까? 보통 최고의 주자들은 무리 중간에 섞여 있다가 마지막 바퀴를 알리는 종이 올리면 2위, 3위로 순조롭게 치고 올라간다. 1970년대 케냐의 스타 헨리 로노 같은 괴짜도 있었지만 말이다. 그는 두 번째 바퀴쯤마다 속도를 올려서 경쟁자들을 따돌리고 마지막 바퀴에서는 멀찌감치 앞서서 달렸다.

800미터

중거리 부문에서 가장 짧은 종목으로, 스타디움을 2바퀴 돈다. 선수들은 각자의 레인에서 출발하지만 100미터가 지나면 레인을 벗어나도 된다. 마지막 바퀴에 신호가 울리는데, 여러 바퀴를 뛰는 레이스에서는 모두 마지막 바퀴에 신호가 울린다. 이 시점에서 파블로프적인 조건반사로 선수들의 페이스가 올라가는데, 그러면서 한층 극적인 장면이 연출된다.

800미터 올림픽 기록

남자: 1분 42초 58, 베브조른 로달(노르웨이), 1996년 애틀랜타.
여자: 1분 53초 43, 나데츠다 올리차렌코(소련), 1980년 모스크바.

1500미터

1500미터는 중거리 달리기의 꽃이다. 800미터를 달리는 것보다 한층 큰 스태미나가 필요한데, 다리는 거의 800미터만큼 빨리 움직여야 한다. 이 수준에서 경쟁하려면 남자 선수는 1바퀴에 평균 55초로는 계속 달려야 한다. 게다가 무리에서 뛰쳐나가 우위를 선점할 정확한 순간도 가늠해야 한다. 1500미터나 800미터도 그러한데, 트랙이 혼잡하고 너도나도 앞서 나아가기를 꾀하는 통에 종종 까다로운 레이스가 된다. 영국의 스티브 오벳은 팔을 뻗어 앞 선수를 밀쳐내 공간을 만들어내곤 했다. 1500미터를 뛰는 선수들은 몸싸움으로 유명하다.

1500미터 올림픽 기록

남자: 3분 32초 07, 노아 응게니(케냐), 2000년 시드니.

여자: 3분 53초 96, 파울라 이반(루마니아), 1988년 서울.

3000미터 장애물 경기

3000미터 장애물은 아일랜드의 크로스컨트리를 바탕으로 한 경기이다. 아일랜드 크로스컨트리는 참가자들이 교회들 사이를 누비고 레이스를 펼치는 경기였다. 이 올림픽 장애물 경기는 3000미터를 달리는 동안 28개의 허들과 7개의 물웅덩이를 거친다. 장애물은 남자 경기에서는 약 91센티미터이고, 여자 경기에서는 약 76센티미터이다. 장애물은 부딪쳐도 쓰러지지 않기 때문에 선수들은 일부러 장애물 꼭대기를 딛고 넘어서기도 한다. 장애물의 하나인 물웅덩이는 허들 앞에 있으며 3~4미터 정도 길이에 경사가 져 있다. 멀리 뛸수록 덜 젖지만, 선수들은 물에 뛰어내리게 마련이다. 선수들은 경사의 윗부분으로 내려서 물의 저항을 덜 받으려 한다.

3000미터 장애물 올림픽 기록

남자: 8분 05초 51, 줄리어스 카리우키(케냐), 1988년 서울.

여자: 8분 58초 81, 굴나라 갈키나 사미토바(러시아), 2008년 베이징.

장거리

올림픽에는 장거리 경기로 5000미터와 1만 미터, 마라톤 경기가 있다. 초창기에는 크로스컨트리가 있었지만, 1924년 파리의 재앙 후에 없어졌다. 선수들이 경기 도중에 발전소에서 나오는 연기에 중독된 사건이 일어난 것이다.

5000미터와 1만 미터

장거리는 중거리와 비슷한데, 더 길게 달리는 경주일 뿐이다. 장거리는 극도로 전술적인데, 선수들은 상대가 추월할 수 없을 정도로 리드를 잡거나, 마지막 바퀴를 돌 때 쓸 힘을 확실히 비축해두는 방법으로 나머지 선수들을 제압하려 애쓴다. 초반에는 선수들이 에너지를 아끼려고 야금야금 뛰지만, 마지막 몇 백 미터는 박진감 넘치는 전력질주로 이루어진다.

5000미터 올림픽 기록

남자: 12분 57초 82, 케네시아 베켈레(에티오피아), 2008년 베이징.
여자: 14분 40초 79, 가브리엘라 스자보(루마니아), 2000년 시드니.

1만 미터 올림픽 기록

남자: 27분 01초 17, 케네시아 베켈레(에티오피아), 2008년 베이징.
여자: 29분 54초 66, 티루네시 디바바(에티오피아), 2008년 베이징.

마라톤

마라톤은 1896년 아테네 올림픽에서 언론에 대서특필되도록 하여 화제몰이를 해보려고 고안되었다. 마라톤이 그리스 병사였던 페이디피데스의 전설에 영감을 받은 경기라는 것은 유명한 사실이다. 페이디피데스는 기원전 490년에 아테네까지 약 42킬로미터를 달려와서, 마라톤 전투에서 그리스가 페르시아에 승리했다는 소식을 전하자마자 그만 죽어버렸다 한다. 표준거리가 42.195킬로미터로 늘어난 것은 1908년 런던 올림픽에서 왕가의 명령 때문이었다. 그들은 레이스가 윈저 궁의 육아실 아래쪽에서 시작해 화이트 시티 스타디움의 귀빈석에서 끝나기를 원했다.

말하지 않아도 알 일이지만, 마라톤 주자들에게는 엄청난 스태미너가 필요하다. 게다가 날쌔기까지 해야 한다. 남자 세계기록은 2시간 3분 59초이며, 여자 세계기록은 2시간 15분 25초이다. 그러니까 26마일 연속으로 1마일당 5분 이내로 달렸다는 뜻이다. 1970년대까지는 스태미너 하나만 좋아도 남자 마라톤의 톱클래스에 들 수 있었다. 그러나 이제 남자 부문은 1마일당 5분이 아니라 4분 이내로 뛸 수 있는 선수들의 영역이 되었고, 우승을 하려면 막판에 전력질주를 할 수 있어야 한다. 여자 마라톤도 마찬가지이다. 그런 측면에서 1만 미터 선수들이 종종 마라톤까지 뛰거나, 1만 미터에서는 볼장 다 봤다며 마라톤으로 옮겨가는 일도 놀랍지는 않다. 위대한 하일레 게브르셀라시에가 유명하다.

마라톤 올림픽 기록
남자: 2시간 6분 32초, 사무엘 완지루(케냐), 2008년 베이징.
여자: 2시간 23분 14초, 다카하시 나오코(일본), 2000년 시드니.

허들

허들은 리듬과 테크닉이 전부이다. 최고의 선수들은 장애물 위를 붕 떠서 가는 것처럼 보이며, 힘을 가장 적게 소모하고 발걸음 패턴을 전혀 흩뜨리지 않는다. 400미터 허들의 남녀 세계기록은 같은 길이의 일반 레이스보다 불과 4초 이내로 느릴 따름이다. 일관된 발걸음 패턴을 유지한다는 것은 극도로 어려운 일이다. 앞선 다리를 뻗으면서 다른 다리는 왼쪽이나 오른쪽 혹은 몸 아래로 구부리는 허들 넘기의 일반적인 방법 역시 몹시 까다로운 기술이다.

허들 자체는 세게 치면 쓰러지게 되어 있으나 그에 따른 벌칙은 없다. 그래서 선수들은 허들을 뛰어넘을 적에 적당한 시도를 할 수 있다. 선수들은 피하고 싶어 하지만, 허들은 곧잘 쓰러지게 마련이다. 충돌은 리듬을 흩트리고 속도를 심각하게 줄여놓는다. 극단적인 경우에는 참으로 불운하게도 선수가 넘어지기까지 한다. 하지만 허들 선수들은 필요하다면 레이스 도중에 허들 몇 개쯤은 넘어뜨려도 괜찮을 만큼 절절히 대처하는 법을 익힌다. 허들 경기를 볼 적에 초반부터 누가 최상의 리듬으로 갈리는지 포착해보라. 부드러움과 내딛는 발의 움직임이 핵심이다. 선수가 걸음 패턴을 바로 잡으려고 더듬거리고 있다면 이미 끝장이다.

110미터(남자), 100미터(여자), 400미터(남녀)

올림픽의 모든 허들 경기는 전부 10개의 허들을 넘는다. 여자 부문 단거리 허들은 100미터이고, 남자의 경우는 110미터이다. 허들 높이도 다르고(남자는 1.067미터, 여자는 0.8미터), 출발선에서 첫 번째 허들까지의 거리, 한 허들에서 다음 허들까지의 거리와 마지막 허들에서 결승선까지의 거리도 다르다. 400미터에 쓰이는 허들은 더 낮다. 남자 허들이 0.914미터이고 여자 허들은 0.762미터이다. 하지만 400미터에서는 코스가 두 성별 모두에게 똑같이 펼쳐진다. 첫 번째 장애물까지가 45미터이고 이어지는 허들 사이의 거리는 각각 35미터이며, 마지막 허들에서 결승선까지는 40미터이다.

100미터/110미터 허들 올림픽 기록

남자: 12초.91, 류시앙(중국), 2004년 아테네.

여자: 12초.37, 조애너 헤이스(미국), 2004년 아테네

400미터 허들 올림픽 기록

남자: 46.78초, 케빈 영(미국), 1992년 바르셀로나.

여자: 52.64초, 멜라니 워커(자메이카), 2008년 베이징.

계주: 4×100미터(400미터), 4×400미터(1600미터)

올림픽 계주 팀들은 각 국가의 가장 빠른 달리기 선수들로 구성된다. 하지만 스피드만으로는 족하지 않다. 배턴을 떨어뜨리지 않고 매끄럽게 넘기는 것이야말로 필수적인 성공 요인이다. 진행 속도를 많이 줄이지 않으면서 동료와 배턴을 주고받는 것도 기술이다. 선수들은 압박감에 눌려 종종 애를 먹는다. 배턴은 반드시 정해진 구역인 배턴 존에서 건네주어야 하는데, 각 선수의 출발선에서 전후방 10미터이다. 배턴을 받는 선수는 라인 안쪽에 있다가 뒤에서 오는 선수의 시간을 재면서 출발해, 배턴을 건네받았을 때 가능한 최고의 속도로 달리려 한다. 하지만 배턴을 받는 선수가 지나치게 빨리 달려서는 안 되는데, 배턴 존을 지나치기 전에 배턴을 받으려면 갑작스럽게 속도를 늦춰야 하는 일이 생길 수도 있기 때문이다.

400미터 계주는 400미터 개인 경기에서와 마찬가지로 선수마다 출발선이 다르다. 4×400미터, 즉 1600미터 계주의 첫 주자는 레인 안에서 달려야 한다. 배턴 존까지 쭉 레인 안을 달리다가 두 번째 주자도 100미터까지

는 레인을 유지한다. 이 지점에서 주자들은 트랙 안쪽의 좋은 자리를 노리며 흩어져도 된다. 그때부터 배턴 존은 극도로 혼잡해진다. 선수들이 배턴 존 가까운 쪽으로 위치를 잡으려고 치열한 몸싸움을 벌이기 때문이다. 여러 선수가 거의 같은 시간에 같은 지점에서 출발하는 경우도 많이 생긴다. 전통적으로 계주의 1번째 주자로 팀에서 2번째로 빠른 선수가 나서고, 2번째 주자로는 3번째로 빠른 선수, 3번째 주자로는 가장 느린 선수, 마지막 주자는 가장 빠른 선수가 나선다.

4×100미터 계주 올림픽 기록
남자: 37초 10, 자메이카, 2008년 베이징.
여자: 41초 60, 동독, 1980년 모스크바.

4×400미터 계주 올림픽 기록
남자: 2분 55초 74, 미국, 1992년 바르셀로나.
여자: 3분 15초 17, 소련, 1988년 서울.

도약 경기

멀리뛰기와 세단뛰기에서는 접근 속도가 관건이다. 선수가 뛰어오르는 지점의 일관성에 주의를 기울여서 보라. 뛰는 지점이 일정치 않거나 되풀이해서 너무 빨리 도약한다면, 도약하러 뛰어가는 와중에 압박감에 짓눌린 탓일 가능성이 높다. 높이뛰기 선수들에게는 구역 안에 들어가 경쾌하고도 부드럽게 접근하여 최적의 도약 시점을 가늠하는 것이 중요하다. 좋은 스타트가 관건이다. 선수가 초기 시도에서 나쁜 점프를 했을 경우에 회복하기는 매우 어렵다.
스프린터들과 마찬가지로 도약 선수들의 경기 전 의식도 눈길을 끈다. 멀리뛰기 선수들은 특히 별난 정신 안정 기술로 유명한데, 경기에 착수하기에 앞서서 마음속으로 뛰기를 완수하는 장면을 연상해보면서 몸을 흔들고 꼬고 한다. 도약 선수들은 자신의 도움닫기에 박자를 맞추어보려고 관중들을 부추겨 리듬에 맞추어 박수를 치게 하기도 한다. 달리기 선수들은 관중의 소음을 막으려하는 반면에, 도약 선수들은 소음을 좋아한다.

참으로 안타깝게도 제자리멀리뛰기는 1912년에 올림픽 종목에서 빠졌다. 그리하여 '인간 개구리' 레이 어리 같은 기인을 우리에게서 앗아갔다. 그는 1900년부터 1908년까지 올림픽 3회 연속 제자리멀리뛰기 금메달을 싹쓸이한 선수였다. 역설적이게도 그의 성공은 어린 시절에 앓은 소아마비가 결정적인 역할을 했다. 어린 어리는 휠체어에서 벗어나려고 운동을 하면서 다리를 어찌나 강하게 키웠는지, 뒤로 뛰어도 2미터 70센티미터 이상을 날아 갈 정도였다.

높이뛰기

모든 선수는 모든 높이에서 최대 3번까지 점프를 시도할 수 있다. 그후에 바는 단 한 선수만 넘는 데 성공할 때까지 높이가 올라간다. 승부를 가리지 못한 경우에는 마지막 높이에서 더 적은 시기에 바를 넘은 선수가 승리한다. 시기 수도 똑같다면, 전체 경기에서 실패한 시기 수를 따져서 승패를 가리며, 이 모든 방법으로도 승자를 가리지 못했다면 결승 뛰기를 한다.

딕 포스베리가 1968년 멕시코 시티에서 등을 뒤로하여 뛰어넘는 '플롭'을 최초로 선보이다.

높이뛰기에서 도약하는 시점은 결정적인 요소이다. 바에 너무 근접해 뛰어오르면 올라가면서 바에 걸릴 것이다. 너무 멀리서 뛰어오르면 낙하하면서 바를 칠 것이다. 바에 접근하는 각도 역시 중요하다. 최고의 선수들은 도약 지점에 도착해 30~40도로 몸을 틀어 뛰어오른다. 목표는 딱 바 높이까지 오를 만큼에서 몸을 가장 높은 곳에 올려놓는 것이다. 말이야 쉽지, 실제로 하기는 어려운 일이다.

1968년 이전에 높이뛰기는 보통 얼굴을 바닥 쪽으로 마주하고 건너뛰었다. 딕 포스베리가 멕시코시티 올림픽에서 머리를 하늘로 향하는 방법으로 우승을 거둔 후에 그의 혁명적인 '플롭' 기술은 거의 하룻밤 사이에 표준이 되었다.

높이뛰기 올림픽 기록

남자: 2.39미터, 찰스 오스틴(미국), 1996년 애틀랜타.

여자: 2.06미터, 엘레나 슬레사렌코(러시아), 2004년 아테네.

멀리뛰기

도움닫기의 스피드와 그 스피드를 허공을 가르며 앞으로 날아갈 때 유지하는 것이 성공의 관건이다. 칼 루이스와 매리언 존스가 이것으로 유명하거니와, 이로써 최고의 스프린터들이 멀리뛰기에 꽤 쉽사리 적응할 수 있다.

도약 지점도 아주 중요하다. 선수는 러닝 트랙과 같은 높이에 박혀 있는 20센티미터 너비의 구름판을 딛거나 그 전에 도약을 해야 한다. 이상적으로는 구름판의 앞쪽 가장자리에서 불과 몇 밀리미터만 남겨두고 떠오르는 것이 좋다. 점프하는 과정에서 파울이 빈번히 일어나는데, 이 파울은 구름판 앞쪽의 발구름선이라고 부르는 곳에 발이 닿았는지 여부에 따라 가린다. 발구름선에는 선수가 밟았을 경우에 자국이 남는다.

모든 선수는 3차 시기까지 뛸 수 있으며, 가장 멀리 뛴 8명이 결승에 진출한다. 결승전에서도 선수들은 3차 시기까지 뛴다. 결승전에서 가장 멀리 뛴 선수가 금메달을 딴다.

멀리뛰기 올림픽 기록

남자: 8.90미터, 보브 버몬(미국), 1968년 멕시코시티.

여자: 7.40미터, 재키 조이너-커시(미국), 1988년 서울.

세단뛰기

세단뛰기의 규칙과 구조는 멀리뛰기와 대부분 같다. 세단 점프를 하는 동안에 홉(구름판에서 발을 뛰어 도약하는 것)을 하고, 건너뛰고, 점프하는 과정을 매끄럽게 연결하는 것이 핵심이다. 선수는 구름판을 디뎠던 발로 홉 단계에서 땅에 내려야 한다. 그러고는 엄청나게 큰 보폭으로 뛰어올라 다른 발로 땅에 내리며, 같은 방식으로 점프를 해서 두 발로 모래밭에 내린다. 멀리뛰기에서와 마찬가지로, 점프 거리는 구름판에서 모래에 선수가 남긴 가장 가까운 자국까지를 잰다.

세단뛰기 올림픽 기록

남자: 18.09미터, 케니 해리슨(미국), 1996년 애틀랜타.

여자: 15.39미터, 프랑수아즈 음방고 에톤(카메룬), 2008년 베이징.

장대높이뛰기

장대높이뛰기는 휘어지는 장대를 쥐고 도움닫기를 하여, 장대를 바닥에 꽂고 장대의 힘을 이용하여 최대한 높이 올라가는 경기이다. 기예가 좋은 선수들은 장대가 수직 위치에 가는 바로 그때 몸을 위로 밀어올릴 줄 안다.

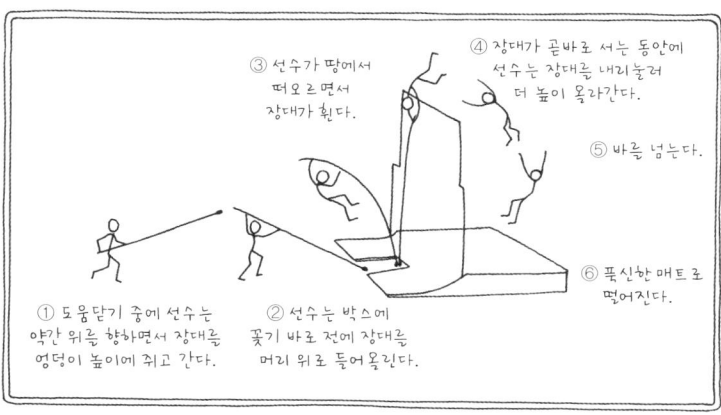

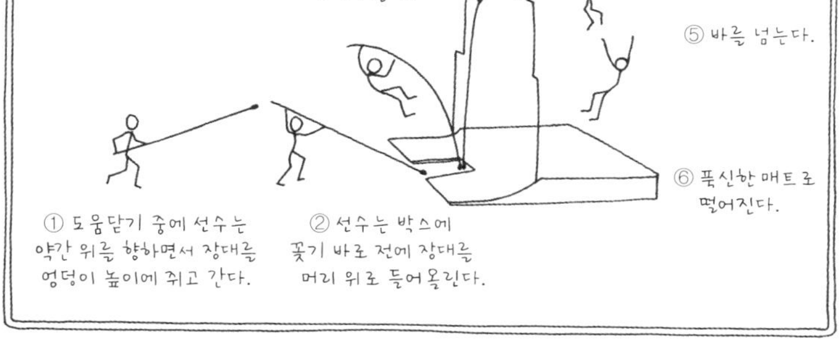

그렇게 하면 6미터 이상은 손쉽게 넘어간다. 규칙은 높이뛰기와 거의 비슷하다. 각 높이마다 3번 시도할 수 있으며, 3번 다 실패하면 탈락이다.

장대높이뛰기 올림픽 기록

남자: 5.96미터, 스티븐 후커(오스트레일리아), 2008년 베이징.

여자: 5.05미터, 옐레나 이신바예바(러시아), 2008년 베이징.

투척 종목

투척 경기에서는 말할 것도 없이 힘이 필수적이지만, 스피드도 딱 그만큼 중요하다. 원반 등이 날아가는 거리는 손을 놓는 순간에 던지기에 필요한 신체 일부가 내는 스피드와 직접 연관돼 있다. 창던지기와 포환던지기에서는 던지는 팔의 속도가 관건이다. 원반과 해머 던지기의 경우 던지는 순간에 몸 전체를 어느 정도로 회전했느냐가 중요하다. 최고의 선수들은 마치 육중한 발레리나처럼 서클 안에서 움직인다. 각도를 제대로 잡아야만 한다. 던졌을 때 탄도가 너무 높으면 수평으로 날아가기보다는 수직으로 올라가다가 힘이 낭비되어 급전직하하고 말 것이다. 너무 낮게 던져도 발사체는 때 이르게 땅에 떨어진다. 매끄럽게 던지는 동작도 긴요하다. 최고의 투창 선수들은 창이 거의 흔들리는 일 없이 허공을 가르도록 날린다.

올림픽에 참가한 선수들은 모든 투척 종목에서 3번씩 시도할 수 있다. 가장 멀리 날린 선수 8명이 결승에 진출하고, 결승에서도 선수들은 3번씩 투척할 수 있다.

원반던지기

남자 선수는 22센티미터 지름에 2킬로그램짜리 원반을 사용하고, 여자 선수는 1킬로그램짜리 원반을 사용한다. 올림픽에서 여자 원반던지기 기록이 남자보다 앞서는 이유이다. 올림픽에서만 통용되는 규정이다. 선수들은 지름 2.5미터인 서클 안에서 1바퀴 반을 돌아서 몸을 과격하게 뒤틀어 얻은 추진력과 비튼 힘으로 원반을 최대한 멀리 날려 보낸다. 원반을 놓을 때 최적의 각도는 35도 정도이다. 투척이 유효로 인정되려면, 서클에서부터 20도 각도로 부채꼴로 퍼져 나간 지역 안에 원반을 떨어뜨려야 한다.

원반던지기 올림픽 기록

남자: 69.89미터, 버질리우스 알렌크나(리투아니아), 2004년 아테네.

여자: 72.30미터, 마르티나 헬만(동독), 1988년 서울.

현대 올림픽에서 동독의 마르티나 헬만은 남녀를 불문하고 원반을 가장 멀리 던진 선수이다.

창던지기

1980년대에 이르러 창던지기 선수들의 실력이 너무나 좋아진 나머지(최고의 남자 선수들은 이 무기를 100미터도 넘게 날린다) 러닝 트랙을 달리는 선수들을 위협하기에 이르렀다. 국제육상경기연맹은 창의 디자인을 일부 바꾸어 이 문제에 대처했다. 무게 중심을 바꾸어 창이 땅에 더 일찍 꽂히도록 만든 것이다. 던지기가 유효하려면 창끝이 땅에 가장 먼저 닿아야 한다. 하지만 땅에 꼭 박혀야 할 필요는 없다.

도움닫기를 빠르게 잘 조절하면서 창을 최적의 각도에서 쏘아 올려야 한다. 창은 쏘아 올리는 순간에 위로 30~40도 각도를 가리켜야 한다. 던지는 팔은 부드럽고도 빠르게 움직여야 하며, 창을 놓은 다음에 최대한 힘을 생성해내는 상태여야 한다. 창던지기 선수들은 대개 도움닫기 후에 약간

제동을 걸고 쏘아 올리기에 앞서 다리를 살짝 교차시킨다. 선수들은 그런 동작으로 허리에 가해질 압박을 줄이려고 커다란 벨트를 찬다.

창던지기 올림픽 기록
남자: 90.57미터, 안드레아스 토르킬드센(노르웨이), 2008년 베이징.
여자: 71.53미터, 오슬레이디스 메넨데스(쿠바), 2004년 아테네.

포환던지기

남자 포환은 7.26킬로그램에 지름이 110~130밀리미터이고, 여자 포환은 4킬로그램에 지름이 95~110밀리미터이다. 이 운동의 목표는 순전히 던지는 팔을 빠르게 뻗쳐 폰환을 던져 올리는 것이다. 선수들이 2.135미터 투척 서클에서 몸을 재빨리 앞으로 움직여 앞발을 10센티미터의 발막이 앞에 쿵 내려놓고 뉴턴의 법칙을 떠올리게 하는 반작용을 끌어내며 포환에 힘을 싣는 모습은 특히 매혹적이다. 쇠로 만든 공을 릴리스하기 전에 서클 안에서 똑바로 나아가는 글라이딩 방식으로 포환을 던지는 선수가 있는가 하면, 한 번 회전해 원심력을 이용해 던지는 선수도 있다.

포환던지기 올림픽 기록
남자: 22.47미터, 울프 팀머만(동독), 1988년 서울.
여자: 22.41미터, 일로나 슬루피아네크(동독), 1980년 모스크바.

해머던지기

해머던지기는 포환과 똑같은 크기와 무게의 쇳덩어리에 1.17~1.215미터짜리 줄을 달아서 던진다. 줄은 맨 끝을 잡는다. 투척하는 서클은 지름이 2.135미터이다. 선수는 서클 안에서 발꿈치에서 발가락, 발가락에서 발꿈치로 움직이는 일련의 발놀림을 이용하면서 네 번 몸을 돌려 해머를 던져 올린다. 줄 끝에 달린 핸들에 손가락 피부가 벗겨지는 것을 막기 위해 장갑을 낀다.

모든 투척 종목 가운데 해머던지기는 예기치 않은 상황을 가장 많이 연출한다. 선수가 해머를 너무 일찍 놓으면 투척 서클을 둘러싼 보호케이지가

망가질 가능성이 크기 때문이다.

해머던지기 올림픽 기록

남자: 84.80미터, 세르게이 리트비노프(소련), 1988년 서울.
여자: 76.34미터, 옥산나 멘코바(벨라루스), 2004년 아테네.

경보

경보는 18세기와 19세기 영국과 미국에서 경쟁적으로 일어난 '도보주의'에 대한 광적인 애정을 바탕으로 생겨났다. 사람들을 뽑아 일정한 거리를 오가는 데 얼마나 걸릴지를 놓고 엄청난 판돈이 걸린 도박이 성행했다. 구레나룻을 기른 남자들부터 노파까지 유명인사들도 경보에 참여했다. 1749년에는 18개월짜리 여자아이가 800미터 길이의 경기장을 23분 만에 걸어서 후원자들에게 기쁨을 안겨주었다.

20킬로미터 경보(남녀), 50킬로미터 경보(남자)

선수들은 항상 지면에 한쪽 발을 닿게 해야 하고, 앞서 나가는 다리는 땅에 닿는 순간 수직이 되도록 곧게 뻗어야 한다. 코스 군데군데 심판들을 두어 선수들을 감시하고, 규칙을 위반한 선수에게는 레드카드가 떨어진다. 레드카드를 3장 받으면(심판마다 한 선수당 1장밖에 레드카드를 줄 수 없다) 선수는 실격당한다.

20킬로미터 올림픽 기록

남자: 1시간 18분 59초, 로베르트 코르제니오프스키(폴란드), 2000년 시드니.
여자: 1시간 26분 31초, 올가 카니스키나(러시아), 2008년 베이징.

50킬로미터 올림픽 기록

남자: 3시간 37분 09초, 알렉스 슈와저르(이탈리아), 2008년 베이징.

혼합종목

"세계에서 2번째로 위대한 운동선수가 게이요?" 1984년 로스앤젤레스 올림픽 10종경기에서 승리를 거둔 후 기자회견장에 나타난 댈리 톰슨의 티셔츠가 물었다. 명백히 칼 루이스를 노린 문구로, 티셔츠에 새겨진 험담은 로스앤젤레스 올림픽의 가장 매력적인 이벤트는 아니었다. 하지만 그런 무례한 언사에는 의미심장한 물음이 숨어 있었다. 방금 전에 100미터, 200미터, 멀리뛰기, 400미터 계주에서 금메달을 딴 칼 루이스는 정말로 세상에서 가장 위대한 운동선수인가, 아니면 10개의 다른 종목에서 모든 선수들을 젖혀버린 사람을 세계 최고의 위대한 운동선수라고 해야 맞는가? 비슷한 물음을 7종경기 여자 선수들에 관해서도 해볼 수 있다. 한 종목 정도를 특화해서 뛰는 그들의 자매들과 비교해서 말이다.

10종 경기(남자), 7종 경기(여자)

남자 10종 경기는 이틀에 걸쳐 열린다. 첫날에는 100미터 달리기, 멀리뛰기, 포환던지기, 높이뛰기, 400미터를 치르고, 둘째 날에는 110미터 허들, 원반던지기, 장대높이뛰기, 창던지기와 1500미터 달리기를 실시한다.

여자 7종경기도 이틀간 열린다. 100미터 허들, 포환던지기, 높이뛰기, 200미터 달리기를 첫날에, 멀리뛰기, 창던지기와 800미터 달리기를 둘째 날에 한다.

두 종목 다 선수들은 세심히 페이스를 조절해야 한다. 원반던지기와 장대높이뛰기와 창던지기와 1500미터를 같은 날에 해야 하는데 110미터 허들에서 힘을 다 빼서는 좋을 일이 없다. 살인적인 일정의 결과로, 선수들의 성적은 좀더 나누어서 치렀을 경우보다 처진다. 최고의 선수들은 일관성을 유지하고 선두주자를 가시권 안에 두는 것을 목표로 한다. 점수는 투척 거리와 달리기 시간 기록에 따라 산출하고, 코스를 마치고 가장 많은 점수를 딴 10종경기/7종경기 선수가 금메달을 목에 건다.

10종경기 올림픽 기록
남자: 8893점, 로만 제블레(체코공화국), 2004년 아테네.

7종경기 올림픽 기록
여자: 7291점, 재키 조이너 커시(미국), 1988년 서울.

올림픽에 간 육상

육상경기는 모든 올림픽의 꽃이었다. 하이라이트를 추려보았다.

1896년

근대 올림픽 시대의 첫 대회를 달구었던 종목은 남자 100미터 달리기였다. 미국의 프랭크 레인이 12.2초의 기록으로 금메달을 땄다. 그의 미국 동료들이 12개가 걸린 메달 중에 9개를 챙겼다. 홈 팬들에게는 스피리돈 루이스가 마라톤에서 우승한 것이 절정이었다. 기쁨에 젖은 7만 명가량의 그리스 구경꾼들이 그리스 왕자 2명과 마지막 바퀴를 돌던 이 24살짜리 샘물 배달꾼에게 환호를 보냈다.

1900년

1900년 파리 올림픽은 IOC로서는 영광과는 거리가 먼 대회이다. 대부분의 육상 경기는 군데군데 나무가 서 있고 500미터짜리 잔디 트랙이 깔려 있으며 표면이 고르지 못한 경기장에서 열렸다. 그럼에도 기어이 영웅은 나타났으니 대부분 미국인이었다. 레이 어리(개구리 사나이. '도약경기' 편을 보라)가 제자리 도약 경기 부문을 휩쓸며 3관왕을 차지했고, 앨빈 크랜즐린은 60미터 달리기와 110미터, 200미터 허들, 멀리뛰기에서 사흘 동안에 금메달을 쓸어 담으며 근대 올림픽 최초의 위인으로 등극했다. 그 과정에서 허들을 넘을 때 다리를 쭉 뻗는 방법을 세상에 처음으로 선보였다. 그 전까지 선수들은 양 다리를 몸 아래로 구부렸다가 뛰어넘는 토끼뜀을 했었다. 그는 또 일요일에는 시합을 하지 않겠다는 약속을 저버리고 나서 패배를 안겨준 한 선수에게 얻어맞을 뻔도 했다(앨빈은 경기에 나타났고, 그의 신앙심 깊은 라이벌은 경기에 나오지 않았다).

1904년

육상에서 미국의 우위는 세인트루이스에서도 계속되었다. 233명의 참가 선수들 가운데 미국인이 197명이었으니 말 다했다. 조지 포이지와 조지프 스태들러는 최초의 아프리카계 미국인 메달리스트(각각 400미터 허들과 제자리높이뛰기)가 되었고, 레이 어리가 또다시 튀어올라 제자리 도약 경기 부문에서 우승을 차지했다. 마라톤의 우승자인 줄 알았던 뉴요커 프레드 로츠는 알고 보니 18킬로미터쯤을 차로 이동했다는 사실이 밝혀졌다. 매사추세츠 주 출신의 토머스 힉스가 그의 목에서 금메달을 낚아챘다. 그는 브랜디와 스트리크닌이라는 독성 물질 약품으로 원기를 북돋우며 레이스를 마친 터였다.

1908년

1908년 런던에서 마라톤이 또다시 헤드라인을 훔쳤다. 9만 명의 군중 앞에서 1등으로 들어왔던 선수는 도란도 피에트리라는 기진맥진해진 이탈리아 웨이터였다. 착란에 빠진 그가 트랙을 거꾸로 돌려고 하다가 5번을 쓰러지고 결국은 관계자들의 도움을 받아 결승선을 넘었다. 2위로 들어온 미국인 자니 헤이예스가 당연히 이의를 제기했다. 이의는 받아들여졌고, 그에게 금메달이 돌아갔다(하지만 영국의 알렉산드라 왕비에게 피에트리는 은으로 된 컵을 받았다. 참으로 재미있는 일인데, 아서 코난 도일이 제안한 일이었다). 바야흐로 상례가 되었거니와, 미국이 어떤 나라보다 많은 16개의 금메달을 획득했다. 하지만 영국과 아일랜드도 7개를 챙겼다.

1912년

1912년 스톡홀름 올림픽은 유럽인들이 미국인들과의 간극을 좁히기 시작했다는 증거를 쏟아냈다. 이번에는 핀란드 사람들이 가장 강한 도전자들이었다. 육상 부문에서 미국이 16개의 금메달을 땄으나, 핀란드인들도 6개를 따냈다. 미국과 비교하면 대단하지는 않지만, 한 선수가 거둔 승리는 경악할 만했다. 한스 콜레마이넨이 5000미터와 1만 미터, 크로스컨트리를 제패하며 기염을 토한 것이다. 그러나 이 대회의 가장 큰 이슈는 5종 경기와 10종 경기를 석권한 짐 소프였다. 10종 경기에서는 세계 신기록을 작성하기도 했다. 그가 따낸 점수는 1948년에도 은메달을 따낼 수 있는 점수였다.

1920년

앤트워프 대회는 세상에 파보 누르미를 소개했다. '날으는 핀란드인'의 이 위대한 원조는 1만 미터와 개인 및 단체 크로스컨트리 경기에서 금메달을 따며, 조국이 미국의 육상과 똑같은 개수(9개)의 금메달을 따내는 데 혁혁한 공을 세웠다. 그는 5000미터에서 은메달을 따내기도 했다.

1924년

누르미는 파리에서 두 번째로 열리는 올림픽에서 5개의 금메달을 더 수집했다. 혹독하게 더운 기상조건을 무릅쓰고 얻은 성과였다. 핀란드 조직위원들이 그의 건강을 염려하여 1만 미터 출전을 막지 않았다면 그는 틀림없이 6번째 금메달도 목에 걸었을 것이다. 멀리뛰기 선수인 윌리엄 디하트 허바드는 개인 부문에서 금메달을 목에 건 최초의 흑인이었다. 하지만 동료 미국인 로버트 레전더가 전날 5종경기를 하면서 멀리뛰기 세계 신기록을 세우는 바람에 약간 빛이 바랬다.

1928년

암스테르담 올림픽에서는 2개의 중대한 '최초 기록'이 나왔다. 여자들이 마침내 트랙과 필드 경기를 하게 되었다. 얼마 지나지 않아 경기가 대폭 없어지기는 했지만 말이다. 그리고 일본의 세단뛰기 선수 오다 미키오가 아시아인 최초로 금메달을 땄다.

품위 없는 광경? 1928년 악명 높은 여자 800미터 경기에서 선두를 차지하는 리나 라드케(독일).

"11명의 가련한 여인": 1928년 여자 800미터

IOC는 1900년 이래 테니스와 골프, 요트, 1904년 이래 양궁, 1912년 이래 수영과 다이빙처럼, 상대적으로 얌전한 종목에서는 여자들이 뛰는 것을 은혜롭게도 허가했지만, 1928년 암스테르담 대회 전까지 트랙과 필드에서 여자 경기는 없었다. 심지어 그때도 여자들을 경기에 포함시킨 결정으로 논란이 일었다.

특정한 무리 사이에서는 여자들은 격렬한 운동에는 생물학적으로 적합하지 않다는 의견이 팽배했다. 겉모양만 번드르르한 과학적 주장이 이런 태도를 뒷받침했다. 그러니까 육상 활동은 여자의 내장 기관을 교란시켜서 생식력을 위협한다는 것이었다. 1924년 올림픽 100미터 우승자이자, 영화 〈불의 전차〉로 불멸의 선수가 된 해럴드 에이브럼스는 다음과 같은 말로 여러 사람들의 견해를 대변했다. "나는 여자들의 몸이 정말로 폭력적인 운동을 하게끔 만들어져 있다고는 생각하지 않는다. 트랙에서 달리는 것이 그들로서는 얼마나 어색한 일인지 깨달을 일이다." 그가 1980년대 체코의 중거리 주자이며 아놀드 슈워제너거처럼 근육으로 똘똘 뭉쳐 있던 자밀라 크라토흐빌로바를 봤으면 무슨 말을 할지는 하늘만이 알 일이다. 불행하게도 암스테르담에서 여자 800미터 결승전은 여자들의 육상 경기를 혐오스럽게 생각하는 자들의 손에 놀아나고 말았다. 한 구닥다리 스포츠 기자가 적었다. "우리 아래로, 재 뿌린 트랙 위에 11명의 가련한 여인들이 있었다. 5명은 결승선에 가기도 전에 경기에서 빠졌고, 5명은 결승 테이프 앞에 이르러 쓰러지고 말았다." 사실 이 경기의 자료 장면을 보면, 주자는 9명이며 모두 결승선을 통과했다. 하지만 여러 명이 힘이 빠져 쓰러진 것은 사실이다.

좀더 혁신적인 관찰자들은 그런 일은 남자 선수들의 레이스에서라면 당연하게 여겨졌을 것이라고 지적했다. 당연히 혼신의 힘을 다 바쳐서 달릴 것이기 때문이다. 독일의 린다 라드케가 우승했던 이 경기는 2분 16.8초로 세계 신기록이 수립된 경기였다. 그러니 틀림없이 선수들은 온통 진이 빠지게 달렸을 것이다. 그러나 옛날의 공룡들은 기진맥진한 여자들이 그라운드에 널브러져 있는 "여자답지 못한" 광경을 붙잡고는 여자들이 200미터 이상은 달리지 못하도록 금지해버린 것이다. IOC는 이 결정을 32년간 철회하지 않았다.

1932년

로스앤젤레스에서는 자동 타이머 장치가 처음으로 선을 보였다. 사진 판정도 도입되었다. 사진 판정으로 110미터 허들 경기의 결과가 바로잡혔다. 동메달이 원래 미국의 잭 켈러에게 돌아갔으나, 사진 판독 후 영국팀의 도널드 핀레이에게 갔다. 위대한 팔방미인 베이브 디드릭슨 자하리아스가 조국 땅에서 여자 부문 5개 종목에서 모두 결승에 올라 창던지기와 80미터 허들에서 금메달을 따고, 높이뛰기에서 은메달을 딴 대회이기도 하다.

베를린에서 4번째 올림픽 금메달을 따내기 위해 달려나가는 제시 오언스.

1936년

베를린 올림픽은 히틀러 치하 제3제국의 인종 우월 이론에 보기 좋게 한 방을 먹인 제시 오언스로 가장 또렷하게 기억된다. 그는 100미터, 200미터 400미터 계주와 멀리뛰기에서 우승을 거머쥐었다. 베를린 관중들은 오언스를 가슴으로 받아들였고, 독일의 멀리뛰기 선수 루츠 롱은 멀리뛰기가 열리는 중에 오언스와 친구가 된 모습을 공공연하게 보여주어 나치 관리들은 경악을 했다. 그들로서는 메달 수에서도 그다지 기뻐할 일이 없었다. 육상에서 미국이 14개의 금메달을 딴 반면 독일은 5개에 그쳤기 때문이다.

1948년

2번째 런던 올림픽의 스타는 네덜란드의 주부 파니 블랑케르스-쿤이었다. 그녀는 100미터와 200미터, 80미터 허들과 400미터 계주에서 금메달을 목에 걸었다. 미국의 앨리스 코치먼은 높이뛰기에서 우승하면서, 흑인 여성 최초로 올림픽 챔피언에 올랐다. 한편으로 17살의 보브 매티어스가 10종경기 우승을 하면서, 지금까지도 올림픽 육상 부문 최연소 금메달리스트로 남아 있다. 어떻게 축하를 벌일 셈이냐는 질문을 받자 그는 "이제 면도를 시작할까 봐요"라고 말했다. 프랑스의 피아니스트 미셸린 오스테르메이예는 그 섬세한 손가락으로 올림픽 포환던지기 여자 부문 최초의 우승자가 되었다. 그녀는 원반던지기에서도 금메달을 땄고, 높이뛰기에서는 동메달을 땄다.

1952년

장거리 달리기에서 쌓아온 좋은 성적을 감안하건대, 핀란드인들에게는 조국 땅에서 연이어 승리를 거두리라는 기대를 할 이유가 충분히 있었다. 그들은 체코의 경이로운 인간 에밀 자토펙은 셈에 넣지 않았다. 그는 5000미터와 1만 미터에서 금메달을 챙기더니, 마라톤에도 손을 뻗쳐볼 모양이었다. 그로서는 한 번도 시도해본 적이 없는 종목이었다. 그는 마라톤에서 우승했는데 2위와는 2분 30초 이상 차이가 났다.

1956년

멜버른에서 열린 올림픽 육상 경기에서 베티 커스버트가 여자 100미터와 200미터 2관왕이 되고, 400미터 계주에서 오스트레일리아의 승리를 확정 지으면서 주최국인 오스트레일리아가 단연 두각을 나타냈다.

1960년

64년이 흐르고 나서야, 영어권이 아닌 나라의 주자, 독일의 아르민 하리가 로마 올림픽 육상 남자 100미터에서 우승을 차지했다. 에티오피아의 아베베 비킬라가 맨발로 달려 마라톤 신기록을 세우면서, 최초의 아프리카 흑인 금메달리스트가 되었다. 여자 선수들이 마침내 200미터 이상을 다시 달릴 수 있게 되었다. 루드밀라 셰프소바(소련)가 1928년 이후 여자 800미터 경기 최초의 우승을 차지했다. 냉전은 육상도 달구었다. 소련이 미국의 아성에 바짝 다가서는 수준이 되었다. 최종 금메달 합계는 11개 대 12개였다.

1964년

도쿄 올림픽에서는 몸이 성치 않은 선수들이 충격적이고도 뜻밖의 개가를 올렸다. 겨우 6주 전에 맹장 수술을 받은 아베베가 또다시 신기록을 세우며 마라톤에서 월계관을 썼고, 미국 선수 앨 오터는 목 보조기를 차고 올림픽 원반던지기에서 3번째 금메달을 따냈다.

1968년

멕시코시티에서 열린 육상 경기는 고도의 영향을 크게 받았다. 미국의 보브 비몬은 희박한 공기를 가르며 날아서 멀리뛰기 세계기록을 거의 60센티미터나 늘려놓았다. 그의 세계기록은 1991년까지 건재했고, 여전히 올림픽 신기록이다. 세단뛰기 남자 선수 5명이 기존의 최고 기록을 넘어섰고, 400미터를 포함하여 남자 단거리 종목에서 전부 세계 신기록이 나왔다. 상대적으로 장거리 경주의 기록은 저산소 환경 탓에 저조했다. 위대한 육상 선수 론 클라크는 10킬로미터 경주에서 죽다 살아났다. 또 유명한 사례는 딕 포스베리가 등을 아래로 하고 바를 뛰어넘는 '플롭' 방법으로 바를 뛰어넘는 모습을 세상에 처음 선보인 것이다. 케냐의 육상 세계 1인자 시대를 연 첫 주자 킵 케이노는 1500미터 경기에서 2위를 20미터 차이로 저만치 따돌리고 우승했다. 단거리 선수 토미 스미스와 존 카를로스는 남자 200미터 시상대에서 '블랙 파워 살루트'를 행했다는 죄로 선수촌에서 쫓겨났다.

2개의 장갑, 하나의 투쟁. 토미 스미스와 존 카를로스가 시상대에서 블랙 파워 살루트를 하고 있다.

1972년

핀란드의 새로운 장거리 주자가 뮌헨에서 위대한 탄생을 맛보았다. 5000미터와 1만 미터에서 금메달을 차지한 라스 비렌이 주인공이다. 그는 다음 올림픽인 몬트리올에서도 같은 위업을 달성했다. 서독의 울리케 메이파르트는 여자 높이뛰기에서 16살의 나이로 최연소 챔피언이 되었다. 동독의 볼프강 노르드비히는 장대높이뛰기에서 미국의 16연패를 저지했다. 그리고 소련은 육상 메달 순위표에서 마침내 수위를 차지하는 데 성공했다. 발레리 보르조프가 100미터와 200미터에서 2관왕을 차지하며 소련 팀의 메달 획득에 일조했다.

1976년

알베르토 후안토레나(쿠바)가 400미터와 800미터에서 최초로 2관왕에 올랐다. 빅토르 사네예프(소련)는 세단뛰기에서 3번째 올림픽 금메달을 따냈고, 헝가리 창던지기 선수 미클로스는 금메달리스트의 아들로서 스스로도 금메달을 따낸 최초의 선수가 되었다. 그의 아버지 임레 네메트는 1948년에 해머던지기에서 금메달을 따냈다. 동독이 11개로 육상에서 가장 많은 금메달을 땄다. 동독은 종말을 맞이했던 1989년까지 육상 강국의 위치를 누렸다. 체계적인 도핑 시스템의 역할이 컸다.

1980년

미국이 소련의 아프가니스탄 침공에 항의하여 모스크바 올림픽을 보이콧했고, 미국 선수들의 부재로 다른 나라의 육상 선수들이 빛을 볼 기회가 만발했다. 그중에 영국이 돋보였다. 중거리 달리기에서 스티브 오벳과 세바스찬 코가 치열한 접전을 펼쳤는데, 각자 상대방의 안방에서 금메달을 목에 걸었다. 오벳은 800미터, 코는 1500미터에서 우승을 차지한 것이다.

1984년

로스앤젤레스에서 육상은 소비에트가 주도한 보복성 보이콧으로 얼룩졌다. 여자 마라톤이 도입되어 1928년의 꼰대들에게 뒤늦게 한방을 먹였다. 칼 루이스가 100미터, 200미터, 400미터 계주와 멀리뛰기에서 금메달을 따며 제시 오언스가 베를린에서 거둔 성취를 재현해냈다. 에드윈 모제스는 400미터 허들에서 놀라운 102연승 행진을 이어갔다. 울리케 메이파르트는 28세로 이제는 여자 높이뛰기 최고령 우승자가 되었고, 세바스찬 코는 1500미터를 재패했다. 대단한 위업이 아닐 수 없다.
이제는 없어진 여자 3000미터 경기는 로스앤젤레스 관중이 사랑했던 메리 데커가, 올림픽에 나가려고 영국 국적을 취득한 남아공 출신의 졸라 버드와 충돌한 일로 기억된다. 데커는 결승전 1700미터 지점에서 졸라 버드에게 걸리고 말았다. 그녀는 넘어지지 않으려고 왼쪽 다리를 쭉 뻗었지만, 버드의 다른 다리에 걸려 넘어지고 트랙 바깥으로 나가 경기에서 탈락하고 말았다. 관중은 레이스에서 계속 뛰는 버드에게 야유를 보냈다. 루마니아의 마리시카 푸이카가 이 경기에서 금메달을 땄다.

1988년

서울 올림픽의 이야기는 두 단어로 요약해볼 수 있겠다. 바로 '벤 존슨'. 이 캐나다 선수는 100미터 결승전에서 세계 신기록인 9.79초를 기록해 지구촌을 열광의 도가니로 몰아넣었다. 그러고는 약물 심사에 통과하지 못해 기록은 실망 속으로 고꾸라지고 말았다. 믿기 어렵기는 마찬가지인 플로렌스 그리피스 조이너의 경기력도 강한 의구심의 도마에 올랐다. 그녀는 여자 100미터 결승에서 10.54초로 금메달을 땄다. 그 기록은 여전히 올림픽 기록으로 남아 있다. 조이너는 지난 해에 비해 불가사의할 만큼 향상된 모습으로 올림픽에 나타났다. 회의주의자들의 눈에는 딱 보기만 해도 빤했다. 미국 팀 감독인 빌 델링거가 미국 국가대표 팀 선발 시에 말한 적이 있다. 조이너를 두고 한 말은 아니었지만 말이다. "이건 단거리 경주가 아니야. 화학전이지."

1992년

베를린 장벽이 무너지고 처음 열린 바르셀로나 올림픽 남자 100미터에서 영국의 린포드 크리스티가 최고령으로 승리를 차지했다. 이전 최고령 우승자보다 4살이 많은 나이였다. 에티오피아의 데라르투 툴루는 올림픽 마라톤에서 우승한 최초의 아프리카 흑인 여자 선수가 되었다. 바르셀로나에서는 더없이 감동적인 일화가 있었다. 일은 남자 400미터 준결승전 150미터 무렵에 시작되었다. 우승 후보였던 영국의 데릭 레드몬드가 오른쪽 햄스트링 파열을 느낀 순간 그라운드에 무릎을 꿇고 무너졌다. 그의 아버지 짐이 관중석에서 달려 내려와 아파서 절뚝거리는 아들의 어깨에 팔을 두르고 말했다. “우린 네 선수생활을 함께 시작했다. 이 경기도 함께 마칠 거야.” 둘이 절뚝거리며 결승선으로 가는 동안에 6만 5000 관중이 기립박수를 보냈다. 에블린 애시포드는 3번의 올림픽에서 4번째 금데달(400미터 계주)을 따냈다. 그녀는 플로렌스 그리피스 조이너가 아니었으면 금메달을 한참 더 챙겨 갔을 것이다.

1996년

애틀랜타 올림픽은 2명의 놀라운 2관왕을 낳았다. 마이클 존슨은 200미터와 400미터에서 이겨 2관왕이 되었다(보이콧이 없었던 모든 올림픽 남자 육상에서 최초였다). 프랑스의 마리 조제 페렉은 여자 부문에서 존슨과 똑같은 위업을 달성했다. 남자 1만 미터 챔피언 하일레 게브르셀라시에는 5000미터 지점을 모든 올림픽의 5000미터 우승 기록보다 더 빠른 기록으로 지나쳤다.

2000년

마리 조제 페렉이 사사건건 파고드는 언론에 폭발해 시드니를 떠버렸을 적에, 오스트레일리아의 캐시 프리먼이 400미터에서 우승하는 데는 문제가 없었다. 모자 달린 전신 운동복을 입고 기록적인 11만 2524명의 관중 앞에서 거둔 그녀의 승리는 오스트레일리아 원주민들에게는 어마어마한 의미가 있었다. 또 다른 하이라이트는 미국 선수인 메리언 존스가 5개 부문에 도전해 우승을 노렸던 것이다. 그녀는 100미터, 200미터, 400미터 계주에서 금메달을 땄지만, 2007년에 경기력을 강화해주는 약물을 복용했다고 시인했고, 메달을 박탈당했다. 그녀의 남편이었으며 가공할 포환던지기 선수였던 C. J 헌터의 경우 시드니에서 난드롤론이라는 약물에 양성 반응을 보였다.

2004년

주최국인 그리스에서는 단거리에서 코스타디노스 케데리스와 에카테리니 타누에게 어마어마한 기대를 걸었다. 하지만 그들은 개막식 전날에 시행된 약물검사에 나타나지 않았다. 그리스로서는 망신도 그런 망신이 없었는데, 그들은 오토바이 사고가 났다고 둘러댔다. 루시앙이 110미터 허들에서 우승하며 올림픽 육상에서 금메달을 딴 최초의 중국인이 되었다. 영국의 켈리 홈스는 800미터와 1500미터에서 2관왕을 달성했다. 그녀의 동료인 폴라 래드클리프는 운이 좋지 않아서, 여자 마라톤 36킬로미터 지점에서 복통으로 기권해야 했다. 브라질의 반데레이 데 리마는 남자 마라톤에서 심지어 더 큰 곤경을 겪었다. 레이스 도중에 웬 아일랜드 신부에게 습격을 받았던 것이다. 그러고도 3번째로 결승선을 끊을 수 있었다. 역사상 가장 위대한 중거리 선수라고 해도 손색이 없는 모로코의 히참 엘 게루즈는 1500미터와 5000미터에서 금메달을 목에 걸었다.

2008년

베이징 올림픽에서 육상은 말하면 입만 아프니 이렇게 요약할 수 있다. 우사인 볼트의 잔치였다. 195센티미터의 이 자메이카인은 스포츠가 보여줄 수 있는 가장 흥분되는 결과를 만들어냈다. 바로 올림픽 100미터 결승전에서 세계 신기록을 수립한 것이다. 어떤 면에서는 200미터 경기가 더욱 인상적이었다. 애틀랜타 올림픽에서 마이클 존슨의 굉장한 승리를 기억하는 많은 목격자들은 그가 적어도 50년은 갈 기록을 세웠다고 생각했다. 하지만 볼트가 19초 30이라는 기록을 세우는 바람에 존슨의 기록은 12년밖에 가지 않았다.

위대한 10대 육상 선수

역사상 가장 위대했던 10명의 육상 선수(활동한 연도순).

1. 짐 소프, 미국(금메달 2개)

스웨덴의 구스타프 왕은 1912년 10종경기와 5종경기 우승자의 목에 금메달을 걸어주면서 세계에서 가장 위대한 운동선수라고 칭해주었다. 소프는 "감사합니다, 폐하"라고 대꾸했다. 이것만으로도 소프는 불멸의 이름이 되었다. 미국 원주민과 백인의 피를 물려받은 그는 뉴욕으로 돌아와서 색종이 테이프가 흩뿌려진 환영식을 선사받았지만, 1909년과 1910년에 노스캐롤라이나 주에서 주급 25달러를 받고 마이너리그에서 야구 경기를 했다는 사실이 알려지자 일이 틀어졌다. '오로지 아마추어'라는 규칙을 위반한 행위라고 여겨졌던 것이다. IOC는 소프에게 금메달을 돌려달라고 요청했고, 기록집에서 그의 이름을 빼버렸다. 그가 세상을 떠나고 30년이 지난 1983

위대한 두 선수: 밀드레드 디드릭슨이 1932년 올림픽에서 창을 던지고 있다. 그리고 1952년 헬싱키에서 에밀 자토펙이 우아한 모습은 아니지만 기관차처럼 힘차게 달리고 있다.

년에 그 결정은 뒤집혔다.

2. 파보 누르미, 핀란드(금메달 9개, 은메달 3개)

'달리는 인간 기계' '날으는 핀란드인'은 9개의 금메달을 쓸어 담아서, 칼 루이스와 더불어 올림픽 남자 육상 선수로서 가장 큰 성공을 거두었다. 1924년에 그는 1500미터에서 세계 신기록을 세우고 26분을 쉰 다음, 5000미터에 나가 같은 위업을 달성했다.

3. 밀드레드 '베이브' 디드릭슨, 미국(금메달 2개, 은메달 1개)

1932년 로스앤젤레스 올림픽에서 텍사스 출신의 이 팔방미인은 창던지기와 80미터 허들 우승, 높이뛰기 은메달(심판들은 스타일에 감점 요소가 있었다며 순위를 은메달로 내렸다)을 일구어냈다. 결혼 후 밀드레드 자하리아스라는 이름으로 역사상 가장 큰 성공을 거둔 골프 선수로서 날렸는데 이것도 다 다재다능함 덕분이었다. 그녀는 농구도 엄청나게 잘했다.

4. 제시 오언스, 미국(금메달 4개)

1935년 5월의 한 오후, 오언스는 45분 동안 6개의 세계 신기록을 작성했다. 하지만 오하이오 주 클리블랜드 출신의 이 스프린터이자 멀리뛰기 선수는 무엇보다 1936년 베를린 올림픽에서 거둔 4번의 승리로 칭송받는다. 아돌프 히틀러는 그에게 문구를 새긴 사진을 보내면서 조국인 미국의 지도자보다 사실 그를 약간 더 잘 대접해주었다. "나를 모욕한 것은 히틀러가 아니었다." 훗날 오언스가 말했다. "나를 모욕한 쪽은 프랭클린 루스벨트였다. 대통령은 심지어 내게 전보조차 보내지 않았다."

5. 파니 블랑케르스-쿤, 네덜란드(금메달 4개)

네덜란드에서 온 '날으는 주부'는 아직도 올림픽 여자 육상 선수 최다 금메달 보유자이다. 1948년 런던 올림픽에서 100미터, 200미터, 80미터 허들, 400미터 계주에서 수확한 금메달이다. 게다가 이 위업을 쌓을 때는 전성기도 아니었다. 1936년 18살로 베를린 올림픽에서 뛴 파니 블랑케르스-쿤은 가장 창창하던 나날이 제2차 세계대전과 겹쳤다. 그 기간에 높이뛰기, 멀리뛰기와 다양한 단거리, 허들 경기에서 세계기록을 갈아치웠다. 멋지게 나이 든 33살에 그녀는 5종경기에서 또 다른 기록을 세웠다.

6. 에밀 자토펙, 체코슬로바키아(금메달 4개, 은메달 1개)

'체코 기관차'라고 불린 자토펙은 1952년 헬싱키 올림픽에서 5000미터, 1만 미터, 마라톤에서 승리를 거두어 영광의 주인공이 되었다. 마지막의 마라톤 승리 후에 자메이카 계주 팀이 그를 하늘 높이 치켜들고 날랐다. 그는 아름다운 스타일이 가장 효과적이라는 법칙에서 드문 예외였다. 달리면서 머리를 양옆으로 흔들거리고, 몸통은 뒤틀었다. 그리고 엄청나게 요란한 소리를 냈다. 요란하게 쌕쌕거리는 소리를 낸 탓에 체코 기관차라는 별명을 얻기도 했다. 그의 운동 수완을 알아본 체코 군대가 그를 소위로 진급시켰으나, 1968년 체코 봉기를 지지했다는 이유로 우라늄 광산으로 보냈다.

7. 아베베 비킬라, 에티오피아(금메달 2개)

1960년과 1964년 올림픽 마라톤 승자 아베베 비킬라는 선수생활 중 참가한 마라톤 대회에서 단 1번만 우승을 하지 못했다. 1963년 보스턴 마라톤이었다. 하일레 셀라시에 황제 근위병이었던 이 위대한 에티오피아인은 에티오피아의 수도 아디스아바바에 제 이름을 딴 스타디움을 가지고 있다. 비극적이게도 그는 1969년에 교통사고로 사지마비 환자가 되었으며, 4년 후에 숨을 거두었다.

8. 칼 루이스, 미국(금메달 9개, 은메달 1개)

100미터 달리기와 멀리뛰기에서 유일하게 2연패를 차지한 루이스는 파보 누르미와 함께 현대에 가장 큰 성공을 거둔 올림픽 육상 스타이다. 1984년 올림픽에서 그는 제시 오언스의 한 번의 올림픽 4개 금메달 획득과 동률을 이루었다.

9. 마이클 존슨, 미국(금메달 4개)

육상 코치 중에 보폭이 유별나게 짧고 달리면서 몸을 뒤로 젖히는 존슨 식의 주법을 권장하는 사람은 아무도 없다. 하지만 그가 이룬 성과에 딴죽을 걸 사람도 아무도 없다. 1996년과 2000년 올림픽 400미터 챔피언인 그는 애틀랜타 올림픽 200미터 결승전에서 3분의 1초 차이로 세계기록을 깼다. 1979년에 피에트로 미네아가 멕시코에서 세운 200미터 기록은 육상에서 가장 깨기 어려운 기록으로 널리 여겨지던 터였다.

10. 우사인 볼트, 자메이카(금메달 3개)

늘 느긋한 자메이카의 이 흥행사는 단거리 달리기를 새로운 차원에 옮겨다 놓았다. 톱클래스 선수들을 대개 몇 미터 차이로 따돌리는가 하면, 그것도 힘들이지 않고 해내는 것처럼 보인다. 많은 사람들이 그가 100미터 기록을 9.5초 이내로 끌어내릴 수 있다고 믿는다. 그는 추가 기록을 챙기려고 400미터로도 옮겨볼 심산인 듯하다. 그는 최근에 육상 선수 경력을 마치면 맨체스터 유나이티드에서 축구 선수로 뛰어보고 싶다고 공언했다.

BADMINTON

배드민턴

2012년 7월 28일~8월 5일 / 웸블리 아레나

참가선수: 172명 | 금메달: 5개

올림픽 참가

배드민턴은 1972년과 1988년에 시범종목이었다가 1992년 올림픽에서 정식종목이 되었다.

올림픽 형식

5가지 종목이 있다. 남자 단식과 복식, 여자 단식과 복식, 남녀 혼합복식.

게임의 강자들

중국은 다른 모든 팀들과 차원을 달리한다. 한국, 인도네시아, 말레이시아가 분전하고 있고, 영국과 덴마크도 간혹 좋은 성적을 올린다.

역대 챔피언

중국: 11 | 한국: 6 | 인도네시아: 6

배드민턴을 왜 보는가?

1876년에 잉글랜드 사람 헨리 존스는 '영국-인도식 버드민턴'이라고 스스로 이름 붙인 게임의 초창기 규칙을 세웠다. 그는 다음과 같이 제안하며 결론을 지었다. "작은 잔디 뙈기만 있는 뜰이라면 어디가 됐건 간에 완벽한 장소이다. (……) 맑은 하늘과 즐겁고 느긋한 벗만 있으면, 아주 여러 날 오후에 남녀노소 가릴 것 없이 건강하게 즐길 수 있는 오락과 재미를 마련해줄 것이다." 틀리지 않은 말처럼 들리리라. 배드민턴은 점잖고, 느긋하고, 오락적인 행위이다. 그런가?

다시 생각할 일이다. 셔틀콕은 코르크와 새털에 지나지 않을지 모르지만,

그것으로 제대로 내려치기만 하면 수박도 반으로 쫙 쪼갤 수 있는 힘이 있다. 셔틀콕이 시속 260킬로미터로 날아간 적도 있다. 가장 빠른 테니스 서브(현재 이보 카를로비치의 시속 251킬로미터, 다음으로는 앤디 로딕의 249킬로미터)보다 빠르다. 한번은 동작 연구를 해보니, 세계 최고의 배드민턴 선수들은 테니스 선수들이 그라운드에서 커버하는 것보다 많게는 2배 정도 많은 공간을 누비며, 랠리도 길게는 2배가량 길게 주고받는 것으로 드러났다. 배드민턴에는 스피드와 힘뿐만 아니라, 전술적 복잡성과 명인다운 테크닉, 흥미로운 머리싸움도 이에 못지않게 중요하다.

셔틀콕 게임을 2000년 이상을 해온 아시아에서는 이 스포츠의 열기는 장난이 아니다. 배드민턴 스타인 수지 수산티와 알란 쿠수마가 1992년 바르셀로나 올림픽에서 인도네시아 역사상 최초의 금메달을 목에 걸고 금의환향했을 때 자카르타 시민 전체가 얼마 전에 약혼한 이 커플의 퍼레이드를 보려고 몰려나왔다. 그들은 거대한 셔틀콕을 단 오픈카를 타고 퍼레이드를 벌였다. 아테네와 베이징 올림픽에서는 중국인의 배드민턴 사랑에 힘입어 어떤 단일 경기보다 가장 높은 시청률을 기록했으며, 2008년에 중국인들은 영웅들을 보려고 배드민턴 경기장을 꽉꽉 메웠다. 인민군 명예 중령인 린 단은 남자 단식에서 우승을 거두고 나서 열광에 빠진 관중에게 신발과 라켓을 던져주면서 세리모니를 했다.

그러니 고상한 잉글랜드 식 가든파티의 세계는 잊으시라. 그리고 올림픽 배드민턴을 한번 보라. 2억 5000만 인도네시아 사람들과 12억 중국인이 전부 틀릴 리는 없지 않은가.

셔틀콕

셔틀콕은 놀랍도록 안정감 있는 도구이다. 어떻게 치건 간에 대개 코르크 밑부분이 앞을 향해 날아간다. 덕분에 엄청난 속도가 나온다. 하지만 타격한 에너지가 일단 소진되고 나면, 깃털이 셔틀콕의 속도를 급격히 줄여놓는다. 그리하여 상대 선수 키를 넘기는 로브와 드롭 샷을 칠 수 있다. 올라가는 것보다 더 가파르게 떨어지는 셔틀콕의 성질 때문에 효과적인 타법이다.

대부분의 사람들은 나일론 합성 셔틀콕으로 만족하지만, 이는 시합에서 쓰기에는 너무 느리고 무디다. 최고 수준의 셔틀콕은 둥근 코르크 위에 16개의 깃털을 심어 만든다. 거위 털을 최고로 친다. 오리털도 쓰기는 하는데, 잘 마르고 쉬 떨어진다. 깃털 거의 전부가 거위 요리를 아주 좋아하는 중국에서 온다. 깃털은 반드시 거위의 왼쪽 날개에서 뽑는데, 셔틀콕에 적절한 크기는 날개당 7~8개밖에 나오지 않는다. 깃털은 쉽게 구부러지고 떨어져 나가기 때문에, 선수들은 한 시합을 벌이는 동안에 셔틀콕을 여남은 개 이상을 사용한다. 셔틀콕이란 것 자체가 얼른 써야 하는 물건이기도 하다. 진공포장을 할 수 없어서 선반에 두어 달 놓여 있으면 품질이 저하되기 때문이다.

배드민턴 이야기

어떤 사물을 허공을 가르며 아치 모양으로 날리는 데는 특별한 즐거움이 있다. 온 세계에 갖가지 셔틀콕이 있기 때문이다. 현재의 뉴멕시코 주에 살았던 미국 원주민 주니 족은 말린 옥수수 겉껍질에다 깃털을 박아서 경기를 했다. 페루 북부의 잉카 전 시대 모히 족은 풍년을 기원하는 의식에서 셔틀콕을 쳤고, 아마조니아 사람들은 동전 무게의 옥수수 껍질에 깃털을 붙여 이걸로 벌이는 파에테크라는 경기를 여전히 즐긴다.

고대 중국에서는 티지앙지라는 셔틀콕 경기가 있었는데, 선수들은 정교한 깃털 셔틀콕을 발로 차서 높이 띄워 올렸다. 중국 제국에서 사회적 신분을 막론하고 군인, 어린아이들, 궁정의 여인들이 2000년이 넘도록 하나같이 이 경기를 했다. 그리고 태국과 베트남, 라오스, 말레이시아까지 퍼졌다. 중세 일본에서는 방망이나 나무 판때기로 셔틀('야만스러운 작은 악마'라고 불렀다고 한다)을 쳤다.

유럽인들은 셔틀콕 경기를 16세기 초반에 시작했다. 프랑스와 스웨덴 궁정과 런던 길거리에서 셔틀콕은 아시에서와 마찬가지로 계급과 성별을 넘어 날아다녔다. 잉글랜드에서 이런 경기는 채를 뜻하는 배틀도어와 셔틀콕이라는 이름으로 알려져 있었고, 양, 송아지 가죽 등의 피지를 뒤집어씌운 채를 사용했다. 이 경기는 제임스 1세 시절에 대유행한 소일거리였거니와, 아이들도 길바닥에서 하던 경기였다. 아이들은 동요 운율에 맞추어 게임을 했고, 셔틀콕을 허공에 띄우면 점수를 낸 것으로 쳤다. 양 성별이 공히 하는 스포츠가 거의 없었던 프랑스에서도 인기를 누렸다. 프랑스에서는 이 스포츠가 성적인 잠재성으로 가득하다고 여겨졌다. 베르사유에서 이 경기를 즐겼던 리바롤 백작은 흥에 겨워 적었다. "셔틀콕이 되어서 풀어헤친 저 관대한 가슴에 처박히고, 젊고 아름다운 이들의 발치에 떨어지고 싶구나."

셔틀콕 스포츠에 대한 사랑에도 불구하고, 어떤 문명도 이 터치아웃 시합을 더 밀어붙여볼 생각을 하지 않았다. 셔틀콕의 갑작스러운 속도 저하와 낙하, 스피드와 힘, 날아오는 방향을 거의 알아채지도 못한 채 꼼짝 없이 얼어붙게 되는 이 게임의 긴장감을 말이다. 이 모든 것이 19세기 중반에 바뀌는데, 영국군 장교들과 영국 제국의 관리들이 마드라스와 뭄바이, 콜

시속 260킬로미터! 2008년 베이징에서 셔틀콕을 내리치는 중국의 린 단.

카타 등에서 갖가지 경기를 하고 있음을 알아차린 것이다. 규칙은 크게 달랐으나, 코트를 표시하고 높은 네트를 쓰며 네트 양편에서 마주 보며 게임을 하고 득점 방식이 모두 포함된 영국-인도식 배드민턴이 탄생했다.
실험적으로 서로 다른 방식을 조합한 이 경기는 보포트 공작의 집인 배드민턴 하우스에서 1860년대에 열렸다. 이 시골집에서는 1873년에 배드민턴이 연례행사가 되었다. 『필드』라는 잡지에서 '배틀도어의 배드민턴 게임'에 관한 정확한 규칙을 폭넓게 다룬 기사가 실린 때였다. 이에 포브스 소령이라는 사람이 콜카타의 그레이트 이스턴 호텔 컴퍼니란 곳에서 팸플릿을 냈다. 팸플릿은 모래시계 모양의 코트에, 코트 양편이 3면으로 이루어진 규격을 제시했다. 2년 후인 1875년에 켄트의 포크스턴이란 곳에서 사상 최초로 배드민턴 클럽이 문을 열었다. 비슷한 클럽들이 잉글랜드의 다른 해안 휴양지와 영국 관리들이 은퇴해서 머물던 지방에 속속 생겨났다. 그리고 겨우 10년이 지나고 나서는 난하이에서 배드민턴 협회가 창설되었고, 성문화한 게임의 규칙이 세상에 나왔다.
제1차 세계대전의 전운이 감돌 무렵 배드민턴은 영국 제도의 나머지 부분과 프랑스 북부와 덴마크에서 새로운 추종자를 발견했다. 양차 세계대전 사이에 배드민턴은 영국의 중하층 계급까지 퍼졌다. 인도와 말레이시아로 돌아갔는데 여기서는 제국주의 최후 세대의 관리들과 지역 상류층이 경기를 했다.
하지만 배드민턴은 1930년대 미국에서 돌풍을 일으키며 어느 곳보다 한결같은 인기를 누렸다. 그 시절에는 잘나가는 야구선수와 풋볼 선수들이 오늘날 골프를 치는 식으로 배드민턴을 쳤다. 더글러스 페어뱅크스 주니어와 조안 크로포드, 제임스 캐그니, 보리스 칼로프, 진저 로저스 같은 할리우드 스타들도 열성적인 팬이었다. 하지만 이런 기반에도 불구하고, 배드민턴은 테니스만 한 사회적 지위를 끝내 얻지 못했다. 배드민턴 클럽들은 지역 컨트리클럽이 제공하는 식의 배타적이고 독보적인 위치까지는 끝내 도달하지 못했다. 좀더 특색 있게는, 뉴욕의 미장원들이 차례를 기다리는 동안 치라고 평지나 옥상에 배드민턴 코트를 설치해놓았다.

얼음 위의 배드민턴: 휴 포지

1930년대 미국에서 배드민턴은 소규모나마 프로 선수들을 배출할 정도로 커졌다. 그들은 시범경기로 생계를 꾸렸다. 그들 중 가장 유명했던 사람이 휴 포지였다. 그는 원래 프로 아이스하키 선수였는데, 새로운 열풍에 몸을 싣겠다고 아이스하키를 그만두었다. "나는 할렘 글로브트로터스가 농구에서 했던 일을 배드민턴에서 했다." 그가 회고했다. 그는 한동안은 글로브트로터스의 하프타임 쇼에서 일하기도 했다.

그는 1935년부터 순회 경기를 시작하여, 모든 도전자들과 맞서 시합을 벌였다. 그러고는 쇼를 위해 공 종류로 묘기를 부리는 트릭 샷 전문가인 켄 데이비슨과 팀을 이루어 런던 펄레이디엄에서 공연을 했는데, 어찌나 매혹적이었던지 38주간 모든 표를 매진시켜버렸다. 조지 왕과 엘리자베스 여왕도 공연을 관람했다. 포지는 〈플라잉 페더스〉와 〈발리 웁스!〉라는 영화에서 주연을 맡기도 했다. 하지만 전쟁이 끝난 후에 대중은 코미디 배드민턴에는 식상해했고, 그로서는 강도를 높이는 수밖에 다른 도리가 없었다. 그는 얼음판에서 연기를 하기 시작했다. 1950년대 초반에 순회 얼음 묘기 쇼에서, 포지는 스케이트를 타고 엄청난 랠리를 주고받았다. 그러니까 네트를 왔다 갔다 스케이트를 지치면서 혼자 서브하고, 혼자 받아내는 원맨쇼를 벌였던 것이다.

제2차 세계대전 이전의 배드민턴 명수 켄 데이비슨.

경기 시작: 배드민턴의 기초

경기는 서브와 함께 시작한다. 서브를 할 때는 두 발을 바닥에 붙이고 라켓 머리를 손보다 낮추어 반드시 허리 아래쪽에서 공을 쳐야 한다. 서브를 해서 상대편 선수가 받지 못하고 서비스 에어리어에 떨어지면 점수가 난다. 서브가 네트를 건드리거나 여러 이유로 '레트'가 불리거나 하면 점수는 어느 쪽에도 올라가지 않고 다시 플레이를 해야 한다.

랠리

랠리에서 셔틀콕을 주고받다가 셔틀이 상대방 진영의 정해진 경계 안 바닥에 떨어지면 득점하고, 상대방 진영 바닥에 떨어지지 않고 라인을 벗어나면 실점한다. 셔틀콕이 라인에 떨어진 경우도 인으로 친다. 네트에 걸렸는데 상대편 코트 쪽으로 넘어간 것도 인정된다. 랠리에서 이긴 쪽이 다음 서브를 하고, 랠리에서 이기는 쪽이 득점을 한다.

경기와 시합

21점을 먼저 얻는 선수가 한 게임에서 이긴다. 20점과 그 이상 점수에서 동점이면 듀스가 되어 2점을 더 많이 얻어야 승리한다. 그 점수가 29점까지 가도 동점이면, 추가로 1점을 먼저 얻은 선수가 승리한다. 3세트를 치러 2세트를 얻은 선수가 시합에서 승리한다.

관전 포인트

서브는 왕이 아니다

테니스와 달리 배드민턴에서 서비스는 압도적으로 유리한 고지를 점하게 해주지도 않고, 가장 빠른 타격을 날리는 타법도 아니다. 선수들은 네트를 낮게 넘어가는 서브와 셔틀콕이 라켓에 닿기 직전에 팔목을 재빨리 잡아당기는 플릭, 회전을 걸어 상대방을 속이는 서브를 주로 구사한다.

스매시를 위한 공간을 만들기

단식에서 선수들은 상대 선수가 코트를 이리저리 돌아다니게 만들려고 머리를 쓰며 셔틀콕을 여기저기로 날려 보낸다. 득점을 위한 결정적인 샷을 때려낼 공간을 열기 위해서다. 도저히 받아칠 수 없는 스매시, 아니면 치명적인 드롭 샷을 날리려는 것이다.

로브를 끌어내기

공간이 좁아지는 복식에서 선수들은 상대방이 셔틀콕을 붕 띄우도록 유도하려고 애쓴다. 즉 스매시를 날리기에 좋은 상태로 셔틀콕이 날아오게 유도하는 것이다. 네트 가까이에서 드롭 샷을 날리는 방법으로 로브를 얻어낸다.

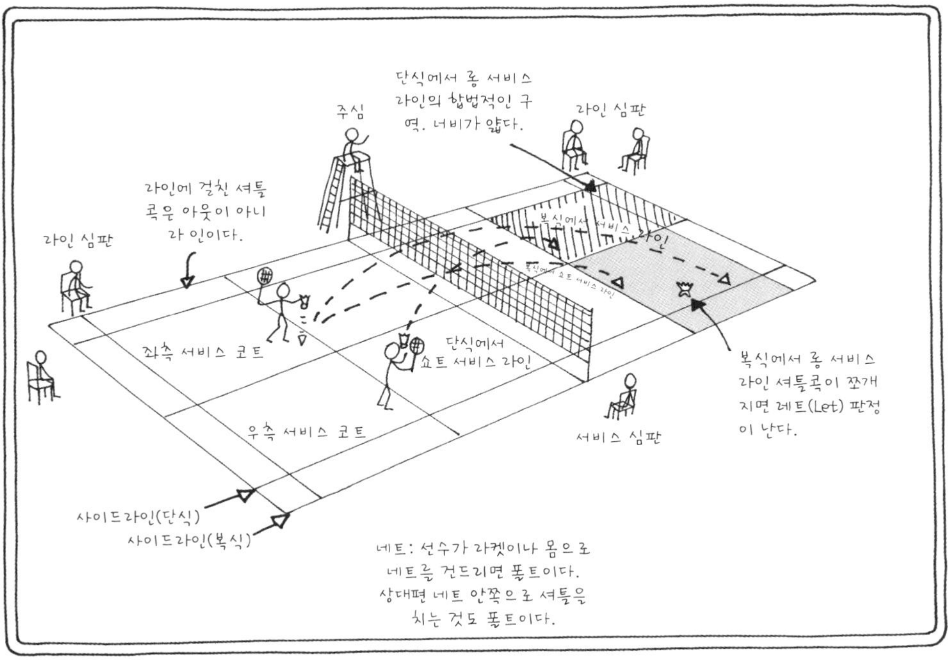

실책을 유도하기

최고의 선수들은 자기 진영의 공간은 내주는 법이 드물고, 돌아오는 로브는 멋들어지게 되받아쳐서 자유자재로 내리꽂을 만큼 뛰어나다. 대부분 공이 네트에 걸리거나 라인을 벗어나 아웃될 경우 득점을 한다.

속임수의 중요성

점수를 따기가 얼마나 어려운지를 감안하면, 상대방을 속이거나 샷의 종류를 위장하고 마지막 순간에 바꿔버리는 것이 매우 유리하다. 찰나의 순간에 라켓 머리의 각도를 바꾸어 셔틀콕을 옆으로 휘어져 들어가게 하고, 네트를 넘겨 상대 코트에 떨어뜨린다. 타격 동작을 급작스럽게 짧게 줄이는 것으로도 점수를 얻을 수 있다. 최고의 선수들은 샷에 회전을 걸 수도 있고, 이중 동작을 하기도 한다. 즉 어떤 타법을 취하는 듯하다가 갑자기 다른 타법으로 확 바꾸는 것이다.

올림픽에 간 배드민턴

1934년에 아주 작은 규모의 국제배드민턴연맹이 난하디에서 창설되었으나, 9개 회원국으로는 세계적으로 도약하기에 역부족이었다. 배드민턴은 1972년에야 겨우 시범종목이 되었고, 올림픽에서 정식종목이 되기까지는 그로부터도 20년이 더 걸렸다. 배드민턴은 아시아에서 인기를 얻은 덕에 지위가 바뀌었다. 아시아에서는 프로페셔널 연맹전을 일관되게 치를 정도의 규모는 유지했다. 그리하여 이 셔틀콕 경기는 본고장으로 돌아갔다.
배드민턴 권력의 균형은 1960년대 후반에 동양 쪽으로 기울기 시작했다. 독립한 말레이시아와 인도네시아에서 배드민턴은 대중에게 사랑받으며 어마어마한 위상을 얻었다. 1920년대에 싱가포르와 말레이시아의 체육관들을 경유해 인도네시아에 배드민턴이 상륙했다. 1930년대에 이르러 자카르타에는 서로 경합하는 구단들이 생겼고, 배드민턴은 자바 섬 전체에 퍼져갔다. 중국인의 참여 비율이 높았던 배드민턴은 중국인과 자바 사람들, 그리고 다른 민족 집단의 사교장이라는 역할을 맡았고, 거기에 인도네시아를 식민화했던 네덜란드인 상류층은 없었다. 아시아 셔틀콕 스포츠의 기나긴 전승을 보건대, 배드민턴은 그들에게 결코 낯선 스포츠로 다가오지 않았다. 독립 후 여러 해가 흐른 후에 이 문화는 인도네시아의 몇 안 되는 세계적 스포츠 스타 중에서 루디 하르토노 같은 세계 최고의 선수들을 배출했다.

1970년대에는 한국에서 인기를 끌게 되었다. 1930년대 미국에서 불었던 열풍과 마찬가지로, 골프와 테니스 클럽으로부터 배제되었으되 도시화 환경 속에서 경제력을 갖추어가던 중하층 계급이 배드민턴을 선택했다. 중국에는 1980년대와 1990년대에 배드민턴 붐이 일었다. 정부가 챔피언들을 키우려고 쉬지 않고 독려한 덕택에 배드민턴의 인기는 한층 더 높아졌다.

아시아 배드민턴의 위세는 커져만 가서 1978년에 별도의 세계배드민턴연맹을 결성하였다. 배드민턴 세계에 지배권을 행사하던 영국의 4개 협회에 도전장을 던지면서, 세계배드민턴연맹은 중국을 가맹시키기 위해 대만을 축출하고 아파르트헤이트 정책을 펴던 남아프리카공화국을 쫓아내는 결정을 내리는 데서 1국가 1투표권 행사를 도입했다. 이제 아시아인들은 독립적인 세계선수권대회를 창립하고, 잉글랜드가 조직하는 모든 대회를 보이콧하라고 요구했다. 3년 후에 국제배드민턴연맹은 세계배드민턴연맹의 조건에 따라 정식 통합하는 길을 피할 수 없었다.

많은 아시아인이 뒤에 든든히 버티고 있는 가운데, 오늘날 진정으로 세계적인 스포츠가 된 배드민턴은 1988년에 서울 올림픽에서 다시 시범종목이 되었다가, 1992년 올림픽에서 정식종목이 되었다. 그 해에 한국과 인도네시아가 금메달을 나누어 가졌고, 1996년에는 덴마크 선수인 폴-에릭 회위어 라르센이 단식에서 유럽인으로서 유일한 금메달을 따냈다. 나머지 금메달은 거의 전부 중국인들 차지였다. 역대 올림픽 금메달 중 거의 반수인 11개를 따냈다. 이것은 새로운 세상의 질서이다. 이번 런던에서도 비슷한 결과를 예상해도 좋다.

BASKETBALL

농구

2012년 7월 28일~8월 12일

올림픽 파크 농구 경기장(예선전과 여자 준준결승)

노스 그리니치 경기장(그밖의 모든 시합)

참가선수: 288명 | 금메달: 2개

올림픽 참가

남자 경기는 1936년부터(시범종목으로는 1904년과 1924년),
여자 경기는 1976년부터 정식종목 채택.

올림픽 형식

남자와 여자 대회 모두 2조로 나뉘어 6팀씩 경기를 펼친다.
각 조에서 상위 4개 팀이 8강전에 올라간다.

게임의 강자들

남자 경기에서는 미국이 평소대로 넘어야 할 가장 큰 적이다.
2010년 세계농구선수권대회 우승의 주역인 젊은 NBA 선수들은 너무나 훌륭해 보인다.
하지만 요즘은 NBA 자체에 너무나 많은 외국인 선수들이 포진해 있는 마당이라 유럽 팀들도 강하다. 아르헨티나, 스페인, 세르비아, 터키도 치열한 경쟁 대열에 동참했다.
여자 대회에서는 미국이 우세하며, 5연패 달성을 노리고 있다. 하지만 스페인이 만만치 않은 경쟁자이며, 러시아도 마찬가지이다.

역대 챔피언

미국: 19개 | 소련/러시아: 5개 | 아르헨티나, 유고슬라비아: 1개씩

농구를 왜 보는가?

왜 농구를 보는가? 안 볼 이유는 또 뭔가? 당신에게 티켓이 있는데 같이 가고 싶은 사람과 생각이 다르다면, 우리한테 전화를 달라. 우리는 무조건

오케이다. 경기장에 관전하러 가는 운 좋은 사람들은 경이로운 장면과 맞닥뜨리리라. 농구 코트에서는 인간이 거의 새처럼 날다시피 한다. 최고의 선수들은 슈팅을 하느라 허공에 매달린 찰나의 순간을 영원의 시간으로 바꾸어놓는다.

허공 위로 높이 솟구치는 이 스포츠의 수직적 측면이 경외감을 낳는다면, 수평 움직임은 아드레날린을 풀어놓는다. 꼭 경기장에서 직접 보지 않고 텔레비전으로 보더라도 마찬가지이다. 농구는 쉴 새 없이 흘러가는 행위의 연속이다. 복잡하고도 빠른 속도로 운용되는 팀워크와 더불어 신기에 가까운 개인의 기량을 요구한다. 코트의 좁은 공간에서 영감과 즉흥적인 대처 능력, 속임수가 끊이지 않는다. 선수는 밀치고 나갈 수 없을 적에 공간을 찾고, 받을 선수를 쳐다보지도 않고 패스를 하며 공을 훔치는가 하면 순간적으로 돌아서서 방향을 바꿔야 한다.

공격 팀은 공격권을 쥔 후 적어도 24초 이내에는 슛을 해야 한다. 이 규칙은 이쪽이나 저쪽에나 널뛰듯 유리하게 작용하기도 하고, 이런 상황에서 대량 득점이 나기도 한다. 양 팀이 100점 이상을 내는 경우도 흔하다. 지난 올림픽 남자 결승전은 118 대 107로 끝났다. 축구만큼 미드필드에서 일이 많이 벌어지는 경기는 아니라고 해도, 농구는 매 게임이 액션의 소용돌이이다. 점프 슛, 에너지를 가득 담고 열심히 골대로 쇄도하는 선수들. 이런 모든 행위가 어느 스포츠 경기보다 관중이 코트 가까이 앉아 있을 수 있는 경기장에서 벌어진다. 그래도 경기장에 안 가고 버티며 티켓을 팔아치우고 싶다는 말인가?

농구 이야기

19세기 말엽에 YMCA는 유럽 전역과 북아메리카에 경기장과 체육관 시설을 세웠다. 하지만 미국에서 실내 스포츠는 야구와 미식축구 같은 위대한 실외 스포츠에 밀려 빠르게 인기를 잃고 있었다. 그리고 체조에 주안점을 두었는데 이것이 미국의 어린아이들에게는 너무 딱딱하게 보인 모양이다. 바로 이런 상황에서 매사추세츠 주 스프링필드에 있는 YMCA 강사 양성소 소장이었던 루서 걸릭이 자기 학생들과 스태프들에게 이 YMCA '건강의 전당'에 고객들을 유치할 수 있도록 실내 스포츠를 개발하라고 닦달했다.

서른 살의 캐나다인 제임스 네이스미스가 학생들 사이에 끼어 있었다. 미국 풋볼과 축구, 라크로스의 실내식 변형 경기를 고려하다가 물리치고 나서, 오래지 않아 농구가 될 경기의 규칙 13개를 고안하기에 이른다. 기록된 최초의 경기는 1891년 12월에 열렸다. 서까래에다 복숭아 바구니를 걸어 놓고, 9명씩 팀을 이루어 하는 경기였다. 이 스포츠는 곧바로 히트를 쳤다. 그리고 다음 10년 동안 스프링필드의 교관들은 이 새로운 스포츠의 홍보에 대단한 수완을 발휘하여, 이내 야구 다음으로 관중이 많이 드는 경기로 탈바꿈시켰다. 규칙은 재빠르고도 일사분란하게 조절되었다. 한 팀에 9명이었던 경기가 5명으로 금세 바뀌었고, 복숭아 바구니는 백보드를 갖춘 그물 주머니로 바뀌었다. 파울과 자유투도 경기에 포함되었다. 하지만 애초에 네이스미스가 주창했던 대로, 패스와 드리블, 슛을 하는 동안에 몸이 접촉해서는 안 된다는 규칙은 여전히 남았다.

그로부터 농구는 2가지 다른 채널을 통해 자라났다. 미국에서는 학교와 도시의 농구 문화가 동반 성장을 해왔다. 미국의 거대한 산업도시에서 농구는 소수민족, 즉 흑인들 사이에서 퍼져 나갔다. 프로페셔널 리그와 시범 경기들도 농구 성장에 일조를 했다. 그물에 공이나 꽂아 넣는 것 말고는 별다른 공통점 없이 다소 혼잡스러웠던 이 경기들은 1949년 전미농구협회(NBA) 결성으로 한 덩어리가 되었다.

YMCA와 미군이 다른 나라에 농구를 전파했다. 지중해와 동부 유럽, 오스트레일리아, 일본, 필리핀, 중국 도시의 체육관과 스포츠 클럽에서 농구는 엄청나게 인기를 누리는 오락 경기로 자리 잡았다. 하지만 엘리트 프로 스포츠 지위를 끝내 획득하지는 못했고, 공산주의 국가들(중국은 3000만 명으로 추산되는 선수들이 있다)은 미국의 대학생들 수준에 이르렀을 뿐이다. 한편으로 세계 농구의 정점에 있는 NBA는 자기들만의 리그에 남아 있었다.

1992년에 프로 선수가 올림픽에 참가할 수 있게 되면서, 농구의 여러 세계가 어느 정도 다시 합쳐졌다. 미국이 남자와 여자 농구에서 모두 우위를 점하고 있기는 하지만, 유럽과 중국에서도 프로 리그가 탄생했고 NBA에 해외의 재능 있는 선수들이 유입되었다. 이런 이유로 올림픽 경쟁은 더욱 더 치열해지고 있다.

경기 시작: 농구의 기초

점수: 3-2-1

농구의 목표는 상대 팀보다 더 많은 점수를 올리는 것이다. 상대 팀이 수비하고 있는 그물에 공을 집어넣어 득점한다. 선수가 공을 손에서 놓는 지점에 따라 득점이 달라진다. 림으로부터 6.25미터 떨어진 지점에 그은 라인 바깥에서 던져서 바스켓에 넣으면 3점이다. 그 라인 안쪽에서 더 흔하게 점수가 나는데 이 경우 2점을 얻는다. 마지막으로 자유투가 있는데, 자유투 라인에서 수비 방해 없이 공을 집어넣으면 1점이다.

타임 인, 타임 아웃

한 팀에서 5명이 코트에서 뛴다. 각 팀은 선수 7명을 벤치에 더 둘 수 있으며, 교체 선수 수에는 제한이 없다. 선발 5명이 일반적으로 가장 뛰어나고 가장 오래 뛰지만, 어떤 선수라도 한 경기에서 조금도 쉬지 않고 전부 뛰는 일은 사실상 없다. 올림픽에서 농구는 4쿼터로 나누어 경기한다. 쿼터의 길이는 10분이며 2쿼터인 전반전이 끝나면 15분간 휴식한다. 4쿼터가 끝나고 나서 무승부인 경우에는 5분간 연장전을 한다. 감독들은 3쿼터까지 쿼터당 1분간의 타임아웃을 부를 수 있고, 타임아웃을 부르면 경기가 중단된다. 4쿼터에는 2번 타임아웃을 부를 수 있으며, 연장전에는 1번 부를 수 있다.

움직이고 드리블하기

선수는 공을 던지고 튀기고 돌리고 쓰다듬을 수 있다. 하지만 발로 차거나 주먹으로 내리쳐서는 절대로 안 된다. 공을 들고 세 발까지 뗄 수 있는데, 그러고 나서는 반드시 슛이나 패스를 해야 한다. 공을 한 손으로 바닥에 튀기면, 거리에 제한 없이 공을 드리블해 갈 수 있다. 공이 사이드라인 바깥으로 나가면, 공격권이 상대 팀에게 넘어간다. 상대 팀은 5초 안에 공이 사이드라인 밖으로 나간 지점까지 가지고 가서 5초 이내에 공을 던져주어야 한다.

파울

농구는 이론적으로는 신체 접촉을 해서는 안 되는 스포츠이다. 선수들은 발이나 팔꿈치, 엉덩이 등으로 상대 선수들의 움직임을 가로막으면 안

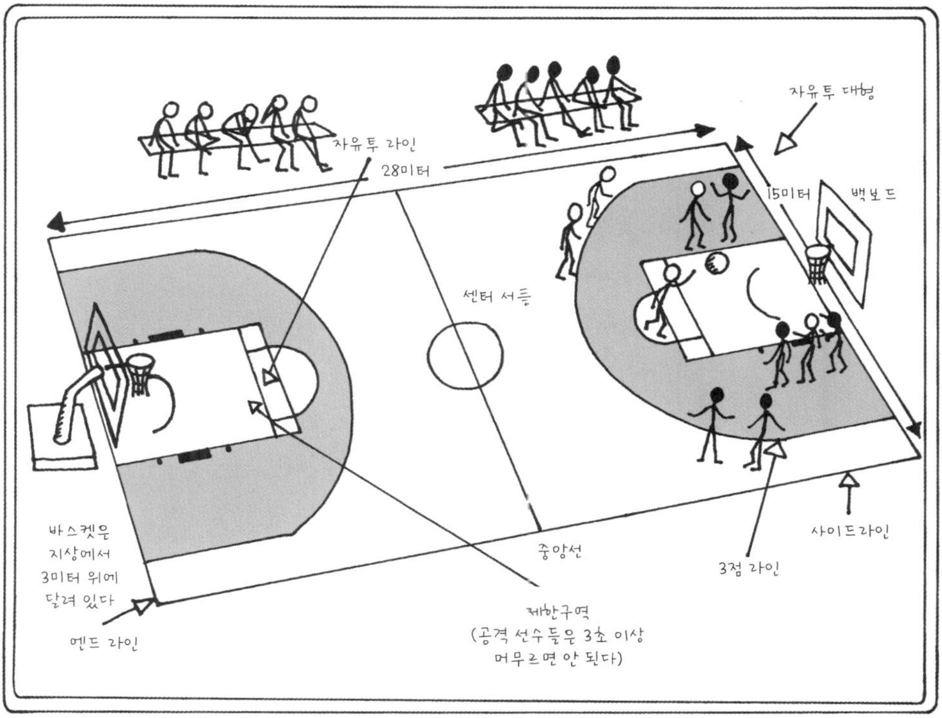

된다. 또 상대 선수를 붙잡거나 밀고 들어가거나 밀치거나 발을 걸어서도 안 된다. 하지만 심판 몰래 신체 접촉을 하는 경우는 매우 많으며 공정하게 경기 운영을 하기는 쉽지 않다.

파울을 저지르면 공이 상대 팀에게 넘어간다. 슈팅을 하는 선수에게 파울을 하면, 슈팅하던 선수는 자유투(위의 도표를 보라)를 얻는다. 한 쿼터에서 4개 이상의 팀 파울을 저질렀으면, 다음 파울부터는 상대 팀에게 무조건 자유투를 준다. 선수 개인이 파울 5개를 기록하면 경기에서 퇴장 당한다. 대신 교체 선수가 출전할 수 있다. 폭력과 스포츠맨십에 어긋나는 행동에는 테크니컬 파울을 준다.

3초 바이올레이션, 골텐딩

농구는 공격과 수비의 균형을 유지하는 규칙을 발전시켜왔다. 공을 너무 오래 붙잡고 있는 것을 막기 위해 골대 앞에 색을 칠한 직사각형 공간을 두는데 그걸 페인트나 키라고 부른다. 그곳은 제한 구역으로서 공격하는 선수들은 거기에 3초 이상 머물 수 없다. 옛날 농구 규칙의 결점 중 하나가 장신 선수가 골대 옆에 바짝 붙어 서서 죄다 손으로 쳐내도 된다는 것이었다. 골텐딩이라고 부르는 이 플레이를 막으려고 슛을 한 공이 바스켓을 향해 내려오고 있을 때의 블로킹은 금지되어 있으며, 수비 선수가 골대 앞 1.25미터 이내에서 공격자 파울을 끌어내려는 시도 역시 허용되지 않는다. 골대를 향해 돌진해오는 선수를 수비수로부터 보호해주는 규칙이다.

공격 제한 시간

농구 팀들은 시간을 끌면서 상대 팀을 괴롭히는 전술을 구사하기도 한다. 효율적일지는 몰라도 말도 못하게 지루한 행위이다. 이를 막기 위해서 NBA는 공격 제한 시간을 도입했다. 보통 백보드와 스코어보드에 시간을 표시한다. 공을 손에 넣은 팀은 8초 이내에 상대 진영으로 공격해 들어가야 하며, 24초 이내에 슛을 시도해야 한다. 둘 중 하나라도 위반하면 공의 소유권이 상대 팀에게 넘어간다.

관전 포인트

승리의 약속: 점프, 페이드, 스핀, 레이업

농구의 빵과 버터는 점프 슛이다. 선수가 허공으로 도약해 정점에 이르렀을 때 아치를 그리며 바스켓으로 날아가도록 슛을 쏜다. 함께 점프하는 수비수들의 손을 넘기는 슛이다. 선수들이 슛을 쏠 공간을 조금 더 마련하느라고 구사하는 다양한 점프 슛을 살펴보라. 골대를 등지고 플레이하면서 뛰어올라 180도로 몸을 회전하고는 슛을 한다. 페이드와 조합하기도 하는데, 선수는 점프한 다음 수비수로부터 몸을 뒤로 돌린다. 골대에 가까울수록 레이업을 구사한다. 도약하면서 공을 백보드 쪽으로 수직으로 올려놓으며 손가락으로 회전을 주면 공은 그물 안으로 곧장 빨려들어 가거나 백보드를 맞고 골대로 들어가기도 한다.

덩크슛

뭐니 뭐니 해도 가장 장관을 연출하는 득점은 덩크슛이다. 슬램덩크로 불리기도 하는데 림 위에서 공을 떨어뜨리거나 밀어 넣는 슛이다. 가장 평범한 형태로 보여준다고 해도 덩크슛은 선수의 운동 능력과 힘을 비범하게 시연하는 슛이며, 선수가 림에 매달려 왔다 갔다 하며 그네를 타는 듯한 동작은 눈을 뗄 수 없을 정도로 흥미롭다. 이런 플레이는 네이스미스가 고안한 농구라는 경

공중의 제왕 마이클 조던(1992년 바르셀로나).

기의 일부는 아니었고, 미국 대학 농구는 10년간 이 플레이를 금지했다. 하지만 이 덩크슛은 현대 스포츠의 주요 상품이 되었고, 특히 금지되었을 적에 더욱 그랬다(저 유명한 1992년의 미국 드림 팀은 198센티미터 이하 선수가 딱 1명밖에 없었다). 상대적으로 신장이 작으므로 여자 경기에서는 슬램덩크를 보기 어렵다.

선수들은 대개 골대를 향해 달려오는 힘과 엄청난 도약으로 점프하지만 골대 위로 날아오는 공을 점프한 선수가 받아 네트에 쾅 박아 넣는 장면도 기대하라. 이것을 앨리웁이라고 부른다. 가장 끝내주는 장면은 회전을 곁들인 도약으로, 팔을 머리 뒤로 돌려 리버스 덩크를 하는 것이다. 덩크슛은 간혹 바스켓을 지탱하는 구조 전체를 무너뜨리거나 백보드 유리를 산산조각 낼 만큼 강력하기도 하다.

내 공 내놔: 리바운드

공격권을 쥐었을 때 대부분 득점을 한다는 점에서 공을 소유하는 것은 결정적으로 중요하다. 때때로 수비 선수가 패스를 가로채거나 상대가 공을 잘못 다루는 사이에 공을 빼앗기도 한다. 하지만 더 흔히 일어나고 중요한 플레이는 림이나 백보드를 맞고 튀어나오는 공을 잡는 것이다. 바로 리바운드이다.

맹렬한 5인: 선수 위치

농구에서 선수들의 위치는 유동적이다. 모든 선수들이 공격과 수비에 참여한다. 포지션은 백코트 선수 2명(가드), 센터, 2명의 포워드로 구성되는데, 각자는 다음 도표에서 설명하는 대로 정해진 임무를 수행한다.

픽 앤 롤

픽 앤 롤은 농구의 공격 전술에서 가장 널리 사용되며, 모든 올림픽 팀이 구사한다. 공을 가진 선수가 수비수에게 마크를 당하면, 공격 팀의 두 번째 선수가 움직여서 둘 사이에 들어간다. 이른바 스크린 플레이라고 하는 것이다. 이 시점에서 수비수에게는 선택권이 있다. 공을 가진 선수를 계속 마크하기로 한다면, 스크린을 한 선수는 한 발을 축으로 삼고 그들을 돌아가서 공을 받을 수 있는 공간으로 들어간다. 수비수가 스크린을 한 선수를 수비하기로 했다면, 공을 가진 선수는 돌연 슛을 하거나 결정적인 패스를 할 공간에 서 있게 된다. 그런 다음 공을 던진다.

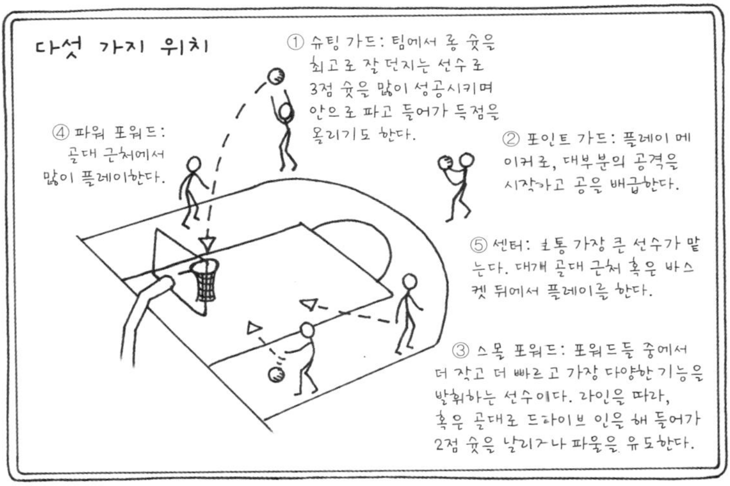

올림픽에 간 농구

네이스미스가 발명한 지 단 13년 만에 농구는 1904년 세인트루이스 올림픽 시범종목이 되었다. 대학 리그, YMCA, 학교 대회가 열렸고, 올림픽 시합에 가장 가까운 대회로 아마추어 6팀이 참가하는 대회가 있었다. 뉴욕주 북부에서 온 버펄로 저먼 YMCA가 우승을 거두었다. 제1차 세계대전이 일어나기 몇 년 전에 버펄로 팀은 활기 넘치는 세미프로 팀들과 마찬가지로 늘 여행을 다녔고, 111연승이라는 실적을 쌓아 올렸다.

YMCA의 세계적인 조직망이 농구를 동아시아와 라틴아메리카, 유럽에 퍼뜨렸고, 농구는 1924년 파리 올림픽에서 시범종목으로 다시 부름을 받았다. 하지만 1936년 베를린 올림픽에 가서야 마침내 정식종목이 되었다.

이 무렵에 농구의 세계적인 운영 조직(FIBA)이 탄생했고, 미국에서는 프로 리그가 온전히 자리를 잡았으며, 여남은 개 국가의 스포츠 문화에도 안착했다. 제임스 네이스미스 자신이 메달을 수여하러 베를린 올림픽에 갔지만, 이 대회에서 농구는 진면목을 발휘할 수 없었다. 테니스 코트 바깥쪽 모래와 점토로 딱딱하게 다져진 곳에서 시합이 열렸던 탓이다. 결승전은 습기 차고 바람 부는 날 열려서 드리블이 불가능했고, 그래서 특별히 더 형편없었다. 미국이 캐나다를 19 대 8로 이겼다.

1948년 런던 올림픽에서는 실내에서 경기가 열렸고, 이제 적절히 경기를 할 수 있게 된 미국이 농구는 어떻게 하는 경기인지를 세상에 보여주었다. 공식 보고서에서 미국인들은 '밴텀 닭 같은 민첩함'을 갖추었으며, '이 거인들이 경기장에 들어서기가 무섭게 상대 팀들은 주눅이 들고 시름시름하는 것처럼 보였다'고 한다. 결승전에서 미국은 프랑스를 65 대 21로 대파했다.

1952년 헬싱키에서는 소련과 냉전 정치가 선을 보였다. 소련이 결승전까지 올라갔다. 시무룩하고 심술궂은 기운이 감돌던 경기에서 그들은 지연전술을 쓰느라 애썼고 미국이 어쨌거나 36 대 25로 이겼다. 오히려 기백이 넘치는 경기는 우루과이 사람들이 했던 경기였다. 프랑스와 맞서서 우루과이는 개인 파울을 얼마나 남발했는지 선수들을 다 잃어서 경기의 마지막 5분 동안은 코트에 3명만 남았다. 그러고도 심판이 또 파울을 부르자 벤치에서 선수들이 몰려나왔다. 결국 우루과이 선수 2명이 올림픽 영구 출장정지를 당했다. 다음 날에도 상황은 별반 달라지지 않았다. 4명만 남은 우루과이와 3명만 남은 아르헨티나의 경기는 어마어마한 싸움박질로 막을 내렸다.

1956년 멜버른 올림픽에 소련은 2미터 21센티미터의 얀 크루민시를 데려갔다. 하지만 위대한 빌 러셀(NBA에서 MVP를 5차례 수상한)을 비롯한 미국인들은 소련이고 뭐고 간에 모두 압도했고, 결승전에서 소련을 89 대 55로 물리쳤다. 로마와 도쿄와 멕시코시티에서도 이런 식이었다. 유고슬라비아와 소련이 점점 더 미국의 실력에 근접해오긴 했지만 말이다.

1972년 뮌헨 올림픽에서 극적인 상황이 벌어졌다. 소련이 결승전 내내 미국을 앞섰지만, 3초가 남은 상황에서 미국의 더그 콜린스가 파울을 당해 코트 밖으로 나동그라졌고 미국은 자유투 2개를 얻었다. 콜린스는 아주 침착한 모습으로 2개 다 성공시켰고, 미국은 50 대 49로 리드를 잡았다. 소련이 공격을 시작했지만 공은 골대와는 한참 먼 곳에 떨어졌고, 부저가 울렸으며, 미국은 기쁨과 안도감에 사로잡혀 환호했다. 그런데 한 관계자가 종료 1초 전에 타임아웃 부저가 울렸다고 주장하면서 코트에 대혼란이 일었다. 게임은 재개되었으나 소련은 득점에 실패했다. 그런데 관계자들이 다시 경기를 재개해야 한다고 주장했다. 1초가 아니라 3초가 남았었다는 얘기였다. 사샤 벨로프가 간결한 레이업슛으로 51 대 50을 만들었다. 미국은 메달 수여식에 나타나기를 거부했다.

다음 네 차례 올림픽에서는 냉전의 추가 왔다 갔다 했다. 1976년 몬트리올 올림픽에서 미국은 유고슬라비아가 준결승전에서 소련을 쓰러뜨리는 바람에 앙갚음을 해줄 기회를 잃었다. 하지만 소련은 최초로 정식종목으로 들어온 여자 농구에서는 금메달을 땄고, 1988년까지 올림픽을 지배했다.

1972년 논란이 되었던 남자 결승전이 끝난 후, 미국이 때 이르게 축하를 벌이고 있다.

1988년에는 미국 여자 농구 팀이 금메달을 땄다. 미국 여자 팀은 그후로 깨지지 않는 연속 금메달 기록을 현재까지 이어오고 있다.
1980년 모스크바 올림픽을 미국이 보이콧하면서, 소련은 무난히 남자 농구 금메달을 딸 것으로 보였으나, 준결승에서 유고슬라비아에 또 패하고 말았다. 유고슬라비아가 금메달을 땄다. 1984년에는 소련이 불참했고, 미국이 우승까지 순항했다. 하지만 4년 뒤인 서울에서 소련이 준결승에서 미국을 압도하여 82-76으로 승리했고, 결승전에서 유고슬라비아를 물리쳤다.
4년 후 올림픽 농구의 세계는 완전히 다른 모습이 되었다. 농구에서 미국의 또 다른 주요 경쟁자인 유고슬라비아가 전쟁으로 쪼개졌다. IOC는 모든 스포츠에서 프로 선수들을 받아들이겠다고 결정했다. NBA는 상황을 십분 활용해서 올림픽 역사상 가장 위대한 선수들을 끌어 모았다. 말할 것도 없이 뛰어난 마이클 조던과 매직 존슨, 래리 버드, 찰스 바클리를 포함한 이 팀은 이른바 '드림 팀'이라고 불렸다. 평균 43.8점 차이로 전 경기에서 승리했다. 점수 차가 가장 적게 났던 경기는 결승전이었다. 결승전에서 미국은 크로아티아를 117 대 85로 물리쳤다.
1996년 애틀랜타와 2000년 시드니에서도 상황은 비슷했다. 하지만 미국인들이 약간 안주를 하는 반면에 상대 팀들은 점점 강해지고 자신감에 차 가고 있었다. 2000년 준결승전에서 미국은 리투아니아를 상대로 경기를 거의 날려먹을 뻔했다. 시드니를 경고로 받아들이지 않은 미국은 아테네에서 NBA 스타 마누 지노빌리가 이끄는 발 빠른 아르헨티나에 아슬아슬한 차이로 패했다. 2008년 베이징에서 미국은 '리딤 팀', 즉 구원의 팀이라는 이름을 붙여야만 했다. 코비 브라이언트, 르브론 제임스, 드웨인 웨이드가 이끈 미국 팀은 너무도 뻔하게 전승으로 금메달을 손에 넣었다.

BOXING

복싱

2012년 7월 28일~8월 12일 / 엑셀 경기장

참가선수: 286명 | 금메달: 13개

올림픽 참가

남자: 1904~1908년, 1920년~현재까지.

여자: 2012년에 올림픽 최초로 정식종목으로 채택되었다.

1904년에 시범종목으로 한 번 채택된 적이 있다.

올림픽 형식

남자는 10개 체급에서 경쟁한다. 여자는 3개 체급이다.

각 체급에 한 나라에서 한 선수만 출전할 수 있다.

각 시합은 조 배정을 하고 패자 탈락 방식으로 결승전에 이르러 최종 승자를 가린다.

3위는 없고 준결승에 올라간 선수 2명 다 동메달을 받는다.

게임의 강자들

베이징에서는 역대 올림픽 가운데 가장 고루고루 메달이 돌아갔다.

11개가 걸린 금메달을 9개의 나라에서 가져갔다. 중국이 올림픽 복싱에서

최초로 금메달을 땄고(2개), 몽골과 도미니카공화국도 최초로 금메달을 땄다.

런던 대회도 비슷하게 다양한 나라들에 금메달이 돌아갈 것으로 보인다. 전통의 강호 쿠바와

미국이 베이징에서 단 하나도 금메달을 따지 못한 치욕을 만회하려고 안간힘을 쓸 것이다.

역대 챔피언

미국: 48개 | 쿠바: 32개 | 소련: 32개

복싱을 왜 보는가?

그야말로 충분히 들 법한 의문이다. 왜 편안한 의자에 앉아, 다 큰 어른 둘이 서로 조직적으로 호되게 치고 받는 꼴을 보고 싶어 한단 말인가? 하지

만 팬들에게 복싱은 남자 대 남자가 겨루는(혹은 여자 대 여자가 겨루는) 스포츠의 정수이다. 잡고 쓸 수 있는 도구도 없이, 오로지 주먹과 두뇌만을 무기로 삼는다. 이러한 순수함을 통해 복싱이 간직한 정직성을 볼 수 있다. 그리고 스포츠가 상대방에게 우위를 입증하려는 활동이라면, 그리고 몸 하면 떠오르는 감각을 생각해본다면, 육체 대 육체가 공격하고 방어하는 활동만큼 스포츠다운 종목이 또 어디 있겠는가?

올림픽 수준의 복싱은 단연코 조잡하지 않다. 깡패라면 그곳에서 11초도 버티지 못할 것이다. 복싱은 사람을 때리는 것만큼이나 맞지 않는 것도 중요하다. 최종 승자가 되려면 굉장한 기술과 스피드, 속임수가 필요할뿐더러 한없는 용기를 발휘해야 한다. 권투는 일부 사람들의 생각과 달리 흉포성을 억제하고 견제하는 스포츠이다. 권투는 누군가를 뭉개버리려는 점찮치 않은 욕구를 절제로 바꾸어놓는 스포츠이다. 그러므로 서양식 무술이라고 보는 편이 적절하다. 아니면 (때로 그렇게 불리듯이) '달콤한 과학'이다. 그 모든 미덕에 비추어 복싱은 검증된 역사를 가지고 있다. 올림픽을 관람하는 이들에게는 다행스럽게도 부정적인 면은 대부분 프로 경기에나 해당된다. 프로 권투는 조직범죄와, 언제 멈추어야 할지 모르고 멈출 때를 누가 말해주지도 않는 싸움꾼, 가련한 전직 싸움꾼들로 인해 더럽혀지고 말았다. 프로 권투는 돈을 좇는 '세계 타이틀 매치', 여러 개의 국제기구로 쪼개졌다. 올림픽에서 볼 수 있는 아마추어 권투는 다른 맛이 있다. 먼지 한 점 안 날릴 만큼 항상 깨끗한 것만은 아니라 해도, 프로 권투에 비해서는 엄청나게 안전하다. 머리를 보호하는 헤드기어를 쓰고 단 3라운드만 경기를 하기 때문이다. 산만하지도 않다. 올림픽에서는 체급당 단 1명의 챔피언만 있고, 선수들은 돈이 되는 근사한 상대가 아니라고 피해갈 수도 없다. 받는 상이 변변치 않고 심각하게 부상을 입을 수도 있는 위험이 있어 올림픽 복싱은 짜릿한 긴장감으로 넘친다. 어떤 스포츠와도 다른 권투의 본능적인 성격 때문에 선수들의 승리하려는 열망을 보는 이들에게서도 얼마간 '느낄' 수 있다. 그리고 전설이 탄생할 확률도 아주 크다. 올림픽 권투는 쉬지 않고 감명 깊은 전사들을 배출해왔다. 슈거 레이 레너드와 조 프레이저,

그리고 누구와도 비길 데 없는 저 무하마드 알리를 보라.
런던 올림픽에서 권투를 보아야 할 마지막으로 훌륭한 이유가 여자 대회를 최초로 실시한다는 점이다. 평등을 고양하는 개가일까, 아니면 품위를 떨어뜨리는 어리석음일까? 당신 나름의 의견을 제시할 수 있는 길은 오로지 하나밖에 없다…….

권투 이야기

권투의 역사는 까마득히 오랜 옛날로 거슬러 올라간다. 고대 이집트와 수메르 사람들이 권투를 했고, 올림피아에서 열린 고대 올림픽에서는 기원전 688년에 권투가 첫선을 보였다. 선수들은 보호용 가죽 끈으로 손을 싸매고, 한 선수가 항복을 하거나 싸움을 지속할 수 없을 때까지 싸웠다. 로마인들은 그들답게 이 스포츠를 어둡게 변형시켰다. '케스투스'라고 불리는 쇠 징 박힌 글러브를 썼던 것이다. 패배할 경우 종종 목숨을 잃기까지 했다.
로마 제국이 멸망하고 나서 권투는 대개 유럽에서 사라졌다. 강력한 경찰력이 부재한 국가들에서는 무기를 들고 벌이는 경기들이 더 흔해졌다. 역사는 권투의 인기와 무기의 대량 보급 사이의 관계가 반전되었음을 보여준다. 간단히 말하면, 모든 사람이 몸 전체를 무장하고 있는 마당에 사람들 앞에서 누가 맨주먹으로 싸움을 벌이고 싶겠는가. 치안당국도 좋아하지 않기는 마찬가지였다. 그럼에도 민속 권투의 다양한 형태가 살아남았고, 개중에는 퍽 격렬한 경기도 있었다. 이누이트 족의 머리 치기에서 선수들은 상대방의 머리를 있는 힘껏 때리며, 가격을 당하는 선수는 어떤 방어도 하지 않았다. 13세기에 처음 기록에 나타난 러시아의 주먹다짐에서는 일반적인 1 대 1 대결을 벌였고 더불어 단체 팀이 서로 달려들어 싸움을 벌이기도 했다.
현대의 권투는 17세기 잉글랜드에서 특히 흥행에 성공한 상금이 걸린 대회에서 발전해 나왔다. 참가자들은 돈을 따내려고 싸웠다. 맨주먹이었고 규칙도 거의 없다시피 했다. 체급도 없었고, 라운드의 횟수와 길이에도 제한이 없었다. 귀족들이 내기를 많이 걸었다. 기록된 최초의 시합(1681년)에는 제2대 앨버메일 공작의 집사와 푸주한이 관여했다. 상금이 걸린 시합은 더 낮은 계층 사이에서도 인기를 누렸는데 곧잘 어마어마한 판돈의 대상이 되기도 했다.

잉글랜드 사람인 잭 브로튼은 권투 글러브, 혹은 그가 부른 대로는 '머플러'라고 불리는 것을 창안하는 공적을 세웠다. 처음에는 훈련과 시범 경기에서만 착용하였다. 1743년 런던에서 출간된 브로튼의 『규칙서』는 상금이 걸린 규제 없는 대회의 특성이었던 혼란상에 질서를 부여하려 했다. 다운당한 상대를 치는 행위나 상대의 허리 아래를 붙잡는 짓이 금지되었다. 바닥에 쓰러진 복서에게는 회복할 시간을 30초 주었다. 30초 내에 일어서지 못하면 시합에서 지는 것으로 정했다. 약삭빠른 싸움꾼들은 숨을 좀 돌릴 필요가 있을 때 한쪽 무릎을 꿇고 앉아 이 규칙을 악용하려고 했다. 하지만 이 작전은 인정되지 않았다. 이 떠오르는 스포츠에서 남자다움 또는 '고결함'은 핵심 이상이었다. 유럽과 미국에서 모두 그랬다. "남자답게 서서 하는 싸움은 은밀히 숨긴 칼, 깡패 같은 조직 체계, 깨물고 발로 걷어차고 찌르는 비겁하고도 잔인한 행위에 비해 분명히 몹시 바람직하다"라고 미국의 《스피릿 오브 더 타임스》는 1837년 8월에 피력했다.

1838년에 출간된 런던의 상금이 걸린 대회 규칙은 로프 달린 사각 링의 규격을 구체적으로 정하고, 박치기를 금지하고, 깨물기와 벨트 아래 가격을 금지하면서 권투 경기 절차에 한층 더 신사다운 요소를 도입했다. 권투는 1867년 『퀸즈베리 후작의 권투 규칙』의 출간으로 일약 현대 스포츠로 등극했다. 퀸즈베리 후작은 후에 오스카 와일드의 몰락을 재촉한 사람이다. 이 규칙은 실제로는 후작이 정하지 않았다. 런던 릴리 브리지에서 열린 최초의 아마추어 챔피언십을 위해 케임브리지 대학교의 존 그레이엄 체임버스라는 선수가 1867년에 작성한 것을 후작이 『퀸즈베리 후작의 권투 규칙』이라는 제목으로 출판한 것이다. 이 12가지 규칙은 글러브 착용을 규정하고, 쓰러진 복서에게 10번 카운트 하는 법을 처음 도입했으며, 라운드당 3분간 경기를 하며 라운드 중간 1분 동안 휴식을 취하는 등의 체계를 세웠다. 이 규칙이 오늘날 권투 경기의 운영 기초가 되었다.

원래 아마추어 권투를 위해 설계한 퀸즈베리 룰은 프로 경기에서도 받아들여졌다. 1882년에 잉글랜드 법정이 맨주먹 싸움을 범죄적 폭력일 뿐 아니라 참가자들의 합의를 얻지 못한 행위라고 판결을 내리면서 프로 권투에서도 이런 과정은 가속화되었다. 구경꾼들도 원조나 교사 혐의를 피해야 했다. 글러브를 보편적으로 받아들이게 됨으로써 또 다른 효과가 생겼으니, 큼지막한 미트를 상대 펀치를 막는 데 쓸 수 있었기에 팔뚝을 꼿꼿이 세우는 맨주먹 복서 스타일은 더 이상 선호하지 않게 되었다. 시합은 더 길고 전술적으로 바뀌었으며 수비도 중요해졌다. 주먹을 받는 사람의 입장에서는 글러브가 뒤섞인 양날의 검. 충격을 분산시키지간, 손이 다칠 위험이 줄면서 공격자가 더 강한 펀치를 날릴 수 있게 되었기 때문이다.

1867년 릴리 브리지의 아마추어 대회를 조직한 사람들은 '별 볼일 없는 건달들'을 권투라는 스포츠에서 고의적으로 배제했지만 1880년에 창설된 영국아마추어복싱협회는 시합하러 오는 블루칼라 노동자들을 기꺼이 환영했다. 협회는 인종을 이유로 참여를 금하지도 않았다. 아마추어복싱협회의 설립은 상류층과 노동계급 사이에 자리 잡은 이 스포츠의 영혼을 위한 전투에서 중대한 전기였다. 노동계급의 압도적인 승리로 막을 내렸지만, 이 과정이 미국에서는 영국보다 훨씬 시간이 오래 걸렸다. 미국에서는 1926년에 《시카고 트리뷴》 지가 골든 글러브 대회를 시작하기 전까지는 부유한 클럽 사람들이 아마추어 권투를 지배했다.

19세기 말엽과 20세기 초엽에는 아마추어와 프로의 규칙과 양식이 한층 더 달라졌다. 전자는 (탈진이나 KO가 나오는 시점까지 경기를 지속하는) 싸움보다는 (기술의 시연으로서) 스파링에 주안점을 두었으며, 라운드도 더 적었다. 이제는 많은 사람들이 프로 스포츠에서 거머쥘 어마어마한 돈을 연상하며 이런 성공의 기반을 다지는 장으로서 아마추어 권투를 본다.

퀸즈베리 룰은 차츰차츰 전파되었다. 제1차 세계대전이 터지기 전에 몇 년 동안 프랑스는 영국 외에 퀸즈베리 룰을 받아들인 최초의 나라였다. 아일랜드와 미국도 중요한 규칙을 도입했으나, 궁극적으로는 포괄적으로 이를 받아들였다. 아마추어 권투 최초의 세계 조직은 1920년 파리에서 창립한 국제복싱연맹이었다. 창립 당시 연맹에는 잉글랜드, 프랑스, 브라질, 벨기에, 네덜란드 등 고작 5개국이 참여했지만, 1946년 런던에서 국제아마추어복싱연맹이 창립했을 무렵에는 참가국이 25개국으로 늘었다. 제1회 세계아마추어권투선수권대회는 1974년에 열렸다. 미국과 영국과 아일랜드가 아마추어 권투의 주요 세력이었지만, 쿠바와 바르샤바조약기구에서 떨어져 나온 나라들, 라틴아메리카와 극동 지역같이 경량급에서 특히 실력을 발휘하는 나라들도 참가국 대열에 들어섰다.

여자 권투

이제야 올림픽에 입성하는 경기임을 감안하면 놀랍게도 여자 복싱은 1904년 세인트루이스에서 시범종목으로 채택되었다. 선수들은 헐렁한 반바지에 1970년대를 그린 텔레비전 드라마의 엑스트라 같은 모습이었지만, 주먹은 확실히 날릴 줄 알았다.

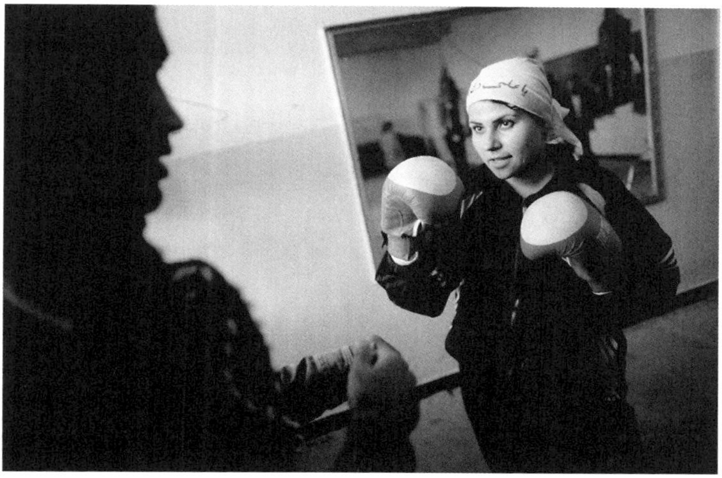

2012년 런던 올림픽 출전을 위해 훈련 중인 아프가니스탄 여자 복싱 팀.

그 무렵에 여자 권투는 이미 2세기 가까운 역사를 자랑하던 터였다. 여자끼리만 싸운 최초의 기록된 경기는 1722년에 열렸다. 런던 옥스퍼드 서커스 근처의 한 여인숙에서 엘리자베스 윌킨슨이 마사 존스를 물리쳤다고 한다. 19세기 중엽에 이르러 상금이 걸린 여자 권투 대회는 너무 잘나간 탓에, 여러 유럽 국가와 미국의 주에서 법으로 금지하기에 이르렀다. 영국에서 여자 복싱은 1880년에 불법이 되었다. 하지만 완전히 없어지지는 않았다.

1954년에 바버라 버트릭이 벌인 경기가 미국 전국방송을 탔다. 하지만 1970년대와 1980년대에 많은 나라에서 발효 중이던 금지법에 도전장을 던진 결과 돌파구를 열 수 있었다. 그러고도 권투 운영조직의 승인을 받기까지는 더 오랜 시간이 걸렸다. 1996년에 영국아마추어복싱협회가 협회의 후원 아래 여자들을 권투에 들이는 문제를 표결에 부쳤고, 5년 후에 국제아마추어복싱연맹은 최초의 여자 세계선수권대회를 미국의 스크랜튼에서 열었다.

게임 시작: 권투의 기초

올림픽 권투는 단순한 경기이다. 유효 펀치를 더 많이 날린 쪽이 승리를 거둔다. KO로 승부가 판가름 나기도 한다. 바닥에 쓰러진 선수가 심판이 열을 셀 때까지 일어나지 못하거나, 실격이나 기권을 하면 KO 패가 된다. 벨트 아랫부분이나 등 뒤를 치는 것은 금지되어 있고, 붙잡기와 쓰러뜨리기, 발 걸기도 하면 안 된다. 관절과 손가락들의 첫째 마디뼈를 아우르는, 글러브의 하얀 부분으로 상대 선수를 가격해야 득점으로 인정된다. 엄지는 다음 두 손가락의 첫 마디 위에 두어야 한다.

링과 세컨드

권투 선수들은 바닥보다 높이 세운 링 안에서 싸운다. 링은 약 6제곱미터

규격이고 모든 코너에 패딩을 댄 기둥이 있다. 링 가장자리는 밧줄 4개로 만든 '울타리'로 구분되어 있다. 남자들은 3분 3라운드 경기를 치르고, 여자는 2분 4라운드를 치른다. 각 라운드가 끝나면 60초간 쉬는 시간이 있다. 모든 복서는 세컨드라고 부르는 도와주는 사람을 2명 둘 수 있다. 둘 다 로프 바깥쪽에 올라가 있을 수 있지만, 1명만 라운드와 라운드 사이에 링으로 들어갈 수 있다. 휴식 시간에 복서에게 조언을 해주고 기운을 북돋우며 수건으로 땀을 말려준다. 또 사소한 상처를 처치하고, 필요하다면 타월을 던져서 기권을 시키는 것이 그들의 일이다.

체급

예전에는 8개 체급밖에 없었고, 올림픽에서는 12개 체급까지 늘어났었다. 런던 올림픽 남자 종목에는 10개 체급(46~49킬로그램의 라이트플라이급에서부터 91킬로그램 이상의 슈퍼헤비급까지)이 있으며, 여자는 3개 체급에서 경기를 벌인다.

선수들은 대회가 시작될 때 전반적인 계체량에 응해야 하며, 출전하는 체급의 몸무게 기준을 반드시 통과해야 한다. 시합이 있는 날 아침마다 또 체중 검사를 받는다. 기준 몸무게를 통과하지 못한 선수는 시합에서 탈락한다.

승리의 방식

시합에서 이기는 고전적인 수단은 KO승이다. 쓰러진 복서가 열을 세도 일어서지 못하면 KO가 된다. 상대 선수 세컨드가 링 안으로 문자 그대로 '타월을 던져' 기권을 해도 승리한다. 아니면 심판이 시합을 중지시키고 특정 선수에게 패를 선언할 수도 있다. 하지만 시합에서 승부를 가리는 가장 흔한 방식은 점수에 의한 판정이다. 시합이 끝날 때도 양 선수 모두 여전히 서 있으면, 득점을 많이 올린 쪽, 즉 유효 펀치를 더 많이 적중시킨 쪽이 승자로 판정난다.

심판은 여러 이유로 시합을 중지시킬 수 있다. 한쪽이 압도적인 경우, 심판은 상대 복서가 과도한 충격을 받고 있다고 판단한다. 한 번이나 여러 번 머리를 가격당해 선수가 스스로를 방어할 능력을 잃었을 때도 심판은 TKO를 선언한다. 실격도 있다. 심판은 심각하고도 지속적인 파울에 경고를 줄 수도 있다. 이 경우 상대 선수가 2점을 얻는다. 경고를 3번 받으면 실격이다.

점수

상대 선수의 몸이나 머리의 정면과 측면에 맞힌 클린 히트, 즉 깨끗한 타격은 1점이다. 1992년부터 2008년까지 적용했던 옛날 득점 시스템에서는 가격이 유효가 되려면 5명의 링사이드 심판 중 적어도 3명이 (펀치를 날렸을 때) 1초 내로 전자 버튼을 눌러야 했다. 사고 때문이건 시스템 탓이건 간에, 심판들이 제때 임무를 수행하지 못하는 일이 빈번했기에 문제가 많은 방법이었다. 그리하여 2011년에 새로운 방법이 도입되었다. 심판들은 이제 시간제한 없이 두 선수의 가격을 기록한다(라운드가 끝나고 경기 내용을 되새겨볼 필요가 없어졌다). 각 라운드의 득점은 가장 유사한 세 점수를 바탕에 두고 계산한다. 차이가 많이 나는 다른 두 심판의 채점은 배제된다. 그러고 나서 '비슷한 세 득점'의 평균을 낸다. 태권도같이 감지기가 부착된 권투복(타격을 전자적으로 기록한다)을 개발하고 있지만, 런던에서는 사용하지 않는다.

안전과 장비

권투는 잠재적으로 위험하다. 프로 경기에서는 더욱이 그렇다. 머리를 너무 많이 맞아서 정신이 오락가락하는 전직 프로 선수만 봐도 알 수 있다. 하지만 아마추어 수준에서는 위험을 최소화하기 위해서 광범위한 수단을 동원한다. 더 적은 라운드, 헤드기어 착용(여자 선수들은 가슴 보호대도 착용한다), 참가 연령 제한(최고 34세), 강도 높은 펀치나 녹다운시킨 펀치 할 것 없이 '펀치 하나에 1점'의 득점 시스템을 채택한 것이다.

선수의 건강도 면밀히 감독한다. 매 시합에서 복서는 국제아마추어복싱연맹이 지정한 의사에게 뛰어도 좋다는 인증을 받아야 한다. 여러 차례 타격을 받은 복서가 다시 싸우기 전에 얼마나 기다려야 하는지 정하는 복잡한 규칙도 있다. 한 번 KO를 당하거나 심판이 머리 가격을 이유로 경기를 중단시킨 경우에는 당사자는 30일간 경기에 나갈 수 없다. 그런 일이 12개월 안에 3번 일어났다면 360일 동안 경기에 나가지 못한다.

관전 포인트

스탠스

복서들은 대개 왼발을 앞에 놓고 상대를 향해 옆으로 게걸음을 한다. 주먹은 올리는데, 오른 주먹은 턱을 보호하고 왼손으로는 대체로 잽을 던진다. 오른 주먹으로는 대체로 훅과 어퍼컷을 날린다. 왼발이 리드하고 오른발이 뒤를 따르며 링을 돌아다니는 선수는 이런 안정적인 자세를 고수한다. 왼손잡이는 반대로 오른발이 리드하고 오른손으로 잽을 날린다.

복서마다 나름의 스탠스가 있다. 일부 선수들은 머리에 혹은 머리보다 살짝 위에 양손을 붙이기도 한다. 플로이드 패터슨은 아이 앞에서 손으로 얼굴을 가렸다가 펴는 이 '까꿍' 스탠스를 쓴 선수로 유명하다. 손을 낮게 내려붙이는 복서들도 있다. 대부분은 중간 정도에서 스탠스를 취한다.

펀치

대부분의 펀치는 다음 네 가지 범주에 들어간다.

잽은 가장 흔히 사용하는 펀치이며, 앞선 손을 재빠르게 내뻗는다.

훅은 갈고리처럼 반원을 그리는 펀치이다. 보통 앞에 내민 손으로 날리는데, 어깨 높이에서 발사해 상대 선수의 옆머리를 때린다.

어퍼컷은 대개 뒤에 두었던 손으로 날리는 펀치로, 허리에서부터 급격하게 손을 올려 상대 선수의 턱을 쳐 올린다.

크로스는 대개 뜻밖의 펀치인데 앞선 손을 동시에 방어 자세로 돌리며 뒤에 둔 손으로 날린다. 오른손잡이 선수가 왼손잡이로 혹은 왼손잡이가 오른손잡이로 돌변하는 경우이다.

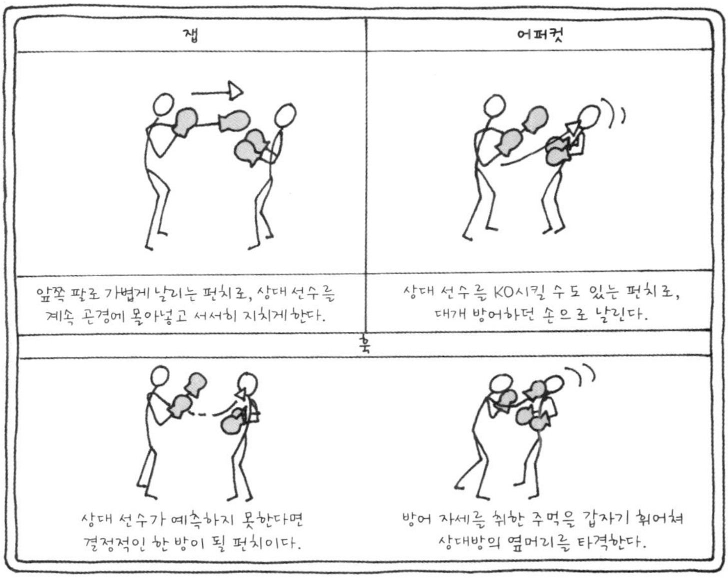

잽
어퍼컷
앞쪽 팔로 가볍게 날리는 펀치로, 상대 선수를 계속 곤경에 몰아넣고 서서히 지치게 한다.
상대 선수를 KO시킬 수도 있는 펀치로, 대개 방어하던 손으로 날린다.
훅
상대 선수가 예측하지 못한다면 결정적인 한 방이 될 펀치이다.
방어 자세를 취한 주먹을 갑자기 휘어쳐 상대방의 옆머리를 타격한다.

스타일

모든 복서는 자기 몸의 형태와 성격에 따라 구사하는 기술이 다르며 이런 방식에는 '구조적인' 강점과 약점이 있다. 대부분 시합은 서로 맞붙는 두 선수가 어떤 스타일이냐에 따라 성격이 결정된다. 다른 모든 요소가 동등하다면(그럴 일은 결코 없지만), 타격에 능한 선수는 접근전에 나서는 인파이터에게는 강한 면모를 보이겠지만, 밖으로 빙빙 도는 아웃파이터에게는 고전할지도 모른다.

하지만 최고의 복서들은 상황에 맞게 스타일을 바꿀 줄 알며, 위에서 말한 흔한 스타일이 서로 무관한 것만은 아니다. 아웃파이터이면서 동시에 인파이터일 수는 없겠지만, 아웃파이터도 카운터 펀처를 특기로 삼을 수는 있다.

인파이터는 상대방의 면전에 들이대는 것을 좋아한다. 고전적인 본보기로 조 프레이저와 헝가리의 위대한 미들급 선수 라스즐로 파프가 있다.

아웃파이터는 반대다. 일정한 거리를 두려 하며 손을 길게 뻗는 잽으로 상대방의 기운을 빼놓는다. 전형적인 아웃파이터라고 말할 수는 없지만, 무하마드 알리(올림픽에서는 본명인 캐시어스 클레이를 썼다)가 이 범주에 들어간다.

강타자(가장 유명한 선수는 조지 포먼일 것이다)는 섬세한 기술보다는 힘에 의존한다. 잘 때리는 만큼이나 얻어맞기 십상이기 때문에 튼튼한 턱이 필요하다.

올림픽 금메달을 땄고 프로권투에서도 6체급을 석권한 오스카 데 라 호야처럼 상대방 가까이 접근해 어퍼컷과 훅을 날릴 기회를 노리는 스타일도 있다.

카운터 펀처는 방어하는 상대의 빈틈을 노리며 펀치를 날리고, 상대방의 펀치를 흘려보내며 빠르게 카운터펀치를 먹인다. 1990년대 로이 존스 주니어의 특기였으며 이 '네 것부터 챙겨라' 전략은 뛰어난 반사신경이 필요하다.

알리: 가장 위대한 올림피언?

올림픽 역사상 가장 위대한 선수는 누구일까? 여러 후보가 있다. 짐 소프, 파니 블랑케르스-쿤, 라리사 라티니나, 칼 루이스, 이언 소프 등. 하지만 한 사람의 이름을 대면 다들 "아, 그래. 그런 것 같아"라고 동의할지도 모른다. 올림픽에서 이룬 업적보다는 그후에 해낸 일 때문이라고 해도 말이다.

캐시어스 클레이, 훗날의 무하마드 알리는 여느 복서들처럼 싸우지 않았다. 그는 손은 낮게 내리고, 상대 주먹을 막기보다는 고개를 숙이고 민첩한 스텝을 이용해 피해갔다. 그의 트레이너들로서는 골머리를 앓을 수밖에 없는 전술이었다. 그러나 알리는 오로지 반응 속도만으로 가장 강력한 펀치를 피할 수 있다고 믿었다. 펀치의 경우 교과서적으로 날렸으며 거의 모

나비처럼 날아서 벌처럼 쏘라. 1960년 로마에서 캐시어스 클레이.

든 타격을 상대의 머리에 조준했다. 그러나 알리 특유의 행동에는 나름의 방법론이 있었다. 그는 날카로운 잽을 날리면서 상대방과 일정한 거리를 두는 아웃파이터였다. 알리가 날리는 잽은 하도 빨라서 슬로 모션으로 봐도 잘 안 보일 정도였다.

1960년 로마에서 라이트헤비급 금메달을 따낸 18살짜리 복서는 완성품과는 아직 한참 멀었지만, 성분은 이미 모두 다 보였다. 그는 폴란드의 위험한 상대 즈비그네프 피에트르치코프스키를 상대했다. 괴물 같은 오른손 훅을 날리는 까다로운 왼손잡이 선수였다. 하지만 클레이는 빠르고, 영리하고, 대담해서 승리를 차지할 만큼 득점을 올릴 수 있었다.

시합 후 기자회견에서 소련의 한 저널리스트가 난감한 질문을 던졌다. 흑인으로서 제 나라에 출입이 금지된 곳이 많은데 이 사실을 어떻게 느끼는가? 클레이는 자질 있는 사람들이 그 문제를 해결하려 노력하는 중이라면서 굳세게 미국을 옹호했다. 하지만 켄터키 주 루이빌로 돌아와서, 그 공산주의자 글쟁이 말에 일리가 있음을 인식하지 않을 수 없었다. "당신 내가 누군지 알아?"라는 수법에도 싸구려 햄버거 음식점에서 음식 대접을 거절당했고, 친구와 함께 인디언 보호구역 경계지에 있는 제퍼슨 카운티 브리지까지 오토바이 족들에게 쫓겼다. 뒤따른 싸움에서 인종주의자들은 재미를 못 보았지만, 클레이는 클레이대로 올림픽 승리가 공허한 장식에 지나지 않는다고 느꼈다. 그는 혐오감에 금메달을 오하이오 강에 거칠게 던져 버렸다.

36년이 지난 후 파킨슨병의 여파로 눈에 띄게 몸을 떨면서, 무하마드 알리는 애틀랜타에서 올림픽 성화대에 불을 밝히는 영광을 안았다. 그는 또 갖다 버린 금메달을 새로 받기도 했다.

올림픽에 간 권투

고대 올림픽에도 권투가 있었고, 현대 권투의 틀을 세운 사람들이 고대를 동경했음을 감안하건대, 1896년 아테네 올림픽에 권투 종목이 들어가지 않았다는 점은 놀라운 일이다. 현대의 권투가 너무 비신사적이라는 느낌을 준 탓이리라. 권투는 1904년 세인트루이스에 가서야 근대 올림픽에 입성했다. 선수는 모두 미국인이었다. 해당 대회에 권투를 뒤늦게 채택하는 바람에 일어난 해프닝이었다.

1908년 런던도 크게 다르지 않았다. 5체급 모두 홈팀이 금메달을 가져갔는데 거의 모든 복서가 영국인이었다. 드문 예외가 있었으니, 오스트레일리아의 레지널드 '스노이' 베이커였다. 미들급에서 은메달을 땄는데 그는 판정에 문제가 있다고 느꼈다. 일리가 있는 것이, 승자인 자니 더글러스가 심판의 아들이었던 것이다. 베이커는 항의했지만 소용이 없었다.

권투는 1912년 스톡홀름에서는 정식종목에 끼지 못했는데, 스웨덴이 권투를 금지했기 때문이다. 하지만 1920년 앤트워프에서는 8개 체급으로 늘어나 되돌아왔다. 미국이 금메달 3개를 따고, 영국이 2개를 땄다. 두 나라는 1924년 파리 올림픽에서도 메달 순위표 수위를 장식했다. 나라당 한 체급에 한 선수만 참가하게 된 첫 대회였다. 시합은 3라운드였는데 1, 2라운드는 3분을, 마지막 라운드는 4분을 싸웠다.

1928년 암스테르담에서 마지막 회의 1분이 떨어져 나갔다. 관중의 막무가내 행동으로 얼룩진 대회였다. 가장 수치스러운 일화가 플라이급 준결승전 말미에 일어났다. 남아프리카공화국의 해리 아이작스가 승자로 판정이 나자, 미국의 존 데일리를 응원하던 사람들이 심판들을 둘러싸고 판정을 번복할 때까지 위협했던 것이다. 관계자들은 비겁하게도 선수들 점수를 혼동했다고 주장했다.

1932년 로스앤젤레스 올림픽에서는 최초로 마우스피스와 '컵 보호구' 착용이 허용되었다. 사타구니 보호대가 알게 모르게 알려지고 있던 시기였다. 1836년 베를린 올림픽에서 주최국인 독일이 프랑스와 메달 상위권을 차지했다. 바로 전 대회에서 미국이 아르헨티나와 남아프리카공화국과 메달을 나누어 먹었던 것과 같았다.

제2차 세계대전이 끝나고 나서 변화가 나타났다. 1948년 런던에서 마지막 동메달 쟁탈전이 열렸다. 4년 후에는 2개의 새로운 체급(라이트웰터급과 라이트미들급)이 올림픽 프로그램에 추가되었다. 미국 선수들이 1952년 대회를 지배하며 5개의 금메달을 차지했다.

소련 복서들은 헬싱키 대회에도 나가 싸웠지만, 1956년 대회에서 비로소 영국과 미국이 금메달 2개를 딴 데 반해 금메달 3개를 획득해 진정한 족적을 남겼다. 그러나 이 대회의 스타는 헝가리의 라스즐르 파프였다. 라이트미들급에서 우승하며, 올림픽 금메달을 3개 따낸 최초의 복서가 되었다.

1960년 로마 올림픽은 캐시어스 클레이라는 오만하고 젊은 라이트헤비급 선수를 세상에 처음 알린 대회로 널리 기억된다. 무하마드 알리라는 이름으로 그는 다음 두 올림픽 헤비급의 승자 2명과 경이로운 경쟁을 통해 불멸의 지위를 다졌다. 바로 조 프레이저(1964년)와 조지 포먼(1968년)이다.

1972년 뮌헨 올림픽에서는 쿠바가 복싱 강국으로 부상했다. 소련보다 1개 많은 3개의 금메달을 따낸 것이다. 이 카리브 해의 작은 나라는 이어지는 9번의 올림픽 가운데 5번의 올림픽에서 복싱 금메달을 가장 많이 차지했다. 하지만 바로 다음 대회인 1976년 몬트리올 올림픽에서는 미국에 이어 2위에 만족해야 했다. 미국인 형제 마이클과 레온 스핑크스가 나란히 금메달을 따고 위대한 슈거 레이 레너드도 라이트웰터급에서 금메달을 땄기 때문이다. 한편 밴텀급 구용조가 북한에 올림픽 사상 최초의 복싱 금메달을 안겨주었다.

혁명적인 쿠바인들

지난 40년간 올림픽 권투에서 가장 놀라운 이야깃거리는 링을 호령한 쿠바인들이었다. 지난 10번의 헤비급 우승자들 중 7명이 이 섬에서 나왔다. 그들은 다른 대부분의 체급에서도 메달 더미를 쌓아 올렸다.

쿠바가 성공을 거둔 비밀은 전도유망한 어린 선수들을 알아보고 세심하게 키우는 국가 시스템도 한몫을 한다. 덧붙여서 1962년에 발효된 프로 권투 시합 금지법이 있었다. 전 챔피언들은 지도자로 돌아서서 어린 세대에게 지혜를 나누어주었으며 선수들은 실력을 쌓아나갔다. 그러나 아마추어 권투에서 쿠바가 가장 유리한 점은 문화적인 측면에 있다. 쿠바 사람들은 올림픽 권투를 자기네 종목으로 생각한다. 성공을 거둔 선수들은 혁명의 영웅으로 여겨지고, 그에 따라 환대받는다.

너무나 많은 쿠바의 복서들이 시상대 꼭대기에 올랐는데 이는 1972년부터 1980년까지 3회 연속 헤비급에서 금메달을 딴 테오필로 스테벤손이 모범을 보인 결과였다. 1970년대 말에 그는 무하마드 알리와 싸우는 조건으로 500만 달러를 제의받았다는 보도가 나왔다. 테오필로는 "800만 쿠바인들의 사랑에 비교해서 500만 달러가 다 무엇인가?"라고 말하며 거절했다.

미국 선수들이 빠진 상태에서 쿠바 선수들은 1980년 모스크바에서 금메달 5개를 쓸어 담으며 훨훨 날았다. 경이로운 테오필로 스테벤손의 3회 연속 헤비급 금메달도 포함한 결과였다. 쿠바는 1984년 로스앤젤레스 올림픽을 보이콧했다. 로스앤젤레스 올림픽에서는 헤드기어 착용이 의무화됐다. 이 대회에서는 라이트헤비급 시합이 논란의 진창에 빠지고 말았다. 에반더 홀리필드가 준결승전에서 심판의 떨어지라는 선언이 나온 다음에 KO 펀치를 날렸다는 혐의로 실격을 당하고 말았던 것이다. 결국 금메달리스트가 된 유고슬라비아의 안톤 요시포비치는 틀림없이 판정을 확신하지 못했던 듯하다. 메달 수여식에서 금메달 단상에 홀리필드를 끌어올렸던 것이다.

1988년 서울올림픽은 라이트미들급 결승전의 터무니없는 판정으로 손상을 입었다. 미국 선수인 로이 존스 주니어는 한국의 박시헌보다 많게는 거의 3배 정도 펀치를 맞혔다. 그래봤자 지고 말았다. 한국의 변정일이 머리 들이밀기로 불가리아의 알렉산데르 흐리스토프와의 싸움에서 2점 감점을 받아 패하자, 그의 트레이너가 링으로 들어가 뉴질랜드인 심판 키스 워커의 등에 주먹을 날린 일도 있었다. 심지어 상황을 가라앉히라고 부른 보안요원 중 1명도 워커의 머리를 때렸다. 좀더 좋았던 면을 보자면, 케냐의 로버트 왕길라가 아프리카 흑인 최초로 올림픽 금메달을 딴 일이다.

1992년에는 쿠바인들이 되돌아와서 금메달 7개를 모아갔다. 테오필로 스테벤손의 헤비급 후계자인 펠릭스 사본이 첫 금메달을 따내며 전임자의 위업을 따르기 시작했다. 그는 3회 연속 금메달을 차지했다. 그때 이래로 쿠바는 중국이 처음 주요 무대에 오른 2008년만 빼놓고는 복싱의 수위 자리를 독식했다. 2008년에 중국이 금메달 2개를 챙겼는데 이것이 올림픽 권투 판도를 바꿀 징조였는지는 두고 볼 일이다.

CANOEING

카누

2012년 7월 29일~8월 1일(슬랄럼)

2012년 8월 6일~11일(스프린트)

리 밸리 화이트 워터 센터(슬랄럼)

이튼 도니(스프린트)

참가 선수: 330명 | 금메달: 16개

올림픽 참가

카누 스프린트는 1924년 대회에서 시범종목으로 등장했다가 1936년에 정식종목이 되었다. 슬랄럼은 1972년에 올림픽에 들어갔다.

올림픽 형식

올림픽 카누는 스프린트 카누와 슬랄럼 카누로 나뉜다. 두 부문 다 예선전 후 준결승전과 결승전을 치른다. 슬랄럼에 4개(남자 3개, 여자 1개), 스프린트 경기에 12개(남자 7개, 여자 5개)의 금메달이 걸려 있다. 각 종목은 카약과 카누의 머리글자와 참여하는 선수 수를 뒤에 붙인다. K는 카약을 뜻하고 C는 카누를 뜻하며, 뒤에 붙은 숫자는 배에 타는 선수의 수이다. 거리는 100미터에서 1000미터(여자는 500미터가 최장 거리)까지 있다.

게임의 강자들

독일이 베이징 올림픽을 압도했고, 런던에서도 영광을 재현할 가능성이 높다. 중부 유럽 국가들도 두 종목 다 강세를 보인다. 스프린트에서 헝가리 선수들을 주목하고, 슬로바키아의 파볼 호흐스초네르와 페테르 호흐스초네르 쌍둥이 형제가 카누 2인승 슬랄럼에서 올림픽 4회 연속 금 사냥에 성공할지도 지켜보라. 영국의 팀 브레이번트는 K1 1000미터 스프린트 챔피언이지만, 캐나다의 애덤 반 코에버든의 강력한 도전에 직면해 있다.

역대 챔피언

소련/러시아: 29개 | 미국: 14개 | 벨기에: 11개

카누를 왜 보는가?

선수들이 한 번에 직접 경주를 벌이는 카누 스프린트는 조정과 비슷한 점이 많아 흥미롭다. 그렇게 따지면 레인에서 벌어지는 모든 경주와 비슷한 흥분을 준다. 하지만 죽자 사자 노를 젓는 선수들을 보면 어쩔 수 없이 전율을 느끼게 된다. 특히 일심동체가 되어 노를 젓는 단체 팀을 볼 때 짜릿함이 더하다. 물론 우리 조상들의 단순한 수상 기술이 얼마나 중요했는지를 가늠할 수 있는 노젓기에는 마음을 흡족하게 해주는 원시성이 있다.
카누 슬랄럼은 그와는 대조적으로 거대한 세탁기 속에 내던져진 사람들을 보는 듯하다. 저 사람들은 대체 저 혼란스러운 환경에서 어떻게 움직이면서 바글거리는 물에서 지배권을 차지하려고 할까? 답: 배와 한 몸을 이루는 것이다. 덮개를 통해 배와 유기적으로 짝을 이루어야 하는 카약 선수들에게 각별히 해당하는 얘기다. 두 가지 유기체가 효율적으로 하나가 된다. 수중의 켄타우로스라고나 할까? 한 번에 한 배가 나서는 슬랄럼은 다른 선수들과 경쟁을 벌인다기보다 자연의 요소(인공적으로 만든 것이기는 하지만)와 전투를 벌인다고 할 수 있다. 슬랄럼 카누는 힘과 용기, 재빠른 머리 회전이 필요하며, 멋들어진 구경거리이다.

카누 이야기

바퀴보다도 몇 천 년은 앞선 발명품인 카누는 고대에서 가장 중요한 운송수단의 하나였다. 알려진 가장 오래된 예는 네덜란드 아센에 있는 한 박물관에 전시되어 있다. 기원전 약 8000년경의 배이다. 최초의 카누는 나무 몸통을 파내서 만든 통나무 배였다. 하지만 시간이 흐르면서 폴리네시아의 현외 장치가 달린 배에서부터 북아메리카 동부의 자작나무 껍질로 만든 배들까지 온갖 종류의 카누가 생겨났다. '카누'라는 단어는 통나무를 뜻하는 카리브 해 말 '케누'에서 유래했다.

이누이트 족 말로 '사람의 배'라는 뜻의 캬자크에서 유래했다는 카약은 약 4000년 전에 이누이트 족이 처음으로 만들었다. 선주는 유목에 바다표범 가죽을 씌운 배를 자기 몸에 맞게 건조했다. 대개 쭉 뻗은 팔 길이의 세 배 정도 길이로 만들었다.

북아메리카에서 유럽인들은 이르게는 1615년부터 카누를 이용했다. 그때 캐나다 퀘벡의 개척자인 사뮈엘 드 샹플랭이 5대호를 헤치며 노를 저은 것이다. 하지만 중간층이 스포츠로서 카누를 탄 시기는 19세기 중반이 지나서였다. 원주민 부족들의 모임을 빼놓고, 가장 초창기 스프린트 경주는 1866년 잉글랜드 카누 클럽의 첫 보트 경주대회에서 열렸다. 경외감을 자아내는 존 맥그리거가 대회를 주최했다. 1871년에 뉴욕 카누 클럽이 창설되었고, 뒤따라 1880년에 미국카누협회가 생겼으며, 10년 후 캐나다에도 카누협회가 설립되었다.

카누 슬랄럼 시합은 상대적으로 늦게 생겨났다. 1932년 스위스에서 최초로 열린 시합은 스키 슬랄럼을 본보기로 삼아 물결이 잔잔한 호수에서 열렸다. 오래 지나지 않아 애호가들은 급류에서의 경주가 훨씬 더 스릴 넘치고 물도 첨벙첨벙 튀긴다는 사실을 깨달았다. 1949년 스위스에서 제1회 세계슬랄럼선수권대회가 열렸다.

카누 위의 목사

카누를 스포츠로 대중화한 사람은 런던의 괴짜 변호사였던 존 맥그리거(1825~1892년)라는 사람이다. 그와 부모가 타고 가던 인도 행 배에 불이 나서 구조를 받았던 유아기에서부터 그의 수중 모험은 시작되었다. 다음 모험은 12살의 나이에 찾아왔다. 그가 벨파스트 근처에서 조난에 처한 배를 도우려는 구조선에 탔을 때였다. 젊어서 사격에 능했던 맥그리거는 1858년에 미국과 캐나다를 여행하면서 카누에 대한 취향을 키운 듯하다. 시베리아 여행도 한몫을 했을지 모르지만 기차 사고로 라이플총을 단단히

고난도의 장소에 들어가버린 목사.

쥘 능력을 잃을 때까지 그의 흥미는 잠자고 있었다.

1865년에 그는 램버스의 선박 건조업체에 양쪽 끝이 똑같이 생긴 카누 7척을 수주하고, 전부 롭 로이라고 이름 지었다. 배는 약 4미터 50센티미터 길이에 폭 71센티미터, 깊이 23센티미터 정도였으며 덮개가 없었고 갑판은 고무 입힌 캔버스를 씌워 마무리했다. 그러니까 카누의 요소가 있었지만, 양쪽 끝에 노깃이 있어서 카약같이 젓는 배였다.

.

이렇게 장비를 갖추고 나서 맥그리거는 영국 켄드의 그레이브젠드에서 롭 로이로 처녀항해에 나섰다. 그는 시가에 불을 붙이고, 입이 떡 벌어진 거룻배 선원들을 지나치며 노를 저어 템스 강을 나와 영불해협에 들어섰다. 그곳에서 알락돌고래 떼와 마주치기도 했다. 성공에 고무된 그는 카누를 유럽 대륙으로 수송하고는 벨기에와 프랑스, 스위스와 독일의 물길 여행에 승선했다. 이 항해를 그린 여행담 『카누 롭 로이에서 보낸 1000마일』은 1966년에 출간되어 대히트를 쳤다. 뒤이어 발트 해와 중동 지역으로 떠난 여행을 통해서도 베스트셀러 두 권을 더 생산했다.

맥그리거는 가는 곳마다 센세이션을 불러일으켰다. 188센티미터의 키에 노포크 재킷과 밀짚모자를 쓰고 노를 젓는 습관마저 화제였다. 배들이 그를 얼빠지게 바라보느라 항로를 변경하기도 했다. 요르단 강을 항해하는 동안에 몹시 흥분한 마을 사람들 무리가 물에 뛰어들어 카누를 붙잡고 항해자가 앉아 있는 배를 그대로 들고 마을 촌장이 있는 천막으로 가져다놓았다. 맥그리거는 사람들의 관심에 기꺼이 호응해주었고, 마술을 보여주었으며, 구경꾼들이 즐거워하는 가운데 마그네슘 리본에 불을 붙이기도 했다. 하지만 그에게는 진지한 구석도 있었다. 특히 반가톨릭 성향의 종교 소책자들을 열렬히 출간하는 충동으로 유명했다. 그리하여 '카누 위의 목사'라는 별명이 붙었다.

경기 시작: 카누의 기초

우선 카누와 카약의 차이점을 머릿속에 집어넣으라. 올림픽에서 노 젓는 경주가 무엇인지 이해할 수 있을 뿐만 아니라, 두 종목 선수 모두에게 사랑받는 존재가 될 것이다. 카누와 카약 선수들은 둘을 헷갈려하고 뒤바꾸어 말하는 사람들에게 진저리를 낸다. 올림픽의 명명법도 상황에 도움이 안 되기는 마찬가지이다. 두 종목을 '카누'라는 이름 아래 한데 묶어버렸으니 말이다.

카누는 노깃이 한쪽에만 달린 노를 사람이 한 무릎을 갑판 바닥에 꿇고 저어 나아간다. 카약은 노깃이 양쪽에 달려 있고 자리에 앉아서 젓는다. 카누

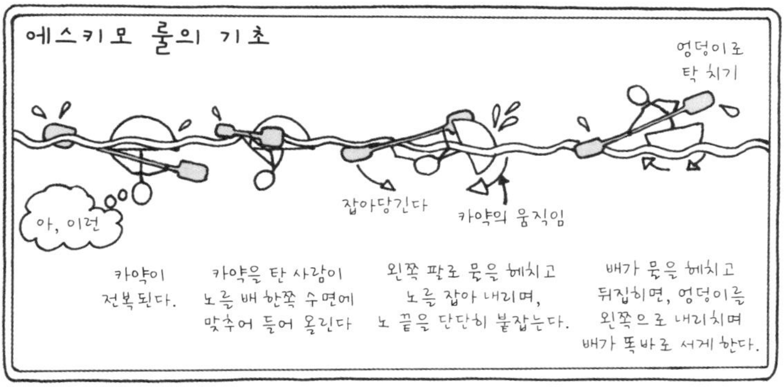

가 덮개가 없이 배 윗면이 다 뚫려 있는 반면에, 카약은 앉는 자리 말고는 덮개로 막혀 있다. 탑승자는 구멍 둘레의 스프레이 커버라고 부르는 것에 둘러싸여 몸을 쏙 감춘다. 마치 치마를 펼쳐놓고 앉은 모양이다. 카약을 발명한 이누이트 족 사냥꾼들에게는 필수적인 조치였는데, 배가 얼음물같이 차가운 북극 물로 가득 차지 않게 막아주었기 때문이다. 이누이트 족은 배가 전복했을 때 되돌려놓을 기발한 기술을 고안해내기도 했는데, 이는 '에스키모 롤'로 알려져 있다.

두 번째 핵심 차이점은 구분된 레인을 따라 잔잔한 물 위의 직선 코스를 달리는 스프린트 경기와 이와 반대로 요동치는 급류를 헤쳐 달리며 여러 개의 기문을 통과해야 하는 슬랄럼 경기 사이에 있다. 카누 스프린트와 카약 스프린트의 경우 골인 지점에 먼저 도착하는 선수가 이기는 반면, 슬랄럼은 시간을 재서 승부를 가린다.

카누 스프린트

남자 스프린트 경주는 200미터와 1000미터(카누와 카약)로 열리며, 여자 경주는 200미터와 500미터(카약만)가 열린다. 전환점을 돌아오는 경기는 없고, 오로지 곧바로 주행한다. 결승선에 이르면 허파가 터질 것 같을 정도로 힘든 레이스이다. 2가지 배 모두 올림픽 선수들이 200미터를 주파하는 데 약 30초가 걸린다.

올림픽의 모든 예선전에는 8척의 배가 참가할 수 있다. 모든 배가 9미터 폭의 레인을 할당받는다. 부정 출발을 막기 위해, 배들은 뱃머리 끝에 있는 작은 원뿔형 물체를 놓고 일직선으로 선다. 원뿔은 출발 신호에 따라 자동적으로 떨어져 나간다. 2번 부정 출발한 배는 실격한다.

레이스를 통틀어 선수들은 레인의 중앙 4미터 폭 안에서 배를 몰려고 노력해야 한다. 벗어나면 중앙 쪽으로 돌아와야 한다. 배가 다른 배와 5미터 이내로 가까워지면 반드시 곧장 교정 노력을 해야 하며, 그렇지 않으면 실격

할 가능성이 있다. 배가 할당받은 레인을 벗어나면 자동적으로 실격이다. 배가 전복됐을 때도 실격이다.

장비

스프린트용 카누와 카약은 복잡한 장치이다. 대개 케블러와 탄소섬유와 섬유유리를 섞어 만들며, 발포고무가 들어가는 경우도 있고, 에폭시나 폴리에스테르 수지를 겹겹이 발라 접착시킨다. 카누 스프린트에서 주안점은 조종의 기술보다는 스피드에 있다. 그 점이 슬랄럼 사촌에 쓰이는 배들보다 더 길고 가는 유선형 모양에 갑판보가 매우 좁은 카누의 디자인에 반영되어 있다. 이 때문에 쉽게 뒤집힌다.

스프린트 종목의 배는 K1, K2, K4(각각 카약의 최대 길이는 520센티미터, 650센티미터, 1100센티미터)와 C1, C2, C4(각각 카누의 최대 길이는 520센티미터, 650센티미터, 900센티미터)로 나뉘어 있다. 모든 배는 최소 무게를 지켜야 한다.

스프린트용 카약은 선체 밑바닥에 발로 조종하는 방향타가 있다. 1인 경기에서는 해당 선수가 밟고, 단체 경기에서는 맨 앞에 앉은 선수가 조종한다. 방향타가 있어 방향을 바로잡느라 노를 지칠 이유가 없고, 노를 저어 생긴 에너지는 앞으로 곧장 나아가는 데 집중된다. 대조적으로 스프린트용 카누

슬로바키아의 호흐스초네르 쌍둥이 형제가 2008년 베이징에서 C2 슬랄럼 3회 연속 금메달을 향해 노를 젓고 있다.

는 방향타가 없기 때문에 노를 저을 때 방향을 제대로 잡아야 한다.

카누 슬랄럼

리 밸리에 있는 2012년 올림픽 슬랄럼 코스는 올림픽 슬랄럼 역사의 5개 코스 중 4개와 마찬가지로 인공적으로 건설되었다. 300미터 길이를 가는 동안 5.5미터 아래로 이어지는 경사로를 내려가며, 펌프로 동력을 받는 물결이 초속 15제곱미터로 움직인다.

코스

모든 슬랄럼 코스에는 다음과 같은 요소를 반드시 두어야 한다. 길이는 250미터에서 400미터 사이(잘하는 남자 선수면 일반적으로 95초 정도에 주파할 수 있는 거리다)이다.

오른손잡이 선수와 왼손잡이 선수에게 조종 난이도가 똑같도록 코스를 짜야 한다(카약은 당연히 두 손을 다 쓴다).

18개에서 25개 사이의 기문을 두며, 그중 6개 혹은 7개의 역류기문을 설치한다. 녹색과 흰색으로 된 기문을 만난 배는 반드시 하류를 향해 지나쳐야 하며, 빨간색과 흰색으로 된 기문을 만나면 반대 방향으로 거슬러 돌아야 한다. 기문은 1.2미터에서 4미터 사이로 서 있는 장대, 휘어지는 장대로 구성해야 한다. 장대 하나로 된 기문의 경우에는 기문 경로를 규정하기 위해 코스의 제방 쪽에 다른 장대를 심어놓아야 한다. 선수가 반드시 건너야 할 가상의 선이다.

각 폴의 밑부분은 흘수선보다 20센티미터 이상 올라와 있어야 한다. 그리고 마지막 기문과 결승선 사이의 거리는 반드시 15미터에서 25미터 사이여야 한다.

이상적인 올림픽 코스에는 선수들이 여러 가지 선택을 해야 하는 요소가 있는 기문이 적어도 하나쯤은 있다. 방향을 계속 바꿔야 하는 기문, 소용돌이와 파도 그리고 급류를 포함하는 전반적으로 위협적인 물의 흐름을 선수가 만나야 한다는 뜻이다.

점수

선수들은 예선전에서 2번 경기를 치른 다음 결선 진출을 가린다. 준결승전과 결승전은 단 1경기가 있을 뿐이다. 때문에 실수는 용납되지 않는다.

제한 시간을 지키지 못했을 때 결승선을 통과하기까지 걸린 시간에 시간 벌점을 더한다. 시간 벌점은 기문에서 제대로 방향을 잡는 데 실패했을 경우에 발생하기 쉽다. 기문은 반드시 올바른 방향으로, 올바른 주행 순서로 통과해야 성공으로 간주된다. 그러니까 순서대로 기문 1을 지나친 다음에 기문 2를 통과해야 하는 식이다. 모든 선수의 머리와 배의 일부분만이라도 기문을 통과해야 한다. 배나 노 혹은 몸으로 장대를 건드려도 감점이다. 한쪽이나 양쪽 장대 모두 건드리면 2초의 시간 벌점이 가산된다.

기문을 놓치면 시간 벌점은 50초이다. 선수 머리의 어떤 부분이라도 기문에서 잘못된 방향으로 돌아가 있으면 기문을 놓친 것으로 간주한다. 뱃머리가 기문을 잘못 돌았을 때 벌점이 부과된다. 선수가 방향을 잡으려고 기문 장대를 고의적으로 밀면 벌점을 받는다. 기문을 통과할 적에 선수의 머리가 물 아래에 잠기면 벌점을 받는다.(이런 일이 아예 없었던 것은 아니다). 기문 장대를 헤치고 나가거나, 아예 생략하고 지나가 버리면 벌점을 받는다.

경기에서 기문을 놓쳐버리거나 배가 전복되면 메달 획득에 치명적이다. 배에서 선수의 몸이 전부 빠졌을 때를 전복이라고 친다. 배가 뒤집히는 것 자체로는 전복이 아니다. 선수가 에스키모 롤을 수행해내면 벌점이 부과되지 않으며 배는 계속해서 갈 수 있다.

정리하면, 결승선을 끊었을 때의 시간에 모든 벌점을 더한 점수가 최종 점수이다. 요컨대 점수가 낮을수록 잘한 것이다.

장비

스프린트용과 마찬가지로, 슬랄럼 카누와 카약은 대개 케블러와 탄소섬유, 섬유유리, 발포고무, 수지로 만든다. 올림픽 수준에서는 보통 대회 코스에 맞추어 특수 제작한다. 최대한 조종을 쉽게 하기 위해 디자인할 수밖에 없으므로 안정성은 희생될 수밖에 없다.
슬랄럼 카약과 카누의 차이점은 스프린트 경주에서보다는 많지 않다. 둘 다 덮개와 조종석이 있기 때문이다. 하지만 카누 선수들은 여기에서도 앉는 게 아니라 무릎을 꿇고 노를 저어야 한다. 두 가지 다 방향타는 허용되지 않는다.
올림픽 슬랄럼에서 배의 무게와 길이 조건은 세 가지로 분류한다. 바로 K1, C1, C2(카약과 카누 모두 최소 길이가 3.5미터이다. 길이는 3.5미터 이상 4.1미터로 정해져 있다. 최소 폭과 무게도 규정되어 있다.)이다.

급류를 가르는 사랑스러운 패배자

1992년 바르셀로나 올림픽에서 여자 카약 슬랄럼은 코스타리카의 힐다 몬테네그로의 경기(아니면 하지 않은 경기)로 재미가 배가되었다. 그녀는 예선 첫 시기에서 벌점 470점을 쌓았다. 다음 시기에서는 대부분의 코스를 배가 거꾸로 뒤집힌 채로 갔고, 코스 밑바닥에 머리를 쿠딪치는 바람에 헬멧이 깨졌다. 알고 보니 그녀는 이 올림픽이 열리기 한 달 전까지는 슬랄럼 훈련을 받아본 적조차 없었다. 코스타리카가 카누 종목에 원래 생각했던 것보다 한 사람 더 출전할 수 있다는 사실을 뒤늦게 알게 된 감독 라파엘 갈로가 래프팅 가이드로 자기 밑에서 일하던 착한 아가씨에게 대표 선수 자리를 제안한 것이다.
몬테네그로는 이 일로 너무나 상심해서, 18개월 동안 카약 근처에도 가지 않았다. 하지만 그녀는 원래 굳센 심성의 소유자였고, 애틀랜타에 다시 나가 기문을 하나도 놓치지 않고 경기를 완주하겠다고 결심했다. 그녀는 2번째 시기에서 야심을 실현했다. 선수 30명 중 28위를 차지했다. 그녀의 배짱 있는 태도에 애틀랜타 남자 1인 슬랄럼 우승자인 독일의 올리버 픽스가 어찌나 감명을 받았는지, 둘은 후에 결혼에 골인하게 되었다.

관전 포인트

카누 슬랄럼은 좀더 친숙한 스키 슬랄럼하고는 비교할 수 없이 난장판이다. 눈과 달리 물은 가만히 있지를 않는다. 게다가 어떤 기문은 방향을 거꾸로 돌려서 가야 한다. 그러니까 카누 선수가 왔던 방향인 상류로 뱃머리를 틀어야 한다는 뜻이다. 여기다가 폭포까지 끼어 있으면, 강철 같은 신경이 필요하다.

카누 슬랄럼에서는 선수들이 배를 조종하려 하면서 어떤 종류의 노질을 구사하는지 지켜보라. 옆으로 길고 넓은 노질은 배의 방향을 돌릴 때, 빠르고 짧은 노질은 앞으로 나아갈 때, 밀어내는 노질은 뒤로 갈 때 쓴다.

올림픽에 간 카누

카누 스프린트는 1924년 파리 대회에서 시범종목으로 채택되었다. 카누와 카약 둘 다 경기가 열렸다. 메달은 미국과 캐나다가 나누어 가져갔다. 선수들 대부분이 캐나다카누협회나 워싱턴 카누 클럽 소속이었으니 놀랄 것도 없는 결과였다.

정식종목이 된 1936년 베를린에서는 오스트리아와 독일이 메달 대다수를 쓸어갔다. 그때 이래로 중부와 동부 유럽 국가들은 지금까지도 밥 먹듯이 메달을 따 가고 있다. 여자 선수들이 1948년 런던 올림픽에서 합류했다.

올림픽 카누 스프린트에서 두 선수가 두드러진다. 스웨덴의 게르트 프레드릭슨은 1948년부터 1960년 사이에 카약 스프린트 금메달을 6개나 땄다. 1000미터와 이제는 폐지된 마라톤 길이의 10킬로미터에서 상대 선수들을 무참히 짓밟으며 얻은 결과였다. 하지만 그조차도 위대한 비르기트 피셔 앞에서는 고개를 숙여야 할 일이다. 그녀는 1980년부터 2004년까지 카약 스프린트에서 금메달 8개를 따냈다. 말문이 막히는 이 기록에서 3개는 동독을 위해, 5개는 통일된 독일을 위해서 땄다. 개인전뿐만 아니라 단체전에서도 유감없이 실력을 발휘한 그녀는 올림픽 카누 부문에서 최연소이자 최고령 챔피언이 되었다. 각각 18살과 42살에 거둔 성적이다. 동독이 1984년 대회를 보이콧하지 않았더라면, 피셔의 누적 기록은 더 인상적이었으리라.

올림픽 역사를 써나가면서 몇몇 스프린트 부문이 옆길로 밀려났다. 애초에 전력질주하고는 거리가 먼 10킬로미터, 그리고 남자 500미터가 그렇다. 후자는 런던 올림픽에서 200미터로 대체된다.

카누 슬랄럼은 1972년에서 처음 올림픽에 입성했다. 서독은 아우크스부르크에 인공 슬랄럼 코스를 건설하는 데 1700만 마르크를 썼는데, 동독이 츠비카우에 정확히 똑같은 복제품을 만들었음을 알게 되었다. 동독은 슬랄럼 금메달 4개를 모두 휩쓸었다.

일관되고 관람객이 구경하기 좋은 인공 코스를 짓는 데 드는 비용 때문에 슬랄럼은 그다음 4번의 올림픽에서는 치러지지 않았다. 하지만 1992년 바르셀로나에 다시 등장했고, 그때부터 지금까지 한 번도 빠짐없이 열려온 종목이다.

CYCLING

사이클

도로: 2012년 7월 28일~8월 1일, 더 맬 에서 출발 및 골인

트랙: 8월 2일~7일, 올림픽 파크 벨로드롬

BMX: 2012년 8월 8일~9일, 올림픽 파크 BMS 서킷

산악자전거: 2012년 8월 11일~12일, 헤이들리 팜

참가 선수: 593명 | 금메달: 18개

올림픽 참가

트랙 사이클과 도로 사이클 남자 경기는 1896년부터 올림픽 경기를 치렀고, 사이클은 그때 이후 1번도 빠짐없이 올림픽 정식종목이었다. 여자 도로 경주가 1984년에 생겼고, 뒤따라 1988년에 트랙 부문도 신설되었다. 산악자전거 경주인 MTB는 1996년에 올림픽 프로그램에 들어갔고, BMX는 2008년에 들어갔다.

올림픽 형식

사이클에는 4부문이 있다. 트랙 양옆으로 경사가 진 실내 경주로에서 펼치는 트랙 경주(5가지 종목)를 비롯해 BMX, MTB, 도로 경주가 있다. 도로 경주는 공공도로에서 벌어지며, 2종목이 있다. 개인 타임 트라이얼과 직선 경주이다. 모든 부문에 남자와 여자 경기가 있다.

게임의 강자들

트랙에서는 영국 대표 팀을 지켜볼 만하다. 도로에서 남자 경기에는 최상의 기량을 갖춘 프로 선수들이 출전한다. 세계 최고의 사이클 대회인 투르 드 프랑스에서 갓 돌아온 선수들이 참여한다. 새로운 부문인 BMX와 MTB에는 프랑스와 독일, 미국, 동부 유럽에서 온 세계적인 선수들이 경합한다.

역대 챔피언

프랑스: 40개 | 이탈리아: 32개 | 영국: 18개

사이클을 왜 보는가?

올림픽 사이클은 풍부하고 다양한 즐거움을 선사한다. 테크놀로지에 관심이 많은 사람들에게 사이클은 최신 디자인과 재료의 전시장이다. 속도광은 벨로드롬의 선수들이 트랙의 높은 비탈에서 쇄도해 내려와 전력질주하는 모습을 손에 땀을 쥐고 지켜본다. 좀더 가학(혹은 피학)적인 편이라면 도로 경주라는 대단히 힘겨운 구경거리를 보고 좋아하리라. 최근 경기 일정에 MTB가 추가되었으니 자동차 랠리 경주 따위를 좋아하는 사람이 구경하기에 좋겠고, BMX 시합의 경우 광기 넘치는 선수의 묘기와 도시 이곳저곳에서 생겨난 교묘한 기술이 조합된다.
레이스가 다양하다는 점 때문에 사이클은 심지어 육상보다도 종목이 많다. 중거리 경주와 지구력이 필요한 장거리 종목, 모든 선수가 경합하는 레이스, 개인 시간 기록 승부인 타임 트라이얼 독주 경기, 개인과 단체의 추발레이스, "꼴찌는 악마에게나 잡아먹혀라"라는 식의 경쟁이 있다. 여기서는 가장 뒤처진 선수가 앞선 무리가 일정한 바퀴를 돌 때마다 탈락한다. 포인트 경기의 긴박감은 상상을 초월한다. 이때 선수들은 10바퀴를 돌 때마다 1바퀴를 전력질주하여 점수를 얻는다. 이 모든 형식의 경기를 올림픽에서 볼 수 있다.

사이클 이야기

최초의 자전거는 레오나르도 다 빈치가 스케치했다고 주장하는 사람들도 있고, 잉글랜드 버킹엄셔 스토크 포지즈의 한 교회 스테인드글라스에 원형이 있다고 하는 사람들도 있다. 하지만 제대로 기록된 초창기 자전거의 조상은 독일의 엔지니어이자 남작인 카를 프리드리히 폰 드라이스가 1818년에 설계한 바퀴 둘 달린 나무 자전거이다. 남작은 자신의 기계 장치에 앉아서, 발로 이 자전거를 밀어가면서 축이 되는 혁명적인 앞바퀴와 핸들로 조종했다. 잘되는 날이면 시속 약 13킬로미터로 꾸준히 주행할 수 있었다. 이 기계는 잠깐 유행을 누리다가 이내 사라졌다.

중요한 기술 진보는 1866년에 파리의 운송수단 제조업자 미쇼가 앞바퀴에 발을 얹는 페달을 실험하면서 실현되었다. 사람들은 이 페달을 벨로시페드라고 불렀다. 이 자전거는 곧바로 히트를 쳤다. 1, 2년도 되지 않아 미쇼의 공장은 수백 대의 벨로시페드를 생산해냈고, 미국과 잉글랜드의 코번트리에서는 모방 제품이 나오기 시작했다. 그러니까 1860년대와 1870년대에 자전거는 진기한 물건이고 사치품이었다. 타는 법을 배우기도 까다로웠다. 뼈를 덜거덕덜거덕 흔들어대는 물건으로 알려지게 된 이 자전거는 서스펜션이 없었고, 딱딱한 고무 타이어가 달려 있었으며, 조종하기도 어려웠다. 하지만 그런 결점에도 불구하고 부유한 젊은이들은 신이 나서 새로운 장난감을 몰고 다녔다.

트랙 최초의 사이클 경주는 1868년 생클루에서 열렸고, 1869년에는 파리와 루앙 사이의 공공도로에서 첫 경기가 열렸다. 이 자전거에는 페달이 바퀴의 앞 축에 달려 있었기 때문에 안장은 필연적으로 앞바퀴 위에 얹게 되었다. 바퀴는 사용자의 다리에 맞추어 점차 커졌으며 앞바퀴에 비해 뒷바퀴는 작아졌다. 앞바퀴는 커다랗고 뒷바퀴는 아주 조그만 이 '페니 파딩'은 상당한 속도를 낼 수 있었지만, 균형을 잡기가 까다롭고 방향을 잡기가 매우 어려웠다.

1885년에 코벤트리의 존 켐프 스탈리라는 사람이 처음에 '로버'라고 이름 붙인 안전 자전거를 설계했다. 이 기계는 양 바퀴 크기가 같았고, 페달로 체인을 돌려 뒷바퀴를 굴렸으며, 초창기 형태의 기어가 달려 있었다. 몇 년 지나지 않아 이 자전거가 페니 파딩 자전거를 밀어냈다. 물밀 듯이 밀어닥친 부품 디자인 기술혁신의 덕이었다. 공기를 집어넣는 타이어와 기어, 브레이크, 유동 바퀴가 속속 생겨났다.

더 값이 싼 자전거의 대량생산과 더불어 기술 변화로 인해 자전거는 대중적인 교통수단이 되었다. 그리하여 이제 자전거 경주도 극소수의 전유물이 아니었다. 경쟁심 강한 새로운 사이클 세대는 공공도로에서나 인공적으로 지은 트랙에서나 엄청난 관중을 맞이했다. 1900년에 이를 무렵 프랑스에서만 300개가 넘는 벨로드롬이 생겼고, 뉴욕, 런던, 브뤼셀, 밀라노, 상트페테르부르크의 트랙에 사람들이 구름처럼 몰려들었다.

하지만 자전거는 부상하자마자 자동차에게 추월당하고 말았다. 자동차는 산업화 시대 속도의 새로운 상징이었다. 이에 대응하여 사이클은 지구력을 덧붙였다. 특히 미국에서는 초장거리 트랙 경주를 했고, 1903년에 첫 대회가 열린 투르 드 프랑스는 유럽 대륙 도로 경주의 이정표가 되었다. 하지만 영국에서는 관계당국이 도로 경주를 한사코 가로막고 나섰다. 자전거 타기가 공공에 위협이 된다는 이유였다. 1888년 경찰조례를 보면, 자전거 타는 사람들이 "맹렬하게 페달을 밟은" 죄로 체포를 당하기도 했다.

트랙과 도로 경기 모두 자전거 제조업자들의 적극적인 후원을 받았고 바야흐로 프로화되었다. 결과적으로 가장 잘나가는 선수들이 올림픽 같은 아마추어 대회에서 배제되었다. 자전거를 탄 신사들은 훌륭한 유럽 시즌 경기들에서 차선책을 찾아야 했다. 1996년까지도 그랬고, 그때에야 올림픽 경기에 프로 선수들도 참가할 수 있었다.

산악자전거, 즉 MTB와 BMX가 각각 1996년과 2008년 올림픽에 새로이 포함되면서 조직화한 스포츠로서 새 시대를 맞이했다.

경기 시작: 사이클의 기초

트랙 경주

개인 스프린트는 두 선수가 벨로드롬 세 바퀴를 달리는 경기이다. 하지만 레이스는 마지막 바퀴가 될 때까지는 거의 레이스라고도 할 수 없다. 첫 두 바퀴는 거의 언제나 고양이와 쥐 놀음인데, 라이더들이 서로 바짝 붙어서 순간의 기회를 노리기 때문이다. 상대 선수가 아주 잠깐 주저하는 모습을 보일 때가 갑작스럽게 치고 나가 라인을 전력질주할 기회다. 첫 바퀴는 최소 걷는 속도로는 반드시 유지해야 하지만, 첫 바퀴가 지나면 경사진 굴곡부 두 부분에서 결투를 앞둔 사무라이 한 쌍처럼 균형을 잡으며 멈춰 있다시피 해도 된다. 1964년에 도쿄 올림픽에서 이탈리아의 조반니 페테넬라와 프랑스의 피에르 트렝탱이 꼼짝도 하지 않고 21분 57초 동안이나 서 있는 기록을 세웠다.

단체 스프린트는 각각 3명으로 구성된 2팀이 3바퀴를 돈다(여자는 각 팀에 2명씩 4명이 2바퀴를 돈다). 선수들은 벨로드롬의 트랙 중앙 본부석 출발선과 반대편에서 각각 출발한다. 개인 스프린트와는 다르게, 단체 경기는 일직선상에 나란히 서서 출발한다. 팀 선수 중 선두에 서 있던 선수가 1바퀴를 돌 때마다 트랙에서 나가 경기에서 빠진다. 마지막 바퀴는 팀당 단 1명만 남아서 결승선까지 간다.

단체 추발은 두 팀이 시합을 벌인다. 남자는 팀당 4명이, 여자는 3명이서 경기를 벌인다. 선수들은 벨로드롬의 2군데 직선 주로의 중간에서 각각 출발한다. 각 팀의 세 번째 주자가 먼저 결승선을 통과하는 팀이 승리한다. 아니면 상대 팀의 3번째 주자를 따라잡음과 동시에 승리를 거둔다.

경륜은 1940년대 후반 일본에서 생겨났고, 일본 전역에서 도박 열풍을 불러일으켰다. 8명의 선수가 8바퀴 경주를 펼친다. 선수들은 첫 5바퀴 반은 오토바이를 탄 페이스메이커, 즉 유도 요원의 뒤를 따라가야 한다. 유도 요원을 추월하면 실격 처리된다. 초반에는 비교적 한가한 시속 25킬로미터 정도로 달리는데, 유도 요원이 마지막 2바퀴 반을 남겨놓고 시속 45킬로미터까지 속도를 올려놓고 트랙을 떠난다. 선

빅토리아 펜들턴(영국)이 베이징 스프린트에서 우승을 거두고 나서 경기장을 돌며 세리모니를 하고 있다.

수들은 그다음부터 줄지어 레이스를 펼친다.

옴니엄은 트랙 사이클의 5종경기이다. 선수들은 다양한 종류의 레이스에서 경합해서 각각의 점수를 모아 총합을 낸다. 이틀간 6가지 레이스가 열린다.

플라잉 랩은 선수들이 1명씩 따로따로 레이스를 벌이며 시간 기록을 재는 타임 트라이얼 경기이다. 선수는 스피드를 올리기 위해 워밍업으로 1바퀴를 돌 수 있다.

포인트 경기는 진을 다 빼놓는 장거리 레이스로 남자는 30킬로미터, 여자는 20킬로미터를 달린다. 10바퀴마다 250미터 전력질주를 해서 그 시점의 순위에 따라 득점을 매긴다. 상대 선수들을 1바퀴 추월하면 추가 점수가 붙는다. 가장 많은 득점을 올린 선수가 금메달을 딴다.

개인 추발 경기에서 남자 선수들은 4킬로미터, 여자 선수들은 3킬로미터를 달린다. 선수들은 트랙 반대편에서 출발해 전력질주하면서 추월을 도모한다.

스크래치 종목은 장거리 트랙 레이스이다. 스프린트도 없으며, 중간 득점도 매기지 않고 레이스에서 1위로 결승선을 통과하면 승리한다. 남자는 15킬로미터, 여자는 10킬로미터를 달린다.

독주 경기는 선수 1명씩 혼자서 달려 시간 기록을 재는 레이스이다. 즉 타임 트라이얼 경기이다. 남자는 1킬로미터, 여자는 500미터를 달린다.

마지막으로 **제외 경기**는 선수 24명이 전부 함께 출발하여 2바퀴마다 꼴찌 주자를 1명씩 떨어뜨리고 나가는 경기이다.

도로 경기

단체 경기가 없어지면서 올림픽 도로 경기 프로그램은 딱 2종목으로 줄어들었다. 이 개인 도로 레이스에서 모든 선수는 공공도로에서 다 함께 출발하며 남자는 약 250킬로미터, 여자는 140킬로미터를 달린다. 결승선을 처음 통과하는 선수가 우승한다. 반면에 타임 트라이얼에서는 선수들이 90초

간격을 두고 출발하며, 시간상으로 가장 빠르게 정해진 거리를 주파한 선수가 승자가 된다. 코스는 더 짧다. 남자가 44킬로미터, 여자가 40킬로미터를 달린다.

마운틴 바이크

마운틴 바이크 시합은 지형이 고르지 못하고 험한 길을 40킬로미터가량 달리는 경기이다. 선수들이 한꺼번에 몰려서 출발하며 결승선을 가장 먼저 지난 선수가 우승한다. 마지막 코스의 배치는 날씨를 이유로 경기에 임박해서 결정이 난다. 선수들은 틀림없이 거친 지형과 장애물, 날카로운 기복과 아주 많은 진탕을 달리게 될 것이다.

BMX

BMX 자전거는 인위적으로 만든 코스에서 레이스를 펼친다. 선수들은 높은 경사로 꼭대기에서 출발해서 급커브를 돌고 장애물과 둑으로 이어진 굴곡부와 점프대를 거치는데, 코스를 마칠 때까지 약 40초가 걸린다. 모든 선수는 조별로 1번씩 예선전을 치르며, 8대의 자전거가 겨루어 4강을 결정한다. 준결승전과 결승전은 여러 레이스를 조합하는 레이스인데, 마지막 결승선을 넘었을 때 얻은 점수로 순위를 가린다.

관전 포인트

사이클에서 가장 중요한 점은, 선수는 공기 저항을 극복하는 데 대부분의 노력을 쏟아 붓는다는 것이다. 누군가 앞에 있으면 에너지를 훨씬 적게 쓸 수 있다. 앞에서 공기를 움직여 놓고 바람을 막아주니까 말이다. 이는 뒤에서 뛴다는 의미로 드래프팅이라고 부르는데, 이를 통해 당신은 경기가 어떻게 진행될지 가늠할 수 있다. 이런 요소는 개인 독주 경기를 제외하고는 스피드와 에너지 소비에서 엄청난 차이를 불러일으킨다. 어떤 도움도 받지 않고 혼자 달리는 개인 독주 경기에서는 당연히 구사하지 못하는 전술이다.

트랙에서 타임 트라이얼 경기들만 빼놓고, 드래프팅은 레이스에서 결정적인 부분이다. 개인 스프린트에서 드래프팅으로 얻는 이점은 너무나 큰 나머지, 대부분의 선수가 앞서 나가기보다는 뒤에 따라붙겠다는 심산으로 도보 속도를 유지하며 기지를 겨룬다. 스타트 신호가 떨어지고 즉시 출발해야 하는 경륜은 갖가지 술수를 피하고 선수들이 앞으로 뛰쳐나가도록 강제한다. 그럼에도 많은 선수들은 마지막 직선주로가 나올 때까지 선두 바로 뒷자리를 차지하려고 애를 쓴다.

단체 경기에서는 가장 효율적인 드래프팅을 실현하는 정확한 대형을 유지하는 것이 이루 말할 수 없이 중요하다. 팀 구성원들이 스피드나 리듬을 잃지 않으면서 선두 주자의 짐을 나누려고 일직선으로 서서 부드럽고도 주기적으로 위치를 바꾸는 모습을 살펴보라.

드래프팅은 MTB나 BMX에서는 그리 중요하지 않다. 코스가 하도 울퉁불퉁하고 복잡해서 다른 선수 뒤에 끼어갈 공간이란 없다고 봐야 하기 때문이다. 이 2경기에서는 날카롭게 가속을 냈다가 예리하게 브레이크를 잡고 능숙하게 균형을 유지하며 코너링을 하는 기술이 관건이다. 2종목에서 사이클 선수들은 공히 작은 장애물들을 뛰어 넘어야 한다.

산악자전거에서는 그저 자전거를 둘러메고 달려야 할 만큼 진창인 데다 매우 가파른 코스와 마주칠 가능성도 있다. 험한 지형에서는 자전거가 고장나거나 타이어가 상할 수도 있다. MTB 선수들은 사이클 경기 선수들 중에서 유일하게 도구함을 가지고 다니며 경기할 수 있으며, 수리는 반드시 스스로 해야 한다.

올림픽에 간 사이클

대부분의 다른 스포츠들과 마찬가지로, 사이클도 올림픽 초창기 시절에 좀

별나고 '신사적인' 사건들이 있었다. 1896년 아테네에서 언제 끝날까 싶은 300킬로미터 트랙 경주에서 금메달을 딴 프랑스의 레옹 플라멩은 중간에 레이스를 멈추고 장비 결함 문제를 겪고 있던 상대 그리스 선수를 기다려 주었다. (투르 드 프랑스에서는 중간까지 선두를 지키던 주자가 자전거가 고장 나서 곤란을 겪고 있으면 함께 어정거려주는 게 여전히 에티켓이다.) 아테네에서 마라톤까지 갔다가 다시 아테네로 돌아오는 도로 경주에서 그리스 선수 아리스티디스 코스탄티니디스는 결국 금메달을 따기는 했지만, 3번을 심하게 넘어졌고, 코스를 완주하는 데 자전거 2대가 필요했다.
법적인 제한과 치안 문제를 감안해야 했던 영국에서 1908년 런던 올림픽 사이클은 아니나 다를까 트랙 종목만 열렸다. 1000미터 스프린트에서는 결승전에 4선수가 나갔지만, 아무도 메달을 따지 못했다. 2선수가 넘어져서 탈락했고, 코스를 완주한 2선수는 규정된 시간 내에 결승선을 통과하지 못해 실격을 당했기 때문이다. 1920년 앤트워프 올림픽에서 도로 경주는 기찻길을 6번 지나야 하는 코스에서 열렸다. 진행요원들이 각 선수가 철길을 넘을 때마다 혹시 기차가 지나치거나 해서 얼마나 시간을 잡아먹었는지 기록했다. 남아프리카공화국의 헨리 캘텐브런이 결승선을 가장 빨리 통과해 금메달을 차지하나 싶었다. 하지만 진행요원들은 스웨덴의 헨리 스텐퀴스트가 지나가는 기차들에 너무 많은 시간을 잃었으므로 그 시간을 빼

1908년 런던 올림픽 2000미터 2인승 자전거 부문에서 프랑스의 듀오 실과 오페이가 달리고 있다.

면 가장 빨리 달렸다고 결론지었다.

지난 세기에 많은 사이클 형식이 트랙에서 떨어져 나갔다. 단체 도로 경주와 2인승 사이클 부분이 사라진 친구들에 포함되어 있다. 어쩌면 추발 경기에서 가장 서글픈 희생자는 단체 타임 트라이얼이 아닐까? 스피드와 구경거리에서, 가장 완벽한 대형을 이루어 달리는 타임 트라이얼에 비길 만한 종목은 없기 때문이다.

제2차 세계대전이 끝난 후 사이클은 여전히 소수의 남자 선수만 참가하는 아마추어 종목으로 남아 있었다. 하지만 이탈리아의 에르콜레 발디니 같은 선수에게는 올림픽이 디딤돌이 되었다. 1956년 스프린트 챔피언인 그는 프로로 돌아서 성공가도를 달렸다. 1960년 로마 올림픽에서 사이클 경기는 30여 년 만에 처음으로 사이클에 호기심이 있을까 말까 한 시골에서 열렸다. 주최국인 이탈리아의 산테 가이르도니가 트랙에서 금메달 2개를 따냈지만, 이 대회는 이제 도로 경주로 기억된다. 이 대회의 도로 경주는 찌는 듯한 34도의 열기 속에 열렸다. 덴마크의 라이더 크누트 엔센이 일사병에 시달리다가 쓰러져 머리가 골절되는 바람에 죽고 말았다. 1912년 마라톤 이래 올림픽 경기에서 처음으로 사망한 선수였다. 부검 결과 그의 몸에서는 혈액순환 자극제 소량이 발견되었다.

1964년에 올림픽 사이클에서 최초의 도핑 테스트를 실시했고, 1972년에는 2명의 메달리스트가 금지 약물에 양성 반응을 보였다. 스페인 도로 경주 동메달리스트인 하이메 우엘라모와 역시 동메달을 딴 네덜란드 타임 트라이얼 단체 팀 소속의 아드 반 덴 호이크였다.

1976년 올림픽에서 서독이 거둔 성공은 약물이 아닌 공학의 뒷받침을 받은 듯하다. 서독 국가대표단은 IOC가 금지하는 실크 저지를 뽐내며 헬륨을 채운 타이어(허용됨)로 달렸다. 하지만 1980년과 1984년에는 의학이 테크놀로지들을 능가하고 말았다. 모스크바에서 소련과 동독 선수들은 하나마나한 약물 검사를 바탕으로 미친 듯이 내달렸다. 1984년 로스앤젤레스에서 미국 선수단은 4개의 금메달과 5개의 은메달, 동메달을 챙겼는데, 후에 일부 메달리스트들이 레이스 전에 수혈을 받았다는 사실이 폭로되어 빛이 바랬다. 체내에서 적혈구를 집중시켜 산소가 근육에 더 잘 흡수되도록 하는 방법이었다. 의료 지침에 위반되지만 그렇다고 올림픽 규칙에 어긋나는 방법은 아니었다.

경사는 1984년에 올림픽에 여자 사이클 종목이 들어간 일이다. 도로 경주는 극적인 결말을 보여주었다. 미국의 코니 카펜터-피니가 사진 판독 결과 금메달을 거머쥐었다. 그녀는 사이클 주자가 보도의 연석 위를 뛰어오르는 모양으로 결승선을 뛰어넘었던 것이다. 그후 변화 속도는 매우 빨랐다.

현재 MTB의 챔피언 파올라 페조.

1992년 바르셀로나 올림픽 4000미터 추발 경기에서 영국의 크리스 보드먼은 공기역학을 이용한 자전거 덕분에 금메달을 땄다. 이제 트랙 자전거들은 완전히 새로 디자인하게 되었다. 복잡한 현대적 재료들이 새로운 자전거에 들어갔다. 1996년 애틀랜타에는 프로 선수들이 입성했고, 투르 드 프랑스에서 5차례 우승한 스페인의 위대한 도로 경주자 미겔 인두라인이 개인 독주 경기에서 금메달을 땄다. 당시 전도유망했던 미국의 랜스 암스트롱은 56위를 기록했다.

1996년 올림픽은 MTB가 처음 들어간 대회이기도 했다. 1970년대에 캘리포니아 사람들이 길이 아닌 곳에서 자전거를 타는 실험을 했고, 1980년에 최초의 상업화한 산악자전거가 등장했던 터였다. 산악자전거는 도로용 자전거보다 프레임이 더 견고했고, 튼튼한 서스펜션 시스템, 더 넓은 타이어를 채용했으며 선수들은 수직 라이딩 자세로 고르지 못한 표면을 훨씬 쉽게 달릴 수 있었다. 산악자전거는 스포츠와 오락으로서 엄청난 인기를 누렸다. 1987년에 세계선수권대회가 열렸고, 10년이 채 지나지 않아 산악자전거는 모든 종류의 자전거 판매 대수를 다 합친 것보다 많이 팔렸다. 하지만 정작 사람들은 도시의 평범한 도로에서 산악자전거를 더 많이 탔다. 그 정도 인기였으니, 올림픽 입성은 필연적이었다.

MTB의 여왕은 이탈리아의 파올라 페조였다. 그녀는 1996년과 2000년 올림픽에서 금메달을 땄다. 특히 2000년 시드니 올림픽에서는 크게 넘어져서 선두 그룹에 뒤처져 있다가 놀랍게도 역전을 일구어냈다. 그녀는 또 사이클 운동화 후원사를 위해 별난 의상을 입었고, 이탈리아 언론이 그녀의 가슴에 집착하는 바람에 악명을 얻기도 했다.

BMX는 2008년 베이징 올림픽에서 현재의 사이클 부문 4종사를 완성했다. MTB가 새로운 주류였다면, BMX 자전거는 컬트적인 추종자들이 많았다고 할 수 있다. 작은 바퀴에 기어가 1단밖에 없는 이 자전거는 1960년대 캘리포니아 주 산타모니카에서 처음 만들어졌는데 가볍고 조종이 쉽다는 장점이 있다. 이런 특징 때문에 BMX 프리스타일의 묘기 같은 장면을 연출할 수 있다.

DIVING
다이빙

2012년 7월 29일~8월 11일 / 올림픽 파크 아쿠아틱 센터

참가선수: 136명 | 금메달: 8개

올림픽 참가

남자: 1904년~ 현재, 여자: 1912년~현재

올림픽 형식

남자와 여자 선수들이 스프링보드와 플랫폼 종목에서 경합을 벌인다.
개인전과 싱크로나이즈드 경기가 있다.

게임의 강자들

2008년 베이징 올림픽에서 오스트레일리아 선수 1명(남자 10미터 플랫폼에서 금을 딴 매슈 미첨)이 중국 다이버들이 금메달을 싹쓸이하는 사태를 겨우 막았다. 런던에서도 크게 다르지는 않을 듯하다. 영국은 2010년 세계선수권대회에서 10미터 우승을 차지하고 꾸준히 실력을 향상시키는 톰 댈리에게 기대를 걸고 있다.

역대 챔피언

미국: 48 | 중국: 27 | 스웨덴: 16

다이빙을 왜 보는가?

1936년 베를린 올림픽을 그린 다큐멘터리 〈올림피아〉에서 감독인 레니 리펜슈탈은 절정의 마지막 시퀀스로 하고 많은 스포츠 중에서도 다이빙을 선택했다. 올림픽 관련 영화 가운데 가장 논란이 많았고 혁신적인 이 작품에서 리펜슈탈은 눈을 뗄 수 없는 다이빙의 면면을 포착하면서 놀라운 이미지를 쏟아냈다. 2층 높이쯤 되는 다이빙대에서 뛰어내리면서 침착함을 유지하기 위해 필요한 강철 같은 신경, 비행에 필요한 우아함과 곡예를 부

리는 듯한 유연성, 시속 50킬로미터는 되는 속도로 물을 치면서 입수할 때의 찌릿찌릿한 순간을 놀랍도록 멋지게 그려낸 것이다.

그때 이후 달라진 것은 별로 없다. 새로운 기술로 수면의 긴장을 낮추어 아주 미세한 잔물결과 거품을 만들어내면서 물을 부드럽게 했다는 것 정도가 달라진 점이다. 그럼에도 잘못될 가능성은 아주 조금이나마 있다. 다이빙은 다칠 수도 있을뿐더러 이보다 더 심한 일을 겪을 수 있는 운동이다. 러시아의 다이빙 선수 세르게이 샬리바쉬빌리는 1983년 유니버시아드 대회에서 거꾸로 3바퀴 반 공중돌기를 시도하다 내려오는 중에 보드에 머리를 세게 부딪혀 사망하고 말았다.

다이빙 이야기

기록으로 남은 최초의 다이빙은 이탈리아 나폴리의 한 묘실에 있는 기원전 480년 그림에서 볼 수 있다. 하지만 사람들이 그보다 훨씬 오래전부터 다이빙을 했다는 사실은 믿어도 괜찮다. 체계적인 스포츠로서 다이빙은 19세기 북부 유럽에서 시작되었다. 스웨덴과 독일에서 체육은 자연을 숭배하는 광범위한 문화적 추세의 일부였고, 선수들은 야생의 물과 바다에 뛰어들라는 요구를 받았다. 다이빙은 필연적으로 교과과정의 일부가 되었다.

다이빙이 처음으로 경기 형식을 취한 것은 빅토리아 시대 영국 공립 수영장들에서였다. 1883년에 잉글랜드아마추어수영협회는 높은 곳에서 물로 수직으로 뛰어드는 플런지 다이빙 선수권대회를 최초로 열었다. 선수들은 출발대에서 도약했다가 풀로 뛰어들어 물속에 최대한 오래 머물러 있었다. 1895년에 이르러 영국다이빙선수권대회는 스프링보드를 도입하고, 스탠딩 다이빙과 러닝 다이빙 경기를 분리했다. 한편으로 스칸디나비아 쪽에서는 오토 하그보르그와 C. F. 마우리치가 하이보드 다이빙을 개척했다. 그들은 1890년대에 런던에 갔다가, 하이게이트 폰드에 탑을 세우고는 다이빙과 비틀어뛰기로 사람들을 열광케 했다.

1904년 올림픽에 처음 도입된 다이빙은 유동적인 상태였다. 앵글로색슨 세계와 유럽 대륙의 각기 다른 전통은 융합을 이루지 못한 채로 남아 있었다. 다이빙 경기를 심판하고 점수를 매기는 데 문제가 많았고, 장비와 기술은 초보 수준이었다. 그때 이후 다이빙은 합리적으로 다듬어졌고, 올림픽은 시험대를 마련해주었다.

경기 시작: 다이빙의 기초

올림픽 다이빙은 3미터 스프링보드와 10미터 플랫폼을 사용하여 2가지 다른 형식으로 진행한다. 2종목 다 남자와 여자 선수들이 개인 부문과 싱크로나이즈드 다이빙에서 경합을 벌인다. 싱크로나이즈드 다이빙은 2000년에 올림픽에 도입되었다. 싱크로나이즈드 다이빙 선수들은 동시에 똑같은 다이빙 형식, 그러니까 대칭이 되는 다이빙을 수행한다. 개인 각각의 다이

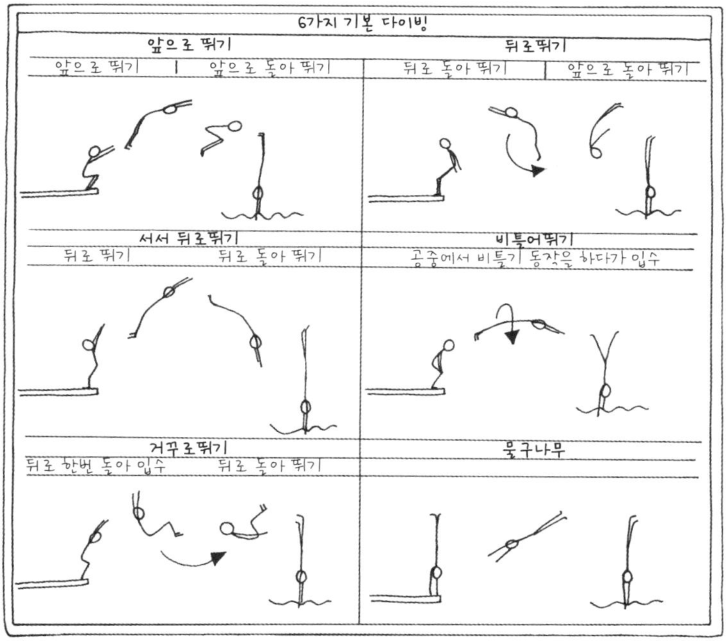

빙과 서로의 다이빙 간에 관계를 따져 점수를 매긴다. 모든 경기 형식에는 2개 라운드가 있다. 심판들이 택하는 다이빙 필수 부문과 선수들이 선택하는 자유 부문이 있다.

채점과 판정

좋은 다이빙이란 무엇인가? 유럽과 미국 사람들이 이 문제에 동의하기까지 거의 30년이 걸렸다. 오늘날에는 10점 만점에 3점까지는 발판에서 도약하는 점수, 뛰어 내리는 동작, 입수에 각각 1점 만점씩 매기기로 합의가 되어 있다. 나머지 점수는 이 3가지 범주에 대해 어느 것에나 보너스로 줄 수 있다. 그러고 나서 난이도에 따라 점수를 곱한다. 그러므로 가령 몸을 반으로 접어 짧게 뛰어내리는 것보다는 삼단 비틀어 공중돌기가 훨씬 많은 점수를 얻는다. 올림픽 경기에는 심판이 7명 있다. 다이빙 최종 점수를 매길 때는 가장 높은 점수와 가장 낮은 점수는 제외하고, 나머지 5가지 점수의 평균을 낸다.

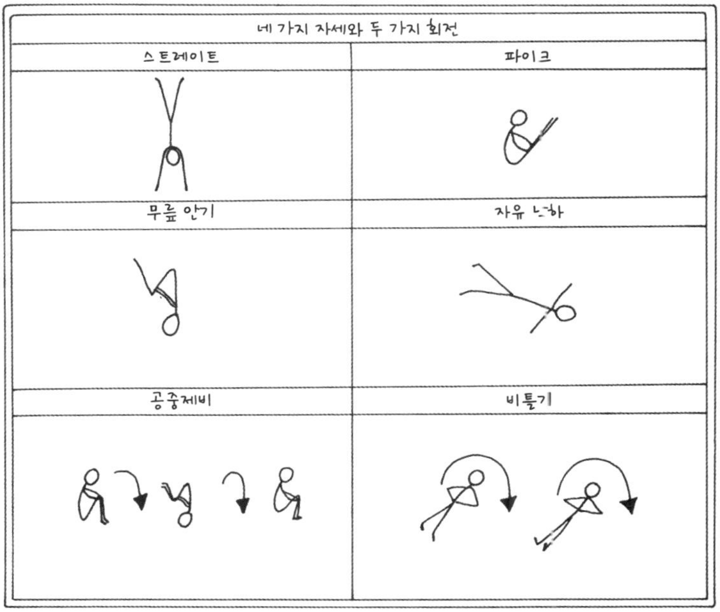

기본 다이빙

다이빙의 종류는 하도 많아서, 전부 나타내기 위해 글자와 숫자를 합친 복잡한 부호를 발명해야만 했다. 달리 말해볼까? 기본은 단순하다는 뜻이다. 다이빙은 3가지에 의해 규정된다. 다이빙대에서의 출발 형태, 내리는 자세, 그리고 회전(공중제비와 비틀기)이다. 스프링보드나 플랫폼에서 출발할 때 6가지 방식이 있다. 앞으로 뛰기, 뒤로 뛰기, 서서 뒤로 뛰기, 뒤로 돌아 서서 앞으로 뛰기, 비틀어 뛰기, 물구나무서서 뛰기이다.
비행 중에 다이버가 취할 수 있는 4가지 자세가 있다. 스트레이트, 몸을 반으로 접는 파이크, 무릎 안는 자세, 자유형이다. 회전에는 두 가지 종류가 있다. 공중돌기와 비틀기이다.

관전 포인트

다이빙을 보면서 점수를 매겨보고 싶다면 살펴볼 핵심 사항이 있다.
출발 심판들은 선수의 동작이 부드러운지, 물구나무의 경우에는 흔들리지 않는지를 본다.
뛰어 내리기 다이빙대에서 점프한 높이가 높을수록 추가 득점을 얻고, 다이빙대에 너무 가까울 경우 감점을 받는다. 발을 세우면 점수를 잘 받지만 발이 흔들리면 감점을 받는다.
입수 다이버는 물에 90도 각도로 꼿꼿이 들어가야 한다. 90도에 미치지 못할수록 점수는 낮아진다. 물에 들어가면서 물을 덜 튀길수록 더 높은 점수를 받는다.
마지막으로 발레용 스커트인 튀튀를 입은 그리스인들을 주의해서 보라. 2004년 아테네 싱크로나이즈드 다이빙에서 중국은 그들이 아니었으면 더 많은 금메달을 따낼 수 있었을지도 모른다. 펑보와 왕케난은 마지막까지 한참 앞서 있었다. 그들이 다이빙대에 채 미치기도 전에, 관중석에서 한 남자가 다이빙대로 달려들더니 옷을 벗었는데, 발레할 때 입는 분홍색 치마를 입고 있었다. 그는 1, 2분 익살을 떨며 응원을 하다가 체포되기 전에 풀속으로 뛰었다. 경기장은 평정을 되찾았지만, 당황한 중국 선수들은 다음 다이빙에서 0점을 얻으며 금메달을 그리스 선수들에게 넘겨주고 말았다.

올림픽에 간 다이빙

다이빙은 세계 정치 문제에서 지표가 될 만한 스포츠도 아닐뿐더러 설령 그렇다 해도 꾸준한 지표는 아니다. 하지만 1904년 이래 다이빙은 미국과 정치적 패권을 다투는 도전자들이 벌인 일련의 다툼에 휘말려든 적이 있기는 하다. 양차대전 사이에 처음에는 독일, 그다음에는 일본이 미국과 대립했고 이어 동구권과 결투를 벌인 냉전이 뒤따랐다. 오늘날에 미국 다이빙은 중국의 부상에 맞추어가야 할 형편이 되었다.

다이빙 경기는 1904년 세인트루이스 올림픽에서 처음 열렸다. 이 대회에서 수중 경기 행사는 아주 엉망진창이었다. 미국과 독일이 거의 모든 수영 종목을 놓고 사사건건 실랑이를 벌였다. (미국 진행위원들은 200야드 4인 계주에서 같은 클럽 소속이 아니라는 이유로 독일 선수들의 출전을 금지해버렸다. 이렇게 해서 미국 수영 선수들이 전 종목 메달을 휩쓸 길을 깨끗이 치워놓았다.) 다이빙 경기에서 플런지 포 디스턴스(plunge for distance) 문제가 없었다. 사실상 물속에 깊이 들어가기 경쟁이었던 이 경기는 안타깝게도 이제는 올림픽 종목이 아니다. 어쨌거나 멋을 부린 다이빙 쪽은 곤란을 겪었다.

독일 선수들은 코코넛을 깔아 직접 만든 다이빙대를 따로 가져와서, 호수 위에 떠 있던 부잔교에 올려다놓았다. 또 아크로바틱 측면만 채점하고, 입수나 마무리의 질에는 점수를 매기지 않기를 원했다. 독일인들은 비틀기나 구르기는 아름답게 해냈지만, 입수할 때는 번번이 배나 등이 먼저 물에 떨어졌던 것이다. 일부 독일 선수들이 시합에 나가기를 거부했고, 알프레드 브라운슈바이저라는 선수는 3위를 차지하자 씩씩거리며 경기장을 나가

버렸다. 독일 대표단은 어찌나 격분했던지, 당시 세계박람회(독일도 참가했다)의 제국 수석회장이던 레발트 박사는 승자들에게 명예의 청동 조각상을 주겠다던 제안을 거두어버렸다. 미국인 우승자 조지 셸든은 대소동에 책임을 돌리고 메달을 거부해버렸다.

다음 20년 동안에 다이빙의 형식은 꾸준히 합리적으로 변했다. 1908년에 다양한 다이빙을 위한 채점 시스템이 도입되었다. 또 필수 연기와 선택 연기가 섞인 규칙이 표준으로 자리 잡았다. 여자 선수들은 1912년부터 경기에 참여했고, 이 해에 플랫폼에 스프링보드 다이빙대가 추가되었다.

그럼에도 복잡한 규칙과 심판들의 편파성이 문제를 낳았다. 1924년 여자 플랫폼 경기에서 스웨덴 심판은 스웨덴 선수에게 1등을 주고, 덴마크 심판은 덴마크 다이버에게 1등을 주고, 미국인 심판은 미국 선수들 3명 모두에게 1등을 주었다. 영국과 프랑스 심판들이 미국의 캐롤라인 스미스에게 가장 높은 점수를 주었다. 이후 미국의 7연속 플랫폼 다이빙 금메달 기록의 시초가 된 금메달이었다.

그레그 루가니스

원래 스웨덴 사람과 사모아 사람 사이에서 태어났던 루가니스는 미국 캘리포니아 주 남부의 그리스계 미국인 집에 입양되었다. 어린 시절 일찍이 아크로바틱과 무용을 접했던 그는 16세에 몬트리올에서 은메달을 따고 2년 후에는 세계선수권대회에서 우승을 차지하며 틴에이저 시절에 이미 다이빙계에 센세이션을 일으켰다. 다른 미국 대표 선수들과 마찬가지로 1980년 모스크바 올림픽을 놓치고 나서, 로스앤젤레스에서 신기록으로 금메달 2개를 따내며 발군의 기량을 발휘했다. 그는 1988년 서울에서도 같은 위업을 달성했으나, 스프링보드 경기 예선전에서 뒤로 뛰기 자세로 파이크 공중돌기를 하려다가 그만 스프링보드에 머리를 부딪히고 말았다. 뇌진탕을 일으키고 머리에 5센티미터 길이의 상처를 입었음에도, 그는 시합에 나

순간의 조우. 88년 서울올림픽에서 그레그 루가니스.

가 다시 다이빙을 했고 금메달을 따냈다.

1994년에 루가니스는 게이 올림픽에서 해설자와 공연자로 컴백했다. 그는 동성애자라고 커밍아웃을 했고 이듬해 자서전에서 HIV 양성 판정을 받았음을 밝혔다. 서울 올림픽에서 그의 피가 풀에 흘러 들어갔을지도 모른다며 공황에 빠진 다이빙 형제들에게는 깜짝 놀랄 수도 있는 문제였다. 그는 자신이 견뎌내야 했던 충격적이도록 가혹했던 어린 시절도 폭로했다. 학습장애, 학교에서 받은 따돌림, 집에서 받은 성폭력, 약물과 술에 탐닉했던 십대 시절을 밝혔다. 알고 보니 그에게 다이빙은 그저 소명이 아니라 구원이었다. 그후로 루가니스는 여러 할리우드 영화에 출연했고, HIV 문제에 관한 공개 캠페인을 벌였으며, 도그쇼에 참가하고, 신세대 다이버들에게 코치도 해주고 있다.

제2차 세계대전 후에도 비슷한 문제가 수면에 떠올랐다. 하지만 이번에는 냉전의 더께가 선명하게 씌워졌다. 1956년 멜버른에서 멕시코 선수인 호아킨 카필라 페레스가 결승 다이빙에서 미국인 다이버인 게리 토비언을 단 0.03점 차로 밀어내며 금메달을 땄다. 미국 팀은 소련과 헝가리 심판들이 편파 판정을 했다고 주장했으나, 페레스는 금메달을 빼앗기지 않았다(동메달 2개와 은메달 1개도 함께 딴 페레스는 이로써 멕시코 역사상 올림픽에서 가장 큰 성공을 거둔 선수가 되었다).

그후 미국의 압력 아래 올림픽 관계자들은 판정을 빡빡하게 조였다. 1960년 로마 올림픽에서 편파적이라는 혐의로 소련 심판이 쫓겨났는데 이는 새로운 체제의 부상을 단적으로 드러냈다. 사실 다이빙에서 소련은 미국의 패권을 무너뜨린 적이 한 번도 없다. 1980년 남자 스프링보드에서 딴 금메달은 미국의 불참과 윗선에서 받은 약간의 도움 없이는 힘든 일이었다. 소련의 알렉산드르 포르트노프는 관중의 떠드는 소리에 방해를 받았다고 주장했고, 다이빙을 한 번 더 하도록 허가를 받았다. 경쟁자 3명이 그들 역시 같은 소음에 노출되어 있었다고 주장했지만, 포르트노프는 아랑곳없이 그대로 나아가서 금을 따냈다.

올림픽에서 미국의 뚜렷한 우세는 루가니스의 등장과 더불어 레이건 시절에 절정을 이루었다. 루가니스가 은퇴한 이래로 다이빙의 힘은 중국 쪽으로 옮겨갔다. 중국 다이빙의 부상은 무엇보다도 용의주도하고 집념으로 불타올랐던 주이밍 덕분이다. 문화혁명이 휩쓸고 간 자리에는 책도 장비도 시설도 없었다. 그러나 주이밍은 스스로 다이빙대와 트램펄린을 만들어서 어린 제자들을 훈련시켰다. 그의 헌신은 눈부신 보답을 받았다. 1992년 올림픽 이래로 중국은 남자 부문에서 딸 수 있는 16개의 금메달에서 11개를 따내는 기염을 토했다. 여자는 16개 중 13개를 땄다. 그중에는 금메달 4개에 빛나는 푸밍샤도 있다. 그녀는 1991년 12세의 나이에 세계 챔피언에 등극했다. 모든 스포츠를 통틀어 최연소 우승 기록이다.

EQUESTRIANISM

승마

2012년 7월27일~8월9일 / 그리니치 파크

참가선수: 200명 | 금메달: 6개

올림픽 참가

1900~현재.

올림픽 형식

장애물 비월과 크로스컨트리 경기가 있으며, 개인과 단체 마장마술 종목이 있다.
승마는 올림픽에서 남자와 여자 선수들이 같은 조건에서 겨루는 유일한 스포츠이다.

게임의 강자들

근년에 가장 지배적인 승마 강국은 독일과 네덜란드, 스페인, 영국, 뉴질랜드였다.
하지만 최근의 약물 문제 탓에 여러모로 혼란을 겪었고, 누구에게도 내기를 걸기가 어려워졌다.

역대 챔피언

독일: 21 | 스웨덴: 17 | 프랑스:12

승마를 왜 보는가?

1960년 로마 올림픽 승마 시합에서 오스트레일리아 선수들을 이길 자는 없었다. 한 오스트레일리아 선수인 빌 로이크로프트가 야외장애물 경기를 치르는 동안에 낙마했다. 로이크로프트의 말인 아우어 솔로가 장애물 앞에서 공중제비를 뜨더니 그를 바닥에 내동댕이치고는 발로 밟았던 것이다. 로이크로포트는 어찌어찌 다시 말에 올라타 완주했다. 그러고는 산소와 위스키를 들이켜고 나서 헬리콥터를 타고 병원으로 갔다. 이튿날은 마지막 종목인 장애물 비월 경기가 열리는 날이었고, 오스트레일리아는 말과 기수가 멀쩡한 콤비가 둘밖에 남아 있지 않았다. 경기에 출전하려면 3쌍이 필요했기 때문에, 로이크로프트는 시합에 나서겠다고 우겼다. 그는 진정제에 잔뜩 취한 상태에서 사람들의 도움을 받아 말에 올라타 동료 선수들 옆에 섰다. 로이크로프트는 흠 없는 라운드를 펼쳤고 자신과 팀에게 금메달을 안겨주었다.

올림픽 승마는 간이 작은 사람들은 넘볼 경기가 아니다. 선수들은 30개도 넘는 거대한 울타리와 배수로, 장애물 앞 물웅덩이를 말을 타고 넘어야 한다. 또 장애물 경기에 나선 기수는 시간의 압박 아래서 무시무시할 만큼 높은 장벽을 다루어야 하고, 복잡하게 배열된 장애물을 뚫고 전속력으로 달려야 한다. 아무 노력도 들이지 않고 말을 통제하는 모습을 보여야 하는 복잡다단한 마장마술 동작은 최고도의 정밀함을 바탕으로 수행해야 한다. 군대 승마술과 여우사냥에 뿌리를 두고 있는 승마는 한때 올림픽에서 가장 배타적인 스포츠였으며, 지금도 귀족적일 뿐 아니라 군대 분위기를 간직하고 있다. 반면 유일하게 남녀가 동등하게 겨루는 것을 허용하는 종목이다. 그리고 여자 기수들은 하루가 다르게 정상에 올라서고 있다.

승마 이야기

인류는 3000년도 넘게 교통수단과 전쟁, 노동과 즐거움을 위해 말을 훈련시켜왔다. 마장마술과 종합마술은 실제 필요성과 현대에 들어선 이래 생겨난 유럽 기갑 부대의 경쟁 정신에 뿌리를 두고 있다. 프랑스어로 '조련'을 뜻하는 마장마술은 원래 형식과 통제와 정확성에 주안점을 두어 연병장과 전쟁터에 나서도록 말과 기수를 준비시키는 훈련이었다. 현대의 마장마술은 나폴리의 귀족 페데리코 그리소네라는 사람이 처음으로 체계화했다. 그는 1532년에 나폴리에 승마학교를 설립했고, 3세기도 넘게 승마술의 교과서가 된 책을 출간하기도 했다.

그리소네의 영향력은 독일어를 쓰는 유럽 국가들과 스칸디나비아 국가들,

러시아, 영국까지 퍼져갔지만, 가장 열광적인 제자들은 프랑스 사람들이었다. 18세기 후반에 이르러 세계 마장마술의 중심은 베르사유 궁전이 되었다. 그곳에서 거장 프랑수아 로비숑은 마장마술을 엄격하게 실용적인 군사 훈련으로 다듬었고, 예술 기교와 현대 스포츠의 색채를 가미했다. 19세기에 중심지는 독일로 옮겨갔다. 독일에서 마장마술은 군사 승마술의 필수적인 부분으로 남았다. 사실 고전 마장마술의 지지자들은 마장마술이 1912년 올림픽에서 조직화한 스포츠가 되자 반기지 않았다. 경쟁 마장마술과 비경쟁 마장마술 사이의 분립은 오늘날까지도 계속되고 있다.

종합마술은 기마부대 장교들의 장거리 레이스가 기원이다. 최초의 경기는 1687년에 열렸는데 참가자들은 오스트리아 빈에서 비너노이슈타트까지 달렸다. 19세기 말엽에 장거리 경주는 미국 서부로 날아갔고, 소 치는 사람들이나 미국 기갑부대원 같은 사람들이 너 나 할 것 없이 선수로 참가했다. 독일과 오스트리아 장교들은 1895년에 빈과 베를린을 잇는 거리에서 스스로 시험대에 올랐다. 530킬로미터가 넘는 거리였다. 프랑스에서는 크로스컨트리 질주가 장교들 사이에서 인기를 누렸다. 장거리 경주와 장애물 경주, 말과 관련된 모든 기술을 합친 레이스, 기갑 장교들에게 기대되는 전면적인 승마술을 시험하는 크로스컨트리 대회가 1902년 프랑스에서 열렸다. 이 군대 기마술 챔피언십은 기마 사회에서 엄청난 성공을 거두었고, 이 대회의 형식은 전 유럽에 걸쳐 곧바로 받아들여졌다. 마장마술과 마찬가지로 종합마술도 1912년에 올림픽에 데뷔했다.

장애물 비월은 이름이 나타내듯이 실용적인 근원은 없다. 영국 스타일의 승마를 위한 새로운 안장을 장착하고서, 19세기 여우사냥꾼들은 사냥감을 쫓으면서 담장과 개울, 자연의 온갖 장애물을 뛰어넘는 데 재미를 붙였다. 이어 장애물 경주는 자연스러운 수순이었다. 더블린왕립협회가 1865년에 시합을 주최했고, 1883년에 미국은 뉴욕 매디슨 스퀘어 가든에서 최초의 장애물 비월 대회를 열었다. 이것과 비슷한 시합이 런던의 올림피아에서도 1907년에 열렸다. 최초의 국제 승마 대회였다. 마장마술, 종합마술과 합쳐서 장애물 경주도 1912년에 올림픽에 입성할 기반을 마련했다.

경기 시작: 승마의 기초

마장마술

마장마술에서 기수와 말은 세밀하게 규정된 동작을 펼치며 속보를 뜻하는 트롯과 평보, 구보를 실시하며, 하프 패스 같은 더 복잡한 동작도 통달해서 수행해야 한다. 하프 패스에서 말은 비스듬하게 돌면서 움직인다. 심판진이 채점을 매긴다.

올림픽 마장마술에서는 단체와 개인 경기 3라운드를 동시에 치른다. 그랑프리는 전체 단체 팀과 개인전의 예선 1라운드를 가리키는 이름이다. 단체 경기는 최고 점수 3개로 득점을 내고, 상위 25개 기수/말 팀이 다음 라운드에 진출한다. 그랑프리 스페셜은 개인 2차 예선전을 말한다. 선수들은 그랑프리에서의 동작보다 약간 더 짧게 연기하고, 상위 15위까지가 결승전에 진출한다. 그랑프리 프리스타일에서 기수들은 음악에 맞추어 직접 안무한 동작으로 연기한다.

심판들은 각각의 동작을 0점부터 10점까지 매기고, 난이도 요소를 추가한다. 거기에 선수의 연기에 핵심이 되는 4가지 요소를 얼마나 잘해냈는지 따져 점수를 낸다. 말의 발걸음이 활발하고 정제됐는지, 말의 추진 기세가 어떤지, 기수에게 말이 잘 순종하는지, 기수의 자세는 어떤지 이 4가지를 따지는 것이다. 프리스타일에서는 해석력과 예술성에 가산점을 준다.

장애물 비월 경기

장애물 비월 경기에서 말과 기수는 정해진 시간에 약 15개의 울타리를 반드시 넘어야 한다. 하지만 기준 시간을 넘겼다 해도 계속 달릴 수는 있다. 다양한 실수에 벌점이 매겨지고, 벌점을 가장 적게 받은 기수나 단체 팀이 승리한다. 올림픽에서는 3명씩 짝을 지어 장애물 비월 5라운드를 치른다.

1라운드 짧은 코스를 뛰는 이 라운드는 개인전 첫 예선 라운드이며, 단체 경기의 출전 순서를 결정하는 장이기도 하다.

2라운드와 3라운드 모두 개인 예선전이다. 45명의 기수가 2개 라운드를 거쳐 최종 라운드로 간다. 2라운드에서부터 개인 성적은 팀 성적에도 반영된다. 3라운드 후 누적된 점수가 단체 메달을 결정짓는다.

4라운드와 5라운드 2라운드와 3라운드를 통과한 기수 45명이 개인 메달을 가리기 위해 치르는 라운드이다. 5라운드에는 20명의 기수가 남고, 누적 점수가 가장 낮은 선수가 우승한다.

장애물 비월에서 감점

장애물 쓰러뜨리기: 4점

말의 첫 번째 불복종: 4점

장애물 앞 물웅덩이에 발이 빠짐: 4점

기수의 첫 추락: 4점

두 번째 추락: 8점

말의 두 번째 불복종: 탈락

말이 넘어짐: 탈락

제한시간 초과: 탈락

종합마술

예전에는 사흘간 치렀으나, 이제는 나흘로 늘어난 종합마술은 첫째, 둘째 날은 마장마술로 시작한다. 그리고 하루는 크로스컨트리, 하루는 장애물 비월 경기가 열린다. 마장마술과 장애물 비월 단계는 개별 종목 마장마술과 장애물 비월과 매우 비슷하다. 크로스컨트리는 약 5.7킬로미터에 걸쳐서 많게는 45번의 점프를 해야 하는 장애물 코스이다. 선수들은 제한시간 내에 코스를 마치고, 되도록 폴트를 적게 쌓아야 한다. 단체와 개인전이 동시에 열리는데, 마지막에 개인 순위를 가리기 위해 뛰어넘기 테스트, 즉 여력심사를 하여 이 점수를 더한다.

채점은 복잡하다. 마장마술은 단일 마장마술과 똑같은 방식으로 점수를 매긴다. 그리고는 거기에 벌점을 더한다. 기수는 3종목에서 최대한 벌점을 적게 쌓아야 한다. 장애물과 크로스컨트리 2종목 다 코스를 완주하는 데

겁쟁이들은 할 수 없는 경기. 1956년 멜버른 올림픽 종합마술.

걸리는 최적 · 최대 시간이 규칙으로 정해져 있다. 최대 시간을 초과하여 결승선을 끊은 기수는 탈락하며, 최적의 시간을 넘은 선수는 매 초 벌점을 쌓는다. 장애물 비월에서 벌점은 같은 개별 종목에서와 마찬가지로 쌓인다. 크로스컨트리에서는 기수가 추락하거나 말이 넘어지면 그 자리에서 탈락한다. 말의 불복종은 감점 20점이며, 말이 5번 불복종(혹은 같은 목책 앞에서 3번)하면 탈락이다. 어쨌거나 이 스포츠는 군사 훈련에 뿌리를 두고 있는 것이다.

관전 포인트

스윙이 관건: 마장마술

재즈의 거장 듀크 엘링턴이 말하지 않았던가. "스윙이 없으면 아무 의미도 없어." 기수들은 등을 꼿꼿이 세우고 격식을 딱딱하게 차린 이미지를 보여주지만, 마장마술은 오로지 스윙과 리듬의 문제, 혹은 독일인들이 의태적인 면에서 더 잘 표현했듯이, '슈윙'의 문제이다. 말과 기수는 편안하고 우아하고 나긋나긋하고 유연하고 정밀하게 움직여야 한다. 주저, 불균형, 어영부영하는 것은 좋지 않은 폼이다.

마장마술은 대체로 말과 기수가 각기 다른 보행 패턴 사이를 힘들이지 않고 옮겨 다니는 기술이다. 평보, 속보, 구보 사이를 자연스럽게 흘러 다녀야 한다. 그러는 사이에 각 걸음걸이의 기술적 변주를 보여주고 하프패스 같은 대각선 움직임을 수행해야 한다. 하프패스는 앞으로 가면서 대각선 방향으로 동시에 가는 동작이다. 말의 뒷발을 축으로 해서 말과 기수가 360도 회전하는 피루엣도 눈여겨보라.

크로스컨트리

코스 주파에 이상적인 시간을 지키도록 하는 시합이지만, 이곳에서 전속력으로 질주하기란 사실상 불가능한 일이다. 속도를 줄여야 할 때가 있을 수밖에 없고, 더 까다로운 장애물을 다루면서 조심성을 발휘해야 하기 때문이다. 코스 말미로 가며 지쳐가는 말들을 보라. 장애물을 안고, 점프한 다음에 찌익 미끄러지고, 동작이 무거워지는데 이 모든 것이 한계에 도달했다는 표시이다.

폴트와 목책: 장애물 비월

장애물 비월에서 목책은 종합마술보다 더 높고 넓다. 텔레비전에 비치는 그림에 속지 말라. 말의 입장에서 봐도 울타리는 거대하다. 기수는 도약의 정확도를 기하기 위해 속도의 균형을 반드시 맞추어야 한다. 최고의 선수들이 벌이는 시합에서는 심지어 단 하나의 폴트도 재앙이 될 수 있다. 최고의 기수들은 도약마다 말을 준비시키고 제대로 된 각도와 스피드로 다가가며, 딱 맞는 도약 지점을 찾기 위해 보폭을 조절한다.

올림픽에 간 승마

승마 경기는 1900년 파리에서 데뷔했지만, 승마의 현대적 형태가 규정된 1912년 스톡홀름 올림픽까지는 대회에서 빠졌다. 스웨덴 궁정은 승마를 올림픽에 다시 들여놓으려고 안달이 나 있었다. 스웨덴 왕의 승마 교사였던 클라렌스 폰 로센 백작의 캠페인이 소득을 거두었다. 마장마술과 종합마술과 장애물 비월 시합이 스톡홀름에서 열렸다. 복무 중인 암관 장교들만 참가하기는 했지만 말이다. 스웨덴이 메달을 휩쓸었다.

1912년 마장마술은 오늘날보다 더 단순했지만, 판정 시스템이 존재한다는 이유만으로도 소수정예를 지향하는 엘리트 기갑부대 세계에서는 급진적인 진전이었다. 장애물 비월의 채점 시스템은 심지어 오늘날보다도 더 복잡하고 기이했다. 종합마술 코스를 보자면 극도로 고되었다. 심지어 날이 갈수록 점점 더 힘겨워졌다. 1932년 올림픽에서 종합마술은 너무나 힘겨웠던 나머지, 미국과 네덜란드 팀만이 결승선을 끊었다. 동메달은 공석으로 남았다. 1968년 멕시코시티에서는 14팀 가운데 3팀만이 종합마술 코스를 끝마쳤다. IOC는 2004년 아테네 올림픽에 개정한 버전을 선보였다.

에티켓도 엄격하기 짝이 없다. 1920년 앤트워프 올림픽에서는 1912년 올림픽 마장마술 금메달리스트인 스웨덴의 구스타프 볼텐스테른이 시합에 앞서서 코스에서 연습을 했다는 이유로 실격당했다. 동료 스웨덴 선수인 베르틸 산드스트룀은 1932년 마상시합에서 말을 통제하려고 똑딱똑딱 소리를 냈다는 이유로 실격을 당했다. 그는 안장이 삐걱거리는 소리를 심판이 잘못 들은 것이라고 주장했다.

1952년 헬싱키에서 경이로운 경기를 펼친 리스 하르텔.

스웨덴 사람들은 1948년에도 곤경에 빠졌다. 상사였던 게날 페르손은 올림픽이 열리기 바로 3주 전에 소위로 진급했다. 임관 장교로서 그는 시합에 나갈 수 있게 되었고, 스웨덴은 보란 듯이 마장마술 금메달을 따냈다. 2주가 지나고 나서 그가 강등을 당했다. IOC는 일단 스웨덴의 금메달을 박탈하고, 더불어 다행스럽게도 장교에게만 참가 자격을 주는 규칙도 버렸다. 런던 올림픽에서 멕시코의 세계적 선수였던 움베르토 마릴레스는 장애물 비월에서 금메달을 땄다. 훗날 그는 길에서 사람을 총으로 쏘아서 감옥에서 5년간 복역했다. 그러더니 한다는 일이 고작 프랑스에서 마약 거래로 다시 투옥되는 것이었다. 그는 감방에서 죽은 채로 발견되었다.

세계대전 후 몇 년은 군인들에게는 최후의 전성기였다. 해리 레웰린 대령과 그의 말 폭스헌터는 1952년 올림픽의 영웅이었다. 그는 가망 없을 것처럼 보였던 영국 팀에게 마지막 순간의 놀라운 대역전극으로 금메달을 안겨준 장본인이었다. 같은 대회에서 덴마크 기수 리스 하르텔은 유빌레를 타고 마장마술에서 은메달을 따며, 올림픽 역사상 여자선수 최초로 메달의 주인공이 되었다. 더 놀라운 사실은 그녀가 어릴 적에 소아마비를 앓아 무릎 아래로는 마비 상태였다는 점이다.

기갑부대의 파견

1948년까지 기갑부대 장교들은 올림픽 승마의 스타였고, 일부는 더더욱 빛났다. 1932년 로스앤젤레스 올림픽 장애물 비월은 우라누스라는 말을 탄 일본의 기마 장교 니시 다케이치가 우승을 거두었다. 그는 금메달을 땄다고 어찌나 유명세를 탔는지, 메리 픽포드와 더글러스 페어뱅크스 주니어가 출연하는 영화에 출연하기까지 했다. 그는 훗날 전차부대 지휘관으로 복무했고, 1945년에 이오지마를 방어하다가 전사했다. 1936년 베를린 올림픽에서는 독일 종합마술 단체 팀의 멤버였던 콘라드 프리헤 폰 반겐하임 소위가 장애물 경기에서 낙마해 쇄골이 골절되었다. 그는 힘겹게 다시 말에 올라 나머지 32개 장애물을 넘었고, 이튿날 장애물 경기에는 붕대 감은 팔을 어깨에 걸고 모습을 나타냈다. 반겐하임은 이번에도 심하게 낙마했다. 말이 주인을 내던지고는 그의 위로 넘어졌다. 하지만 반겐하임은 또 어찌어찌 일어나 10만 관중 앞에서 독일에 금메달을 안겨주었다.

나치와 함께 전쟁은 그를 파멸시켰다. 동부전선에서 붙잡힌 반겐하임은 러시아 전쟁포로수용소에 10년도 넘게 잡혀 있다가 1953년에 죽었다. 석방을 며칠 앞두고 일어난 일이었다. 그는 목이 매달린 채 발견되었다.

1956년에 승마는 독특한 '개가'를 올렸다. 올림픽 역사를 통틀어 전 경기가 주최국이 아닌 곳에서 열린 유일한 종목이 되었던 것이다. 오스트레일리아의 엄격한 격리 법률 때문에 승마 선수들은 말을 수송할 수 없었고, 따라서 스톡홀름을 경마 시합 개최지로 정했다.

근년에 올림픽 승마는 약물 스캔들과 동물복지단체와의 갈등으로 무참하게 분열되었다. 2004년 올림픽에서 시안 오코너와 그의 말 워터퍼드크리스털은 말이 금지약물 양성반응을 보이는 바람에 금메달(아테네 올림픽에서 아일랜드가 땄던 유일한 금메달)을 박탈당했다. 약물 문제는 2008년 베이징 올림픽에서는 고질적인 문제가 되었다. 장애물 비월 시합 전날에 아일랜드, 노르웨이, 브라질, 독일에서 온 말들이 약물 검사를 통과하지 못하고 참가 자격을 박탈당했다. 1년 후 장애물 비월 선수인 마르코 쿠처가 베이징에서 자기 말에게 약물을 투여했다고 언론에 고백하고 나서, 독일마상스포츠연맹은 대표 팀을 해산해버렸다.

약 먹은 워터퍼드 크리스털을 타고 금메달을 딴 시안 오코너.

말의 안녕도 언제나 논란의 중심이었고, 이번 올림픽에서도 불씨는 다시 피어오를 것으로 보인다. 2012년 런던 올림픽 준비 기간에 동물권리보호 활동가들은 승마 경기를 보이콧할 것을 요구해왔다. 이 캠페인은 마장마술 훈련 과정을 그린 동영상이 입소문을 타면서 시작되었다. 스웨덴 기수 파트리크 키텔이 말의 목을 끌어내려 코가 가슴에 닿게 하는 장면이 영상에 보인다. 승마계 내부의 많은 사람들이 이것을 완전히 합법적이며 잔인하지 않은 훈련 형태라고 보는 반면에, 시청자들은 퍼렇게 변한 말의 혀 상태에 기겁을 했고, 키텔은 죽이겠다는 협박을 잔뜩 받았다.

FENCING

펜싱

2012년 7월 28일~8월 5일 / 엑셀 경기장

참가선수: 212명 | 금메달: 10개

올림픽 참가

남자: 1896~현재. 여자: 1924~현재.

올림픽 형식

에페와 플뢰레, 사브르 3종목을 치르며, 남녀 개인전이 있다.
남자 선수들은 플뢰레와 사브르 단체전이 있고, 여자 선수들은 플뢰레와 에페 단체전이 있다.

게임의 강자들

여자 경기에서는 모든 이목이 이탈리아의 발렌티나 베찰리에게 쏠릴 것이다. 그녀는 지금까지 올림픽 플뢰레에서 5개의 금메달을 목에 건 선수이다. 사브르에서는 2008년 우승자인 미국 선수 매리얼 재그니스와 우크라이나의 젊은 신예 올가 칼란 사이에 치열한 접전이 펼쳐질 전망이다. 남자 경기에서는 플뢰레에서 중국의 레이성과 일본의 오가타 유키의 대결을 보고, 에페에서 독일의 조에르그 피들러와 사브르에서 니콜라스 림바흐를 주시하라.

역대 챔피언들

이탈리아: 45개 | 프랑스: 41개 | 헝가리: 34개

펜싱을 왜 보는가?

펜싱, 하면 문학이나 영화를 떠올릴 수밖에 없다. 셰익스피어에서부터 『몬테크리스토 백작』, 더글러스 페어뱅크스 주니어와 에롤 플린이 나오는 잔뜩 멋 부린 영화에 이르기까지, 결투는 커다란 드라마 장치였다. 사실 그 때문에 문제가 생긴다. 커다란 스크린에 펼쳐지는 있을 법하지 않은 현란한 검술에 비해 펜싱의 절제되고 기술적인 기교는 무미건조해 보일 수가

번뜩이는 날. 1964년 도쿄 올림픽 남자 플뢰레 결승전.

있기 때문이다. 펜싱을 제대로 보려면 마음의 눈금을 조정해야 한다. 펜싱은 유럽의 무술이다. 남자다움을 드러내는 귀족적 양식의 스타일리시하고 정제된 움직임이다. 하지만 위험 요소를 완전히 제거했을 만큼 정제되진 않았으며, 작전과 속임수를 금지할 정도까지 엄격하지는 않다. 이 멋들어지게 의식화한 전투에 일단 시선을 고정하고 여기저기 숨어 있는 펜싱의 아름다움을 알아보면, 『삼총사』는 음악 홀의 신기한 재주넘기 정도로 보일 것이다.

펜싱 이야기

유럽 중세시대의 귀족들은 전사 계급이었고 그들의 의지력은 검 끝에서 시험받았다. 화약이 도래하고 나서도 검이 망하지 않고 시장에 계속 살아남은 이유는 신분의 상징이었기 때문이다. 공공장소에서 무기를 지니고 다닐 수 있느냐 없느냐는 법적으로 상당히 중요한 문제였다. 검을 써도 되는 사람들에게 검은 명예라는 귀족적 극장에서 결투를 통해 분쟁을 해결하는 도구가 되었다. 체계적인 검술인 펜싱에서는 종종 불법인 이 컬트가 상당

유럽의 무술: 최초의 현대 올림픽에서 야외 경기장에서 열린 펜싱 경기 장면.

히 큰 부분을 차지했다.

펜싱의 가장 오래된 유럽 교과서는 13세기 후반의 한 사본이다. 이 책에서는 검과 둥근 방패로 무장한 제자에게 가르침을 내리는 수도자 비슷한 인물이 나온다. 15세기 유럽에 인쇄술이 생겨나면서 펜싱 안내서는 급증했다. 뒤러와 미켈란젤로 같은 권위자가 그림을 그렸으며 1000페이지도 넘는 펜싱 책이 당시 베스트셀러를 기록하기도 했다.

르네상스 시대에 널리 읽혔던 책 중에는 1538년 베네치아에서 출간된 발다사레 카스티글리오네의 『조신의 책』이 있었다. 마키아벨리의 『군주론』에서 그리는 사회계급을 위한 이 지침서에서 카스티글리오네는 검을 다루는 기술은 궁정 생활의 중심이라고 지적한다. "왜냐하면 전쟁에서 쓰는 용도 외에도 (……) 두 신사 사이에 전투가 따르는 변수는 가끔 얼마든지 생겨날 수 있기 때문이다."

배움에 대한 요구는 채워질 줄을 몰랐고, 16세기와 17세기에 이탈리아의 펜싱 명인들이 유럽 전역의 시장에서 공급자가 되었다. 『무기의 예술에 관한 새로운 교과서』의 저자 아킬레 마로조는 찌르기와 피하기의 기술을 분석했고, 카밀로 아그리파의 『무기의 과학에 관한 논문』은 오늘날에도 사용 중인 자세(혹은 가드)를 규정했다. 이탈리아는 당시 소국가들이 모인 집합

체였고, 각 나라에 저마다 펜싱 학교가 있었다. 이탈리아가 통일된 1890년대 가서야 합의에 기초한 규칙을 세웠다. 그 무렵 이탈리아는 프랑스에 가려진 지 한참 오래되었다. 프랑스가 펜싱에서 중심 국가가 되었고, 이 나라 귀족들은 심지어 결투에 열광했다.

17세기 초반에 루이 13세가 왕좌에 올랐을 때 불로뉴 숲 공원은 귀족들의 피로 뒤덮였다. 결투 규칙에 따르면 상당히 오랜 시간 싸움을 벌일 수 있었기 때문에, 난전이 일어났다. 영국 대사였던 허버트 경은 집에다 편지를 썼다. "결투에서 사람을 죽여보지 않은 프랑스 남자는 쳐다볼 가치도 없다오." 리슐리외 추기경이 칙령으로 금지했는데도 결투를 몰아낼 수는 없었다. 루이 14세 때에 이르러서야 당국은 베르사유 궁전에 귀족들을 모아놓고 국가의 감시 아래 어떻게라도 제어하겠다고 나섰다. 태양왕의 규율이 엄격한 세계에서, 펜싱은 궁정 행사로서 다시 태어났다. 전사들은 중구난방의 아수라장이 아니라 칼끝으로 대화를 나누며 교전하도록 고무를 받았다. 더 가벼운 검인 플뢰레가 도입되었고, 몸에서 공격 할 수 있는 범위가 좁혀졌다. 이런 방책에도 불구하고, 부상은 끊이지 않았다. 1700년대에 3명의 궁정 명인이 눈을 잃고 나서 마스크가 도입되었다.

집대성 과정은 19세기에 완수되었다. 파리 운동 클럽의 샤토빌라르 백작이 1836년에 출간한 『결투에 관한 소고』에서 불법이었지만 널리 퍼진 지하세계의 결투에 최종 형태를 부여했다. 풍부한 정보로 넘치는 책이었다. 또 국가에서는 펜싱에 관한 공식 기술서를 내놓았다. 1877년에 전쟁부 장관이 경전이 된 『펜싱 설명서』를 발간한 것이다. 이 책은 반세기 넘도록 풍미했다.

19세기 후반에 이를 무렵에 펜싱은 무기와 안전을 도모하는 옷과 오늘날만큼 광범위한 규칙을 갖추어 현대 펜싱과 비슷한 형태를 띠게 되었다. 펜싱 시합은 이제 도시의 전용 클럽에서 벌어지게 되었다. 펜싱의 달인들이 수업을 하고, 수천 명의 돈 많은 구경꾼들 앞에서 시범경기를 벌였다. 하지만 펜싱이 스포츠로 자리 잡으면서 사람을 죽이지 않는 새로운 규칙과 기술(그리고 속임수를 덜 허용하는)을 요구했을 뿐만 아니라, 펜싱의 기반이었던 군사적이고 귀족적인 환경이 무너지게 되었다. 제1차 세계대전이 양자의 원인이 되었다.

경기 시작: 펜싱의 기초

펜싱 시합은 피스트라는 코트에서 3분 3라운드 경기를 치른다. 너비는 반드시 1.5미터에서 2미터여야 한다. 상대방 몸의 표적 지역을 검 끝으로 찌르면 득점이다. 유효 찌르기를 더 많이 하는 선수가 승리한다. 동점이 되었을 경우에는 1분간 연장전을 치른다. 연장전 전에는 또다시 무승부가 났을 경우에 승자를 가리기 위한 제비뽑기를 한다. 선수들이 공격적으로 나오도록 유도하는 조치이다.

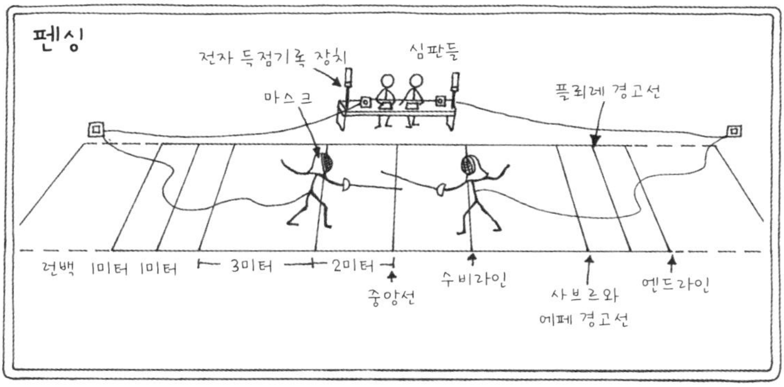

벌칙

밀치거나 찌르기를 손으로 피하고 상대 선수에게 인사를 거부했을 경우에 벌칙을 받는다. 심판들은 옐로카드를 주고, 1번째 위반에는 경고를 준다. 그다음부터는 레드카드와 벌점이 부과된다. 3번째 위반 행위에는 블랙카드가 나오는데, 실격이라는 뜻이다. 팔로 날을 쳐내거나 비켜 가는 것은 규칙 위반이지만, 선수들이 널리 이용하는 방법이다. 높은 수준의 펜싱에서는 선수들이 어찌나 재빠르게 이 짓을 하는지 심판들이 도통 잡아낼 수가 없다.

무기 고르기

올림픽과 국제대회에서 쓰는 무기의 종류가 있고, 무기에 따라 다른 규칙이 적용된다.

플뢰레 가장 가볍고 유연하게 휘어지는 검으로, 18세기 프랑스에서 훈련용 검으로 개발되었다. 다른 부분은 안 되고 검 끝으로 몸통만 찔러야 득점이 인정된다.
에페 19세기 후반 결투에서 쓰이던 고전적 검과 가까운 에페는 몸의 어느 부위를 찔러도 득점이 인정된다. 하지만 검 끝으로 찔러야 한다. 원래 피를 보려고 고안된 칼이지만, 죽이려는 용도는 아니었다.
사브르 기사들의 검과 양날 검 같은 결투용 무기에서 유래한 사브르는 찌르는 것뿐만 아니라 베고 긋기 위해 디자인된 검이다. 검의 어느 부분으로라도 허리 위 아무 데나(마스크나 등까지 포함해) 찌르면 득점이 된다.

전자식 채점

펜싱에서는 득점을 따라잡기가 상당히 어렵다. 동작이 하도 빠르기 때문이다. 초창기 올림픽 시합에서는 검 끝에 염색하여 옷에 묻은 색깔의 점을 세서 찌르기 수를 셈하려 했지만 그리 성공적이지 못했다. 1935년 유럽선수권대회 에페 종목에서 전자기기를 이용한 채점 방법이 도입되었고 좋은 평가를 받았다. 1955년에도 같은 기기가 도입되었고, 사브르는 1988년에 전자기기 도입이 실현되었다.

단체 경기

팀은 3명으로 구성되며 모든 시합에서 나온 총득점을 합해 승자를 가린다.

관전 포인트

누가 누구를 찌를 수 있는가? 우선권 규칙

양 선수가 동시에 찔렀다면, 누가 점수를 얻을까? 이 문제를 해결하기 위해 플뢰레와 사브르 펜싱은 우선권 규칙을 두었다. 먼저 공격에 나선 선수가 우선권을 갖고 대개 점수를 얻는다. 수비에 들어간 선수는 상대 선수의 가격이 실패로 돌아간 다음에는 우선권을 쥐며, 공격에 성공했을 때 점수를 올릴 수 있다. 하지만 권리를 인정 받으려면 재빨라야 하며, 그렇지 않으면 우선권을 잃는다. 우선권이 누구에게 있는지 판가름할 수 없으면, 아무도 득점을 올리지 못한 것으로 한다. 우선권 규칙이 없는 에페에서는 0.04초 이내에 서로를 찔렀을 때 둘 다 득점이 인정된다. 하지만 동점이거나 1점 차이였을 때는 이 규칙이 해당되지 않으며 둘 다 득점이 인정되지 않는다.

기술로 들어가기

찌르기가 득점이 되고 시합이 멈춘 다음에, 심판들은 기술적인 면에서 우승 이유를 밝힌다. 해설자들도 이 얘기를 족히 할 것이기에 알아두면 좋겠다.

공격: 최초의 공격 행위

피하기: 공격해오는 칼날을 성공적으로 방어하고 피하는 것.

응수: 성공적인 회피 다음에 공격에 성공하는 것. 하지만 피할 적에 칼을

권 팔은 거두어들이지 않은 상태이다.
리더블: 상대 선수가 공격권을 잃거나 활동이 부족하고 느려서 우선권을 얻을 수 있는 기회를 잡아 하는 공격.

검과 스타일

플뢰레 우선권 규칙에 밀접하게 규제를 받는 시합이며, 아주 세밀한 기술이 관건이다. 작고 재빠른 움직임이 핵심이다.
에페 고전적인 결투와 스타일 면에서 가장 비슷하다. 몸 전체가 표적이며, 우선권 규칙이 없다. 그리고 몸의 충돌도 허용된다. 선수들이 스스로 공격을 개시하기보다는 상대의 공격을 끌어내려 하는데 틈이 열렸을 때 대처하는 모습을 살펴보라.
사브르 검의 어떤 부분으로 찔러도 득점을 올릴 수 있으며 검을 피하기가 힘들기 때문에, 발놀림이 민첩하고 위치를 잘 잡아야 상대의 공격을 방어해낼 수 있다. 찌르기와 마찬가지로 베기도 허용되므로, 좀더 현란한 칼날의 움직임을 볼 수 있다. 더불어 검을 쭉 뻗친 상대에게서 달아나거나 뛰어오를 수도 있다.

보호하고 살아남으라: 장비와 부상

펜싱은 과거에는 사람을 죽이기도 하는 경기였고, 여전히 위험한 스포츠이다. 1980년에 한 러시아 선수는 가슴을 칼에 베이는 상처를 입었다. 1982년 세계선수권대회에서 블라디미르 스미르노프는 플뢰레 검이 마스크를 찢고 눈을 찌르는 바람에 사망했다. 3년 후 같은 대회에서 프랑스 선수는 허벅지에 칼이 꽂혔고, 관중석에 있던 한 스페인 의사가 그를 구해주었다.
결과적으로 펜싱은 부상을 막기 위한 장비를 고안하느라 상당한 시간을 보냈다. 올림픽 출전 선수들은 아주 많은 장비를 걸쳐야 한다. 이제 펜싱 재킷은 부분적으로 방탄용 소재로 만들어진다. 여자 선수들은 그 아래에 플라스틱으로 된 가슴보호대도 착용한다. 그것도 모자라서, 가슴받이라고 부르는 보호 장비를 겨드랑이 아래(과거 시합에서 취약한 곳으로 드러났다)에 착용한다. 규제가 얼마나 엄격한지, 이 보호대는 솔기 하나 있으면 안 된다. 장갑은 칼날이 손목을 긋지 않도록 디자인되었다. 펜싱에서 마스크가 필요하다는 주장은 언제나 꾸준히 제기되었고, 이제는 56킬로그램의 작용력에도 견디는 마스크를 꼭 써야 한다. 다행스럽게도 요즘 세상에 펜싱을 하다가 다쳤다면 발목을 삐끗하거나 허리 통증을 일으킬 정도일 것이다. 국제펜싱연맹은 색깔을 입힌 장비와 선수의 얼굴을 드러내는 투명한 마스크로 TV 시청자에게 더 가깝게 다가가려고 노력하는 중이다.

올림픽에 간 펜싱

펜싱은 1913년 국제펜싱연맹이 설립되어 규칙이 정착되기는 했지만, 이전 올림픽에 등장한 단 4경기 가운데 하나였다. 규칙이 확립되기 전에 펜싱은 올림픽에서 들쑥날쑥한 경기였다. 다른 스포츠들과 달리, 펜싱은 아마추어 부문과 프로페셔널이라고도 할 수 있는 펜싱 명인들의 부문이 따로 나뉘어 있었다. 또 두 그룹이 참여할 수 있는 시합도 있었다. 초창기 포로암 펜싱이라고 할 수 있다. 플뢰레는 1896년 첫 대회부터 있었고, 에페와 사브르도 곧 추가되었다. 1904년에는 실험적인 시도도 있었다. 나무 막대기로 펜싱을 했던 것이다. 그리고 아무도 모르는 1906년 올림픽이 있다. 그때는 날 끝이 3개로 갈라진 검으로 벌인 사브르 경기에 메달이 걸려 있었다. 1904년 대회에서는 쿠바 선수들이 개인 플뢰레와 에페에서 금메달을 땄는데, 뉴욕 선수 하나를 불러 3인조를 이루어야 했다. 이 팀이 단체 팀 메달을 땄는데, 올림픽 역사상 최초의 다국적 메달이었다.

1906년 '윤년 대회'의 영국 팀 기록에서 펜싱의 귀족적 분위기를 가장 잘 포착할 수 있다. 기사 2명과 같은 계급의 두 동료가 끼어 있는 팀이었다.

이탈리아의 발렌티나 베찰리는 지난 여자 플뢰레 타이틀 다섯 개를 따냈다.

그들은 하워드 드 월든 경이 소유한 '브랜웬'이라는 요트를 타고 잉글랜드에서 아테네까지 항해해 갔다. 팀 주장이던 시어도어 쿡이 원정길을 묘사한 보고서를 적었다. 보고서에는 팀이 가장 좋아하는 그리스 라틴의 고전 경구와 더불어 건축과 역사에 관한 논의도 담겨 있었다. 대회에 참가한 유럽의 군주들과 마찬가지로 에드워드 7세는 펜싱에 너무나 흥미를 느꼈던 나머지 영국에 돌아오면 이 예술의 후원자가 되겠다고 약속했다.

귀족적 태평함에도 불구하고, 펜싱은 쓰라린 반목을 겪기도 했다. 특히 1912년 스톡홀름 올림픽이 유명하다. 플뢰레 종목에서 프랑스는 위쪽 팔이 표적 지역에 들어가야 한다고 주장했다. 이탈리아는 거부했고, 프랑스는 불같이 화를 내며 이 종목에서 빠졌다. 그러고는 이탈리아가 에페에서 칼을 뻗칠 수 있는 길이를 늘리는 쪽으로 규칙을 바꾸자고 나왔다. 프랑스가 거부했고 이탈리아는 경기를 거부했다.

1920년대에도 펜싱은 여전히 스포츠라기보다는 소명 같은 것이었다. 이탈리아 리브르노에서 온 나디 형제가 전형적이다. 어린 시절부터 가차 없는 교육을 받아온 네도 나디는 1912년에 첫 금메달을 땄고, 1920년 앤트워프 올림픽에서는 금 5개를 목에 걸었다. 그러고는 프로로 전향했다.(그가 대량으로 따낸 메달 수는 한 대회 최다 금메달 기록으로 50년간 남아 있었고, 1972년 올림픽에서 마크 스피츠가 수영에서 7개를 따내면서 깨졌다.)

네도는 동생 알도와 함께 파트너를 이루어 여러 시범경기를 뛰었다. 그는 각지를 떠돌아다니며 플레이보이 생활을 했고, 할리우드로 옮겨가 영화배우들의 검술 안무를 훈련시켰다.
1924년 올림픽에서는 결승전이 진짜 결투로 비화하고 말았다. 사브르 시합 최종 라운드에서 이탈리아 선수들이 대표팀에서 가장 사랑받던 오레스테 풀리티를 살살 봐주려는 꼴이 눈에 훤히 보였다. 그가 순조롭게 메달을 따도록 길을 닦아주려는 심산이었다. 프랑스 심판 라주와 헝가리 심판 코마치스가 이 전술을 비난했다. 풀리티는 두 심판에게 위협조의 말을 던졌고 실격당했다. 풀리티와 코바치스는 이튿날 파리의 폴리 베제르라는 카바레에서 피할 수 없이 만났고, 몇 마디 주고받던 말이 폭력으로 변해 볼 장을 다 봐야 할 판이 되어버렸다. 둘은 11월에 이탈리아와 유고슬라비아 국경에서 만났고, 1시간이 넘도록 결투를 벌이다가 둘 다 심각하게 부상을 입고서야 멈추었다.
양차대전 사이에 파시즘을 숭배한 유럽 국가들의 상류층도 펜싱에 빠졌다. 펜싱은 피비린내 나는 스포츠, 전사 숭배, 중세 취미에 대한 선호를 만족시켜주었던 것이다. 오스왈드 모즐리는 영국의 파시스트들에게 플뢰레를 권했고, 스페인의 프랑코 장군도 열렬하게 펜싱 시합을 벌였다. 나치 SS친위대 총사령관 하인리히 히믈러의 부사령관이었던 라인하르트 하이드리히는 어찌나 펜싱에 집착했는지, 벨기에에서 노획한 국제펜싱연맹 자료를 베를린의 자기 사무실에 가져다놓았다. 그곳에서 이 세계 스포츠를 운영할 계획이었다. 무솔리니도 저널리스트 노릇을 하던 시절에 결투를 애호했고, 권력을 쥐었을 때는 펜싱 경기를 벌이는 모습을 외국 기자들에게 보이기를 좋아했다. 그의 지배 아래 이탈리아 펜싱 선수단은 넉넉한 뒷받침을 받았고, 네도 나디(그의 반反파시즘 신념에도 불구하고)를 코치로 선임했다.
헝가리가 사브르를 지배(헝가리는 1924년에서 1960년까지 사브르 종목 금메달을 모조리 휩쓸었다)했는데 이는 초민족주의적인 군대의 홀과 클럽들에서 실력을 배양한 결과였다.
제2차 세계대전 이래로 출중했던 프랑스와 이탈리아의 실력은 꾸준히 쇠퇴해갔다. 1970년대 말과 1980년대 초에는 서독이 미쳐 돌아가던 에밀 벡 감독의 채찍질에 힘입어 펜싱 강국이 되었다. 하지만 펜싱 세계에서 가장 중대한 변화는 1956년 헝가리 봉기의 결과로 일어났다고 할 수 있다. 헝가리는 1920년대부터 사브르를 제패했다. 봉기에 따른 여파로 최고 수준의 펜싱 선수들이 헝가리를 탈출하여 스웨덴과 폴란드, 루마니아 그리고 아이러니컬하게도 소련에 새로운 펜싱 일가를 세웠다. 전통은 러시아까지 이어져서, 러시아는 이제 펜싱에서 가장 강한 국가 중 하나가 되었다.

1924에서 1960년까지 플뢰레는 여자 부문에서만 열렸다. 단 로마 올림픽에서는 단체전이 열렸다. 하지만 1996년에야 여자 에페 부문이 생겼고, 사브르는 2004년에 여자 선수도 뛸 수 있게 되었다. 미국과 스위스와 중국이 여자 부문에서 메달을 많이 따고 있지만, 옛 펜싱 강국들도 건재하다.

FOOTBALL

축구

2012년 7월 25일~8월 11일 / 런던 웸블리 스타디움(남녀 결승전)
맨체스터 올드 트래퍼드, 카디프 밀레니엄 스타디움,
글래스고 햄든 파크, 뉴캐슬 세인트 제임스 파크,
코번트리 시티 스타디움

참가선수: 504명 | 금메달: 2

올림픽 참가

남자 축구: 1908~현재. 여자 축구: 1996~현재

올림픽 형식

남자 축구에는 16개 팀이 참여하고, 여자 축구는 12개 팀이 경합을 벌인다. 팀은 3명만 빼고 전원 23세 이하의 선수로 짜야 한다. 여자 축구에는 연령 제한이 없다.

게임의 강자들

남자 축구에서는 아르헨티나, 우루과이, 브라질, 나이지리아가 우승이 점쳐지는 팀들이다. 여자 축구는 2011년 월드컵 우승국인 일본과 더불어 미국, 독일, 중국, 노르웨이, 스웨덴을 눈여겨볼 만하다.

역대 챔피언

영국: 3 | 미국: 3 | 헝가리: 3

올림픽 축구는 왜 보는가?

세계적인 스포츠 대회에 세계적인 스포츠가 꼭 들어가야 하는가? 많은 사람들이 안 그래도 된다고 생각한다. 테니스를 보면, 승자들조차 올림픽을 테니스의 최고 대회로 여기지 않는다. 하지만 축구로 말하자면, 남자 선

누가 올림픽 축구가 별 볼 일 없다 하는가? 우루과이 몬테비데오에서는 1924년에 우승하고 귀환하는 대표팀을 맞이하느라 구름 같은 군중이 몰려들었다.

수들은 몰라도 연령 제한이 없는 여자 축구 시합에는 해당이 덜 되는 얘기다. 남자 경기는 참가 자격 연령을 23세 이하로 제한하는 탓에 좀 어설픈 구석이 있다. 설상가상으로 유럽축구선수권대회가 열리는 해와 겹치는 탓에, 유럽의 축구 최강 국가들이 아예 참가를 하지 않거나, 전력이 약한 팀으로 구성해 내보내는 경향이 생겨났다.

그럼에도 남자 축구는 구성에서 미덕이 없지 않다. 세계 축구를 운영하는 FIFA는 20세 이하와 17세 이하 세계대회를 조직하고 있지만, 23세 대회는 없다. 올림픽이 이 연령 집단에 가장 가까운 대회가 되는 셈이다. 그리고 적어도 유럽이 아닌 국가들에게는 올림픽에서의 경합이 떠오르는 유망주들에게 전시장 노릇을 해준다. 여기에 더 나이 든 선수 몇 명이 가세해 약간 양념을 쳐준다. 베이징 대회에는 리오넬 메시와 호나우지뉴 같은 선수들이 경기를 빛내주었다. 그러니 영국 사람들이야 시큰둥하니 감흥이 없을지 몰라도, 남아메리카와 아시아, 아프리카 국가들에게 올림픽 축구는 과연 크나큰 일이다.

축구 이야기

축구와 비슷하다고 기록된 최초의 경기는 기원전 5세기에 중국에서 벌어졌다고 한다. 천으로 이은 2개의 봉 사이 구멍으로 공을 차 넣는 게임이었다. 여러 명으로 이루어진 팀이 하는 것이 아니었으므로 기본적으로는 표적을 맞히는 연습의 한 형태였다. 고대 그리스인들이 파이닌다라고 부르던 게임에서 패스와 태클을 처음 도입했다. 이 게임을 로마인들이 받아들여 하르파스툼이라고 개명했다. 하지만 이 경기는 축구보다는 핸드볼이나 럭비와 공통점이 더 많았던 것 같다. 중세 유럽에서 했던 다양한 형태의 '축구' 경기에서도 발은 딱히 적극적인 역할을 하지 않았던 듯하다.

사순절 시작 전날인 참회 화요일에 보통 경기를 했는데, 반공식적인 몸싸움으로서 덩치가 들쑥날쑥한 두 팀 선수들이 공기를 넣어 부풀린 돼지 방광을 한 마을 팀 진영의 끝에 옮겨다놓는 경기였다. 발놀림에 집중한 중세 경기가 있기는 있었다. 일본의 '케마리'였는데, 의식의 한 형태로서 이리저리 공을 차고 다니는 경기였다. 이것은 중국의 쿠주라는 게임에서 유래했다.

우리가 아는 축구는 19세기에 잉글랜드의 공립학교들에서 진화했으며, 1848년에 공동의 규칙이 세워졌다. 1860년대에 핵심 규칙이 생겼는데 공

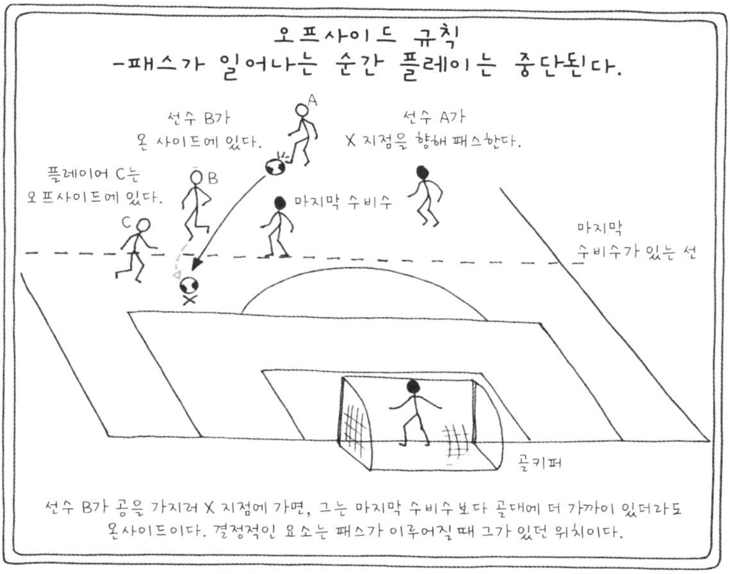

오프사이드 규칙
-패스가 일어나는 순간 플레이는 중단된다.
선수 B가 온 사이드에 있다.
선수 A가 X 지점을 향해 패스한다.
플레이어 C는 오프사이드에 있다.
A
B
C
마지막 수비수
마지막 수비수가 있는 선
골키퍼
선수 B가 공을 가지러 X 지점에 가면, 그는 마지막 수비수보다 골대에 더 가까이 있더라도 온사이드이다. 결정적인 요소는 패스가 이루어질때 그가 있던 위치이다.

을 다룰 권리를 팀당 한 선수에게 제한한 것이다. 근대 올림픽 시대가 열릴 무렵 축구는 상당한 세력을 누리게 되었고, 1888년에 최초의 리그가 생기면서 영국의 산업 도시에 사는 노동계층이 여기에 열정을 바쳤다. 축구는 나라 안팎의 영국 애호가들 덕분에 곧 남아메리카와 유럽 대륙에도 뿌리를 내렸다.

여자 축구 이야기는 덜 알려져 있다. 여자 축구는 처음에는 남자 축구와 아주 대등하게 발전했다. 기록상 최초의 경기는 1885년에 잉글랜드 북부 대표팀과 남부 대표팀이 맞붙어 북부가 7 대 1로 승리한 경기였다. 1917년에는 잉글랜드의 북동부에서 최초로 조직화한 여자 대회가 출범했다. 지역의 무기 공장 노동자들이 벌인 대회였다. 프레스턴의 한 군수공장에서 만든 딕 커스 레이디스라는 팀은 당시 큰 인기를 끌었다. 이 팀은 미국에 투어도 갔고, 리버풀의 구디슨 파크에서 1920년 박싱 데이에 열린 시합에서는 5만 3000명의 관중을 끌어 모았다.

1921년에 잉글랜드 축구협회는 축구협회와 연계한 구장에서 여자 팀들의 경기를 금지한다는 시대착오적인 결정을 내렸다. "축구라는 경기는 여자에게 아주 어울리지 않고, 경기하라고 여자들을 장려하면 안 된다"는 주장이었다. 이를 계기로 영국여성축구협회가 생겼고, 챌린지 컵이 발족되었다. 대회는 초창기에는 큰 이목을 끌었지만, 권세 있는 축구협회의 뒷받침을 받지 못하는 상태에서 여자 축구는 축구가 탄생한 나라에서 차츰 가라앉고 말았다. 1971년에 영국축구협회가 금지조항을 철회하고 나서야 여자 축구의 운이 비로소 소생하기 시작했다.

게임 시작: 축구의 기본

화성인이거나 스포츠는 정말이지 견뎌내지 못하는 사람이(이 경우에는 장황한 스포츠 규칙이라면 읽고 싶어 하지 않을 테고) 아니고서야, 이 게임의 목표가 자기 골대보다 상대방 골대 안으로 공을 더 많이 집어넣는 것임은 아주 잘 알리라. 또 골키퍼를 제외한 선수들은 경기 중에 손이나 팔을 사용해서는 안 된다는 것쯤도 알 것이다. 골치 아픈 한 가지 룰이 오프사이드이다.

선수 B가 공을 가지러 X 지점에 가면, 그는 마지막 수비수보다 골대에 더 가까이 가는 한이 있더라도 온사이드이다. 결정적인 요소는 패스가 이루어질 때 그가 있던 위치이다.

오프사이드 규칙

상대방 진영에서 공보다 앞에, 상대 팀의 마지막 수비수보다 상대 골라인에 더 가까이 있는 선수는 오프사이드 위치에 있는 것이다. 팔만 제외한 몸의 모든 부분에 적용된다.

하지만 결정적으로 선수는 다음과 같은 경우에만 오프사이드 판정을 받는다. 다른 선수가 마지막으로 공을 건드린 순간에 오프사이드 위치에 있었을 때, 스로인, 골 킥 혹은 코너킥한 공을 직접 받지 못했을 때, 플레이에 적극적으로 연관되어 있다고 심판이 판단했을 때이다.

오프사이드와 관련한 판정은 두 가지 이유로 빈번하게 논란을 불러일으킨다. 공이 플레이되고 있는 와중에 선수가 골키퍼를 제외한 마지막 수비수보다 더 앞에 있었는지 판단 내리기가 몹시 어렵다는 점이다. 특히 판정을 내릴 책임이 있는 부심이 경기 도중에 선수와 정확히 나란한 지점에 있지 않았다면 더욱 그렇다. 둘째, 선수가 플레이에 연루되어 있는지를 가리기란 엄청나게 복잡한 일이며, 확실한 사실이라기보다는 판단의 문제에 가까울 때가 많다는 점이다.

경쟁 방식

주최국으로서 그레이트브리튼은 남자 대표 팀과 여자 대표 팀이 자동 출전권을 얻는다. 그 밖에 다른 모든 팀은 대륙별로 예선을 통과해야 한다. 여자 대회에서 유럽은 2011년 여자 월드컵에서 가장 좋은 성적을 거둔 두 팀이 참가 자격을 얻었다.

두 대회 다 조 대항전(남자는 4개 조, 여자는 3개 조)로 나뉘어 시작한다. 각 조에서 각 나라는 나머지 3팀을 상대로 3경기를 벌인다. 각 조의 1, 2위가 8강부터는 토너먼트 방식으로 경기를 치러 웸블리에서 결승전을 벌인다.

연장전과 승부차기

월드컵과 마찬가지로 조별 시합은 45분씩 전후반을 경기하며, 무승부로 끝나도 연장전은 없다. 패한 팀은 탈락하는 8강에서부터는 전후반 경기에서 승부를 가리지 못하면 30분 연장전을 펼치며, 그러고도 승패가 가려지지 않으면 승부차기를 한다. (1996년과 2000년 올림픽에서 썼던 '골든 골' 제도는 이제 폐지되었다. 골든 골이란 연장전에서 먼저 득점하는 팀이 승리하는 방식을 말한다. '서든 데스'라고도 한다.)

승부차기에서 각 팀은 다섯 번의 페널티킥을 하고, 더 많은 득점을 올린 팀이 승자가 된다. 그러고도 동점이면 '서든 데스'로 돌입한다. 그때부터는 같은 횟수의 킥을 하고 점수에서 앞서게 된 팀이 승리한다.

관전 포인트

2012년 올림픽에서 축구를 처음 보는가? 다음을 명심하여 축구 경기를 즐기시라.

중원의 혈투를 감상하라

선수들이 공간을 어떻게 만들고 이용해먹는지 주의를 집중하라. 훌륭한 선수는 상대방의 주의는 따돌리면서 패스를 받을 수 있는 자리로 끊임없이 들어간다. 경기장의 한복판을 지배하는 팀이 대개 승리를 거둔다. 축구에서 공을 소유하는 것보다 중요한 문제는 공을 가지고 있을 때 어떻게 하느냐이다. 하지만 볼 점유율이 훌륭한 팀을 가리는 시금석임은 사실이다. 공을 쫓는 일은 힘과 기운을 빼는 일이다. 공을 잘 컨트롤하는 것이 승리에 한 발 더 가까이 가는 길이다.

망보는 사람을 망보기

결정적인 플레이에 관해 판정을 내릴 책임이 있는 이들이 지구상에서 리플레이 영상에 의지할 수 없는 유일한 사람들이다. 이것이 진정 말이 되는지 자문해보라. 관계자들이 테크놀로지를 활용해도 되는지, 된다면 얼마나 활용할 수 있는지에 관한 문제는 영원히 꺼지지 않을 논란이다.

여자 경기

마지막 단계에 이르기 전까지는 남자 경기는 좀 미루어두고, 여자 대회에 집중하고 싶어 하는 경험 많은 노련한 팬들이 있을 수 있다. 액션은 더 느리고 운동성은 더 떨어지지만, 기술 수준은 퍽 높을 수 있다.

올림픽으로 간 축구

두 차례 올림픽 대회에서 시범종목으로 경기를 치른 후에, 축구는 1908년 런던 올림픽에서 정식 종목으로 데뷔했다. 고작 여섯 팀이 참가했는데, 그것도 두 팀은 프랑스에서 왔다. 그리고 경기 내용은 말도 못하게 들쑥날쑥했다. 영국에 2 대 0으로 졌던 덴마크 팀은 다른 두 경기에서는 26골을 넣었다. 그중 한 경기에서는 프랑스를 상대로 17 대 1로 승리했고, 소푸스 닐센은 골 네트를 10번이나 가르기도 했다. 1912년에 11개국으로 참가 팀이 늘어났지만, 대회는 여러모로 전 대회와 비슷했다. 또다시 대량 득점이 잔뜩 나왔는데, 단 한 시합에서 10골을 넣은 선수가 또 나왔다. 그리고 영국은 결승전에서 덴마크를 또다시 2골 차이로 이겼다.

1920년 벨기에와 체코슬로바키아 사이에 벌어진 결승전은 벨기에 사람들에게는 올림픽의 하이라이트였다. 웬 젊은 사람 몇 명이 주변 펜스 밑으로

굴을 파서 몇 천 명이 경기장에 공짜로 들어가기까지 했다. 그렇지 않아도 4만 명을 수용하는 구장이 꽉 차 있던 터에 그들까지 더해지니 터져나갈 지경이 되었고, 군중이 필드에 쏟아져 들어가는 것을 막으려고 터치라인 둘레로 필드와 관중 사이를 분리하는 병력이 배치되었다. 체코 팀은 군인들을 들여놓은 것을 고의적인 위협으로 보았고, 잉글랜드 심판인 존 루이스에게 이미 불만이 곪을 대로 곪은 상태였다. 루이스는 프라하에서 열린 예선전에서 홈 팬들의 분노를 불러일으켜 물리적으로 공격을 받기까지 했다. 벨기에가 빠르게 두 골을 선취하자, 체코의 사기는 더 떨어졌다. 루이스가 체코 팀의 스타플레이어인 카렐 스타이너를 39분에 퇴장시켜버리자, 체코 팀은 필드로 돌진해 나갔고, 경기에서 실격했다.

다음 2번의 올림픽 금메달은 우루과이가 가져가면서, 남미 사람들은 우승하는 습관을 들이기 시작하여 1930년 초대 월드컵에서도 같은 습관을 유지했다. 월드컵에다가 축구에는 심드렁한 미국인들의 정서가 한데 합쳐져서 1932년 로스앤젤레스 올림픽에서 축구는 급기야 빠지고 말았다. 하지만 1936년 베를린에서 멋들어지게 돌아왔다. 축구에서 참가자들이 보이는 악행이 현대의 질병이라고 한다면, 1936년 대회를 되돌아보아야 할 일이다. 이탈리아와 미국이 격돌한 개막전에서 이탈리아 선수들이 아킬레 피키니의 퇴장을 막으려고 독일인 심판의 팔을 묶고 입을 쥐고 막아버리는

미국의 골키퍼 브리아나 스커리가 2004년 아테네에서 골문을 지키고 있다.

사태가 일어났다. 피치니는 필드에 그대로 남았고, 이탈리아는 1 대 0으로 이겼으며, 계속 밀고 나가 금메달을 목에 걸었다.

1948년에 스웨덴이 금메달을 딴 이래로 36년간 비공산권 국가에서 우승팀이 나오지 않았다. 서구 유럽과 남아메리카에서 프로 축구가 융성하면서 대표팀에서 최고 선수들을 앗아간 탓에 동구 유럽에서 국가의 지원을 받는 '아마추어' 팀들이 우승을 싹쓸이를 해간 것이다. 1964년에 이탈리아가 그즈음 유러피언 컵을 차지한 인터 밀란에서 3명을 뽑아오는 등 최고의 팀을 구성하며 이런 추세를 돌파하려고 갖은 힘을 다했다. 엄격한 아마추어가 아닌 선수가 있다는 지적을 받자, 그들은 발끈해서 기권해버렸다.

1984년에 IOC가 참가 자격 기준을 완화했다. 유럽과 남미의 프로 선수들이 올림픽 경기에서 뛸 수 있게 되었다. 단 국가대표로 5차례 이상 경기에서 뛰지 않은 선수들이 대상이었다. 결승전에는 예상을 벗어나지 않고 프랑스와 브라질이 올라갔고, 프랑스가 10만 관중 앞에서 2 대 0으로 승리를 거두며 공산 국가들의 연승 행진에 종지부를 찍었다. 1988년에 서울에서 소련이 동구권이 마지막 숨을 다해가는 와중에 잠깐 옛 질서를 회복했다.

참가 자격 규정은 1992년 바르셀로나 올림픽에서 다시 바뀌었다. 그때부터 23세 이상 선수가 3명이 넘지 않으면 전 팀을 프로 선수들로 채울 수 있게 되었다. 바르셀로나 올림픽의 손에 땀을 쥐게 했던 결승전에서는 스페인이 폴란드를 3 대 2로 물리쳤다.

아마도 유럽 챔피언십이 올림픽과 같은 해 여름에 열리다 보니 유럽의 톱 선수들이 많이 빠진 탓으로, 아프리카 국가들이 월드컵에서보다 올림픽에서 한층 약진하는 결과가 나왔다. 1990년대 중반 이래로 결승에 올라간 8팀 중 3팀, 4팀의 우승 국가 중 2팀(애틀랜타 올림픽에서 나이지리아와 시드니 올림픽에서 카메룬)이 아프리카에서 나왔다. 하지만 지난 2번의 올림픽에서는 아르헨티나가 금메달을 따갔다. 아르헨티나는 2012년에도 건재할 것이다.

여자 축구는 1996년 애틀랜타에서 마침내 올림픽의 관문에 합류했다. 결승전에서 중국을 2 대 1로 패퇴시키며 주최국인 미국이 금메달을 땄다. 이

것은 비국의 골키퍼 브리아나 스커리에게는 골치 아픈 축복이 되고 말았으니, 미국이 우승하면 조지아 주 애씬스 거리를 벌거벗고 달리겠다고, 현명하지 못하게도《스포츠 일러스트레이티드》의 한 기자에게 맹세했던 것이다. 결승전 다음 날 밤에, 밤이 너무 이슥해져 동이 틀 무렵에야 스커리는 인적 없는 길가에서 목에 건 금메달 말고는 실오라기 하나 걸치지 않은 채 10미터쯤을 달렸다.

2000년에는 연장전에 얻은 '골든 골'에 힘입어서 노르웨이가 미국을 물리치고 우승했다. 미국 여자팀은 아테네와 베이징에서도 결승전에 올라가며, 100퍼센트 결승 진출 기록을 세우고 있다. 두 대회에서 모두 4강에서 브라질을 물리치고 올라갔다. 베이징 올림픽에서의 금메달은 미아 햄 후에도 삶은 계속된다는 점을 입증해주었다. 미아 햄은 남녀 통틀어 국제 경기 최다골 기록(158골)을 세우고 2004년 올림픽 후에 은퇴한 터였다. 선천적으로 굽은 기형 발을 딛고 세운 기록이다.

GYMNASTICS

체조

2012년 7월 28일~8월 12일

노스 그리니치 경기장(예술과 트램펄린 부문)

웸블리 경기장(리듬 부문)

참가선수: 324명 | 금메달: 18개

올림픽 참가

남자: 기계체조 부문은 1896년부터, 트램펄린은 2000년부터 현재까지.

여자: 기계체조 부문은 1928~1948년, 그리고 1952년부터 현재까지.

리듬체조: 1984년부터 현재까지. 트램펄린: 2000년부터 현재까지.

올림픽 형식

남자와 여자부의 기계체조와 트램펄린이 있다. 리듬체조는 여자선수들만 참여한다.

게임의 강자들

전통의 강국들이 버티고 있다. 러시아, 우크라이나, 벨로루시, 중국, 루마니아, 일본, 미국이 기계체조 부문에서 늘 하던 대로 선전할 것으로 보인다. 하지만 브라질과 그리스처럼 떠오르는 신성이 전에 없이 엄중하게 도전해올 가능성이 높다.

러시아가 리듬체조 금메달을 둘 다 따낼 가능성이 아주 높고, 내기를 할 거라면 중국이 베이징에서와 마찬가지로 트램펄린 2관왕을 차지할 것이라는 데 판돈을 걸어라.

역대 챔피언

소련/러시아 | 81개 | 일본: 29개 | 미국: 23개

체조를 왜 보는가?

최고 수준을 보여주는 올림픽 체조는 중력의 법칙을 피할 수도 있다는 순간의 환상을 안겨준다. 체조는 엄청난 자기수양과 우아함이 요구되고 특히

기계체조에서는 큰 힘과 용기, 초자연적인 공간 인식이 필요하다.
이 스포츠의 고전적 형태인 기계체조는 고정된 장비로 경기를 벌이고, 남자 부문의 경우 링에도 메달이 걸려 있다. 트램펄린에서는 선수들이 10미터 높이까지도 되풀이해서 뛰어오른다. 그들은 다이빙 선수들보다 공중에 더 오래 머물며, 경악스러운 곡예를 펼쳐 보인다. 4회 연속 공중돌기는 보통이다. 리듬체조는 스포츠라기보다는 무용에 더 가깝다고 할 만하다. 그런데 리듬체조가 올림픽 프로그램에 들어가야 하는지 의문을 표시하는 사람이 많다. 어쨌거나 보기에 뛰어난 구경거리이긴 하다.

체조 이야기

'체조'라는 단어는 '운동'을 뜻하는 그리스어에서 유래했다. '운동'은 또 '벌거벗은'이라는 단어에서 유래했다. 고대 그리스 사람들은 바로 그 상태로 운동하기를 좋아했다. 그리스의 자부심 있는 도시에는 전부 경기장이 있었고 그 안에서 권투와 레슬링, 수영을 했다는 기록이 있다. 오늘날 체조로 분류되는 활동의 정확한 형태는 분명치 않다.
고대 체조의 많은 부분이 현대 체조로 흡수되었다. 고대 크레타(기원전 2700~1450년)의 크레타 섬에서 벌어진 황소 뛰어넘기는 황소의 등을 짚고 도약해서 넘는 활동으로 알려져 있는데 오늘날의 도마 종목을 연상시킨다. 안마는 로마의 기마부대 군사들이 말에 오르고 내리는 기술을 제련하려고 썼던 목마에서 기원을 찾아볼 수 있다. 마루운동과 리듬체조 같은 종목은 아크로바틱 쇼에서 유래했다. 이런 아크로바틱 쇼의 족보도 유서 깊다. 중국에서 추수를 기념하는 축제와, 기원전 7세기에 궁정에서 열린 행사에서 기원한 것이다. 의식에서는 재주꾼들이 공중제비를 돌았으며, 고리버들로 만든 고리 같은 소품이 등장했다. 오늘날 리듬체조에서 사용하는 볼과 리본, 줄의 옛날 판이라고 볼 수 있다. 중세시대에는 곡예가 유럽의 성과 궁전에서 주기적으로 열리는 오락거리였다.

현대 체조의 또 다른 근원은 서커스이다. 서커스는 18세기 말엽에 현대식으로 자리를 잡고 인기를 누렸다. 공중그네의 영향은 철봉과 이단평행봉, 링에서 쉽게 감지할 수 있다. 미국 아이오와 주립대학교의 조지 니센이 1934년에 현대 최초의 트램펄린을 만들었는데 이 역시 서커스 공연자들이 사용한 안전그물을 보고 착안한 것이다. 사실 그의 발명은 이누이트 족에게서 예견된 것이었다. 이누이트 족은 바다코끼리나 턱수염바다물범 가죽을 쭉 펼쳐서 그 위에서 통통 튀기 놀이를 오랫동안 해왔다. 이는 북부 알래스카의 '날루카타크'(고래뛰기 축제)에서 하는 행사였다.

얼굴만 귀여운 게 아니야. 1972년 뮌헨 올림픽에서 사상 최초로 뒤로 공중돌기를 선보인 올가 코르부트.

19세기에는 중부 유럽에서 다양하고 대중적인 체조 운동이 일어났다. 그 중에서 가장 중요한 것은 프로이센의 민족주의자였던 프리드리히 루드비히 얀이 개발한 것이다. 그는 그리스어 '체조'라는 말을 견딜 수가 없었기에 자신이 세운 체계를 '투르넨'이라고 불렀다. 얀은 독일의 젊은 세대가 육체를 튼튼하게 수련하여 나폴레옹 군대를 조국에서 몰아내기를 바랐다. 1811년에 그는 베를린 외곽에서 여러 대와 줄과 링을 갖춘 첫 체조대회를 열었다. 얀은 평행봉을 발명했고, 철봉의 초창기 버전을 만들었으며, 안마와 평균대를 개량하고 발전시켰다.

1819년에 프로이센 관리들은 얀의 웅장한 계획에 질려서, '투르넨'을 금지하는 칙령을 내려버렸다. 하지만 그의 발상은 뿌리를 내렸다. 1870년 보불전쟁의 기운이 고조되어 갈 때 독일 교육계는 얀의 시스템에 바탕을 둔 교과과정을 채택했고, 독일체조연맹이 설립되었다. 1914년에 이르러 연맹은 100만 명이 넘는 회원을 자랑하게 되었다.

독일체조연맹은 준군사적인 집단 노력을 확고히 하는 데 중점을 두었다. 경쟁 스포츠는 미국식 퇴폐주의라고 경멸을 받았던 터였다. 하지만 '투르넨' 대유행에 대처하여 슬라브 족 세계를 휩쓸었던 라이벌 격인 운동은 경쟁에 대한 반감이 덜했다.

19세기 또 다른 주요한 체조 운동은 페르 헨리크 링의 건강 지향적인 가르침에 기반을 두고 있다. 그는 1813년 스톡홀름에 왕립체조중심본부를 열었다. 투르넨처럼, 이른바 스웨덱 식 체조는 일사불란한 단체 동작에 초점을 맞추었다. 하지만 이 시스템은 도구의 사용을 피했다. 스톡홀름에서 열린 1912년 올림픽과 1920년 올림픽에서 그의 시스템은 마루운동의 발전에 특히 기여했다.

리듬체조는 18세기에 I. G. 노베르와 프랑수아즈 델사르트 같은 사람들의 발상에서 자라나왔다. 그들은 최고의 운동은 춤같이 자유롭게 표현하는 움직임에 토대를 둔다고 믿었다. 발레의 딱딱함을 거부했던 미국의 위대한 무용가 이사도라 던컨도 리듬체조의 부상에 일조했다. 스위스의 교사 에밀 자크달크로즈도 마찬가지였다. 음악과 조합하는 율동 시스템을 세운 사람이었다.

올림픽이 열리기 이전 시대에 체조가 진화하던 마지막 단계에서는 각 종목이 경쟁 스포츠로 형식화되었다. 최초에 기계체조 부문의 책임을 지던 조직은 유럽체조연맹이었다. 1881년에 리에주에서 설립된 이 조직은 세계 최초의 스포츠 국제연맹이다. 1921년까지는 회원국이 프랑스와 벨기에, 네덜란드 3개국뿐이었다. 그때부터 비유럽 국가들이 등록했고, 연맹은 국제체조연맹으로 이름을 바꾸었다.

승부를 가리는 최초의 리듬체조 대회는 소련에서 열렸다. 소련은 1942년에 국내 선수권대회를 열었다. 국제체조연맹은 1961년에 이 대회를 제 날개 아래에 집어넣었고 2년 후에 헝가리에서 세계 최초의 체조 경기 선수권대회가 열렸다. 미국은 1948년에 처음으로 전국트램펄린선수권대회를 열었다. 이 종목 최초의 세계선수권대회는 1964년에 열렸다. 1999년에는 이 종목도 국제체조연맹의 우산 아래 들어갔다.

1912년 스톡홀름에서 단체 평균대 경기를 하는 스웨덴 여인들.

경기 시작: 체조의 기초

기계체조

여자는 4개 종목, 남자는 6개 종목이 있다. 도마와 마루운동은 남녀 공히 경기를 치른다. 여자 종목에는 이단평행봉과 평균대도 있다. 남자 종목에는 안마와 링, 철봉과 평행봉이 더 있다.

올림픽 프로그램의 경우 남녀 단체, 개인 종합, 개인 개별 종목에서 메달이 나온다. 결승 진출자는 각국 대표팀 6명의 선수 중 5명이 각 부문에서 예선을 치러 결정한다. 예선전에서 얻은 점수는 개인종합과 종목별 경기, 단체전 결승 진출을 가리는 지표로 모두 사용한다. 예선전 점수는 본선에는 반영되지 않는다. 선수들은 각 결승 라운드를 백지 상태에서 출발한다.

단체 결승에서는 각국 선수 3명이 각 종목에서 전부 시합을 벌이고, 그들이 얻은 점수를 팀 점수로 총합한다. 국가당 최고 2명까지 개인종합 결승에 진출할 수 있다. 개인종합 결승에서는 모든 선수가 모든 종목에서 경기를 펼치고, 누적 총점으로 최종 순위를 정한다. 개별 종목에도 국가당 최고 2명이 결승에 진출하며, 예선전에서 가장 높은 점수를 기록한 선수 8명이 경합을 벌인다.

모든 종목에서 선수의 폼에 주목하라. 사지는 곧게 뻗어야 하고, 발가락은 꼿꼿이 세워야 하며, 신체는 대체로 탄탄해야 한다. 공중 연기에서 높이는 특히 중요하며, 완벽한 착지도 대단히 중요한 요인이다.

도마

도마에는 여러 단계가 있다. 전형적인 것이 도움닫기이다. 선수는 25미터 길이의 달림길을 질주해서 주로 끝에서 손 짚고 공중돌기를 해(도움 짚기) 스프링보드로 추진해 간 다음 왔던 방향 반대쪽으로 몸을 돌려 발 구름을 한다. 스프링보드에서 발 구름을 하는 동안에 반 바퀴 몸을 비틀어 도마에 손을 짚는 자세가 되도록 한다. 도마를 잠깐 짚으며 팔을 밀어붙여 그 여세로 심지어 더 높게 도약한다. 달려와서 도움닫기를 했던 추진력까지 보

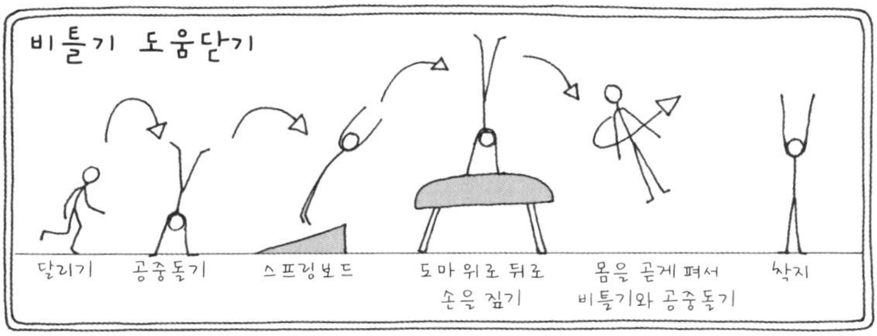

태서 이 행위로 공중 비행 단계로 돌입하며, 비행하는 동안 비틀기와 공중돌기를 조합한 연기를 하고, 바랄 일이건대 양발을 동시에 깔끔하게 착지한다.

2001년 이전에 여자 경기에서는 캔버스를 씌운 도마 세트가 주로에서 옆으로 길게 놓여 있었고, 남자는 도마가 평행으로 앞으로 길게 놓여 있었다. 이제는 1.2미터 길이에 95센티미터 너비의 훨씬 안정적인 도마로 바뀌었다. 도마의 높이는 여자는 1.25미터, 남자는 1.35미터로 정해져 있다. 선수들은 도마 경기를 두 번 시도한다. 높은 점수가 득점에 들어간다.

마루운동

어떤 의미에서 마루운동은 다른 기계체조 부문보다 '더 자유롭다'. 12×12미터짜리 탄성이 있는 매트에서 선수들이 도구가 아니라 제 몸으로 할 줄 아는 재주를 보여주는 경기이기 때문이다. 여자 종목의 연기 시간이 60~70초인 남자보다 70~90초로 더 길다. 여자 마루운동에는 음악을 쓰고, 남자는 쓰지 않는다. 차이는 흥미롭다. 여자 선수는 기본 연기에 무용 같은 동작을 조합하는 반면 남자 마루운동에서 주안점은 힘이다. 선수는 반드시 마루의 전 지역을 활용해야 한다. 마루 연기에서 가장 장관인 요소는 텀블링이다. 선수는 공중돌기와 비틀기, 한 손 짚고 공중돌기, 옆으로 비틀어 뛰기 등 다양한 텀블링을 연속해서 연기한다. 톱클래스 여자 선수들은 대개 연기 중에 4~5 번의 텀블링 동작을 한다. 남자는 연기 시간이 더 짧기 때문에 4번 이상을 해내기가 어렵다.

이단평행봉(여자만 경기함)

이 극적인 기구는 나무로 감싼 섬유유리 소재의 두 봉을 평행으로 놓은 기구인데, 각 바의 높이는 다르다(바닥으로부터 각각 1.51미터와 2.41미터). 두 봉의 사이는 130센티미터에서 180센티미터 사이이다(선수에 따라 2센티미터는 조절할 수 있다). 1950년대에는 선수들이 기본적으로 봉 사이를 오르락내리락했다. 이제 선수들은 두 봉 주변을 믿을 수 없는 스피드로 날아다닌다. 올림픽 규정을 준수하려면, 연기 중에 낮은 봉에서 공중으로 날아 높은 봉을 반드시 한 번은 잡아야 한다. 또 한 번은 몸의 방향을 거꾸로 돌려야 한다. 또 선수는 물구나무서서 돌기를 적어도 한 번은 연기해야 한다.

평균대(여자만 경기)

보통 사람은 대부분 10센티미터 너비에 5미터 길이, 1.25미터 공중에 떠 있는 나무라면, 그 위를 걷기만 해도 땀이 날 것이다. 하지만 최고의 체조 선수들은 10배는 넓은 곳에서 연기하는 것처럼 그 위를 팔랑팔랑 뛰어 돌아다닌다. 이 종목은 오로지 용기와 자신감, 우아한 몸짓이 관건이다. 선수가 심판들에게 감동을 줄 수 있는 시간은 최대 90초이다. 그 시간 동안에 다양한 점프와 돌기, 균형 잡기 자세를 연기해야 한다. 또 반드시 평균대 전체를 골고루 활용해야 한다.

안마(남자만 경기)

안마가 군사적 기원을 두고 있다는 사실은 분명하다. 기본적으로는 기마병이 움직이지 않는 말 위에서 재주를 부리는 모습을 본다고 생각하면 된다. '말'은 길이 1.6미터, 너비 35센티미터이며, 가죽을 씌운 구조물이다. 높이는 1.15미터이다. 안마에는 중심의 양 옆에 12센티미터 위로 솟은 D자 모양의 손잡이가 달려 있다.

안마에서 선수가 수행해야 할 첫 번째 계명은 다리로 기구를 건드리지 않는 것이다. 기구의 표면 주변에서 손으로 짚고 움직여야 하며, 손잡이로 구획된 세 부분을 반드시 다 활용해야 한다. 다리를 쉼 없이 스윙해야 하는데, 선수들은 때로 가위 모양으로 다리를 분리하는 플레어 동작을 구사하기도 한다. 또 다른 중요한 점은 원을 그리거나 축을 잡고 도는 모양으로 몸을 모았다가 움직여야 한다는 점이다. 선회를 할 때 다리는 도마 위로 가 있어야 하며, 선수는 사지가 통과할 수 있도록 한 치도 틀림없는 타이밍으로 손을 들어 올려야 한다.

안마 연기는 보통 내려오는 것으로 끝맺는다. 반드시 물구나무를 선 상태에서 기구에서 내려와야 한다.

링(남자만 경기)

기계체조에서 가장 힘이 많이 필요한 종목으로서 링 종목은 매트에서 2.75미터에 위에 매달린 지름이 18센티미터 링 2개로 경기한다. 링을 건 케이블은 바닥에서부터 5.8미터에 위에 있는 봉에 달려 있다. 선수는 양손으로 링 하나씩을 각각 잡고 다양한 스윙 동작(예를 들어 물구나무에서 물구나무로 넘어가기)과 버티기(예를 들어 L자 모양 앉은 자세에서 다리를 앞으로 쭉 뻗기)와 힘 기술 등을 수행한다.

힘 기술은 십자 버티기(아이언 크로스)의 다양한 형태를 포함한다. 이 동작은 팔을 양옆으로 완전히 뻗치고서 몸을 전혀 움직이지 않는 동작이다. 선수들은 아이언 크로스나 비슷한 자세로 돌입할 때 링을 움직이지 않도록 잘 유지해야 한다. 아주 멋진 착륙 동작도 연출해야 한다.

철봉(남자만 경기)

이 기구는 지름 2.4센티미터, 길이 2.4미터의 강철봉이며, 지상에서 2.75미터 높이에 있다. 선수들은 철봉을 잠깐 놓는 비행 동작인 릴리스 때만 빼놓고는 정지하는 일 없이 계속 스윙을 해야 한다. 한 손잡고 회전하기, 철봉 쥔 손 바꾸기, 회전 방향 바꾸기, 앞에서 뒤로 몸의 돌리는 방향을 바꾸기 등 다양한 변주가 있다. 착지는 링보다도 오히려 더 극적이다. 철봉에서 강력하게 몸을 회전시킨 터이므로 더 강한 추진력을 얻을 수 있기 때문

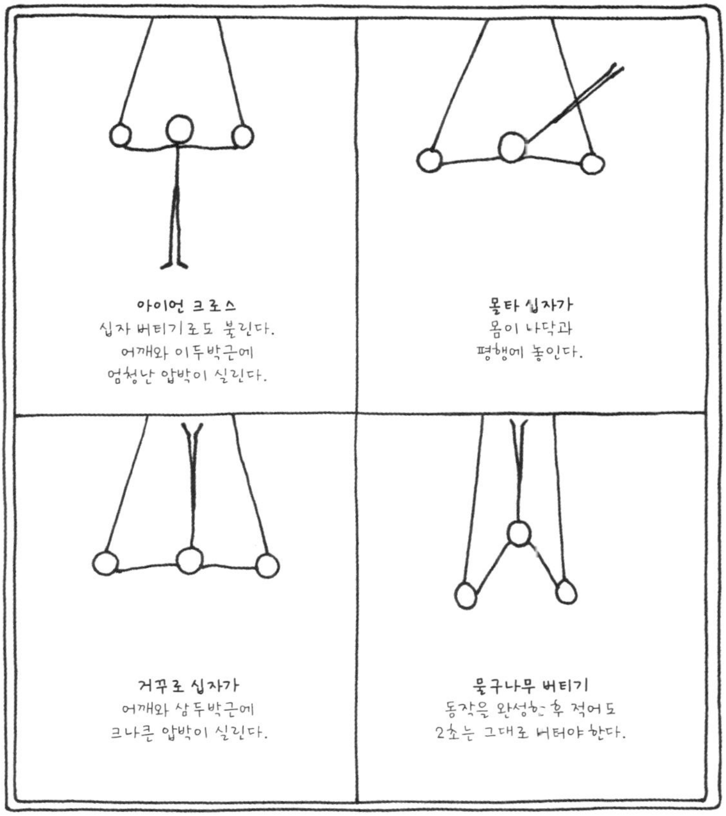
아이언 크로스
십자 버티기로도 불린다.
어깨와 이두박근에
엄청난 압박이 실린다.
몰타 십자가
몸이 나닥과
평행에 놓인다.
거꾸로 십자가
어깨와 삼두박근에
크나큰 압박이 실린다.
물구나무 버티기
동작을 완성한 후 적어도
2초는 그대로 버텨야 한다.

이다. 올림픽 수준에서는 3중 비틀어 돌기 착지가 거의 당연한 기술로 여겨진다.

평행봉(남자만 경기)

평행봉은 나무로 만들어졌으며, 3.5미터 길이에 높이는 1.95미터이며, 봉과 봉 사이는 42~52센티미터 벌어져 있다. 이 거리는 선수에 맞는 범위에서 조절할 수 있다. 선수들은 손으로 봉을 잡고, 때로 팔을 쭉 뻗치고, 어떨 때는 팔을 굽혀 봉에 걸치며 연기한다. 손과 팔을 빼고는 몸의 어떤 부분도 봉에 닿아서는 안 된다. 선수는 봉을 십분 활용하여 가능한 모든 동작을 해야 하며, 여기에는 스윙과 물구나무서기, 비행 동작이 포함된다. 연기의

역사상 가장 위대한 체조 선수? 1996년 애틀랜타 올림픽의 비탈리 셰르보.

많은 부분에서 선수는 양손으로 각 봉을 잡고 봉 사이에서 자유롭게 스윙할 것이나, 때로는 두 손으로 같은 봉을 잡고 봉 아래를 훑어서 돌곤 한다. 전형적인 착지는 이중 공중돌기로 내리는 것이다. 착지할 때는 한쪽 봉 옆으로 내린다.

득점

나디아 코마네치가 포문을 열었던 10점 만점의 시대는 확실히 짜릿했다. 하지만 한번 만점이 나오기 시작하자 체조는 갈 길을 잃었다. 따라서 국제체조연맹은 완벽함이라는 정말 마음에 들지만 골치 아픈 개념을 제대로 세우기 위해 채점 시스템에 여러 번 수정을 가했다. 각 기계 종목 연기는 현재 2개 심판진이 채점한다. 2명으로 이루어진 1번째 심판진은 구성 요소의 표준적인 가치점수를 기반으로 연기의 난도를 계산한다. 난도 점수는 해석의 여지가 열려 있기에, 일부 비평가들은 시합 결과는 사실상 시합이 시작되기 전부터도 결정될 수 있는 문제라고 꼬집는다. 비록 연기가 어려울수록 시행하다가 점수를 잃을 위험도 더 커지기는 하지만 말이다.

6명으로 이루어진 2번째 심판진은 1점에서 10점 사이에서 수행 점수를 매긴다. 최고 점수와 최저 점수는 버리고, 남아 있는 4개 점수의 평균을 낸다. 이 수치에 난도 점수를 덧붙여 최종 점수를 낸다. 16점 이상이면 대단한 점수이다. 경이로웠던 샤오친이 베이징에서 15.875점밖에 얻지 못하고도 금메달을 따기는 했지만 말이다.

리듬체조

리듬체조는 마루와 똑같은 크기와 재질로 만든 매트 위에서 열린다. 일본 등 일부 국가에서 남자들도 리듬체조를 하기는 하지만, 올림픽에는 여자 부문만 있다. 모든 연기는 음악과 함께 한다. 음악에는 보컬과 느닷없는 음향효과가 나오면 안 된다. 개인 연기는 75~90초 사이에 끝내야 한다. 단체 연기는 이보다 60초가 길다. 잘하는 비결은 도구를 최대한 다양하게 다루는 와중에도 움직이는 상태를 계속 유지하며 일체감을 이루어야 한다는 것이다. 신체의 유연성도 심판들에게 가산점을 얻는 요소이다.

리듬체조는 단체와 개인 예선을 따로 치른다. 개인 결승에는 한 나라에 2명까지만 출전할 수 있으며, 결승에서 모든 선수는 4가지 도구를 전부 연기해야 한다. 4가지 도구는 리본과 후프, 볼, 곤봉이다. 단체 결승전은 2라운드로 구성된다. 1회전에서는 각 팀의 6명 중에서 뽑은 5명이 미리 정해진 동일 도구로 연기한다(2012년 런던의 경우 볼이다). 2회전에서는 2가지 도구를 동시에 연기한다. 팀의 3명은 1가지, 나머지 2명은 다른 도구를 사용한다(2012년 런던에서는 각각 후프와 리본을 사용한다).

후프

리듬체조에 쓰이는 후프는 약간 딱딱한 소재에 지름이 80~90센티미터여야 한다. 선수는 후프를 공중으로 던지고, 잡고, 손과 몸 주위로 돌리고, 스윙하고, 그 안으로 뛰어넘고, 바닥을 따라 굴린다. 후프가 허공에서 움직이는 동안에 조금이라도 불안정하게 흔들리면 감점을 받는다.

볼

놀랍도록 '소박한' 볼 종목은 농구와 프리스타일 축구, 삶에 환희를 느끼는 물개 같은 몸놀림의 조합이다. 선수는 18~20센티미터 지름의 공 하나로 연기한다. 공을 손으로 그러쥐어서는 안 되며 손에 얹어놓아야 한다. 아니면 공을 튀기고, 던지고, 몸의 이곳저곳에 굴리고, 얹어가며 균형을 잡는다. 볼은 보통 리듬체조에서 가장 우아한 종목으로 여겨진다.

곤봉

곤봉은 고적대의 봉을 다른 차원으로 변형한 것이다. 선수는 얇은 볼링 핀 같은 모양의 나무 혹은 합성수지 봉을 가지고 연기한다. 봉 머리에는 손으로 잡을 수 있는 '손잡이'가 있다. 손과 눈의 동작을 일치시키는 기술과 양손을 능수능란하게 쓰는 기술을 비롯하여 저글링 같은 기술을 많이 구사해야 좋은 점수를 받는다. 곤봉을 던지고 잡는 연기에 덧붙여서, 선수는 손에서 곤봉의 균형을 잡고 시각적으로 호소력 있는 다양한 방식으로 곤봉을 흔들어야 하며, 한편으로 도약이나 갖가지 곡예 동작을 보여야 한다. 어떤 체조선수들은 발가락 사이로 곤봉을 쥐기도 한다.

리본

50~60센티미터의 리본대 끝에 새틴이나 비슷한 소재의 리본이 달려 있으며, 길이는 7센티미터이다. 선수들이 허공에 끝도 없이 다양한 문양을 그려내는 리본은 리듬체조에서 아마도 시각적으로 호소력이 가장 큰 종목일 것이다. 리본을 커다랗고 자연스럽게 흘러가게 하는 것이 득점에 도움이 되며, 선수는 아주 멀리로 리본을 던졌다가 잡는다.

득점

리듬체조는 3가지 범주에서 10점씩 매긴다. 실시점수에서는 도구에 대한 컨트롤을 잃는 등의 실수를 감점하며, 예술과 난도 심사가 있다. 모든 범주에 심판이 각각 4명씩 있으며, 이들이 매긴 점수의 평균을 낸다.

트램펄린

올림픽에서 트램펄린은 길이 5.05미터에 너비 2.91미터의 기구이며, 1.155미터 높이에 세워진다. 나일론이나 끈으로 꼰 소재를 바탕으로 만든 6밀리미터 두께의 탄력 있는 매트가 깔려 있다. 탄성이 가장 큰 매트 중심에는 선수들이 위치를 파악하도록 십자 모양이 표시되어 있다. 뛰어올랐다가 그곳에 더 가깝게 내릴수록 안전과 기술 면에서 더 좋다.

올림픽 연기는 10가지 요소 혹은 바운스를 다 하고 마쳐야 한다. 다만 적당한 높이에 도달하기 위해 사전에 몸을 튀기는 것은 허용되고, 마지막에 똑바른 착지를 위해 점프 높이를 조절할 수도 있다. 연기의 모든 요소는 달라야 한다. 같은 요소를 반복하면 2번째 시도에 난도 점수 0점을 받는다. 연기를 하는 동안에 선수는 발가락은 세우고 다리는 꼭 붙여야 한다. 자세는 다음 3가지 중 하나를 시도한다. 쭉 편 자세, 말 그대로 몸과 사지를 다 펴고 딱 붙인 자세이다. 파이크는 쭉 편 다리 끝의 발목을 잡고 몸을 반으로 접은 자세이다. 무릎을 구부려 가슴에 안는 무릎 안기 자세가 3번째이다.

선수는 반드시 발로 서서 연기를 시작하고 끝내야 한다. 경기의 다른 단계에서는 이론적으로는 앉거나 엎드리거나 누울 수 있지만, 최고 수준의 경합에서는 거의 일어나지 않는 일이다. 마지막 착지는 '급정지' 상태여야 한다. 즉 급작스럽게 경기를 멈추며 매트 위로 양발을 잘 통제한 상태로 서야 한다는 뜻이다. 선수는 약 3초는 정지한 상태로 서 있어야 한다.

남자와 여자 부문 모두 예선 2회전을 치른다. 상위 성적 8위까지 결승에 올라가며, 예선과 다른 연기 요소로 경기를 해서 마지막 순위를 가린다. 다른 체조 종목들과 마찬가지로, 결승에는 한 나라에서 2명까지만 출전할 수 있다.

득점

선수의 점수에는 2가지 요소가 있다. 연기해야 하는 모든 요소 안에서 동작을 어떻게 수행했는지를 따져서 난도 점수를 합산한다. 4중 공중돌기와 반이나 그 이상 비틀어 돌기를 하면 많은 가산점을 받는다. 올림픽에서 남자 선수들은 대개 약 16.5점 정도의 가치가 있는 난이도로 연기한다. 여자 선수들은 보통 14.5점 정도를 받는 난이도로 연기한다. 5명의 심판들이 10점 만점으로 각 시행 요소를 제대로 해냈는지 따진다. 가장 높은 점수와 낮은 점수는 뺀다. 남은 세 점수를 합치고, 이 점수에 난도 점수를 합쳐 전체 점수를 낸다.

제어를 잘 해낸 연기일수록 점수를 높게 받는다. 매트에 내릴 때마다 양 발이 동시에 바닥에 닿아야 하며, 십자 모양 근처에 내려야 한다.

너무 어려? 십대 체조선수들의 시대

1976년 몬트리올 올림픽에서 세상을 놀라게 한 나디아 코마네치의 시대 이전에 올림픽 여자 체조선수 챔피언은 거의 다 20대였고, 때때로 더 나이가 많은 우승자가 나오기도 했다. 헝가리의 아그네스 켈레티는 멜버른 올림픽에서 35세에 금메달 4개를 땄다. 하지만 체조의 기술적인 요구사항이 늘어나면서, 체조선수들의 나이는 곤두박질치기 시작했다. 다 자란 여자보다는 사춘기 전의 소녀들이 체구가 더 작고 가벼워서 중력의 힘을 극복하기가 더 쉬웠기 때문이다. 예를 들어 1992년 올림픽에서 가장 좋은 성적을 거둔 상위 두 선수는 둘 다 15세에 키는 137센티미터였고, 몸무게는 약 31.5킬로그램이 나갔다.

남자 체조 선수들도 체구가 작아지는 경향을 보인다. 1968년과 1976년 사이에 금메달 8개를 딴 일본의 위대한 체조선수 가토 사와오는 170센티미터에 56.7킬로그램이었다. 하지만 남자 부문의 경우 힘에 중점을 두는 것을 감안할 때, 근육이 완전히 개발되어야 최고의 실력을 발휘할 수 있다.

국제체조연맹은 모스크바 올림픽 때까지 올림픽 같은 국제대회 참가 자격을 최소 14세로 규정했다. 첨예한 경쟁이 어린 소녀들의 근육과 골격 발전에 미칠 영향에 대한 우려가 커지면서 대회가 열리는 해에 만 15세가 되지 않는 선수는 참가할 수 없도록 규정했다(1981년에 이런 결정을 내렸다). 1997년에 연령 제한은 1살이 더 늘어났다.

규칙 변화를 놓고 의견이 엇갈린다. 지지자들은 여자 체조 선수들이 체조를 하지 않는 또래들보다 긴장성 골절에 시달리는 경향이 훨씬 크다는 통계를 언급한다. 또 십대 초반의 소녀들은 국제 시합의 압박을 조절하는 데 감정적으로 서툴다고 주장한다. 반면에 넬리 김(김경숙) 같은 전직 체조 선수들은 어린 소녀들이 대체로 좀더 겁이 없기 때문에 대회에 더 잘 적응한다고 주장한다. 또 국제체조연맹이 주관하는 16세 이하 시합이 올림픽 시니어 게임에 적용되는 득점 시스템을 사용하기에, 더 나이 든 선수들에게 육체적으로 부담을 주는 규칙이 어린 선수들을 보호하지 못하는 것이나 다름없음을 지적한다.

십대 초반 선수들의 이점을 보건대, 변화한 룰의 한 가지 영향은 부정행위에 대한 유혹이 커졌다는 점이다. 별로 놀랍지 않은 얘기다. 1988년 서울올림픽에서 금메달 3개를 따낸 다니엘라 실바스는 루마니아체조연맹이 1985년에 자기 나이에 2살을 보탰다고 후에 폭로했다. 그녀는 올림픽 당시 실제로는 13세였다. 1985년 세계선수권대회 출전 자격을 얻으려고 나이를 속인 것이었다. 당시 루마니아체조연맹의 회장이었던 니콜라에 비에루는 훗날 "나이 올리기는 세계적으로 횡행하는 일이었다"고 주장했다. 이 사안은 베이징에서 다시 떠올랐다. 국제체조연맹이 조사를 벌인 끝에 무죄 처분을 내리긴 했지만, 나이 제한에 걸릴 거라는 강한 의구심이 드는 선수가 4명 있었던 것이다.

올림픽에 간 체조

체조는 어떤 형태였건 간에 현대의 모든 올림픽에 포함되었다. 하지만 범

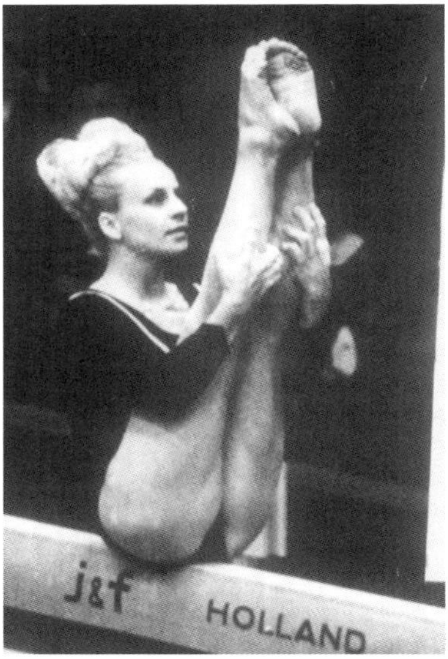

우아한 보헤미안. 1968년 멕시코 올림픽에서 평균대 위의 차슬라프스카.

위를 정하는 데는 시간이 걸렸다. 아테네에서 열린 첫 올림픽에서 체조는 8개 종목이 있었다. 남자 선수들만 참가한 대회로, 줄타기, 단체 철봉, 평행봉 등 마루운동만 빼놓고 오늘날 기계체조 부문의 모든 종목이 들어가 있었다. 독일 체조 선수들이 금메달 8개 중 5개를 휩쓸었지만, 링과 줄타기 종목 금메달은 홈팀인 그리스가 가져갔다.

1900년에는 단 1개 종목만 있었다. 16개 종목을 한꺼번에 치르는 경기였다. 프랑스 선수들이 1위부터 18위까지를 차지했다. 참가선수 135명 중에 108명이 프랑스인들이었으므로 확률은 그들에게 유리한 쪽으로 기울 수밖에 없었다. 하지만 그럼에도 인상적인 성적이었다. 세인트루이스에서는 주최국인 미국인 선수들 비율이 심지어 더 높았다. 하지만 한 종목의 금메달은 다른 나라에 갔다. 스위스의 유일한 참가 선수였던 아돌프 스핀러가 3종경기에서 우승을 거둔 것이다. 당시 3종은 철봉과 평행봉, 안마로 이루어졌다.

1908년 런던 올림픽은 2가지 종목을 주최했다. 종합 개인전은 이탈리아의 알베르토 브라글리아가 우승했고, 단체전은 스웨덴이 승리를 가져갔다. 브라글리아는 다음 스톡홀름 대회에서도 개인전 우승을 거두어 기계체조 단체전 우승에 금메달을 하나 더 보탰다. 스웨덴은 예상할 수 있었듯이 스웨덴 식 시스템의 단체전에서 우승을 차지했다. 스웨덴은 1920년 체조 단체전에서도 금메달을 땄다.

종목은 1924년에 9개로 늘어났다. 개인 기계 부문이 돌아온 것이다. 스위스와 이탈리아, 유고슬라비아가 각각 금메달 2개를 차지했다. 스위스 체조 선수들은 1928년 암스테르담 대회에서도 5개의 금메달을 목에 걸었다. 여자 싱크로나이즈드 미용체조에서는 이 대회 종목으로 채택되었다. 올림픽 최초의 여자 체조시합이었던 미용체조는 독일 팀이 금메달을 가져갔다. 이 팀에는 유대인이 4명 있었는데, 그중 3명이 나치의 가스실에서 비명횡사했다.

1932년 로스앤젤레스 올림픽에서는 여자 부문이 없어졌다. 하지만 1936년에 올림픽에 되돌아왔고, 단체전을 치르면서 개인 성적을 따진 것에 불과했지만, 어쨌거나 올림픽 체조 경기 사상 최초로 여자 개인 성적을 매기기 시작했다. 독일 체조 선수들이 9개가 걸린 금메달 중 6개를 쓸어 담았다. 핀란드 선수들이 1948년 런던 올림픽에서 같은 업적을 이루어냈다. 희한한 채점으로 물의를 빚은 대회였다. 한 심판이 여자 단체전의 한 연기에 10점 만점에 13.1점을 주었던 것이다. 여자 종목에 유일하게 링이 들어갔던 이 대회에서 체코슬로바키아가 승리를 가져갔다. 각별히 가슴 저미는 상황에서 나온 우승이었는데, 원래 대표단에 참가하기로 되어 있던 엘리스카 미사코바가 경기 첫날에 소아마비로 사망했기 때문이다.

여자 개인전(종합과 기계체조)은 1952년 헬싱키 올림픽에서 처음 열렸다. 소련이 처음으로 체조 선수들을 내보낸 대회였다. 30세의 빅토르 추카린이 금메달 4개를 따낸 것을 비롯해 금메달을 총 9개를 따나면서 깊은 인상을 남겼다. 소련은 재능 있는 어린아이들을 조기교육하는 방침을 세웠고, 이번 위업이 찻잔 속의 태풍으로 머물게 할 생각이 없었다. 이 방법은 후에 동구권 국가(루마니아와 동독이 특히 유명했다)로 퍼져 나갔다. 이 국가들은 선수들을 대대적으로 후원했고 약물의 도움도 빌렸으리라는 설이 널리 퍼져 있다. 1970년대와 1980년대에 여러 물질 가운데서도 사춘기를 억제하는 물질을 어린 여자 체조 선수들에게 투여했으리라는 것이다.

1956년 멜버른 올림픽의 스타는 헝가리 출신의 아그네스 켈레티였다. 그녀는 35세의 나이에 금메달 4개를 땄다. 그녀는 올림픽 최고령, 그것도 2위와는 한참 차이가 나는 여자 체조 챔피언으로 아직까지 남아 있다. 그녀는 개인종합에서 소련의 라리사 라티니나에게 석패했다. 빅토르 추카린도 남자 부분에서 나이는 장벽이 아님을 보여주었다. 당시 34세가 된 위대한 소련인은 종합경기 2연패를 비롯하여 금메달 2개를 소장품에 추가했다. 1960년에는 일본이 남자 단체전 금메달을 땄다. 올림픽 5회 연속 우승의 출발점이었다. 한편 라리사 라티니나는 개인종합 금메달을 또다시 목에 걸었다. 그녀는 1964년 도쿄 올림픽에서 금메달 2개를 더 차지했고, 올림픽 메달 18개를 끌어 모았다. 어떤 올림픽 스포츠에서도, 어떤 선수도 달성한 적 없는 대단한 위업이다. 하지만 종합에서는 체코슬로바키아의 떠오르는 체조 스타 베라 차슬라프스카에게 우승을 빼앗겼다.

차슬라프스카는 4년 뒤 멕시코 올림픽에서도 개인종합 우승을 차지했고, 구경꾼들에게 엄청난 인기를 끌었다. 그해 터진 '프라하의 봄'에서 맡았던 역할이며 마루 연기에 멕시코 식 춤의 요소를 곁들인 결과이기도 했다. 차슬라프스카는 1968년 대회에서 금메달 4개와 은메달 2개를 추가했으며, 두 번의 올림픽에서 개인종합 1위를 차지한 라티니나와 같은 반열에 올랐다. 그녀는 또 체코의 1500미터 우승자인 요세프 오들로질과 결혼을 하기도 했다. 하지만 일이 틀어졌다. 차슬라프스카가 올림픽 대회에서 벌인 일로 체코 당국이 그녀를 체조에서 퇴출했다. 메달 수여식에서 소련 국가가 나오는 동안 등을 돌리고 있었던 것이다. 그러고는 그녀와 오들로질이 낳은 아들이 1992년에 술집에서 일어난 다툼에서 아버지를 살해해버렸다.

차슬라프스카가 여자 체조의 인지도를 높였다면, 올가 코르부트는 1972년 뮌헨 올림픽에서 여자 체조를 궤도에 올려놓았다. 요염한 자태의 이 17세 벨로루시 출신 선수는 단체전과 마루운동, 평균대에서 금메달을 땄고, 평행봉에서 사상 최초로 뒤로 공중돌기를 선보였다. 코르부트는 개인종합 경기를 벌이다가 이단평행봉에서 두 번 떨어지고 나서 눈물을 터뜨렸는데 이 일로 오히려 큰 인기를 얻었다. 하지만 많은 순수주의자들은 개인종합 타이틀을 차지한 그녀의 동료 루드밀라 투리셰바의 우아함을 더 좋아했다.

1976년 몬트리올 올림픽에서 루마니아의 나디아 코마네치가 올림픽 체조 부문 최초로 10점 만점을 기록했다. 그러고도 10점 만점을 6번 더 받으며 금메달 3개와 은메달 1개, 동메달 1개를 더 따냈다. 그녀의 위대한 소련 적수 넬리 김도 2번의 만점을 받고 금메달 3개, 은메달 1개를 땄다.

하지만 이 대회에서 가장 놀라웠던 선수는 남자 단체전 일본의 후지모토였다. 마루운동의 마지막 텀블링을 하다 그의 무릎에 금이 가고 말았다. 일본이 올림픽 5회 연속 단체전 금을 노리면서 엄청난 진용을 갖춘 소련 팀과의 일전을 앞두고 있었기에 후지모토는 팀 의료진에게 사실을 말하지 않기로 결심했다. 그는 안마에서 9.5점을 받았고, 링에서는 개인 통산 최고 기록인 9.7점을 받았다. 대가는 끔찍했다. 2미터 60센티미터 높이에서 공중 비틀어 돌기로 내려와 착지한 그는 금이 간 무릎이 탈구되고 말았다. 그의 노력에 고무된 일본 대표단은 단체전 승리를 거두었다. 똑같은 상황이 벌어진다면 다시 그러겠느냐는 물음에 후지모토는 단호하게 '아니요'라고 말했다.

몬트리올의 일본인 영웅은 후지모토만이 아니었다. 가토 사와오는 단체전 승리와 더불어, 개인 평행봉 우승으로 올림픽에서 7번째와 8번째 금메달을 목에 걸었다. 아직도 건재한 신기록이다.

코마네치와 10점 만점

코마네치는 몬트리올 올림픽 전에도 만점을 받은 적이 있었다. 그럼에도 1976년 7월 18일에 올림픽 스코어보드에 마침내 10점이 (아니면 1.00점이거나) 등록되던 때 전혀 예상치 못했던 경이로운 일이 일어났다. 스코어보드에는 1.00점이 찍혔다. 스코어보드를 만든 사람들이 만점의 가능성을 염두에 두지 않았던 까닭이었다.

여자 개인종합 경기 이단평행봉에서 코마네치는 문자 그대로 흠 하나 없는 연기를 펼쳤다. 14세 치고는 비범하게 초연했던 그녀는 다들 웬 야단법석들인지 이해하지 못했다. "나는 선수생활에서 만점을 19번 받았다." 그녀가 기자회견에서 밝혔다. "새로울 것도 없다." 코마네치는 7번의 만점으로 몬트리올 올림픽을 마쳤다. 포니테일을 한 이 루마니아 선수는 1975년 유럽선수권대회에서 마루운동만 빼놓고 모든 종목을 석권하면서 세상을 이미 경악시킨 바 있었다.

올림픽 체조에서 최초의 만점을 받은 업적이 압박감을 가중시켰다. 루마니아 스포츠 당국이 그녀의 코치이자 스승인 벨라 카롤리 아래서 훈련을 받지 못하게 하자 15세의 코마네치는 표백제를 마셔버렸다. 카롤리와 다시 훈련을 하도록 정부를 설득하기에 충분한 항의였다. 하지만 1981년에 카롤리는 망명을 했고, 차우세스쿠 체제가 전복되기 바로 몇 주 전인 1989년 11월에는 코마네치도 국경을 넘었다. 그녀의 탈출은 미국 플로리다 주에 살던 지붕 수리공 콘스탄틴 패니라는 사람이 도왔다. 알고 보니 이 사람은 코마네치의 모든 일을 관리하고 그녀가 자기 시야를 절대로 벗어나지 못하게 하려는 속셈을 품고 있었다. 코마네치는 곧 패니의 손아귀에서 탈출했다. 루마니아에서 럭비 코치를 했던 오래된 친구가 중재에 나서서 몬트리올에 있던 자기 가족과 함께 살자고 그녀를 초대했던 것이다.

1996년에 코마네치는 1984년 올림픽 체조 경기에서 금메달 2개를 땄던 미국인 바트 코너와 결혼했다. 역사상 가장 유명한 체조 선수는 이제 미국 오클라호마 주에서 미국인 남편과 함께 훈련시설을 운영하고 있다. 시설 이름? 바트 코너 체조 아카데미이다.

1980년 모스크바 올림픽 여자 개인종합에서 금메달 후보로 가장 강력한

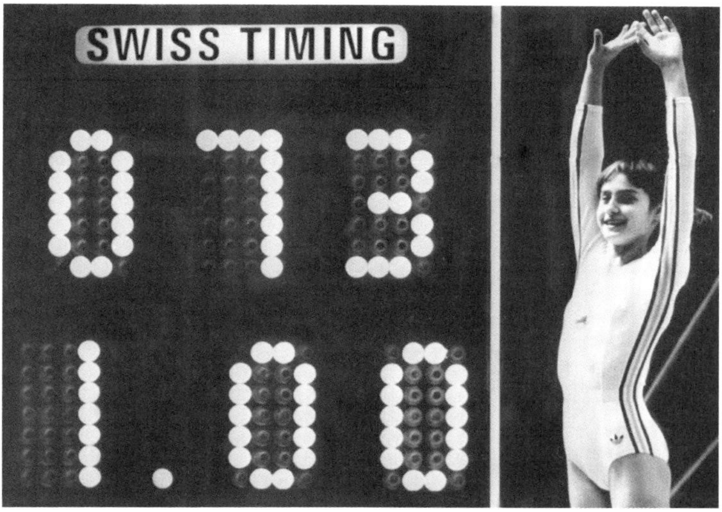

1976년 몬트리올 올림픽에서 나디아 코마네치가 10점을 득점하자 스코어보드가 정신줄을 놓았다.

물망에 올랐던 선수는 옐레나 무키나Mukhina(소련)였다. 그녀는 2년 전 세계선수권대회에서 코마네치와 넬리 김을 모두 물리친 터였다. 올림픽 개막식이 열리기 2주 전에 그녀는 마루운동 연습을 하다가 척추가 부러졌고, 허리 아래가 마비되고 말았다. 무키나에게 비극은 예견된 일이었다. 1979년에 다리가 부러졌는데도 황급히 컴백해 그렇지 않아도 기분이 좋지 않았던 그녀는 매우 위험한 '토머스 살토' 동작을 마루 연기에 집어넣으라는 코치들의 요구에 심각한 의구심을 드러냈다. 이 1과 4분의 3바퀴 뒤로 돌기에 1과 2분의 1 뒤로 비틀어 돌기를 조합한 동작에서 타이밍을 제대로 맞추지 못한 바람에, 그녀는 하반신 마비 환자가 되고 말았다. 여자 체조 부문에서 이 동작은 금지되었다.

무키나의 부재로 대회는 소련의 옐레나 다비도바와 코다네치의 1 대 1 대결이 되었다. 루마니아 선수가 평균대에서 거의 완벽한 연기를 펼치며 메달을 다 땄다 싶었다. 하지만 28분간의 격렬한 토의를 거친 끝에 심판들은 다비도바에 0.05점이 뒤진 9.85점을 코마네치에게 주었다. 그럼에도 코마네치는 굴하지 않고 금메달 2개와 은메달 2개를 땄고, 넬리 김도 금메달 두어 개를 또 땄다.

1984년 로스앤젤레스 올림픽에서는 미국인 체조선수들이 동부 유럽 나라들의 보이콧 덕을 톡톡히 봤다. 여자 단체와 여자 개인종합 우승을 비롯해서 금메달 5개를 딴 것이다. 여자 개인종합 금을 따낸 선수는 누구도 따라올 수 없는 단 1가지 방식에 따라 성공했던 메리 루 레튼이었다. 즉 도마 경기에서 만점을 받은 것이다. 로스앤젤레스 올림픽에는 또 중국인 체조선수들이 올림픽 사상 최초로 출전했다. 그들은 금메달 5개를 따갔다. 그리고 처음 도입된 리듬체조에서는 캐나다의 로리 펑이 뜻밖의 우승을 차지했다. 그녀는 바로 전 해에 열린 세계선수권대회에서 23위밖에 하지 못한 선수였다. 다음 올림픽에서 리듬체조 금메달은 소련의 마리나 로바치에게 돌아갔다. 그녀는 리듬체조의 모든 부문에서 만점을 받았다. 곤봉 연기에서는 음악을 담당했던 피아니스트에게 구원을 받았다. 그녀가 할당된 시간 안에 연기를 끝낼 수 있도록 피아니스트가 연주 속도를 약간 높였던 것이다.

바로셀로나 올림픽의 체조 스타는 벨로루시의 비탈리 셰르보였다. 그는 남자 부문에 걸린 8개의 타이틀에서 6개를 쓸어갔다. 그중에서 4개는 단 하루 만에 딴 것이었다. 수영만 빼고 한 대회 최다 금메달이다. 1994년에 이르러 셰르보는 체조의 모든 종목에서 타이틀을 따냈다. 전무후무한 기록으로, 그를 역대 최고로 위대한 체조선수 자리에 올려놓을 만한 기록이다. 셰르보의 승리에서 잘 드러나듯이, 소련의 붕괴는 이 사라진 국가의 체조에 별다른 해를 끼치지 않았다. 독립국가연합 팀이 금메달 4개를 더 챙겨갔던 것이다.

1996년 애틀랜타에서 미국의 케리 스트럭은 후지모토를 본받았다. 기계체조 단체전 도마에서 첫 번째 시기에 발목을 심하게 다치고도 2번째 시기에 나가 뛰었던 것이다. 그녀는 9.712점을 받아 미국의 여자 단체 우승을 도왔다. 그러나 전체적으로 미국 선수들은 우크라이나와 러시아에 이어 3등에 만족해야 했다. 우크라이나와 러시아는 각각 4개와 3개의 금메달을 땄다.

2000년 시드니 올림픽에서는 남녀 트램펄린이 첫선을 보였다. 둘 다 러시아 선수들이 금메달을 땄다. 러시아는 리듬체조에서도 금메달 2개를 다 땄다. 중국이 기계체조 남자 단체 우승을 차지했고, 여자 단체전은 루마니아가 금메달을 따갔다. 루마니아 여자팀은 2004년 아테네 올림픽에서 여자 기계체조 부문에 걸린 6개 금메달 중에서 4개를 따며 정상에 올랐다. 하지만 아테네 올림픽의 주인공은 미국의 폴 햄이었다. 그는 개인종합에서 도마에서 떨어진 불운을 딛고 0.012점 차이로 우승을 차지했다. 올림픽 체조 역사상 가장 근소한 차이의 우승이었다.

2008년 베이징 올림픽 체조는 중국 선수들이 지배했다. 남자 기계체조 부문에서 단 1개만 놓치고 금메달을 독식했고, 여자 선수들이 금메달 2개를 땄으며, 트램펄린에 걸린 금 2개를 다 땄다. 러시아가 리듬체조 금메달 2개를 다 땄는데 뭐 이제는 그러려니 하는 일이다.

HANDBALL

핸드볼

2012년 7월 28일~8월 12일

올림픽 파크 핸드볼 경기장(예선전과 여자 준준결승전)

올림픽 파크 농구 경기장(남자 준준결승전과 남녀 준결승전과 결승전)

참가 선수: 336명 | 금메달: 2개

올림픽 참가

남자: 1936년에 시범경기(필드 핸드볼로 참가), 1972년부터 현재까지 정식 종목.

여자: 1976년부터 현재까지 정식 종목.

올림픽 형식

남녀 부문에 12팀씩 참가한다. 예선전 단계에서는 6팀씩 2개 조로 나뉘어 조에 있는 모든 팀과 겨룬다. 각 조의 상위 4팀이 패자 탈락 방식의 8강전에 올라간다.

게임의 강자들

덴마크, 노르웨이, 한국, 러시아가 여자 부문 금메달 후보이다.

핸드볼을 하는 많은 나라들이 아주 중히 여기는 메달이다.

남자 부문 강자는 독일, 프랑스, 크로아티아, 스웨덴, 스페인이다.

역대 챔피언

소련/러시아 6개 | 유고슬라비아: 3개 | 덴마크: 3개

핸드볼을 왜 보는가?

적어도 영국 팬들에게는 이번 런던에서 핸드볼을 보는 한 가지 이유는 전적으로 참신하고 낯설다는 점이다. 농구와 축구처럼, 핸드볼도 속도가 빠르며 능란한 기술을 구사한다. 농구와 마찬가지로 핸드볼은 공 다루는 재능이 뛰어난 선수들에게 알맞은 게임이며, 한편으로 축구 팬들은 공을 쏜

살갈이 몰고 가서 그물에 꽂아 넣는 이런 게임이 낯설지 않고 익숙하게 느껴질 것이다.

핸드볼의 놀라운 점은 허용되는 신체 접촉의 수위다. 수비수가 공격수와 골대 사이에서 뒤엉킨 상황에서는 몸싸움이 허용된 핸드볼의 독특한 점은 또 미드필더가 없다는 점이다. 선수 전원이 공격을 하거나 수비를 할 뿐이다.

최근에 핸드볼에도 프로가 생겨서 흥미진진한 긴박감이 더해졌다. 급속히 상업화됨에 따라 핸드볼에도 인기 선수와 수상쩍은 관계자들, 요란스러운(간혹은 폭력적인) 팬들도 생겨났다.

영화 속의 핸드볼

진기하게도 핸드볼은 히트 영화 두 편을 낳았다. 영화 〈풀 몬티〉의 제작자 우베르토 파솔리니가 감독한 〈마찬〉과 한국 여자 선수단이 2004년 아테네에서 은메달을 따고 나서 제작되어 한국에서 박스 오피스 1위를 차지한 〈우리 생애 최고의 순간〉이다.

〈우리 생애 최고의 순간〉. 한국에서 만들어진, 최고의 핸드볼 영화일 것이다.

실화에 바탕을 둔 〈마찬〉은 스리랑카 신할라 족의 낙천적이고 태평스러운 두 청년을 그리고 있다. 그들은 독일로 이민 가고 싶어 하지만 번번이 비자 신청을 거절당하는데, 어떤 잡지에서 독일 바바리아에서 열리는 핸드볼 대회의 초청장을 발견한다. 스리랑카에서는 핸드볼을 하지 않는다는 사실에도 굴하지 않고, 그들은 팀을 만들고, 몇 번 퇴짜를 맞은 끝에 독일로 마침내 간다. 원래는 공항에 도착하는 대로 뿔뿔이 흩어지려는 계획이었지만, 어쩌다 보니 대회에 참가하게 되고, 첫 두어 시합을 치르지 않고는…….

〈우리 생애 최고의 순간〉도 비슷하게 실화에 바탕을 둔다. 이 영화는 평소에는 핸드볼에 그다지 관심이 없던 한국 전체가 한 올림픽 스포츠에 사로잡혔던 길지 않은 순간을 기념한다. 경험 없는 신예 선수들과 은퇴했다가 돌아온 선수, 감독직에서 경질되고 선수로 남아서 아테네 결승전까지 가는 주인공으로 대충 꿰맞춘 팀이 극적이며 가슴 아픈 장면을 연출한다. 주인공들이 우승에 실패한다는 사실은 신선하면서도 보는 사람들에게는 동시에 충만한 느낌을 안겨준다.

핸드볼 이야기

우리가 아는 핸드볼이라고 보기는 힘들지만, 고대 그리스인들은 확실히 공 던지고 노는 것을 좋아했다. 호메로스의 『오디세이』에 나오는 다음과 같은 진술은 그들이 우아하다기보다는 천상의 방식으로 공 던지기를 했다는 사실을 알 수 있다.

> 그들은 그 사랑스러운 공을 지체 없이 손에 받아들었다.
> 폴리보스가 기묘한 기술을 발휘하여 보라색 양모로 짠 공이다.
> 이 공을 하늘 높이 반짝이는 구름에 닿을 때까지 던져 올린다.
> 공이 다시 세차게 떨어져 내리고 또 다른 사람이 하늘 높이 공을 쏘아 올렸다가
> 발이 땅에 다시 닿기 전에 재빨리 잡는다.

알렉산드로스 대왕은 스파이리스테리온이라고 하는 경기를 즐긴 것으로 알려져 있다. 코트에서 하는 경기로, 고급 경기장의 방 이름을 딴 것이다.

고대 그리스 사람들이 (핸드)볼 시합을 열다.

로마인들은 목욕과 온천욕을 하며 공놀이를 했다. 여러 명이 공으로 하는 경기는 암흑시대까지 이어졌다. 중세 궁정 여인들이 리본으로 묶은 공과 쿠션을 던지며 즐겼다는 자료도 있다. 영국 기사들은 핸드볼과 비슷한 경기에 어찌나 푹 빠졌는지, 에드워드 2세와 헨리 8세는 궁술 연습에 지장을 준다는 이유로 그 게임을 금지해버렸다. 현대 핸드볼에서 덴마크의 뛰어난 실력을 생각해보면 흥미가 동하는 사례가 그린란드의 이누이트 족도 이 경기의 팬이었다는 점이다. 그들이 1793년에 시합을 벌인 기록이 있다.

현대 핸드볼은 1890년에 2가지 형태로 생겨났다. 체코의 교사들은 하제나라고 부르는 경기의 규칙을 만들고 정착시켰다. 이것은 7명씩 팀을 이루어 시합하는 실내 게임이었다. 한편 다리가 부러지고 창문이 깨지는 사고가 많이 일어나는 통에 축구를 금지한 덴마크에서는 홀게 닐센이라는 체육교사가 '한드볼'이라고 부른 것을 만들었다. 그는 1회 아테네 대회에서 펜싱과 사격 메달을 목에 건 바 있었다. 이 게임은 곧바로 인기를 얻어서 스칸디나비아 전역에 퍼졌고, 그 규칙은 현대 핸드볼의 기반이 되었다.

핸드볼은 세기말의 독일에서 한층 더 발전했다. 당시 독일은 체조를 열심히 받아들였고, 강력하고 엄격한 나라를 건설하기 위해 정신과 육체의 훈련에 공을 들였다. 고집스럽고 초민족주의적으로 체조를 지지하던 사람들은 공으로 하는 게임에는 끝내 정을 붙이지 못했다. 하지만 콘라드 코흐처럼 정을 붙인 사람들이 라프발스피엘이라는 게임을 들고 나왔다. 이 게임은 여자들이 실내 경기장에서 벌이는 토르발이라는 게임으로 진화했다. 스칸디나비아 식의 핸드볼과 별로 다르지 않았다. 1920년대에 카를 시렌츠라는 체육학 교수가 이 게임에 남성성을 가미할 필요가 있다고 생각하고 규칙을 개정했다. 그는 축구장 바깥쪽에 한 팀당 11명씩 뛰는 경기를 만들었고, 처음으로 몸싸움을 허용했다.
스칸디나비아와 중부 유럽인들이 여전히 실내 형식을 선호했던 반면에, 독일인들은 새로운 형식으로 국제 시합을 조직하기 시작했다. 1936년 베를린 올림픽 시범종목으로 넣을 기회가 생기자, 독일은 야외 핸드볼을 선택했다. 당연히 독일이 시합에 나왔고 비에 쫄딱 젖은 10만 명의 구경꾼들 앞에서 벌인 결승전에서 오스트리아를 10 대 6으로 물리쳤다. 최초이자 유일한 필드 핸드볼 금메달이었다.

경기 시작: 핸드볼의 기초

핸드볼의 목표는 골대에 상대 팀보다 공을 더 자주 집어넣는 것이다. 시합은 전후반으로 나누어 30분씩 벌인다. 중간에 15분 휴식시간이 있다. 정규 시간이 끝나고도 동점이고 승패를 반드시 가려야 하는 경기라면, 5분의 연장 전후반 경기를 치른다. 연장전이 끝나고도 무승부면 승부던지기를 한다.
올림픽 핸드볼은 길이 40미터에 너비 20미터의 코트에서 열리는데 골대의 너비는 3미터이다. 골 에어리어는 골대 정중앙에서 6미터까지 반원형으로 퍼져 나간 지역으로 정해져 있다. 이 지역에는 골키퍼 말고는 아무도 들어갈 수 없다. 프리드로 라인은 골대로부터 9미터 떨어진 지점에 그려져 있다. 7미터 페널티 던지기 라인은 골대 정면에서 7미터 앞에 그려져 있다. 각 팀은 7명의 선수로 구성되어 있다. 6명의 필드플레이어와 1명의 골키퍼이다. 선수교체는 7명까지 할 수 있다. 선수들은 시합 중 어느 때나 감독이 원하는 만큼 자주 바꿀 수 있다. 각 팀은 전반전 후반전에 각각 한 번씩 작전타임을 부를 수 있지만, 반드시 공격권을 쥐고 있을 때 불러야 한다.

심판은 2명이고, 다양한 수신호로 행위를 표시한다. 예를 들어 2분 퇴장을 뜻하는 수신호는 꼭 '저리 가버려'라고 말하는 것처럼 보인다. 심판들은 둘 다 권한이 똑같다. 혹여 이럴 경우 경기 기능이 마비되지 않을까 싶을 것이다. 그래서 합의사항이 있다. 만약 규칙 위반 행위에 대한 범칙을 내릴 때 두 심판의 생각이 다르다면, 더 엄한 판정 쪽을 택하게 되어 있다. 가령 볼 데드 상태에서 어느 팀에 공격권을 주어야 할지 심판들이 합의에 이르지 못하면, 이 사안은 코트 심판에게 넘어간다.

4가지 핵심 규칙

발로 차기 없기: 핸드볼은 오로지 손으로 하는 경기이다. 다만 골키퍼는 공을 움직이기 위해 다리나 발을 이용할 수 있다. 오로지 골키퍼만이 골 에어리어에 서 있을 수 있다.

공을 쥐고 3보: 선수들은 공을 쥐고 3걸음까지 뗄 수 있다. 그다음에는 반

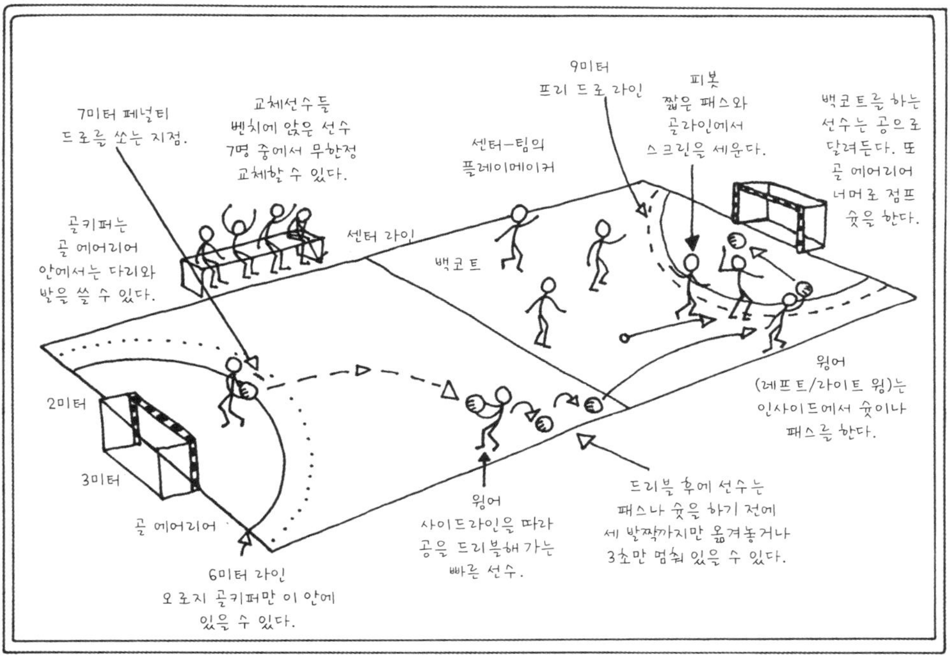
7미터 페널티 드로를 쏘는 지점.
교체선수들 벤치에 앉은 선수 7명 중에서 무한정 교체할 수 있다.
9미터 프리 드로 라인
피봇 짧은 패스와 골라인에서 스크린을 세운다.
백코트를 하는 선수는 공으로 달려든다. 또 골 에어리어 너머로 점프 슛을 한다.
센터-팀의 플레이메이커
골키퍼는 골 에어리어 안에서는 다리와 발을 쓸 수 있다.
센터 라인
백코트
윙어 (레프트/라이트 윙)는 인사이드에서 슛이나 패스를 한다.
2미터
3미터
골 에어리어
6미터 라인 오로지 골키퍼만 이 안에 있을 수 있다.
윙어 사이드라인을 따라 공을 드리블해 가는 빠른 선수.
드리블 후에 선수는 패스나 슛을 하기 전에 세 발짝까지만 옮겨놓거나 3초만 멈춰 있을 수 있다.

드시 패스를 하거나 드리블을 해야 한다. 움직임을 멈추면, 3초가 지나기 전에 패스 혹은 슈팅을 해야 한다. 슈팅하기 전에 점프를 하면, 땅에 발을 내딛기 전에 반드시 공을 놓아야 한다.
플레이 상황과 볼 데드 상황: 코트의 옆면으로 공이 나가 볼 데드 상황이 되면, 공을 마지막으로 건드리지 않은 팀이 드로인을 얻는다. 수비 팀이 마지막으로 공을 건드려 골라인 뒤로 넘어가면, 공격 팀은 코너 드로를 얻는다. 공격 팀이 마지막으로 건드려서 넘어갔으면, 수비 팀에게 골드로가 주어진다. 즉 골키퍼가 공을 던진다. 달리 말하면 축구하고 똑같다.
볼 되찾아오기: 선수들은 상대 선수의 손에서 공을 찰싹 쳐내서 스틸을 하거나, 상대 선수가 바로 앞에서 다가오는 경우에 살짝 몸싸움을 해서 상대 선수를 방해할 수 있다. 하지만 손바닥으로 치는 것이 아니라 낚아채거나 쥐려는 행위, 상대를 밀거나 잡거나 발을 거는 등의 거친 행위로 공을 빼앗아 와서는 안 된다.

반칙과 규칙 위반

위의 규칙을 어기면, 파울이 일어난 지점에서 상대 팀이 프리 드로를 얻는다. 위반 행위가 프리 드로 라인과 7미터 드로 라인 사이에서 벌어졌다면, 프리 드로 라인에서 공을 던진다. 좀더 심각한 규칙 위반 행위, 특히 골 에어리어로 들어가거나 그 안에서 공을 플레이하는 행위에 대해서는 상대 팀에게 7미터 프리 드로를 준다.
선수가 심하지 않은 파울을 범하거나 스포츠맨십에 부합하지 않은 행위에는 옐로카드로 경고가 나온다. 비슷한 정도의 파울을 조 저지르면 2분간 퇴장당하는 벌칙을 받는다. 전에 경고를 받지 않은 선수라고 해도 벌칙에 부합하는 행동을 저지르고, 팀이 경고를 3번 받은 상태이면, 2분간 퇴장을 당할 수 있다. 싸움을 하고, 반복해서 파울을 범하거나 매우 심각한 파울을 저지르면 레드카드를 받고 경기에서 아예 퇴장당한다.

관전 포인트

골대는 넓고 공은 작다

핸드볼에서는 거의 모든 행위가 골 에어리어를 둘러싸고 일어난다. 그러므로 골이 아주 많이 난다. 대부분의 게임이 팀당 28점에서 24점 정도를 올리고 끝난다. 핸드볼 관전 포인트는 어느 한 골보다는 시간이 흐르면서 몰아붙이는 기세와 더불어 기회를 놓치거나 잡으면서 달라지는 경기 흐름을 따라가는 것이다.

핸드볼은 골키퍼에게 큰 짐을 지워놓는 스포츠이다. 네트는 널따란데 공은 작고 선수들은 골대에서 6미터 앞까지 근접해서 공을 던질 수 있기 때문이다. 그럼에도 골키퍼들은 공을 막아내며, 엄청나게 멋들어지게 잡아내는 일도 자주 있다.

수비와 공격의 기술

수비수들을 보라. 어떻게 스스로를 조직하는가? 대부분은 6 대 0 대형을 쓴다. 모든 필드 선수들이 골 에어리어 가까이 포진해서 공이 공격수들 사이를 왔다 갔다 하는 사이에 그들을 막아내기 위해서 앞으로 뒤로 움직이는 것이다. 좀더 공격적인 팀은 6대 1 혹은 4 대 2 대형을 짠다. 이 대형에서는 1명이나 2명의 선수가 계속 앞쪽에 서서 공격을 방해하고 실수를 끌어내려 한다.

수비수를 처리하는 데 과도하게 체력을 소모할 수는 없으므로, 어떻게 해야겠는가? 공격수가 패스나 슛을 날릴 작은 공간을 얻기 위해 속임수 동작을 하고 방향을 바꾸고 높이 도약하고 갑작스럽게 몸싸움을 하는 모양을 살펴보라. 상대 진영의 골대에 가까이 다가간 선수들은 수비수와 골키퍼를 돌아 튀어 들어가는 스핀 슛을 쏘기도 한다.

올림픽에 간 핸드볼

제2차 세계대전이 끝나고 나서 독일은 한동안 국제사회에서 배제되었고, 결과적으로 국제 핸드볼에 대한 영향력도 잃었다. 힘의 새로운 중심지는 덴마크였다. 1946년에 코펜하겐에서 국제핸드볼연맹이 창립했고, 10년간 야외에서 하던 독일식 게임을 거쳐 실내 경기가 국제 표준으로 자리 잡았다. 그래봤자 유럽 대륙 외의 국가들은 이런 변화를 눈치채지 못했다. 앵글로색슨 세계와 라틴아메리카는 핸드볼에 무관심했고, 아프리카와 아시아에 핸드볼은 사실상 알려지지 않았기 때문이다. 심지어 핸드볼의 중심지에서마저도 이 게임은 비상업적인 경기였다.

그럼에도 1970년대에 이 스포츠는 올림픽에 들어가는 것이 타당해질 만큼 국제적인 경기가 되었다. 남자 부문은 1972년 대회에 도입되었고, 여자 경기는 다음 올림픽인 1976년 몬트리올 대회 때 들어갔다. 다음 20년 동안은 두 부문 다 바르샤바조약기구의 국가들이 지배했다. 국가의 후원을 받는 선수들이 서구의 아마추어들을 지속적으로 압도했다.

그때가 지나고 나서 핸드볼 세계는 변동을 겪어왔다. 프로화되었고, 몇 십만 달러 혹은 몇 백만 달러에 텔레비전 중계권을 팔기도 한다. 남자 핸드볼은 독일과 프랑스, 스페인, 그리스가 각축전을 벌이고 있고, 여자 경기는 지난 10년간 덴마크와 노르웨이에서 성행했다. 덴마크에서는 핸드볼 여자

2004년 여자 핸드볼 결승전에서 덴마크의 리케 스코브가 잔뜩 몸을 펼치고 있다.

선수권대회가 축구 월드컵을 제외하고는 가장 높은 텔레비전 시청률을 올리는 스포츠 행사이다. 노르웨이 여자 대표팀의 충실한 일꾼인 그로 하메르센그와 카트자 니베르그는 노르웨이의 빅토리아와 베컴이다. 덴마크 여자 팀이 무적으로 군림하고(2000년과 2004년 올림픽 챔피언), 프랑스가 남자 금메달, 노르웨이가 여자 금메달을 따내면서 베이징 올림픽에서도 유럽의 서쪽 국가들의 강력한 기세가 확인되었다.

북부 유럽의 아마추어리즘에서 세계적 상업화로 가는 핸드볼의 여정은 매끄럽지 않았다. 핸드볼이 큰 인기를 끌게 된 그리스와 이집트에서는 축구 스타디움의 과격한 문화가 핸드볼 코트에도 가 닿았다. 아테네에서 열리는 올림피아코스와 파나시나이코스의 경기는 조잡한 구호가 따르고 때때로 주먹다짐으로 전락하기도 한다. 이집트에서는 카이로 연고 팀인 알 알리와 자멜렉 사이의 더비 경기가 2010년 경기에서의 소동으로 중단되고 말았다. 뒤이어 거리 폭동과 자말렉 팬들의 알 알리 구단 시설 공격이 일어났다.

핸드볼에도 돈이 많이 모이면서 게임을 좀먹는 결과가 나타나고 있다. 승부 조작과 뇌물에 관한 루머가 핸드볼 꼭대기에 있는 사람들 주변에 넘쳐난다. 베이징 올림픽 예선전에서 쿠웨이트 대 한국 시합은 요르단 심판들이 어찌나 노골적으로 오심을 했는지, 재경기를 치러야 했다. IOC는 재경기를 하지 않으면 핸드볼을 올림픽에서 빼버리겠다고 위협했다.

HOCKEY

하키

2012년 7월 29일~8월 11일

올림픽 파크 하키 센터

참가 선수: 384명 | 금메달: 2개

올림픽 참가

남자: 1908년, 1920년, 1928~현재까지. 여자: 1980년부터 현재까지.

올림픽 형식

남녀 각각 12개 팀이 올림픽에 출전한다.

2개 조로 나뉘어 예선전을 치른 뒤, 각 조 1, 2위 팀들이 준결승전을 치른다.

게임의 강자들

네덜란드와 독일, 오스트레일리아가 가장 강력한 우승 후보들이다.

거기에 아르헨티나와 스페인, 일취월장한 영국 남녀 선수단도 만만치 않은 도전자들이다.

역대 챔피언

인도: 8개 | 네덜란드: 4개 | 오스트레일리아: 4개

하키를 왜 보는가?

1840년대 전쟁과 식민지 부처 장관이었던 리들턴 경보다 그 이유를 더 잘 설명해내기는 어려울 것이다. 평생 하키광(狂)이었던 그는《이튼 칼리지 매거진》에 자신의 하키 사랑을 설명했다. "시와 마찬가지로 하키는 평범함을 용인하지 못한다. 형편없는 하키 경기는 정말 바보 같은 짓거리다. (……) 다른 한편으로 이튼 스쿨에서 상당한 솜씨를 바탕으로 경기하는 모습을 보면, 하키가 더없이 우아하고 신사다운 스포츠라고 생각하게 된다.

매우 우아한 태도에 민감한 발놀림과 엄청난 속도를 요구한다."
200년이 흐르고도 가장 좋은 점은, 하키가 리틀턴이 입에 침을 튀기며 열을 올렸던 당시의 게임과 별반 다르지 않다는 것이다. 그리고 올림픽에서는 빅토리아 시대 초창기보다 훨씬 뛰어난 솜씨와 속도, 우아함을 갖춘 경기를 볼 수 있다. 올림픽 하키는 축구의 흐름과 팀워크에 능란한 스틱 플레이 그리고 작은 공에 대해 갈고 닦은 정밀한 실력을 조합해낸다. 하키는 육체적으로 매우 격렬한 운동이기도 하다. 제대로 맞히기만 하면 하키 공은 시속 160킬로미터로 날아가며, 오늘날 체격이 좋아진 선수들은 마치 끝도 없이 쇄도하는 밀물과 썰물 같은 경기를 펼쳐 보인다. 그저 그럴 거라고 짐작하지 말라. 시를 기대하라.

하키 이야기

가장 가까이 있는 사물을 막대기로 후려치고 공중으로 띄워 보내거나, 땅에서 이리저리 치며 굴리고 싶다는 욕구는 분명 보편적이다. 북아메리카에서 아프리카와 동아시아까지, 하키는 여남은 번은 발명되었다. 하지만 오늘날 세계적인 표준이 된 버전은 서부 유럽에 근원을 두고 있다.
유럽 사람들은 1000년 넘게 자기들만의 하키를 고안하고 다듬어왔다. 아일랜드인, 스코틀랜드인 등 켈트 족의 후예들이 가장 열심이었다. 아일랜드인이 고안한 것은 '헐링'이라는 경기가 되었다. 1381년 농민반란 때 헐링 스틱은 당시 봉기를 일으켜 런던으로 향하던 시골의 많은 가난한 자들이 택한 무기였다. 봉기의 여파로 리처드 2세는 왕국에 있는 헐링 스틱을 모조리 불태워서 왕권을 다잡으려고 시도했다. 하지만 이 게임은 영국제도나 아일랜드 할 것 없이 아예 뿌리 뽑기에는 농촌 생활에서 너무도 큰 부분을 차지하고 있었다.
시골에서 벌이던 많은 게임이 그랬듯이 하키는 19세기에 공립학교들의 관례적인 스포츠가 되었고, 1860년대에 런던 남부의 블랙히스에 최초의 하키 클럽이 생겼다. 지역 럭비 구단은 하키의 변종을 개발했다. 미친 듯이 뛰어다니는 남자 15명씩 2개 팀이 짝을 이루어 한쪽에 손잡이가 달린 막대기로 작고 네모진 공을 치며 맞붙어 싸우는 경기였다. 공은 하키 공이라기보다는 오재미 같은 모양이었다.

런던의 다른 쪽에서는 테딩턴 크리켓 클럽에 속한 좀더 고상한 회원들이 실내용 게임을 찾고 있었다. 그들은 평평하게 다져놓은 크리켓 구장과 크리켓 공을 응용하여 현대 하키의 기본을 형성한 팀당 11명의 하키 버전을 고안했다. 거기에 드리블과 패스, 러닝, 포지셔널 플레이를 도입했다. 1875년에 테딩턴은 런던 남부의 다른 4개 구단과 합쳐서 하키연맹을 창설했다. 이 조직은 득점 서클과 하이 스윙과 걸어 넘어뜨리기, 차징 파울을 소개한 최초의 성문 규칙을 세웠다.

1890년대에 이르러 영국 전역에 수백 개의 클럽이 생겨났고, 리그와 컵 대회, 적절한 시합을 창설할 필요성도 생겼다. 보수적이었던 하키연맹은 그

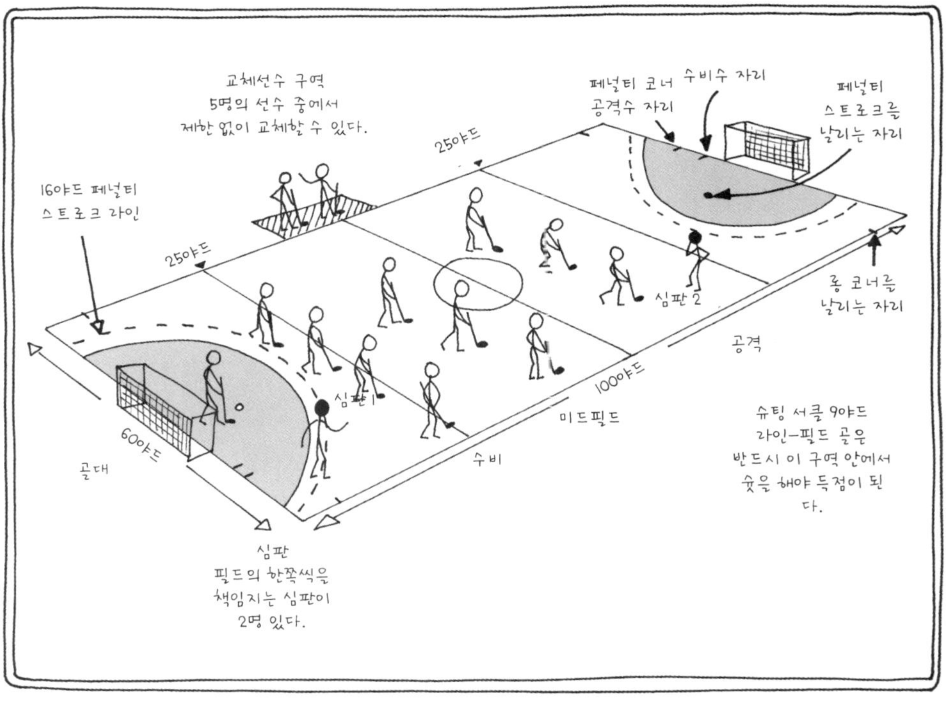

런 대회를 즉시 금했다. 《하키》 지의 편집장은 반색했다. "그런 중대한 결정은 하키를 재앙에서, 그리고 인기는 많을지 몰라도 파멸적인 시합에서 구해주었다." 금지령은 상류 계층을 위해 하키를 구원해주었을지는 모르나, 오래가지는 않았다.

경기 시작: 하키의 기초

하키는 1팀에 11명씩 경기에 나서며, 골키퍼까지 포함해서 전부 나무로 만든 스틱을 항상 들고 다녀야 한다. 알파벳 J자 모양의 스틱은 전부 오른손잡이용이어서 왼손잡이는 다루기가 쉽지 않다. 한쪽 면은 평평하며 뒷면은 둥글게 튀어나와 있다. 선수들은 평평한 면만을 사용하면서 작고 딱딱한 플라스틱 공을 필드로 패스하고 밀고 튀기면서 상대 진영의 네트에 넣으려고 시도한다.

5가지 핵심 규칙이 있다. 다리나 발로 공을 움직이지 말아야 한다(하지만 고의성이 없이 공의 방향이 꺾여 맞은 것은 눈감아준다). 공을 손으로 만지거나 들고 다녀서는 안 된다. 골키퍼는 골대 주변의 디펜스 존 내에서는 사지와 손을 사용해도 된다. 하키 경기에는 오프사이드가 없다. 그러므로 필드를 가로질러 공을 쭉쭉 몰아가도 된다. 득점 서클 안에서만 슛을 날릴 수 있다.

태클은 허용되거니와 태클을 하는 게 유리하다. 상대 선수의 플레이에 끼어들어 스틱으로 공을 빼앗아 갈 수 있다.

파울과 페널티

선수가 다음과 같은 행위를 했을 때 파울이 선언된다. 스틱의 둥근 쪽으로 공을 다루었을 때. 스틱을 너무 높게 휘두르거나 상대 선수를 직접 향하는 등 공을 위험한 방식으로 다루었을 때. 공을 몰려고 스틱 말고 신체 일부를 사용했을 때. 위협적인 방식으로 스틱을 들어 올렸을 때. 상대 선수를 때리거나 밀치거나 걸었을 때. 공이나 다른 선수의 움직임을 고의적으로 방해했을 때. 상대방의 스틱을 치거나 고리 걸듯 걸거나 잡았을 때. 게임의 어느 순간이라도 스틱을 쥐고 있지 않았을 때.

파울을 범했을 때 주어지는 벌칙은 행위가 어디에서 일어났느냐에 달려 있다. 슈팅 지역 바깥에서 일어났다면, 파울 당한 팀이 파울이 일어난 곳에서 프리 히트를 얻는다. 상대 팀은 반드시 5미터 바깥으로 물러서야 한다. 자기 진영의 슈팅 지역에서 파울을 하거나 고의적인 반칙을 저지르면, 상대 팀은 페널티 코너를 얻는다. 골대 뒤로 공을 일부러 넘겨버렸을 때도 상대 팀은 페널티 코너를 얻는다.

가장 벌칙이 심한 행위는 슈팅 서클 안에서 공을 소유한 선수를 상대로 저지르는 파울이다. 그 선수는 골을 넣을 기회를 얻은 것으로 간주한다. 파울을 당한 선수는 골대 정면 앞 7야드 거리에 있는 자리에서 페널티 스트로크를 한다.

관전 포인트

경기 대형

고급 수준의 하키는 골키퍼만 빼놓고는 정식 포지션을 두지 않고 유동적으로 게임이 흘러가지만, 대다수 팀에는 선수들을 필드에 세우는 기본 형태가 있다. 바로 수비, 미드필드, 포워드 라인이다. 현대의 오스트레일리아 구단들은 공격적인 2-3-5 포메이션을 좋아한다. 좀더 신중한 쪽이라면 4-4-2나 4-3-3을 구사하고, 안전장치로 최종 수비선 뒤에 스위퍼를 더 두기도 한다.

특별한 임무

많은 스포츠와 마찬가지로 하키는 전문화한 작업을 분담해왔다. 그냥 미드필더가 아니라 특정한 역할과 임무를 담당하는 수비형 미드필더나 공격형 미드필더가 있다. 일부 수비수들은 공격 진영으로 치고 올라가기를 잘하고, 한편으로는 수비만 전담하는 선수들도 있다.

스틱 다루기

최고급 선수들이 스틱을 다루는 스피드와 능란함, 창의성은 보고 있자면 즐거운 장면이다. 올림픽에 나가는 선수들은 드리블을 하면서 상대 선수를 제치거나, 상대 선수의 빽빽한 수비를 허무는 기술과 동작을 다양하게 갖추고 있다.

페널티 코너

하키는 득점이 많이 나지 않는 경기이다. 많은 경기가 1~2골 차이로 승부가 난다. 일부 골은 오픈 공격 상황에서 터지기도 하지만, 페널티 코너에서 쳐서 득점이 나는 경우도 많다. 물론 페널티 스트로크보다야 어렵지만, 프리 히트로 공격을 시작했을 경우나 압박 아래서 슛을 넣어야 하는 상황에

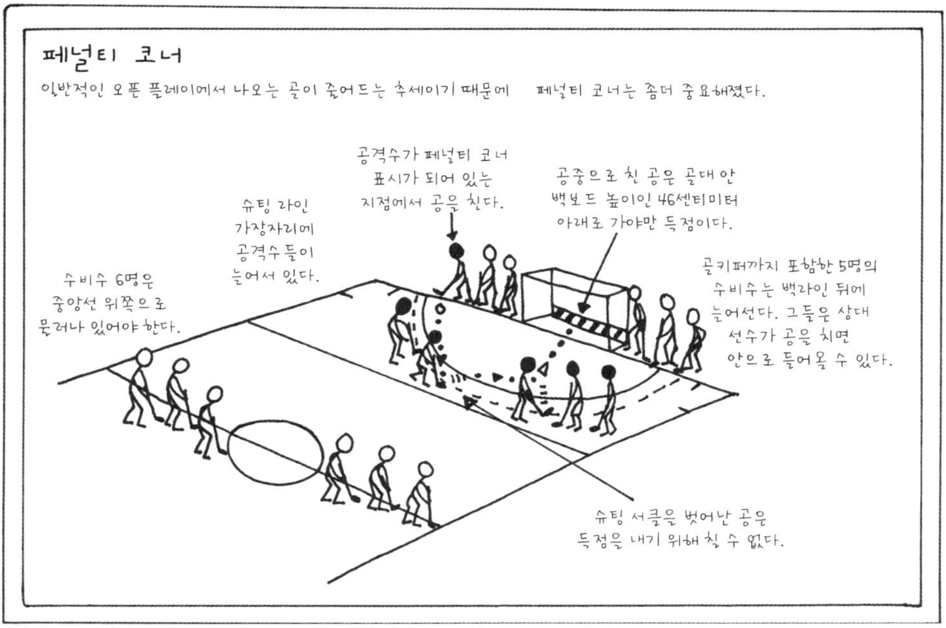

페널티 코너
일반적인 오픈 플레이에서 나오는 골이 줄어드는 추세이기 때문에 페널티 코너는 좀더 중요해졌다.
공격수가 페널티 코너 표시가 되어 있는 지점에서 공을 친다.
공중으로 친 공은 골대 안 백보드 높이인 46센티미터 아래로 가야만 득점이다.
슈팅 라인 가장자리에 공격수들이 늘어서 있다.
수비수 6명은 중앙선 위쪽으로 물러나 있어야 한다.
골키퍼까지 포함한 5명의 수비수는 백라인 뒤에 늘어선다. 그들은 상대 선수가 공을 치면 안으로 들어올 수 있다.
슈팅 서클을 벗어난 공은 득점을 내기 위해 칠 수 없다.

서보다는 골을 넣기가 쉽다. 선수들은 페널티 코너로 연결될 파울을 끌어내려고 애쓴다.

올림픽에 간 하키

1900년 파리 올림픽 조직위원들은 영국하키연맹에 올림픽에서 경기할 의사가 있느냐고 물어왔지만, 연맹은 게임을 벌일 외국 상대 팀이 없다는 이유로 정중하게 거절했다. 1904년 세인트루이스 올림픽 측 관계자들은 물어볼 생각도 하지 않았다. 하지만 영국하키연맹의 편협함에도 불구하고, 하키는 미국과 유럽 대륙의 스포츠 클럽으로 진출했다. 그리고 프랑스의 솔선수범에 힘입어 1908년 런던 올림픽에서는 하키 대회가 열렸다. 보통의 올림픽 대표팀과 다르게, 영국은 프랑스와 독일 팀과 머릿수를 맞추느라 4개의 홈 국가로 갈라졌다. 잉글랜드가 우승을 거두었다. 하키는 1912년에 올림픽에서 또 빠지고, 1920년 앤트워프 올림픽으로 다시 돌아왔다. 이번에도 소규모였고 잉글랜드가 우승을 거두었다. 프랑스가 전날 밤에 그들을 좀 둔하게 만들어보려고 어마어마한 디너파티에 초대하는 사악한 술책을 썼음에도 잉글랜드는 우승을 거두었다.

1920년대 초반에 IOC가 올림픽 참가 자격을 갖추려는 스포츠 종목은 IOC가 상대할 수 있는 국제연맹이 있어야 한다고 고집했다. 게임 규칙의 저작권을 보유하고 있던 런던의 연맹은 여전히 심드렁하고 무관심했으며, 그리하여 하키는 1924년 올림픽에서도 빠졌다. 마침내 소규모의 유럽 몇 나라가 암묵적인 허용 아래 국제연맹을 결성했지만, 런던의 하키연맹은 참가하지 않았다. 그 정도로도 1928년 암스테르담 올림픽에 하키는 충분히 입성할 수 있었다. 이 대회에서 알고 보니 하키의 명인은 유럽 사람들이 아니라 인도 사람들인 것으로 드러났다.

하키는 캘커타 클럽에서 경기하던 영국 군 장교들을 통해 인도에 상륙했다. 하키는 영국과 인도의 고위직 인사들 사이에서 빠르게 퍼져갔고, 제국 행정부에서 일하던 도시의 인도 상류층 사람들도 열렬하게 받아들였다. 제1차 세계대전이 시작될 무렵에 이르러서는 군대 혹은 인도 철도나 전신국, 세관의 후원을 받는 팀이 여럿 생겨났다. 하키 팀들의 지방 네트워크가 생기고 대회도 창설되었다.

암스테르담에서 인도 선수들은 전승을 거두었을 뿐 아니라 단 1골도 허용하지 않았다. 인도는 하키 최초로 세계적인 스타도 탄생시켰다. 득점왕이었던 디얀 샨드였다. 인도는 1932년 로스앤젤레스 올림픽에서도 우승을 거두었는데, 주최국을 25 대 1로 완파해버렸다. 지역 언론에서 묘사했듯이 "동방에서 온 태풍같이 (……) 그들은 올림픽 스타디움에 나와 미국을 대표하는 11명의 선수들을 짓밟고 뭉개버렸다." 1936년에 인도 팀은 어깨에 엄청난 기대라는 짐을 지고 베를린에 도착했다. 고국에서 안절부절못하고 금방이라도 폭발해버릴 것 같은 민족주의자들의 대표로 여겨진 선수들은 주최국과 결승전을 치르기 전에 어찌나 압박감이 컸는지 탈의실에서 인도 의회의 기에 경례를 붙일 정도였다. 독일 선수들은 전반전에 1 대 1로 버텼다. 하지만 후반전에 인도가 압도하여 8 대 1로 경기를 마쳤고 독일은 3연속 올림픽 금메달의 주인공 인도에 속절없이 쓸려가 버렸다.

이 스포츠에 대한 아시아 대륙의 지배는 1948년 런던 올림픽에서 인도가 파키스탄을 1 대 0으로 물리치고 4번째 금메달을 따면서 (인도에서 파키스탄이 분리 독립했음에도 불구하고) 계속되었다. 이 경이로운 연승 기록은 다음 두 올림픽까지 유지되었다. 파키스탄이 1960년 로마 올림픽에서 승리를 움켜쥔 인도의 손아귀를 풀었다. 라호르와 다른 파키스탄 도시들이 온통 들썩거리며 승리를 축하했다. 인도가 1964년과 1968년에 또다시 금메달을 땄다. 하지만 1972년 뮌헨 올림픽에서 하키에 커다란 전환점이 나타났다. 서독이 파키스탄에 1 대 0으로 이기며 반세기도 넘는 세월이 지나 유럽 최초의 금메달을 목에 걸었던 것이다. 패자들은 곱게 넘어가지 않았다. 파키스탄 선수들은 그날 판정에 어찌나 격분했던지, 종료 휘슬이 울리자 물 양동이를 들고 가서 국제하키연맹의 벨기에인 회장에게 쏟아 부었다. 그러고는 메달 걸기를 거부하고 메달 수여식에서 국기들에 등을 돌리고 섰다. 그 결과 모든 팀원의 올림픽 출전이 금지되었지만, 기적적으로 사면을 받아 1976년 대회에 다시 나타났다.

인도 하키의 잃어버린 세계

1930년대부터 1950년대 말까지 인도 하키가 세계를 지배하던 시절에, 하키는 인도에서 크리켓과 적어도 동급의 애정을 받았다. 크리켓도 인도에 엄청난 자부심과 명예를 안겨주기는 했지만, 하키의 올림픽 금메달 6개와는 경쟁이 되지 않았다. 또 다른 우주에서였다면 하키는 인도의 'IPL 20 크리켓 리그' 같은 온갖 야단법석을 떠는 종목과 함께 인도의 국가적 스포츠가 되었을 것이다. 인조 잔디가 국제 표준으로 도입되어 남아시아의 이 국가에는 분명히 불리해졌다. 하지만 인도하키연맹의 갈등과 부패도 인도 하키의 쇠퇴에 막대한 역할을 했다. 이로써 하키는 크리켓의 힘에 밀려날 수밖에 없었다.

2007년작 발리우드 히트 영화 〈화이팅! 인도〉는 인도 하키가 지금과 같지 않았다면 어땠을지 보여주며, 하키에 대한 인도의 여전한 애정을 그린다. 인도의 국민배우 샤 룩 칸이 인도 전 국가대표 주장으로 출연한다. 그는

황금시대: 인도가 1936년 베를린에서 독일을 완파하다.

국가대표 시절에 파키스탄에 패배하는 수모를 당하고는 하키계에서 배척당하고 대대로 살던 조상의 집에서도 살 수 없게 된 터였다. 7년 후에 구원이 찾아왔다. 그는 오합지졸의 국가대표 팀을 결속시켜서 올림픽 금메달을 획득하는 팀으로 변신시킨다.

하지만 파키스탄 선수들은 바뀌어버린 하키 우주로 돌아온 터였다. 몬트리올 대회에서 시합은 인조 잔디 위에서 열렸다. 그후 올림픽 하키는 전부 인조 잔디 위에서 열렸다. 남아시아 국가들은 새로운 구장에 돈을 들일 능력도 의도도 없는 상태에서 그때 이래로 뒤처져버렸다. 1976년 결승전은 지구 반대편에서 온 떠오르는 스타들 사이에 벌어졌다. 오스트레일리아가 뉴질랜드를 무찌르고 금메달을 차지했다. 1980년 모스크바에서 하키 경기는 소련의 아프가니스탄 침공에 항의해서 보이콧을 선언한 여러 하키 강국이 빠지는 바람에 뒤틀렸다. 소련의 원조로 팀을 긁어모은 짐바브웨가 여자 대회에서 우승을 차지했고, 인도가 남자 부문에서 최후의 환호성을 올렸다.

그후로 남녀 하키의 금메달은 네덜란드와 독일과 오스트레일리아가 나누어 먹고 있다. 단 2가지 눈에 띄는 예외가 있다. 1992년 바르셀로나에서 스페인 여자 팀이 기적적으로 우승을 거두고, 1988년 영국 남자 팀이 서독의 거인들을 3 대 1로 처단한 것이다. 이 사건을 BBC의 배리 데이비스는

"독일 사람들 어디 갔나요?" 1988년 서울 올림픽 남자 결승전.

염치없이 편파적으로 해설했다. "독일 사람들 어디 갔나요?" 그는 영국이 1골을 터뜨리고 나서 물었다. "하지만 말이 나왔으니 말이지, 누가 신경이나 쓴답니까?"

JUDO

유도

2012년 7월 28일~8월 3일

엑셀 경기장

참가 선수: 336명 | 금메달: 14개

올림픽 참가

남자: 1964년, 1972년~현재까지, 여자: 1992년~현재까지.

올림픽 형식

남녀 모두 7개 체급이 있다.

게임의 강자들

2008년 베이징 올림픽에서는 일본이 가장 강한 유도 국가였다. 하지만 중국 여자 선수들도 큰 성공을 거두었다. 런던 올림픽에는 한국에서 강자들이 올 것이며, 몽골과 그루지야, 아제르바이잔, 특히 프랑스와 독일과 네덜란드를 비롯한 유럽 강국들도 경쟁에 참가한다. 남자 헤비급과 무제한급에서는 일본의 카미카와 다이키, 프랑스의 과들루피앙 테디 리네를 주시하라. 우에노 마사에는 70킬로그램 이하에서 3회 연속 올림픽 금메달을 노리고 있다.

역대 챔피언

일본: 35개 | 프랑스: 10개 | 한국: 9개

유도를 왜 보는가?

일본 사람들의 건국신화를 모은 8세기의 연대기 고사기(고지키)에서 신인 다케미카즈치가 지구를 다스릴 권리를 두고 다케미나카타라는 천상의 씨름꾼과 싸우고, 태양의 여신과 그녀의 후손, 즉 일본 사람들을 위한 섬을 얻는다. 문자 그대로는 '온화한 법도'라고 번역할 수 있는 유도는 일본의 영혼을 표명하는 결투, 의식화한 결투이다. 자기수양과 자기정진의 심오한 전통을 구현해주는 행위인 동시에, 무자비한 경쟁으로서의 스포츠를 가장 완전하게 표현하는 행위인 까닭에 세계적인 인기를 누리고 있다.
유도 시합은 각 선수가 아주 작은 이점이라도 취하기를 노리기 때문에, 때로 무척 전술적이고 조심스럽다. 어떨 때는 잔뜩 힘을 쓰지만 어찌 보면 막무가내 드잡이처럼 보이기도 한다. 유도는 기술만큼이나 체력을 고갈시키는 전투이기도 하다. 도복과 사지가 순식간에 풀리고 넘어가며 경기가 끝나버리는 일도 있다. 그러므로 시작부터 선수들의 행위에 집중해야 한다.

유도 이야기

중세 일본에서는 전사 엘리트들 사이에 무기를 사용하지 않는 격투기가 널리 행해졌다. 하지만 이는 진짜 무기로 사람을 죽이는 행위 다음가는 싸움으로 항상 여겨졌다. 즉 갑옷을 입고 벌이는 이 씨름의 목적은 말과 무기를 잃었으면서도 여전히 싸우려는 사무라이를 훈련시키는 방법이었던 것이다.
1603년에 도쿠가와 쇼군은 일본의 장기 지배에 들어갔다. 막부는 천황을 따돌리고 사무라이 집단을 패퇴시키고 무장해제시킬 만큼 강력한 중앙집권적인 국가를 세웠다. 사무라이는 500년간 일본을 공포에 떨게 했던 집단이었다. 새로운 상황에서 무술의 가치는 비무장 전투를 시행하는 것으로 널리 유지되었다. 혹은 주지쓰, 가장 적당하게 번역하면 '온화한 기술' 혹은 '소박함의 기술'을 시행하는 것이었다. 전에는 검의 불쌍한 친척이었던 것이 100가지 종파 안에서 번창했다. 이런 전투는 전사의 동작에 아름다움을 불어넣는 미학과 연결되기도 했다. 다른 곳에서는 새로운 세대의 깡패들과 법 집행자들을 훈련시키는 데 쓰였다.
막부는 구질서가 전복된 1868년까지 지속되었다. 메이지 유신 체제는 천황에게 상징적인 권력을 되돌려주면서, 현대화를 실현하는 과정에서 실제

가노 지고로. 온화한 법도의 주창자가 상대를 메치기하고 있다.

권력은 유지했다. 유신은 반세기 동안 체계적으로 산업화를 실시하고, 서양의 제도를 일본의 상황에 맞게 개량했다. 스포츠는 이런 흐름의 일부였고, 일본은 새로이 수입한 야구와 육상과 농구를 근대성의 상징으로 받아들였다.

1860년에 태어난 가노 지고로는 이런 일본의 분위기에서 자라났다. 저명한 교육가이자 서양세계에 친숙했던 가노는 현대화를 주창했으나 동시에 전통주의자이기도 했다. 저녁이면 옛날식으로 온천과 싸움을 즐기고는 했다. 17세부터 도쿄에 있는 이름난 주지쓰 학교에 다녔고, 도쿠가와 시대에서 살아남아 여기저기 흩어져 있는 전투 체계를 체계적으로 수집했다. 하지만 조잡하고 곧잘 폭력적인 교습 방법에는, 근대화한 일본 무술이 지녀야 할 영적이고 미학적이며 도덕적인 차원이 결여돼 있었다. 1882년에 그는 도쿄에 스스로 학교를 세웠다. 이 학교는 주지쓰를 가르치지 않고 '유도'를 가르쳤다. 온화한 기술이 아니라, 도덕적이고 개인적이며 사회적인 발전의 여정을 나타내는 '온화한 방식'을 가르쳤다.

잔인한 무력과 치명적인 기술을 몰아내면서, 유도는 전투의 3가지 형태에 집중했다. 첫째는 낙법의 기술을 동반해야 하는 메치기이다. 둘째는 굳히기로, 누르고 목을 조르고 관절을 꺾는 기술을 말한다. 마지막은 급소지르기이다. 가노에게 유도는 자기완성과 공동의 복지, 최대한의 효율이라는 가치로 가득한 '고귀하고 활기찬' 성품을 구축해야 하는 것이었다. 유도를 통해 새로운 일본 사회의 복잡성에 완벽하게 대비한다는 이상이 있었다. 최소의 힘을 사용하여 최대의 결과를 이끌어내며 상대의 강점과 약점을 공략하는 것은 거인들의 세상에서 강력하게 떠오르던 메이지 일본의 기풍과 들어맞았다.

몇 년 지나지 않아 유도는 일본의 사범학교와 경찰학교 해군학교, 가장 명망 높은 대학교들의 교과과정에 편입되었다. 제1차 세계대전의 여명에 유도는 중등학교에서 중요한 과목이 되었고, 군대에서도 널리 가르치는 과목이 되었다. 가노에게 유도는 경쟁적인 스포츠나 민족주의 이념의 부속물이 아니라 수양이었다. 하지만 1937년 중국 침공과 이듬해 가노의 죽음 이후로 유도는 일본 파시즘의 제국주의적 이데올로기와 발을 맞추게 되었다. 결과적으로 1946년에 유도는 다른 무술과 함께 미국 점령군에 의해 금지당했다. 1951년에 공식 재개할 수 있게 되었을 때, 유도는 무술 철학이라기보다는 스포츠가 되었다.

이듬해 국제유도연맹이 17개 국가를 바탕으로 창립되며, 당연히 받아들여지던 유도 종주국이라는 일본의 역할은 종말을 맞게 된다. 새로운 유도 국가는 주로 유럽의 나라들이었다. 20세기 초반부터 주지쓰는 영국과 프랑스에서 인기를 누려온 터였다("주지쓰가 전부다! 길거리, 신문, 잡지, 극장, 음악당, 모든 것이 이 마법적이기까지 한 세계가 거둔 성공의 나팔소리를 울리고 있다" 프랑스의 한 스포츠지가 1906년에 선언했다). 그리고 제1차 세계대전이 끝나고 나서 가노의 많은 제자들이 이끄는 유도 클럽이 잉글랜드와 프랑스, 벨기에, 네덜란드에 잇달아 문을 열었다.

한편 소련에서는 가노의 제자였던 빅토르 오시셰프코프가 주지쓰 전문가인 빅토르 스피린도프와 함께 붉은군대를 위해 자기방어 체계를 고안하라는 의뢰를 받았다. 그는 새로운 소련 공화국의 갖가지 전투 스포츠의 요소에 유도 역학의 핵심을 버무린 스포츠를 만들었다. 하지만 1937년에 오시셰프코프는 대숙청의 희생자가 되고 말았고, 그의 이름은 공식 기록에서 삭제되었다. 붉은군대의 '삼보'(레슬링과 유도 기술을 합친 격투기를 말한다)에 미친 유도라는 제국주의의 영향을 언급한 내용도 모두 사라졌다. 유도와 밀접하게 연관이 있는 삼보는 다음 20년 동안 독립적인 길을 걸었으나, 스탈린 사망 후에 새로운 유도 세대가 등장해서 매우 절제되어 있지만 어떤 나라도 성취하지 못한 높은 에너지의 공격성을 불어넣었다.

경기 시작: 유도의 기초

경기 공간

유도 시합은 일본 가정의 전통식 바닥인 다다미 위에서 치르는데, 지금은 발포고무로 만들고 비닐로 덮는다. 다다미는 티 하나 없이 깨끗해야 한다. 격투 중에 선수가 피치 못하게 피를 흘렸을 경우에 시합은 중지되고, 철저한 청소 작업이 뒤따른다. 시합 지역은 적어도 8미터×8미터 이상에 10미터×10미터는 넘지 않는 정사각형 안에서 치러야 한다. 시합은 남자는 5분, 여자는 4분간 한다. '정규 시간'이 끝났는데 승부가 가려지지 않으면,

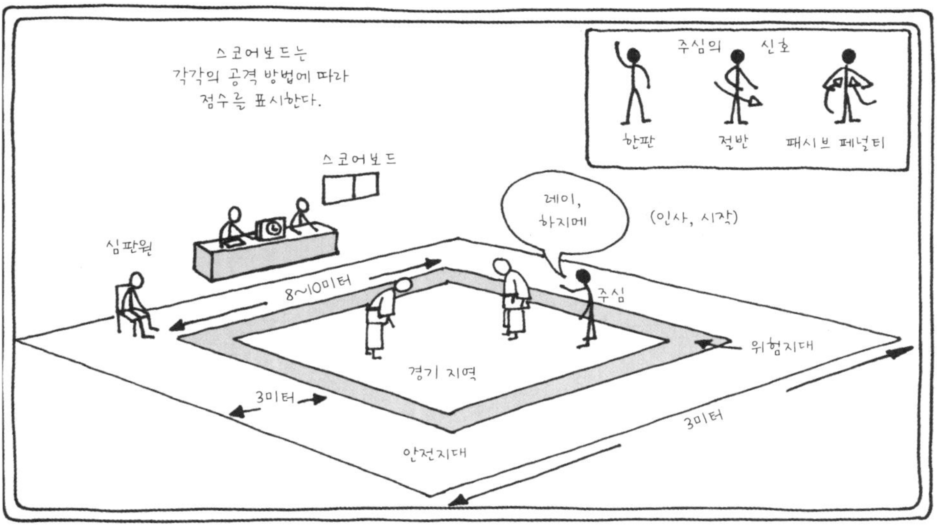

한쪽 선수가 득점을 올릴 때까지 연장전을 치른다.

새로운 유도복

흰 도복을 입은 유도 선수들의 행위를 구별하기 어렵다는 점 때문에 국제유도연맹의 주장에 따라 선명히 대비되는 옷을 도입했다. 일본유도연맹은 이 조치에 한사코 격렬하게 반대했다. 일본 내 대회에서는 여전히 하얀색 유도복을 착용하는데 한쪽 선수는 빨간 띠를 맨다.

시합에서 이기는 법

가노는 시합에서 이기는 법을 딱 한 가지만 생각했다. 그가 생각한 것은 상대의 등을 바닥에 곧바로 메다꽂는 메치기와 긴 누르기와 항복에 따른 한판승이었다. 가노에게는 이 방법이 실제 전투다운 므의 위험을 유도에 들여놓은 것이었다. 하지만 유도 대회와 텔레비전의 일정표 상, 한판이 나오지 않아 끝도 없이 계속되는 시합은 감당할 수가 없는 것이었다. 그리하여 완전함에서 좀 모자란 메치기에 '절반'과 '유효'라는 더 낮은 점수를 도입하여 승부를 결정짓는 데 사용하게 되었다.

한판 30초간 누르기를 하거나, 바닥에 곧바로 자빠뜨리거나, 조르기나 꺾기로 항복이 나오면 얻는다. 한판이 나오면 경기는 끝난다.

절반 상대가 등이 바닥에 다 닿지 않고 불완전하게 나자빠졌거나 한판을 선언하기에는 충분치 못했거나, 20초 굳히기를 했을 때 얻는 점수이다. 한 시합에서 절반 2개는 한판과 같은 것으로 친다.

유효 절반에 미치지 못하는 메치기가 나왔을 때의 판정이다. 하지만 아무리 많은 유효를 얻어도 절반 하나를 못 이긴다.

시합이 무승부로 끝나면 연장전을 치르고, 이때는 어떤 종류의 점수를 낸 쪽이라도 승리를 얻는다. 둘 다 점수를 내지 못하면, 주심과 코너의 두 부심이 판정으로 승부를 가린다.

벌칙

유도 선수는 소극적인 공격, 규칙에 어긋나는 동작, 매트 지역 바깥에 서 있으면 벌칙을 받는다. 처음 받는 페널티는 경고이다. 두 번째 반칙을 범하면 상대 선수에게 유효가 주어진다. 세 번째 반칙을 저지르면 상대 선수는 절반을 얻고, 네 번째 반칙을 범하면 한판이 되어 반칙패를 당한다. 반칙패는 매우 심각하게 규칙을 어긴 행위에도 선언할 수 있다.

관전 포인트

의식

선수들이 매트로 향하는 모습은 언제나 볼 만하다. 진행위원 한 명과 감독이 선수 옆에 따라붙어서 데리고 나온다. 꼭 사형선고 받은 죄수를 총살형 집행대에 데려가는 모습이랄까. 선수들의 워밍업 관례는 별나고 유익하다. 아드레날린을 자극하기 위해 귀를 마구 문지르고, 몸을 최대한 유연하게 하려고 스모 결기를 할 때처럼 쭈그려 앉은 자세를 취하기도 한다. 선수들은 매트 가장자리에 서라는 지시를 받고 서 있다가 반드시 서로 인사를 하고 시작이라는 주심의 선언과 더불어 격투를 시작한다.

쥐기 싸움

대부분의 시합은 메치기에 들어가려는 의도로 상대방을 최고로 잘 쥐려는 싸움과 함께 시작된다. 영국의 챔피언 닐 애덤스는 처음에 서로 쥐려고 실랑이를 하는 과정에서 “미묘한 전술적 정보를 감지한다. (……) 단 몇 초 만에.” 방어에 들어간 선수 쪽이 몸을 어떻게 굽히고 벗어나려고 어떻게 반격하는지도 살펴보라.

무도장에 간 유도?

유도 선수는 상대방의 더없이 사소한 위치와 자세 변화에 대응하여 끊임

없이 움직이고 무게 중심을 이리저리 옮긴다. 서로 엉키는 발놀림이 꼭 춤추는 모습을 보는 듯할 것이다.

올림픽에 간 유도

세계유도선수권대회가 유도계에서는 더 대접을 받지만, 올림픽이야말로 유도의 더 넓은 문화사를 기록해왔다. 1964년 도쿄 올림픽에 정식 종목으로 채택되면서, 유도는 서양이 아닌 지역에서 만들어지고 규칙이 세워진 최초의 올림픽 스포츠가 되었다. 도쿄 올림픽 자체가 일본이 공격적인 군사주의를 잘라내고 경제 강대국으로서 국제사회에 귀환한 상징이었다. 일본은 유도를 고유함과 우월함의 본보기로 삼기보다는 일본이 국제사회에 선사하는 선물로 포장했다. 일본이 챙겨 갈 것이라고 예측되는 선물이기는 했지만 말이다.

일본은 확실히 멋진 쇼를 연출했다. 천황궁 정원의 널따란 한쪽 공간이 일본 무도관으로 탈바꿈했다. 유도 시합을 위한 1만 5000석 규모의 팔각형 사원이 지어진 것이다. 유도 전용으로는 사상 최초로 건설된 경기장이었다. 천황이 배석한 가운데, 일본은 첫 금메달 3개를 땄지만, 천황은 4번째 경기인 무제한급 결승전에 패배의 수치를 당할까 봐 두려워 경기장에 오지 않았다.

무제한급은 일본에게 가장 중요한 체급이었다. 왜냐하면 유도에 관한 가노의 생각은 단순한 몸집이 기술을 압도해서는 결코 안 된다는 것이었기 때문이다. 일본의 챔피언 가미나가 아키오가 거대한 네덜란드 선수 안톤 헤싱크와 맞대결에 나설 때, 의회는 문을 닫았고 회사들은 텔레비전을 설치해 노동자들에게 시합을 보여주었다. 그저 실망만 맛보고 말 일이었다. 위압적인 모습을 보이며 시합에 나선 헤싱크는 상대를 바닥에 쓰러뜨리고 도저히 풀 길 없는 굳히기에 들어갔다. 네덜란드 관중이 헤싱크의 승리에 펄쩍펄쩍 뛰어올라 매트로 달려들 기세였다. 헤싱크는 그들을 제지했다.

네덜란드인의 용기: 1964년 도쿄 올림픽 남자 무제한급에서 우승한 안톤 헤싱크.

그를 일본에서 영웅으로 만들어준 행동이었다.

1968년 멕시코 올림픽에서 빠지기는 했지만, 1972년 뮌헨 올림픽에서부터는 빠짐없이 유도 경기가 열렸다. 일본이 최강국 자리를 여전히 내놓지 않고 있지만, 약물로 연료를 공급받은 승리 기계 동독이 1980년대에 위세를 떨쳤고, 프랑스와 오스트리아, 네덜란드도 금메달을 쏠쏠히 챙겨 갔다. 유럽 바깥에서는 브라질과 한국, 최근에는 중국의 유도 선수들이 금을 독식했다. 아마도 현대 유도의 가장 흥미로운 존재는 쿠바의 여자 선수들일 것이다. 그들은 지난 20년 동안 메달 여러 개를 따갔다.

일본의 무하마드 알리, 야마시타 야스히로

만약 가미나가의 패배가 올림픽 유도에서 일본의 최저점이었다면, 1984년 야마시타 야스히로는 정점이었다. 야마시타가 전후 일본에서 가장 큰 사랑과 존경을 받았던 이유는 절묘한 싸움의 기량과 더불어 몸가짐과 스타일 덕분이기도 했다. 비만에다가 다루기 쉽지 않은 어린아이였던 그는 유도 클럽에 끌려갔다가 빠른 속도로 유도의 최정상까지 전진했다. 1977년부터 1984년까지 그는 단 1번도 패하지 않았다. 그는 세심하고 용의주도했다. 상대의 가장 사소한 세부까지도 비디오를 보며 연구했고, 전사의 영혼을 지니고 있었다. 스스로 말했듯이 말이다. "만약 상대가 내가 가슴속에서 무엇을 느끼는지 내 얼굴에서 볼 수 있다면, 아무도 나와는 싸우려 들지 않을 것이다." 하지만 공식석상에서는 가노가 그런 이상적인 유도선수로서 품위 있고 진심 어린 겸손함을 지켰다.

일본은 1980년 모스크바 올림픽에 보이콧을 선언해 야마시타는 메달 하나를 빼앗겨 버렸다. 1984년 로스앤젤레스 올림픽에서 그는 무제한급에서 가장 강력한 우승후보였고, 첫 두 시합을 식은 죽 먹기로 따냈다. 하지만 독일 선수를 상대로 한 2번째 경기에서 절뚝거리며 매트를 떠났다. 오른쪽 발목 근육이 파열된 것이다. 고통 속에서 몸놀림이 제한받았지만 그는 3회전에서 프랑스 상대를 무너뜨렸고, 결승전에서 모하메드 알리 라슈완을 만났다. 라슈완은 다친 다리를 노렸지만, 야마시타는 통증을 의식하지 않는 모습을 보이면서 발을 바꾸어 반격하면서 몸을 던지더니 상대를 내리눌렀고, 금을 따냈다.

MODERN PENTATHLON

근대5종

2012년 11~12일
올림픽 파크 핸드볼 경기장(펜싱)
올림픽 파크 아쿠아틱 센터(수영)
그리니치 파크(승마, 달리기와 사격)
참가 선수: 72명 | 금메달: 2개

올림픽 참가

남자: 1912~현재까지. 여자: 2000~현재까지.

올림픽 형식

근대5종은 참가 선수 전원이 참가하는 펜싱 에페부터 시작한다. 다음으로 200미터 자유형 수영, 장애물 비월 승마 경기를 치르며 마지막으로 육상과 사격의 복합 경기를 치른다. 선수들은 고정된 표적에 5발을 쏘고, 1000미터를 달리며, 같은 과정을 반복한다.

게임의 강자들

동부와 중부 유럽 선수들이 올림픽 근대5종을 지배해왔다. 이와 함께 올림픽 메달을 가장 많이 딴 스웨덴이 또다시 우승을 차지할 것으로 보인다. 영국의 헤더 펠이 베이징에서 독일의 레나 쇠네보른에 이어 은메달을 따내며 여자 부문에서 한몫을 하고 있다. 러시아의 알렉산데르 레순과 세르게이 카리야킨이 남자 부문에서는 가장 강력한 우승 후보이다.

역대 챔피언

스웨덴: 9개 | 헝가리: 9개 | 소련/러시아: 8개

왜 근대5종을 보는가?

적진에, 어느 섬의 성 구석에 몰린 19세기 병사를 상상해보라. 그곳에서 나오려면 검을 들고 싸우고, 호수를 헤엄쳐 나가고, 가장 가까이 있는 말을

붙잡아 타야 할 것이다. 말이 녹초가 될 때까지 달린 다음 말을 버리고 시골길을 달려야 한다. 그사이에 적을 향해 총을 몇 발 쏠 일도 있을 것이며, 결국은 탈출하여 영웅을 맞이해주는 고향으로 귀환한다.
근대 올림픽의 아버지인 쿠베르탱 남작이 올림픽을 위해서 특정하게 만든 유일한 스포츠에 대한 시나리오이다. 제임스 본드 판타지에 기반을 둔 스포츠를 어찌 사랑하지 않을 수 있겠는가. 근대5종은 시대착오적이다. 하지만 구식의 기이함이 이 경기의 매력이기도 하다. 올림픽에서 근대5종이 채택된 것은 어떤 면에서는 1985년 라이브 에이드에서 붐타운 래츠가 공연한 바와 같다. 라이브 에이드를 조직한 보브 겔도프 밴드가 공연하지 말라는 법이야 어디 있겠는가만, 붐타운 래츠 밴드는 공연 무대에 설 자격이 있었는가? 근대5종을 염두에 둔 배심원이 떠올리는 문제이다.

근대5종 이야기

1911년 부다페스트에서 열린 IOC의 14번째 회의에서 쿠베르탱 남작은 "나의 동료들을 비추고 그들이 싸우기로 받아들인 스포츠의 성령, 나는 그것에 아주 중요한 의미를 부여한다"고 말했다. 고대 올림픽을 조직한 사람들이 원래 5종 경기를 전투 훈련과 전쟁의 대체물로 삼았듯이, 쿠베르탱은 근대5종으로 우호적인 대회에 참가한 세계의 전사들을 얻어 세상을 더 나은 곳으로 만들고 싶어 했다. 그는 스포츠가 육체적인 자원과 기술 못지않게 도덕적 자질을 시험한다고 믿었다. 그리하여 이상적이고 완전한 운동선수를 낳는다는 것이다. 그가 보리스 오니시첸코를 만나지 않았다는 것이 다행일 따름이다.
놀랍지 않게도 근원을 보건대, 근대5종의 역사는 올림픽 근대5종의 역사와 밀접하게 엮여 있다. 1948년에 국제근대5종경기연맹이 설립되기 전에, IOC는 직접 이 경기를 관리했다.

경기 시작: 근대5종의 기초

근대5종의 구조와 이를 구성하는 경기의 세목은 세월이 흐르는 동안에 여러 번 변화를 겪었다. 이번 런던 올림픽에서는 남녀 경기 모두 단 하루 동안 열린다. 득점 시스템은 표준 시간과 경기력에 바탕을 두고 매긴다. 총점이 5000점이면 '파par'로 여겨진다.

펜싱

근대5종 개막 경기로서 모든 선수가 60초 동안 모든 선수를 상대로 경기한다. 사용하는 검은 에페('펜싱'을 볼 것)이고 시합은 서든 데스 방식으로 치른다. 즉 처음 유효 찌르기를 하는 선수가 승리한다. 두 선수 다 할당된 시간에 점수를 내지 못하면 둘 다 패한 것으로 친다.
올림픽 근대5종에서는 펜싱 시합에서 70퍼센트를 이기면 1000점을 얻는다. 24점을 기준점으로 기본 1000점을 받은 뒤 승패여부에 따라 35점을 가감하는 방식이다.

수영

수영은 늦게 시작할 경우 상당한 수준 향상을 이루기가 가장 어려운 스포츠로 여겨진다. 그래서 뛰어난 근대5종 선수들은 이미 수영을 해온 사람들이다. 남녀 모두 200미터 자유형에서 경기를 벌이고, 개인 최고 기록에 따라 조가 배정된다. 남녀 모두 2분 30초 내로 주파하면 1000점을 얻는다. 1초의 3분의 1초마다 4점씩을 보너스로 주거나 벌점을 매긴다.

승마

장애물 경기에서 선수들은 경기 직전 추첨으로 말을 할당받는다. 낯선 동물을 다루는 능력을 시험한다는 발상이다. 그러고 나서 선수들은 연습 경기장에서 새 승마 파트너와 20분간 달릴 수 있다. 코스에는 12개의 장애물이 있어야 하며, 그중 하나에서는 더블 점프, 또 다른 하나에서는 트리

플 점프를 해야 한다. 펜스는 1.2미터 높이에 최소 5개는 있어야 한다. 점수는 거리에 따라 정해지는 표준 시간을 바탕으로 매겨진다. 제한시간 안에 모든 장애물 코스를 깨끗이 통과하면 1200점을 얻는다. 제한 시간보다 1초가 늘어날 때마다 4점씩 벌점을 받는다. 선수가 표준 시간 2배 안에 경기를 마치지 못하면, 반드시 멈추어야 한다. 말에서 2번 떨어진 선수도 반드시 경기를 멈춘다. 그리고 장애물을 다루지 못할 때마다 100점씩 감점당한다.

각각의 실책(장애물의 일부를 넘어뜨리는 것)마다 벌점 20점을 받고, 말이 점프하기를 거부할 때마다 40점 감점당한다. 말이 같은 장애물 앞에서 2번 멈칫거리면, 기수는 반드시 다음 장애물로 넘어가야 한다.

복합 경기

2008년 올림픽에서 국제근대5종경기연맹은 사격과 육상 종목을 추가했다. 사격이 끝나면 달리기를 하고, 달리기가 끝나면 사격을 한다. 이 종목에서는 출발에 시간차를 둔다. 선수들은 이전 경기들에서 쌓아올린 득점을 바탕으로 핸디캡을 안고 시작하는 것이다.

레이스는 사격장까지 약 20미터를 달리는 경기로 시작하며, 그곳에서 모든 선수는 10미터 거리에 있는 59.5밀리미터 표적을 70초 동안 공기총(혹은 레이저 총)으로 5발 맞혀야 한다. 규정 시간 내에 쏘는 발수에는 제한이 없으나, 재장전을 하는 과정 내내 사격대에 총을 반드시 붙이고 있어야 한다. 또 총은 안전하게, 즉 장전을 하지 않은 상태로 총구가 표적 쪽을 향하게 놔두고 떠나야 한다. 이런 규칙을 위반할 때마다 10초의 시간 벌칙을 받는다. 벌칙은 바로 시행된다. 규칙을 어긴 선수는 벌칙 시간이 끝날 때까지 총을 쏘지 않고 물러나 있는다.

정해진 시간에 5발을 모두 맞힌 선수는 1000미터 달리기에 바로 들어갈 수 있다. 1발이나 2발을 못 맞혔으면 70초가 경과할 때까지 계속 시도하며 기다려야 한다. 그러고 나서 달릴 수 있다. 표적을 못 맞혔을 경우에는 벌칙이 없다. 5발을 모두 맞히지 못하면, 전 경기를 다 못할 수도 있는 것이다.
사격 절차는, 1000미터를 1번 달리고, 2번째로 1000미터를 달리고 나서 되풀이한다. 3번째 달리기는 결승선에서 끝난다. 핸디캡 시스템의 결과 결승선을 가장 먼저 넘은 선수가 전 경기의 승자가 된다.

관전 포인트

많은 스포츠가 텔레비전보다는 실제로 보는 것이 나은데, 근대5종은 특히 더 그렇다. 하루가 지나가는 동안 격렬한 긴장감이 쌓이고, 그 드라마를 실제로 보지 않고서는 도저히 느낄 수 없는 경기 마지막 순간의 웅웅거림이 조성된다.
일부 구경꾼들에게는 온갖 다중 종목 스포츠의 문제가 뒤섞인 근대5종을 보는 것이 괴로운 일일 수도 있다. 다른 데서 열리는 각각의 개별 종목에 더 잘하는 선수들이 있는 것이다. 하지만 이 스포츠는 누적해서 생각하는 법을 배워야 한다. 한두 종목밖에 볼 시간이 없다면 승마와 복합 경기를 보라. 승마는 특히 드라마틱한데, 일부 선수들이 장애물에 처박히며 기회도 처박는 모습이나 조금도 흠 없이 경기장을 도는 모습은 극적이다. 육상/사격은 만족스러운 대단원과 함께 참신하고 신기한 요소가 있다.

올림픽으로 간 근대5종

근대5종은 1912년 스톡홀름 대회 때 올림픽에 입성했다. 스웨덴 사람들은 이 새로운 스포츠를 열심히 받아들였고, 첫 대회 7위까지 순위에서 6명을 채웠다. 그리고 첫 대회로부터 9번째 올림픽까지 근대5종에서 8번 금메달을 차지했다. 미래의 미국 장군 조지 패튼은 얄궂게도 사격에서 실수를 하는 바람에 5위에 머물렀다. 사격에서 21위를 거둔 것이다. 총알이 사실은 이미 나 있던 구멍을 지나친 것인데 표적을 빗나갔다는 판정은 잘못이라고 주장했지만 말이다. 전시 같으면 그의 창의성을 증명해주고도 남을 설명이었으나, 아무도 그를 믿어주지 않았다.

1932년 올림픽에서 사격 경기를 하기 전에 스웨덴의 요한 옥센스티에르나는 숲에 연습 사격을 몇 발 쏘기로 마음먹었다. LAPD 경관이 그에게 다가와 말을 걸며 체포하겠다고 위협했다. 옥센스티에르나는 자기가 올림픽 경기에 이제 막 나갈 참이라고 주장했다. 경찰은 의심스럽기는 했지만 누그러졌고, 옥센스티에르나는 그 길로 경기에 나가 금메달을 땄다.

1952년 헬싱키 올림픽에서는 예테보리에서 온 목수가 비(非)군인 출신 최초의 근대5종 우승자가 되었다. 그는 승마 경기에서 대박을 맞았다. 그가 추첨으로 받은 말이 형편없다는 사실이 드러난 후, 핀란드에서 가장 뛰어난 장애물 경기 선수와 맞붙게 된 것이다. 헬싱키 대회는 단체 부문을 도입한 대회이기도 하다. 단체 부문은 바르셀로나 대회 때까지 있었다.

1968년 멕시코시티 올림픽에서 근대5종은 서독의 한스 유르겐 토트가 연루된 사건으로 상처를 입었다. 그는 장애물 앞에서 안 넘겠다고 고집을 부리는 말 때문에 어찌나 속을 썩였는지, 말을 공격했고 팀 동료들이 뜯어말려서 나가야 했다. 같은 대회에서 스웨덴의 한스 구나르 릴옌왈은 최초로 올림픽 약물 검사를 통과하지 못한 선수가 되었다. 그는 사격에 앞서서 신경을 좀 진정시키느라 맥주 두어 잔을 마셨을 뿐이라고 주장했다. 다음 뮌헨 올림픽에서는 14명의 근대5종

1948년 올림픽에서 금을 쏘는 윌리엄 그러트.

선수들이 사격 시합에 앞서서 진정제를 복용한 것이 적발되었다. 문제의 약물이었던 리브리엄과 발륨은 국제근대5종경기연맹은 금하고 IOC는 금하지 않았다. IOC의 판결이 국제근대5종경기연맹의 판결보다 우위에 있었다.

1976년 몬트리올에서 근대5종은 미국의 주장 오벤 그린윌드가 팀 감독이던 도널드 존슨 중령에게 불복종하여 군법회의에 회부되면서 출발부터 삐걱거렸다. 붉은군대의 소령 보리스 오니시첸코가 단체 부문에서 부정행위를 저지른 것이 발각되자 사태는 설상가상으로 변했다. 소련은 실격했고, 영국의 제러미 폭스와 로버트 나이팅게일, 애드리언 파커가 금을 따는 길을 닦아주었다.

오니시첸코의 악몽

보리스 오니시첸코는 직전 올림픽에서 단체 금메달과 개인 은메달, 그 이전 대회에서도 개인 은메달을 따면서 존경받는 근대5종 경기 선수로서 1976년 몬트리올 대회에 나갔다. 떠날 무렵에는 소련 배구 팀 선수들이 올림픽 선수촌에서 마주치기만 하면 창문 바깥으로 던져버리겠다고 그를 위협했다.

오니시첸코의 명성을 산산이 부서뜨린 일은 영국을 상대로 한 소련의 단체 펜싱 경기 동안에 일어났다. 영국 주장인 제러미 폭스는 이 우크라이나 사람이 자기 팀 동료인 애드리언 파커에게 찌르기를 할 때 무언가 수상한 냄새가 난다고 느꼈다. 파커를 건드리지 않은 것 같은데 찌르기가 된 것이다. 자신에게도 같은 일이 일어나자 폭스는 항의를 했다. 진행위원들이 에페를 검사하는 동안에, 오니시첸코는 바꾼 에페로 계속 펜싱 경기를 했다. 그것도 놀랍도록 잘했다. 그는 폭스와의 결투에서 승리했지만, 바로 실격 통고를 받았다.

검에다 회로 차단기를 숨겨서 찌르기를 할 때 버튼을 눌렀던 것이다. 이

수치의 양말: 1976년 몬트리올 올림픽에서 실격한 직후의 보리스 오니시첸코.

사건은 어느 스포츠에서 일어났다고 해도 망신스러울 일이었지만, 군의 명예와 연관이 깊은 근대5종에는 더더욱 망신스러운 일이었다. 오니시첸코는 대회에서 쫓겨났고, 소련 바깥 어디에서도 다시는 보이지 않았다.

1984년 로스앤젤레스 올림픽의 근대5종 조직자들은 이 스포츠의 명예를 재건하기 위해 두 가지 중요한 발걸음을 내디뎠다. 그들은 약물 문제가 가장 많이 일어나는 사격을 달리기 몇 시간 전으로 옮겼다. 달리기 전에 진정제에 취하고 싶은 사람은 아무도 없었다. 이 방법은 매우 효과적인 것으로 증명이 되었다. 2번째로, 마지막 경기인 크로스컨트리에서 누적 점수에 따라 선수들의 출발에 시차를 두었다. 결승선을 처음으로 통과한 선수가 우승을 차지한다. 근대5종의 드라마를 의심할 여지없이 향상시킨 조치였다.

1992년에 국제근대5종경기연맹은 승마를 단체전과 개인전의 마지막 종목으로 옮기면서 어설프게 또 손을 보았다. 이렇게 배치하면 원래 하던 방식보다 득점이 더 심하게 왔다 갔다 하니, 이전 경기를 잘 치르지 못하면 참가 선수들이 남아 있는 경기를 포기하고 떨어져 나가리라는 것이었다. 그러므로 서스펜스를 더 길게 유지하면서 승마를 맨 마지막에 놓는 것이 말이 된다는 논리였다. 개인 결승은 아닌 게 아니라 극적인 역전극을 연출했다. 러시아의 에두아르드 제노프카가 폴란드의 아르카디우츠 스크리치파스첵보다 106점을 앞선 채 마지막 회전을 시작했다가 212점이 뒤진 채로 끝냈던 것이다. 하지만 근대5종 관리자들은 투표를 해서 다음 대회에서는 원래 구조로 되돌려놓았다.

애틀랜타에서 열린 근대5종은 스웨덴 출신의 미국 배우 돌프 룬드그렌이 비경쟁 부문의 미국 팀 리더로 활동하면서 아연 활기를 띠었다. 바르셀로나 대회 후에 단체 부문이 없어졌는데 관례를 제한해 치른 경기였다. 하지만 룬드그렌의 등장은 이 경기의 위상을 엄청나게 높였다. 그는 2년 전에 어디에서나 혹평을 두드려 맞은 영화 〈펜타트론〉에서 주연을 맡았었다. 데이비드 소울이 맡은 가학적인 트레이너의 손아귀에서 도망치는 동독 금메달리스트로 분한 것이다.

여자 근대5종 경기는 2000년 시드니 올림픽에서 메뉴에 올라갔다. 영국의 스테파니 쿡이 미국의 에밀리 드 리엘을 젖히고 금메달을 땄다. 헝가리의 주즈사나 보로스와 독일의 레나 쇠넨보른이 다음 두 올림픽에서 각각 금메달을 땄다.

근대5종에서 최근의 가장 중요한 발전은 국제근대5종연맹이 육상과 사격의 복합 부문을 만든 것이다. 2012년 런던 올림픽에서 최초로 시행된다. 올림픽 종목이라는 근대5종의 위치를 비판하는 사람들을 맞받아칠 만큼 충분한 변화일 것이다. 비판자들은 근대5종이 너무도 소수만 즐기는 스포츠이고 텔레비전에 어울리지 않는다고 주장한다. 이 스포츠의 재정 상태도 아주 좋지는 않다. 근대5종 경기 선수가 되는 것은 돈이 많이 들어가는 일이다. 그리고 경기가 고사되어 감에 따라 국가 보조도 상당히 줄어들고 있다. 하지만 근대5종은 미래를 가리는 2005년 올림픽 때의 투표에서 살아남아 적어도 런던 올림픽까지는 포함되었다.

ROWING

조정

2012년 7월 28일~8월 4일

이튼 도니 조정 센터

참가 선수: 550명 | 금메달: 14개

올림픽 참가

남자: 1900~현재까지. 여자: 1976년부터 현재까지.

올림픽 형식

참가 선수의 수(싱글, 페어, 포, 에이트)와 조정 형식(스컬과 스위프)에 따라 분류한 14종목 경기(남자 8개, 여자 6개)가 엿새 동안 열린다.

게임의 강자들

남자 조정에서 메달리스트들은 북미와 오스트레일리아, 북유럽에서 나올 가능성이 높다. 유럽에서는 독일과 영국이 특히 강해 보인다. 여자 부문에서는 미국과 네덜란드, 중국, 루마니아, 영국 선수들이 가장 강한 편이다.

역대 챔피언

동독: 33개 | 미국: 31개 | 영국: 24개

조정을 왜 보는가?

1996년에 4회 연속 금메달을 목에 걸고 녹초가 된 스티브 레드그레이브는 누구라도 자기가 조정 보트 근처에라도 가는 걸 보면 총으로 쏴달라고 말했다. 조정은 엄청난 훈련량과 무시무시한 육체적 고통을 견뎌낼 것을 요구하는 스포츠이다. 조정 선수들은 레이스를 하는 동안 뒤를 향해 앉아 노를 저으므로, 앞서 있으면 전술적이고 심리적인 이점을 얻을 수 있다. 그들은 폭발적인 전력질주와 함께 재빠른 스타트를 끊어야 한다. 피치 못하게 온몸이 젖산으로 넘쳐나며, 레이스 내내 근육이 불타오른다는 뜻이다.
그런데 레드그레이브는 다시 돌아와서 2000년 시드니 올림픽에서 키잡이 없는 무타 포 경기에서 금메달을 땄다. 무엇이 그를 다시 나서게 했는가? 올림픽 역사를 작성하기 위해서? 아니면 이 가벼운 보트가 물살을 가르고 날아가게 만드는, 최상급 선수들과 텔레파시 같은 하모니로 경기하며 분출하는 아드레날린 때문일까?

조정 이야기

조정은 누군가 노를 저었고, 그냥 물을 튀기고 노닥거리는 정도가 아니라 고정된 버팀대에 노를 올려놓고 저으니 더 큰 효과가 있다는 사실을 알았던 사람들이 시작했다. 많은 사람을 모아 호흡을 맞추어 저을 수 있으면 더 좋다. 혼자 하는 것보다 더 멀리, 세게 나간다. 그리하여 이집트에서 페니키아, 그리스에서 로마에 이르기까지 고대의 전투선들은 예외 없이 사슬에 묶인 노예들이 줄지어 노를 젓게 했다. 2000년이 넘게, 해양 제국들은 할 수 있는 한 많이 노 젓는 노예들을 두었다. 바이킹은 특공대 제국주의 정신으로 긴 배를 스스로 저었지만 말이다. 스페인과 베네치아와 교황권이 연합하여 오스만 제국의 함선을 물리친 1571년 레판토 해전은 노 젓는 배로 벌인 최후의 대해전이었다. 노의 힘은 그후 나라 안의 강물, 항구, 운하에서나 발휘되었다.
조정이 조직화한 스포츠로 탈바꿈하기 시작한 것은 17세기 잉글랜드에서였다. 템스 강은 노 젓는 사람들과 구경꾼으로 인산인해를 이루었고, 선창에는 도박으로 안달이 난 신사들이 우글거렸다. 최초의 정식 조정 레이스는 조지 왕조 시대의 배우이자 코미디언인 토머스 도겟이 창설했다. 그는 웨스트엔드에서 런던의 자기 집까지 오는 늦은 밤의 여정에서 폭풍우라도 마주치면 자기를 데려다줄 노잡이를 찾기가 여간 어렵지 않았었다. 마침내

1829년 첫 대학 조정대회에서 옥스퍼드 대학 선수들이 승리를 얻기 위해 힘을 내고 있다.

한 사람이 승낙을 하고 도겟을 집에 데려다주었다. 그를 기리는 뜻으로 도겟은 1715년에 템스에 연례 레이스를 열기로 했다. 상품으로 배지와 코트를 주었다. 조정 열풍이 일었는데, 조지 왕조 시대의 위대한 역사가인 조지프 스트럿이 1801년에 다음과 같이 보고할 정도였다. "조정 시합이 런던 근처에서 열리고 날씨가 좋을 때 템스 강둑에 구경꾼으로 모여드는 사람들의 수를 보면 입이 벌어질 정도이다. 강 자체도 깃발과 띠로 장식한 거룻배와 놀이 배와 바지선으로 그득그득 찬다. 때로는 악대의 연주도 뒤따른다."

19세기를 거치면서 조정 레이스에 대한 영국 대중의 욕구는 무럭무럭 자라났다. 하지만 거의 전적으로 다른 2군데 영역에서 그러했다. 한편으로는 런던과 타인 강에서 번성한 프로 레이스가 있었고 다른 한편으로는 리앤더 같은 최상류층 아마추어 조정 클럽들이 생겨났다. 이런 클럽들 덕분에 이튼과 웨스트민스터 같은 학교를 비롯해서 템스 강 문화에서 조정은 매우 중요한 요소가 되었다. 남학생들은 이런 열정을 대학에 가져갔고, 1820년대에 옥스퍼드와 케임브리지에서 조정 경기가 시작되었다. 1829년에 대단한 판돈이 걸린 최초의 '옥스브리지' 조정 경주가 열렸다. 1845년에는 더비 승마대회와 더불어 비공식 국경일이 되었다. 그날이면 템스 강변에 어마어마한 관중이 몰려들었다.

조정이 상업주의적 구경거리로 누렸던 짧은 호시절은 19세기 말에 막을 내렸다. 부분적으로 이 스포츠는 산업혁명 시대의 배들과 증기력의 도래와 더불어 잉글랜드의 강들을 따라 인기를 얻었다. 하지만 상류층 조정 단체에서 또 공격이 들어왔다. 이 단체는 1850년 이래 프로 선수들을 상대로 전에 없이 무시무시한 전쟁을 치르고 있었다. 그들을 주요 조정 경기에서 배제해버린 것이다. 노 젓는 사람만을 가리키던 프로페셔널리즘이란 말의 정의는 상인, 장인, 노동자 누구에게나 확장되었다. 그 결과 영국 조정의 경쟁력이 떨어졌다. 19세기 말엽에 이르러 조정은 북아메리카와 오스트레일리아, 북유럽으로 널리 퍼졌고, 1900년에 올림픽에 드착했다. 영국이 초기에 쥐었던 주도권은 이지러져 있었다.

경기 시작: 조정의 기초

조정 레이스는 형식이 아주 많다. 하지만 올림픽에서 시합은 단순하다. 모든 경기에서 가장 많게는 8척의 배까지 레인에 나란히 서서 2000미터의 직선 코스를 죽을 힘을 다해 달린다. 현재의 레이스 길이는 1912년 스톡홀름에서 처음 도입한 것이다. 하지만 1952년에야 표준이 되었다. 여자 경기는 처음 1000미터 경기로 열렸으나, 1988년에 2000미터로 늘어났다. 초창기 올림픽에서는 1 대 1 시합을 벌였으나, 1956년에 나란히 줄지어 달리는 형식이 표준이 되었다.

모든 올림픽 시합은 예선전과 패자부활전 그리고 결승전으로 이루어진다. 참가 선수가 많으면 준결승전이 열리기도 한다.

1 번의 부정출발은 허용된다. 그 이상은 실격당한다. 재출발은 100미터를 지나기 전에 노가 쪼개지는 등 배가 기계적인 문제를 겪을 경우에 한다. 이런 일이 1984년 남자 에이트의 패자부활전에서 일어났다. 프랑스 배의 노 하나가 부서졌고, 뒤이어 노를 누군가 건드린 흔적이 발견되었다. 레인은 부표로 표시하는데 선수들은 다른 배들을 방해하지 않는 이상 어느 코스로도 달릴 수 있다.

올림픽 조정 종목

조정은 2가지 형태를 띤다. 스컬은 선수가 노 2개를 잡는다. 스위프는 노 1개를 양손으로 잡는다.
스컬은 1명, 2명, 4명으로 경주를 벌이고, 각각 싱글, 더블, 쿼드로 부른다. 스위프는 2명, 4명, 혹은 8명이 노를 저으며, 페어, 포, 에이트라고 부른다. 에이트에는 키잡이 자리가 배의 맨 뒤에 있다. 키잡이는 선수들의 타법 속도를 조정하고 지시한다. 직선 코스 혹은 키잡이가 없는 무타 경기에서 배는 조타하는 선수의 지시를 받는다. 이 선수는 신발에 키 케이블 선을 붙여놓는다.
남자는 이 배들 전부에서 시합을 벌이며, 덧붙여서 경량급 선수들(70킬로그램을 넘는 선수가 있으면 안 된다)의 무타 포 경기를 치른다. 여자들은 이 경기를 모두 치르는데, 무타 포 경기만 하지 않고, 더블 스컬에서 경량급 경기(55킬로그램이 넘는 선수가 있으면 안 된다)를 벌인다.
스컬은 노의 개수가 같다고 해도 스위프 배들보다 더 빠르게 가며, 노 젓는 선수가 많을수록 빨리 간다. 남자 에이트는 시속 25킬로미터까지 속도를 낸다.
다음은 종목이다.

싱글 스컬 배의 길이: 8.2미터. 최소 무게: 14킬로그램. 경기: 남녀. 싱글은 조정 경기에서 유일한 개인 종목이다. 숨을 곳은 어디에도 없다.

더블 스컬 길이: 10.4미터. 최소 무게: 27킬로그램. 경기: 남녀 부문과 경량급 여자 부문. 조정에서 2명이 짝을 이룬 모든 종목과 마찬가지로, 더블 스컬에서 이상적인 파트너십은 스타일이 다른 선수들로 구성할 때 이룰 수 있는 듯하다. 힘 있는 선수가 기술이 뛰어난 선수와 종종 짝을 이룬다. 개인 간의 화합이 결정적으로 중요하다.

쿼드 스컬 길이: 13.4미터. 최소 무게: 52킬로그램. 경기: 남녀 부문. 4명의 선수가 8개의 노를 젓는다. 에이트 다음으로 빠르게 달리는 배이다. 시간을 앞당기고 노의 충돌을 막기 위해서는 엄청난 정확도와 팀워크가 필요

하다.

페어 혹은 무타 페어 길이: 10.4미터. 최소 무게: 27킬로그램. 경기: 남녀부문. 무타 페어는 기술적으로 가장 까다로운 경기이다. 조금만 분별없이 힘을 써도 형편없는 결과로 돌아온다. 균형, 안정, 우아함에 주의를 기울여야 한다.

포 혹은 무타 포 길이: 13.4미터. 최소 무게: 50킬로그램. 경기: 남자, 남자 경량급. 이 배에서도 힘과 기술의 균형이 최고의 결과를 내는 데 필요하다. 하지만 선수가 4명이므로 다른 종목보다 더 복잡하다. 선수들은 어떤 종목보다도 최고의 속도를 내기 위한 노젓기 훈련에 많은 시간을 보내야 한다.

에이트 길이: 19미터. 최소 무게: 96킬로그램. 경기: 남녀. 많은 사람들이 최고의 보트 경주 형식으로 치며, 올림픽에서 유일하게 콕스가 있는 종목이다. 에이트는 1킬로미터를 3분에 가까운 속도로 달리며 젖산이 다 불타올라 재가 될 지경이 이를 정도로 기가 막히게 힘든 시합이다.

관전 포인트

노 젓기 스트로크

모든 스트로크는 4가지 요소로 구성된다. 캐치는 노를 물로 내리는 것이다. 드라이브는 선수가 슬라이딩 시트에서 뒤로 몸을 젖히면서 노를 잡아당기면서 배를 앞으로 몰고 나가는 것이다. 빼기는 노를 들어 올려 물에서 빼내는 것이다. 슬라이드 혹은 리커버리는 노를 원래의 상태로 가져오는 것이다. 빼기 다음에 선수는 노를 수평으로(90도 각도로 돌린다) 해서 리커버리 중의 공기저항을 최소화한다. 리커버리의 마지막에서 선수들은 노 날을 평평하게 하고 뒤로 비틀어 옆으로 가는 위치에 두고는 다음 캐치를 위해 노 끝을 물로 내린다.

선수들이 슬라이딩 시트에 앉는다는 것을 기억하는 것이 중요하다. 스트로크를 하면서 지렛대 힘을 최대화하기 위해 몸을 움츠렸다 펼 수 있게 해주는 좌석이다.

레이스 전술

육상 경기에서는 선수들이 상대 선수들을 감시해 유리한 위치를 점하겠다는 의도로 뒤로 물러서서 달리곤 한다. 등을 돌리고 가는 조정에서는 처음부터 앞서고 싶게 마련이다. 그래야 누군가 도전해 오더라도 알아보고 대처할 수 있기 때문이다.

거의 모든 선수가 첫 500미터에서는 분당 45~48차례의 스트로크로 가장 빨리 노를 젓는다. 1000미터에 이르면 분당 35번쯤이 되는데, 마지막 500미터에서 다시 페이스를 올린다.

분당 48번 스트로크를 하며 보트를 몰고 가는 데 필요한 폭발적인 노력을 통해 노젓기가 생리학을 전략적으로 다루는 스포츠임을 알 수 있다. 처음 500미터는 어떤 운동선수가 감당할 수 있는 양보다도 많은 산소를 태워버린다. 결과적으로 선수들은 무산소 호흡에 이르는 젖산 분비와 근육통을

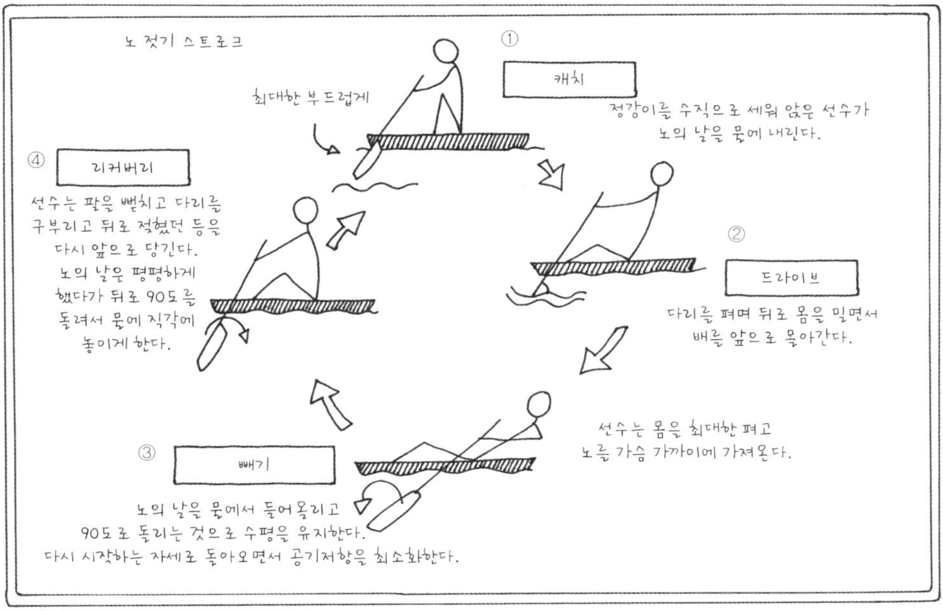

경험한다.
조정 선수들은 앞서 달리는 이점과 젖산 축적으로 완전한 녹초가 되는 상태 사이에서 균형을 맞추면서 얼마만큼의 젖산 분비를 견뎌내고 레이스 내내 이를 가지고 갈 것인지 결정해야 한다. 결승선으로 다가가면서 젖산의 분비와 더불어 에너지 소비의 비율도 늘어난다. 제대로 시간 관리를 했으면, 레이스에서 최후의 스트로크는 그들이 끌어낼 수 있는 최후의 스트로크일 것이다.

올림픽에 간 조정

1896년 첫 회 근대 올림픽에서 조정은 궂은 날씨로 취소(요트 경기와 더불어)되었고 결국 1900년 파리에서 데뷔전을 치렀다. 경기는 혼란스러운 방식으로 치러졌다. 규칙에 합의를 보지 못하는 바람에 남자 무타 포에서는 결승전이 2번 열리고, 서로 다른 2척의 배에 금메달이 돌아갔다. 남자 유타 페어에서는 네덜란드 팀이 준결승이 끝나고 나서 뚱뚱한 키잡이를 버리고, 더 날씬한 파리의 젊은이를 고용했다. 그러고서 수월하게 우승을 차지했다.
1904년 세인트루이스 올림픽 조정 경기는 주최국의 낙승이었다. 미국 바깥에서는 오직 캐나다 에이트 팀만 나타나 은메달을 땄다. 1906년의 희한한 윤년 대회는 별난 조정 프로그램을 두었다. 6명과 17명이 탑승한 해군 조정 보트가 등장했고, 17명이 참가한 경기에서 그리스는 최초이자 유일한 조정 금을 따냈다.
1908년 런던 올림픽에서는 영국 팀이 금메달을 쓸어갔다. 보트 경주는 헨리에서 열렸다. 양차대전 사이에 영국은 기울어갔다. 5연속 올림픽(1920~1936년)에서 3개의 금을 비롯하여 여러 개의 메달을 따낸 잭 버레스포드의 더없이 값진 노력에도 소용이 없었다. 스위스와 이탈리아 팀들이 이 기간에 올림픽 금메달을 따갔으나, 조정에서 주도권은 미국이 쥐고 있었다. 존 B. 켈리가 그들을 이끄는 노잡이였다. 아일랜드 이민자의 아들이었던 켈리는 벽돌공으로 일하면서 조정을 배웠다. 그는 명망 높은 헨리 로열 보트 경주에 참가하지 못했는데 기능공이라는 지위 때문이었다. 그는 아랑곳하지 않고 계속 나아가 1920년 앤트워프 올림픽에서 금 2개를 따고, 1924년에는 3번째 금메달을 땄다. 그의 아들 잭이 1956년 올림픽에서 조정 동메달을 땄고, 딸인 그레이스는 훗날 모나코의 왕비가 된다. 좀더 관습적이던 하버드 에이트의 시대에 1924년 금메달 수상자 중에는 미래의 어린이 양육의 구루가 된 벤저민 스포크도 끼어 있었다.

강을 겨루는 달인들: 미국의 조정과 조정을 지배하는 엘리트들

카메론과 타일러 윙클보스 형제는 페이스북의 창립자 마크 주커버그에게 6500만 달러를 받아낸 하버드 졸업생들로 가장 잘 알려져 있다. 이 유비쿼터스 소셜 미디어 사이트를 누가 개발하고 소유할 것인지를 가리는 법정소송에서 돈을 따낸 것이다. 그들은 톱클래스의 스포츠맨들이기도 하다. 대학 시절에 미국전국선수권대회 우승을 따냈으며 세계선수권대회에서

새로운 지위 업데이트: 윙클보스 쌍둥이가 물에 떠 있다.

6위로 결승선을 끊은 하버드 남자 에이트의 기관실이었다. 이 쌍둥이는 2008년 베이징 무타 페어에 출전해 6위의 성적을 거두었다.
윙클보스 형제는 미국 조정의 기나긴 귀족 혈통에 가장 최근에 자리 잡은 사람들일 뿐이다. 예일과 하버드 둘 다 금메달을 딴 에이트 팀을 미국 팀에 선사해준 전력이 있다. 조정 선수 경력이 있는 지배적이고 유명한 엘리트들에는 국무장관이었던 애치슨(예일), 정치가 애버렐 해리먼(예일), 체스터 니미츠 장군(해군), 배우 그레고리 펙(캘리포니아 버클리 대학교), 배우 빈센트 프라이스(예일), 테디 루스벨트 대통령(하버드), 우주 비행사 앨런 B. 셰퍼드(해군)가 있다.

1936년 힘의 균형에 명확한 변화가 나타났다. 독일이 7개 부문에서 금메달 5개를 따간 것이다. 하지만 전후 시대에 북부 유럽(스위스, 독일, 스칸디나비아 지역)과 영어를 사용하는 나라들(미국, 캐나다, 영국, 오스트레일리아)의 지배력은 약해지기 시작했다. 서양에서는 완고하게 아마추어 혹은 대학 기반의 틀을 견지하고 있었던 반면에, 동독과 소련의 새로운 프로페셔널들이 눈에 띄게 성공을 거두게 되었다. 비야체슬라프 이바노프는 싱글 스컬에서 맹렬한 스피드의 턴을 무기로 3회 연속(1956~1964년) 올림픽 금메달을 따냈다. 동독은 1980년 모스크바 올림픽에서 정점을 찍었다.

이제 나를 총으로 쏴도 됨 : 4년 전에 조정을 그만두겠다고 맹세해놓고, 스티브 레드그레이브가 2000년 시드니에서 남자 무타 포에서 5번째 금을 따내다.

14개가 걸린 금메달 중 11개를 챙겨 갔다.

소비에트 동구권이 해체되고 나서 동부 유럽의 조정 운도 기울어왔다. 다만 루마니아 여자 팀이 예외이다. 엘리사베타 리파만큼 금메달을 많이 따낸 여자 노잡이는 없다. 그녀는 5개의 금메달(1984년. 1992~2004년)을 3개의 다른 부문에서 따냈다. 독일의 카테린 보론이 그녀의 기록에 근접하기는 했다. 그녀는 1992년부터 2004년까지 연속 금메달을 땄고, 베이징에서 5번째 금메달을 아깝게 놓쳤다.

남자 조정에서 압도적인 인물은 영국의 스티브 레드그레이브로, 올림픽에서 5회 연속(1984~2000년) 금메달을 딴 유일한 조정 선수이다. 그의 팀 동료인 매슈 핀센트가 그 메달 중 3개를 공유했으며, 2004년에 무타 포에서도 4번째 금메달을 땄다. 두 사람은 영국 조정의 부활에 상당한 힘을 실어주었다.

오스트레일리아의 '끝내주는 4인조'(처음에는 닉 그린, 제임스 톰킨스, 마이크 매케이, 샘 패튼이었다가 앤드루 쿠퍼가 1991~1992년에 패튼을 대체했고, 그도 1995년에 드류 긴에게 자리를 넘겨주었다)가 1992년과 1996년 대회 무타 포에서 금메달을 땄고, 그들 덕분에 오스트레일리아에서 조정이 맹렬한 인기를 얻게 되었다. 그때까지는 기반이 허약했던 경기였다.

2004년 올림픽에는 최초의 아프리카 흑인 노잡이가 탄생했다. 케냐의 이브라힘 기타이가가 올림픽 조정 경기에 출전한 것이다.

SAILING

요트

2012년 7월 28일~8월 11일

웨이머스 앤드 포틀랜드

참가 선수: 380명 | 금메달: 10개

올림픽 참가

1900년부터 현재까지 남녀 부문.

올림픽 형식

2012년에 올림픽에는 10개의 메달이 걸려 있다. 남자 4개 부문, 여자 4개 부문이고 나머지 2부문은 남녀 모두 참가한다. 각 부문에 서로 다른 요트를 사용한다. 남자와 여자는 윈드서핑, 레이저, 470급에서 각각 경기를 펼친다. 남자만 있는 경기는 스타급이고, 여자는 엘리엇 6미터급이다. 오픈 경기는 핀급과 포티나이너(49er)급으로 경기한다.

게임의 강자들

2008년 베이징 올림픽에서 영국이 11개 금메달 중에 4개를 따면서 요트 최강국 자리에 올랐다. 2012년에 영국인들은 거의 모든 부문에 도전할 것이다. 여자 470급 세계 챔피언인 네덜란드의 페어 리사 웨스테르호프와 로브케 레르쿠트가 눈에 띄는 선수들이다. 오스트레일리아의 470급 세계 챔피언 매트 벨처와 맬컴 페이지도 눈여겨볼 만하고, 스페인의 블랑카 만촌이 여자 윈드서핑의 가장 강력한 우승 후보이다.

역대 챔피언

영국: 24개 | 미국: 19개 | 노르웨이: 17개

요트를 왜 보는가?

한때 귀족과 부자들의 전유물이었던 올림픽 요트는 최근 몇 십 년 동안 좀 더 개방적이고 민주적인 스포츠가 되었다. 장비를 표준화한 덕분에 참가비용이 줄었는데, 1900년 올림픽 입성 이래 이 스포츠는 남자와 여자 모두에게 열려 있었다. 그럼에도 요트는 상류사회에 기원을 둔 풍취와 화려함을 아직 많이 간직하고 있다. 한편으로 요트는 전술적인 정교함과 미학을 접목하고, 예측할 수 없는 바람과 파도까지 곁들여 복잡하고 강렬한 구경거리를 제공한다. 다만 실제로 보는 구경꾼이 누리는 그럴싸한 관람 경험은 줄 수 없다. 2012년 올림픽은 평소대로 텔레비전이 최고로 좋은 좌석을 거실에 마련해줄 것이다.

요트 이야기

요트라는 말은 네덜란드어 '야트'에서 왔고, 야트는 또 '사냥하다' 혹은 '쫓는다'는 의미의 야켄이라는 말에서 왔다. 17세기에 네덜란드는 세계 제일의 해양 강국으로 여겨졌다. 한층 진보한 함대로 무역을 하고 전쟁을 벌이면서 사방으로 대양을 누볐다. 네덜란드가 새로이 얻은 부를 쓰는 한 가지 방법이 있었으니 자국에서 배를 가지고 흥청망청하는 것이었다. 부자들은 신이 나서 미끄러지듯 나아가는 크루즈, 파티와 퍼레이드, 모의 전투에 적합한 고가의 야트를 만들었다. 하지만 그들은 레이스를 벌이지는 않았다.

요트에 경쟁 정신을 주입한 주인공이 있으니, 역시나 이번에도 영국인들

아메리카가 아메리카스 컵이 된 대회에서 1851년에 승리를 거두다.

이었다. 1660년에 군주제가 재건되었을 때 찰스 2세는 네덜란드에 망명을 가 있었다. 그는 오란예 공이 선물한 요트를 타고 런던으로 돌아왔다. 찰스 왕은 새 장난감에 도취했고, 그의 남동생인 요크의 공작도 마찬가지였다. 고향으로 돌아온 그들은 각자 배를 수주했고, 아내 이름을 따서 요트 이름을 지었다. 두 배는 1661년 10월에 레이스를 벌였고, 영국의 귀족들도 이를 본떠 강과 해안을 따라 레이스를 벌였다. 명예와 즐거움을 얻으려는 목적도 있었으나, 이는 무엇보다 내기를 건 레이스였다.

제대로 조직한 최초의 요트 레이스 클럽이 1815년 런던에서 문을 열었다. 이 클럽은 조지 4세의 후원 아래 1820년에 왕립요트클럽이 되었다. 6년 후에 왕립요트클럽은 와이트 제도의 카우즈란 곳에서 처음으로 경주를 열었다. 이 대회는 항해가들의 달력에서 최고의 축제로 자리 잡았다.

19세기 후반과 20세기 초반, 이 스포츠는 커다란 원양 항해용 배들 사이에 벌어진 레이스를 통해 존재를 널리 알렸다. 1851년에 왕립요트협회 소함대는 은으로 만든 트로피 왕립요트협회 100파운드 컵을 상품으로 놓고, 와이트 제도를 둘러싼 레이스를 펼칠 것이라고 발표했다. 뉴욕 요트 클럽의 범선인 '아메리카'가 경주에서 이겼고, 우승자는 컵을 '끝없는 도전의 컵'이라는 이름으로 뉴욕 요트 클럽에 기증했다. 이제 '아메리카스 컵'으로 알려진 트로피는 요트 경주에서 가장 명망 있는 상품이 되었다. 작은 배들의 경주도 19세기 후반에 시작되어 이후 올림픽에 참여하게 된다.

경기 시작: 요트의 기초

경쟁 레이스

요트 레이스에는 두 가지 형태가 있다. 매치 레이스와 선단 레이스이다. 매치는 단순하다. 두 배가 1 대 1로 붙어서 상대를 압도하고 상대가 규칙을 위반하여 벌칙을 얻게 유도하는 것이다. 선단 레이스는 2척 이상의 배, 대개는 훨씬 더 많은 배가 참가하고, 1번 이상의 레이스로 구성된다. 득점은 레이스의 위치(위치가 높을수록 점수는 낮다)에 따라 주어지며, 일련의 레이스를 통해 누적된다. 총점이 가장 낮은 팀이 우승한다.

오랜 세월 형식을 다양하게 바꾼 끝에 올림픽에서는 좀더 일관된 시스템이 자리 잡았다. 여자 부문의 엘리엇 6미터급은 매치 레이스 경기이다. 다른 모든 시합은 고속 레이스(모든 부문에서 10번을 경기한다. 예외로, 포티나이너스만 15번을 경기해야 한다)로 시작한다. 바람과 해류의 예측 불가능한 변화는 어쩔 수 없고, 선수들은 5번의 레이스가 끝나고 가장 나쁜 점수를 버릴 수 있고, 9번 레이스를 벌인 다음에는 2개의 가장 나쁜 점수를 버린다. 그다음에는 상위 10척의 배가 더 짧은 코스에서 결승 메달 레이스를 펼친다. 이 레이스에서는 점수가 더블 포인트, 즉 2배로 주어지고, 오프닝 시리즈의 점수를 합하여 승자를 가린다.

코스는 경기 당일에 진행위원들이 바람의 강도와 방향에 따라 정한다. 첫 번째 구간은 반드시 바람을 안고 간다.

올림픽에서는 2가지 형식의 코스를 이용한다. 사각 코스와 풍상풍하 코스

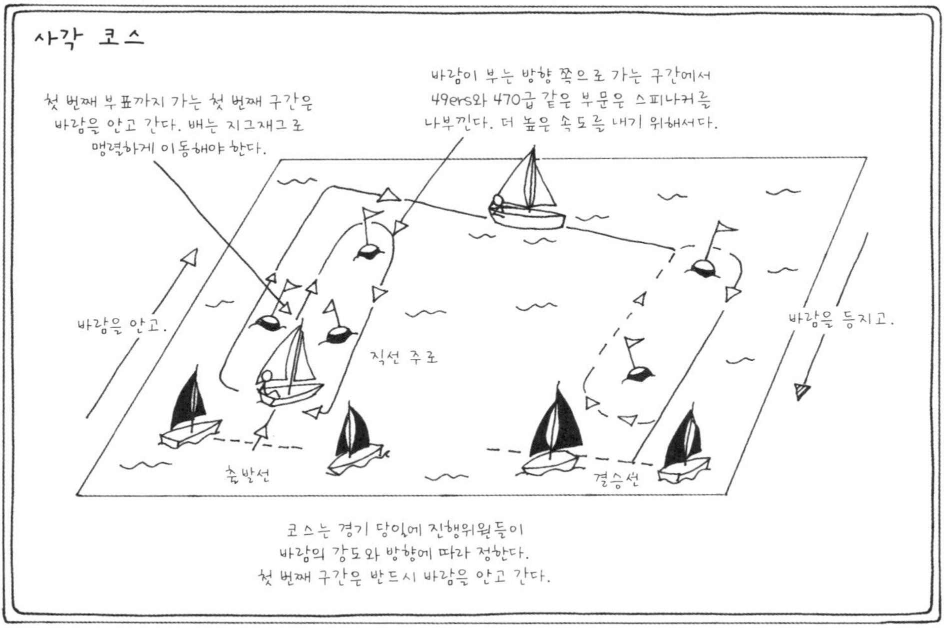

이다. 코스의 정확한 위치와 방향은 경기 당일 바람과 해류의 주요 양상에 따라 정한다.

사각 코스는 따로따로 출발하고 따로따로 결승선에 들어오며, 4개 구간의 코스를 완주하기 위해 반드시 돌아야 할 3개의 전환점을 거쳐야 한다. 풍상풍하 코스는 간단히 2구간으로 이루어진 경기지만, 첫 구간은 바람을 안고 가며('비트'라고 불린다) 2번째 구간은 바람과 함께 항해('런'이라고 부른다)한다. 바람이 불지 않아 바람을 안지도 등지지도 않고 가는 구간은 '리치reach'라고 부른다.

바다의 법칙

국제요트협회의 규칙은 길고 복잡하다. 치열한 경쟁의 와중에 두 배가 같은 공간이나 경로를 점하고 싶어 할 때 통행권을 어느 쪽에 주어야 할지를 두고 1세기 동안이나 다투어왔으며 이는 방대한 기록으로 남아 있다. 넓게 잡고 말해서, 반대 방향(바람에 대한 각도)에서 오는 배들의 경우에 길을 비켜주어야 할 책임은 포트 택 보트(배의 좌현에서 바람을 받는 상태)에

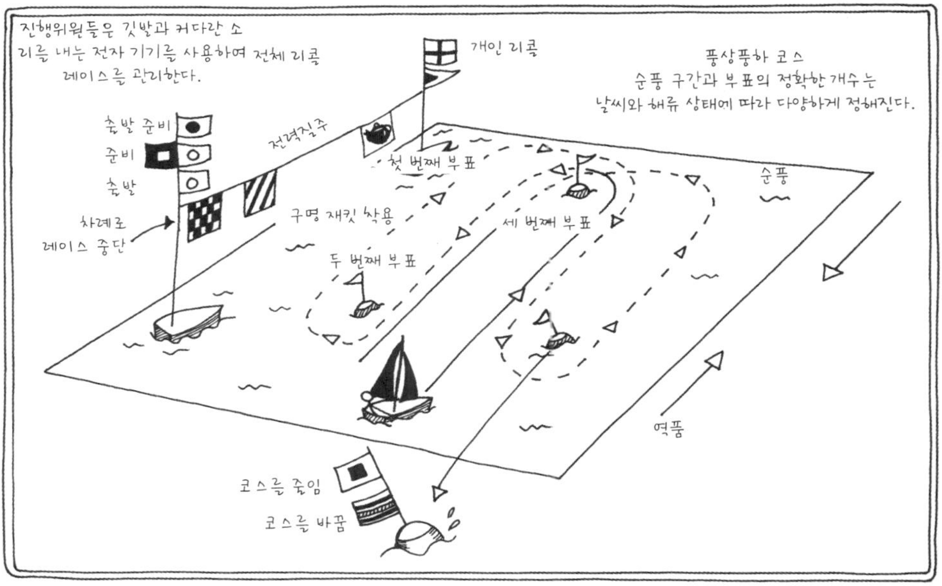

있다. 두 배가 같은 바람을 받고 있고, 즉 나란히 가고 있다면 바람에 가까운 쪽이 다른 배에게 길을 양보해야 한다.

요트는 골프와 마찬가지로 여전히 자기 규제를 몹시 요구하는 스포츠로 남아 있다. 선수들은 실수와 위반 사항을 스스로 밝혀야 한다. 선수는 위반을 저질렀다고 생각하면 물에서 360도 배를 돌려야(어떤 형식은 두 바퀴, 즉 720도를 돌아야 하기도 한다) 실격을 면할 수 있다. 하지만 규칙을 아주 심각하게 어긴 배는 경기에서 물러나야 한다. 부상을 입은 쪽은 레이스 후에 5명으로 구성된 심판진에게 항의를 하여 가해 선수를 실격시킬 수 있다.

올림픽 요트 부문

요트는 한때 얼마나 큰 배를 장만할 수 있으며, 테크놀로지에 쓸 돈이 얼마나 있는지가 관건인 스포츠였다. 1920년 올림픽 참가 선수들을 상대로 한 설문조사에서 《요트 월드》 지가 물었다. "가지고 나온 배가 선박 조종술 시험을 받기 위한 배인가, 요트 테스트를 위한 배인가? 아니면 둘 다인가?" 대양에서의 레이스가 2가지 요소를 모두 지니고 있다면, 올림픽 요트는 이제 선박 조종 기술에 초점을 맞춘다. 올림픽 대회에서는 사실상 똑같은 장비로 레이스를 치르는 정도까지로 배들 사이의 차이가 줄어들었기 때문이다. 2012년 런던에서는 10가지 경기에서 7가지급 보트를 사용한다. 윈드서핑 보드, 평저선인 2가지 킬보트와 4가지 다른 소형 보트인 딩기이다. 소형 보트들은 하수용골, 즉 배 밑바닥 한가운데에 보트 위로 세울 수 있는 움직이는 센터보드가 있어야 한다. 킬보트의 센터보드는 고정되어 있다.

470급(딩기) 선수: 2명. 경기: 남녀 모두. 올림픽 데뷔: 1976년. 설계자: 앙드레 코르뉘(프랑스). 가볍고 방향 조종이 쉬운 470급은 배의 길이가 470센티미터이다. 두 선수 가운데 보통 한 선수는 작고 한 선수는 크다. 몸무게가 가벼운 쪽이 선장으로서 키를 잡고, 무거운 선수는 공중그네를 타듯

베이징 올림픽에서 영국 팀이 폴 구디슨을 위해 새로운 실험을 하고 레이저급에서 승자가 되다.

이 몸을 배 바깥으로 내밀어 급회전과 강풍에 맞서 배의 균형을 잡는다.

레이저(딩기) 선수: 1명. 경기: 남녀. 올림픽 데뷔: 1996년. 설계자: 브루스 커비(캐나다). 1996년에 올림픽에 입성한 이래로 레이저는 세계에서 가장 인기 있는 1인용 요트 배가 되었다. 여자는 방사상의 레이저 레이디얼을 사용한다. 이 종목은 좁아진 세일 지역에서 무거운 바람을 맞을 때 더 짧은 마스트를 써서, 몸무게가 가벼운 항해사들에게 유리하다.

RS:X(윈드서프 보드) 선수: 1명. 경기: 남녀. 올림픽 데뷔: 2008년. 설계자: 장 불도르와 로베르 스트라. RS:X는 2008년 올림픽에서 처음 나와서, 미스트랄급 윈드서핑 보드를 대체했다. 예전의 올림픽급 세일 보드는 고전적으로 기다란 형태였으나, RS:X는 전통적인 기다란 보드와 올림픽에서 쓰이지 않는 더 넓은 형태의 레이스 보드를 합쳐놓은 형태이다.

스타(킬보트) 선수: 1명. 경기: 남자만. 올림픽 데뷔: 1932년. 설계자: 프랜시스 스위스거스(미국). 스타급 배는 1932년 로스앤젤레스 대회부터 출전해서 지금까지 레이스를 펼치고 있다.

엘리엇 6미터(킬보트) 선수: 3명. 경기: 여자만. 올림픽 데뷔: 2012년. 설계자: 그레그 엘리엇(뉴질랜드). 엘리엇 6미터급은 시합 레이스에서 보여주는 억세고 강건한 모습 덕분에 2012년 런던 올림픽에 채택되었다.

포티나이너(딩기) 선수: 2명. 경기: 오픈. 올림픽 데뷔: 2000년. 설계자: 줄리언 베스웨이트(호주). 포티나이너(49er)는 올림픽 요트 경기에 나선 배들 중에 가장 빠르다. 하지만 이런 속도는 장치의 불안정에 기인한다. 그러므로 두 선수 모두 배 바깥으로 몸을 빼서 공중그네 타는 자세로 배의 균형을 잡아야 한다.

핀(딩기) 선수: 1명. 경기: 오픈. 올림픽 데뷔: 1952년. 설계자: 리차드 사르비(스웨덴). 해양 공학을 머리 미용법과 조합했던 스웨덴의 박식가 리차드 사르비가 핀을 디자인했다. 선수 1명이 조정하는 딩기로, 요트에서 가장 순수한 운동 경험을 할 수 있는 종목이다. 넓은 항해 지역을 커버하고 무거운 아래 활대를 자유자재로 움직이려면 엄청난 힘이 필요하다. 1952년에 올림픽에 들어온 핀은 최초의 디자인이 거의 변하지 않았다.

관전 포인트

스타트 라인에서

요트의 배는 출발선에서 멈춘 채로 시작하지 못한다. 이미 움직이고 있는 것이다. 출발선에서부터 달릴 타이밍을 재는 것이 요트에서는 결정적인 요소이다. 레이스를 시작하기 전에 너무 빨리, 혹은 일찍 선을 넘어 달려 나가면, 출발선으로 돌아와야 한다. 하지만 너무 신중을 기하면 더 과감한 배들보다 뒤에 처지고 저속으로 레이스를 시작하게 된다.

바람 받기와 돛대로 방향 잡기

바람 받기는 요트에서 가장 기본적인 조정법이다. 배가 바람 속으로 항해

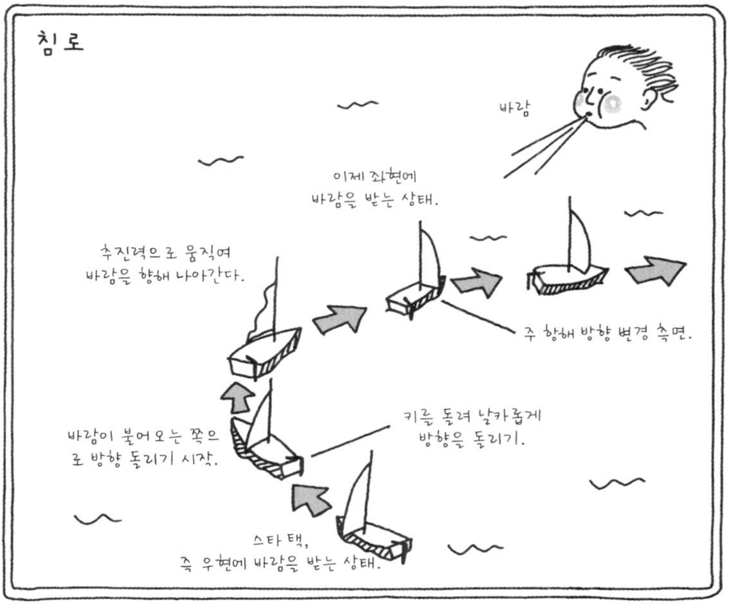
침로
바람
이제 좌현에
바람을 받는 상태.
추진력으로 움직여
바람을 향해 나아간다.
주 항해 방향 변경 측면.
키를 돌려 날카롭게
방향을 돌리기.
바람이 불어오는 쪽으
로 방향 돌리기 시작.
스타 택,
즉 우현에 바람을 받는 상태.

해 나가면, 바람의 에너지를 이용하기 위해 반드시 지그재그 모양으로 가야 한다. 배는 이물(뱃머리)의 방향을 바꾸고 주돛의 위치를 뒤섞으면서 지그재그로 나아간다. 돛대 돌리기는 바람과 함께 가거나 순풍을 타고 항해하는 배들이 이용한다. 배의 고물(선미)을 돌리는 일이다.

숫자에서 눈을 떼지 말라

1 대 1로 대결을 벌이는 시합 레이스 부문과는 별도로, 결승선을 가장 먼저 넘는 것이 승리의 조건인 다수 출전 요트는 누적 점수를 기반으로 승자를 가린다. 마지막 레이스에는 보너스 점수가 붙는다. 마지막 레이스가 시작하기 전에 배가 얻은 총점이 그때까지 얼마였는지 눈여겨보라. 마지막 레이스에서 4째나 5번째로 결승선을 끊었는데도 금메달을 따는 선수가 나올 수 있다.

올림픽에 간 요트

올림픽에서 첫 30년 동안 요트 경기는 참가자 대다수가 상류층 출신이었으며 상당히 혼란스러웠다. 관리하는 국제 조직이 없어서 합의된 규칙이 없어 배의 급을 정하는 문제가 난항을 겪었기 때문이다. 이 종목의 올림픽 정식 명칭은 1996년 올림픽부터 세일링(Sailing)이 되었다.

요트 경기는 1896년 초대 올림픽부터 열리기로 계획되어 있었다. 하지만 경기를 치르기로 한 피레에푸스 만의 기상 악화로 레이스가 불가능했다. 1900년 파리에서 상황은 아주 조금 나아졌다. 두 개의 다른 코스에서 경기가 열렸다. 뵐랭의 센 강에서 작은 배들이 경주를 했고, 르아브르 해안에서는 큰 배들이 경기를 했다. 쿠베르탱과 IOC가 올림픽에서 보여주기를 바랐던 아마추어 스포츠맨십의 가치와 대조적으로, 요트 경기는 엄청난 내기 상금이 걸린 채 치러졌으며, 야바위가 극성을 부렸다. 돛 말고 다른 추진 장치를 사용한 배 두 척이 실격을 당했다. 상류 사회는 1~2톤급에서 마음껏 재력을 뽐냈다. 에두아르 알퐁스 제임스 드 로스차일드가 스웨덴 라이벌인 헤르만 드 푸르탈레에게 패한 시합이었다. 2400킬로미터 내륙에 있는 세인트루이스에서 개최된 1904년 올림픽에서 요트 경기는 열리지 못하고 다음 해인 1908년 런던 올림픽을 기약해야 했다. 런던 올림픽의 경우 스코틀랜드 클라이드의 라이드 앤드 헌터스 선창에서 요트 경기를 치르도록 위탁했다. 영국이 메달을 독식했는데, 영국 바깥에서는 단 한 팀도 참가하지 않았으니 당연한 결과였다. 웨스트민스터에서 온 공작 부인 콘스탠스 에드위나 콘월리스 웨스트가 8미터급에서 3위를 차지하면서, 요트에서 메달을 따낸 최초의 여자 선수가 되었다. 그녀가 경기에서 얼마나 적극적인 역할을 했는지는 논란의 여지가 있다.

1936년 베를린 올림픽에서(킬에서 열렸다) 요트 대회는 귀족적인 분위기를 크게 덜어내진 않았지만, 어쨌든 간에 규칙과 종목, 장비를 표준화했다. 1928년 대회에서 금을 땄던 노르웨이의 왕위 계승자 올라프(훗날 올라프 5세)는 올림픽 요트에 참가한 최초의 왕족이었다. 그의 아들 하랄드(현재

노르웨이의 왕인 하랄드 5세)는 올림픽 요트 경주에 3회 나갔고, 스페인과 그리스와 태국 왕가 사람들도 요트 경기에서 국가대표로 출전한 적이 있다.
전후 올림픽 요트에서 두드러진 인물은 덴마크의 폴 엘브스트룀으로, 핀급에서 4회 연속(1948~1960년) 올림픽 금메달을 딴 선수다. 엘브스트룀은 은퇴했다가 1984년 올림픽에 딸인 트리네와 함께 토네이도급에 출전해서 4위를 기록했다. 4년 후 60살에는 8번째 올림픽에 출전해서 15위를 기록했다. 집요하고 기술이 뛰어났던 엘브스트룀은 새로운 선구와 돛대, 물 퍼내는 장치과 훈련 기술을 발명하며 경주용 보트 디자인을 혁신했다. 1996년에 그는 투표로 '금세기 덴마크 스포츠인'으로 뽑혔다. 요트에서 여자 부문은 1988년에 신설되었다. 엘브스트룀이 마지막으로 출전한 올림픽이었다.
지난 20년이 넘게 요트는 전에 없이 프로화하고, 테크놀로지광들의 스포츠가 되었다. 저변도 좀더 넓어졌는데, 요트를 늦게 시작한 나라들, 올림픽 주최국에서 챔피언들이 나왔다. 1992 올림픽에서 스페인은 자국의 바다에서 금메달 4개를 캐냈다. 홍콩은 리라이샨이 1996년 애틀랜타 올림픽 여자 윈드서핑 부문에서 홍콩 최초의 금메달을 땄다. 갈 프리먼도 2004년 올림픽에서 이스라엘에 똑같은 일을 해주었다. 사방이 내륙으로 둘러싸인 오

드디어 금메달! 2004년 아테네 올림픽에서 미스트랄 윈드서퍼인 갈 프리먼이 이스라엘 역사상 올림픽 최초의 금메달을 따냈다.

스트리아도 이제는 올림픽 종목에서 빠진 토네이도급에서 2개를 땄다. 2008년 베이징 여자 윈드서핑 부문에서 인지안은 중국 최초로 요트 금메달을 따냈다. 브라질 선수인 호베르트 쉘리트와 토르벤 그라엘, 마르셀로 페레이라는 금메달 4개를 합작했다. 하지만 이 시대의 선두 항해사는 영국의 벤 아인슬리이다. 세계일주를 하며 요트 레이스를 벌이던 선수의 아들인 그는 4세에 항해를 시작하고 10세에 처음 대회에 출전했다. 1996년에 은메달을 하나 따더니, 다음 세 올림픽에서는 대회마다 금메달을 하나씩 땄다.

SHOOTING

사격

2012년 7월 28일~8월 6일

울리치의 왕립 포병대 경기장

참가 선수: 390명 | 금메달: 15개

올림픽 참가

남자: 1896년부터 현재까지. 1904년과 1928년만 제외.

여자: 1984년부터 현재까지. 1992년까지는 남녀 선수들이 함께 경합했다.

올림픽 형식

3가지 타입의 총으로 5가지 부문에서 경기를 벌인다.

총의 종류는 소총과 권총, 엽총(클레이 피전)이다. 권총과 소총 선수들은 고정된 작은 표적에 사격을 한다. 엽총 경기에서는 공중에 날아가는 클레이를 쏜다. 남녀 모두 치르는 부문은 5가지(10미터 공기권총, 10미터 공기소총, 50미터 소총 3자세, 트랩, 스키트)가 있고, 남자만 치르는 부문은 4가지(25미터 속사권총, 50미터 권총, 50미터 소총 복사, 더블 트랩)가 있다. 25미터 권총은 여자 선수들만 경기를 한다.

게임의 강자들

베이징에서는 15개 금메달 중 5개가 중국에 돌아갔다. 현재도 중국이 사격에서 가장 강한 나라이다. 최근 열린 세계선수권대회에서는 미국과 러시아인들이 강한 면모를 보여주었고, 이탈리아의 10미터 공기소총 선수 니콜로 캄프리아노와 인도 여자 사격의 떠오르는 스타 테자스위니 사완트 등 새로운 사격수들이 판에 등장했다.

역대 챔피언

미국: 50개 | 소련/러시아: 23개 | 중국: 19개

왜 사격을 보는가?

개막식이 끝나고 여운이 잦아들면 마침내 스포츠가 등장한다. 런던에서 첫

메달은 사격에서 나온다. 한치도 실책이 허용되지 않는 마지막 라운드의 극심한 긴장감은 올림픽 개막에 강렬한 인상을 남길 것이다. 베이징 올림픽을 보자. 사격은 2008년 올림픽에서도 첫 경기였고, 10억 명이 넘는 중국인들의 기대감이 여자 10미터 공기소총의 스타 두리의 어깨에 어마어마하게 무겁게 얹혀 있었다. 압박감 아래 기를 펴지 못한 두리는 예선전에서 400점 만점으로 세계기록 동률을 이룬 체코의 사격수 카테리나 에먼스에게 무릎을 꿇고 말았다. 며칠 후에 두리는 첫 경기의 부진을 털어내고, 50미터 소총 3자세 시합에서 에먼스에게 신승을 거두었다. 홈 관중의 열렬한 응원에 힘입은 결과였다.
극심한 몰입과 전혀 움직이지 않는 자세, 방아쇠를 당기는 손가락의 미세한 움직임이 전부인 스포츠가 관중 혹은 텔레비전 시청자들을 이토록 치열한 긴장감에 몰아넣는 것이 있을 법하지 않은 일처럼 보일 수도 있다. 하지만 지난 10년이 넘게 사람들은 사격이 관중들에게 좀더 친근하게 받아들여지도록 애를 써왔다. 관중은 이제 더 이상 엄격하게 침묵을 지키고 있지 않아도 된다. 과연 베이징 관중들은 너무나 편파적이고 시끌벅적했다. 클레이 피전은 이제 총알에 맞으면 보라색 연기와 함께 터진다. 커다란 스크린과 서든 데스 방식의 슛오프도 도입하여 경기에 한층 흥미진진함을 더했다. 이제는 선수의 총에 아주 조그만 카메라도 달아놓는다. 인내심을 가져라. 선수의 선글라스와 눈가리개 뒤로 무슨 일이 벌어지는지 상상해보라. 시합이 펼쳐지고 실책의 여유가 줄어들어 가는 모습을 보라. 그 긴장감을 즐기라. 압박감은 구경꾼이나 선수들에게나 맛깔나면서도 참기 어려운 것이 될 수 있으니 말이다.

사격 이야기

표적 스포츠로서 사격은 중부 유럽에 근원을 두고 있다. 빠르게는 1450년대에 제네바의 공무원들이 후원하는 화승총 시합이 열렸다는 기록이 있다.

16세기 중엽에서부터 유럽 소총 제조 기술의 선두주자는 스위스와 독일이었다. 두 나라는 적당한 거리만큼 총알이 직선으로 날아가는 총을 만들었다. 이는 표적 사격의 전제조건이었다. 알프스를 넘어 이탈리아와 프랑스에서는 사격 대회가 종교적인 기념일에 열렸다.
19세기 유럽에서는 특히 스칸디나비아 지역, 독일과 프랑스, 세르비아의 체육 클럽들이 사격수들을 양성했다. 이 클럽들은 민족주의적인 정신, 그리고 군인의 자기방어라는 정신에 입각해 사격을 하도록 독려했다. 스위스에서 사격은 16~19세 소년들에게 필수과목이 되었고, 시민이 평생 져야 하는 군사 의무는 곧 사격 기술이 광범위하게 퍼질 수밖에 없다는 뜻이었다. 프랑스와 이탈리아에서 소총 기술은 시골 지방의 작은 새 사냥꾼들이 많이 연마했다. 한편으로 영국과 미국에서는 전국적인 총포협회가 19세기 중엽에 설립되었다. 두 나라의 총포협회는 사격이라는 스포츠의 저변을 넓히고 군사적인 사격술의 수준을 높이려는 목적을 갖고 있었다. 영국에서 후자는 눈에 띄는 실패를 겪었다. 1899~1902년에 벌어진 보어전쟁에서 고위 장교들의 형편없는 사격술이 탄로나자 영국 정부는 영국총포협회 회원들에게 소총 구입비를 보조해주는 한편으로, 민간인 소총 그룹에 탄약을 제공하면서 후원해주었다.
소총과 권총 대회가 주로 군사 환경에서 진화해갔다면, 스포츠 경기로서 엽총 시합은 영국과 미국의 새 사냥에 뿌리를 두고 있다. 들꿩과 꿩 사냥은 계절의 구애를 받는 활동이기에, 19세기 중반에 사냥감 없이 벌이는 사격 게임이 생겨났다(버펄로 빌의 〈와일드 웨스트〉 쇼에서 쇼의 일부로 끌어들였다). 이 게임에서 투석기로 새털로 채운 유리 공을 쏘았다. 살아 있는 비둘기 사격과 더불어, 이 모형 사냥은 애덤 H. 보가더스와 카버 같은 전문 사격수들 사이의 끊임없는 경합을 이끌었다.
하지만 유리 공 대부분(색을 칠했고 밀가루와 폭약과 찢은 신문으로 채워져 있었다)은 새의 비행을 재연할 수는 없었다. 발명가들은 원유 등을 증류한 뒤 남는 찌꺼기와 콘크리트를 합친 것, 나무 공, 주석 비둘기, 목탄을 채운 놋쇠 공으로 실험을 해보았지만, 결과는 하나같이 별 볼일 없었다.

1880년에 미국 사람인 조지 리고스키가 사격을 위해 만든 압착 점토 원반으로 특허를 받았다. 리고스키의 표적은 사격 대회를 휩쓸었고, 빠르게 클레이 피전이라는 이름으로 알려지게 되었다. 클레이 피전의 비행이 딱 필요하기는 했지만, 초기 원반은 부서뜨리기가 거의 불가능했다. 그리고 적중할 경우 종을 쳤을 때 울리는 소리가 났다. 클레이 피전을 찾아냈을 때만 맞힌 것으로 기록되었다. 이 표적은 맞으면 깨지는 석회함과 원유 찌꺼기를 재료로 해서 더 깨지기 쉬운 표적으로 대체되었다. 이것이 새롭게 기계화한 표적과 조합되었을 때, 사격은 비로소 현대적인 스포츠 형태를 취하게 되었다.

경기 시작: 사격의 기초

소총과 권총 시합에서 사격수들은 원 모양 고리들로 나뉜 고정 표적에 총을 쏜다. 한복판에 있는 고리를 맞추면 10점을 받는다. 이 형식은 모든 소총과 권총 경기에서 비슷하다. 예선전에서는 조준 사격에 제한된 시간이 있고, 쏠 수 있는 발수가 고정되어 있다. 최고의 사격수들이 결승 라운드에 진출하는데, 여기서는 표적의 구역 자체가 다시 한중간의 고리들로 나뉘어 그냥 10점이 아니라 10.1부터 10.9까지 득점을 매긴다. 이 라운드에서부터 점수는 승자를 가리기 위해 예선전에서 얻은 점수가 합산된다. 무승부가 나왔을 경우에 슛-오프가 열린다. 한 발, 한 발 쏴서 먼저 높은 점수를 쏘는 쪽이 나오면 경기가 끝나는 서든 데스 방식이다. 일반 탄알을 쏘는 사격과 더 작은 탄알(pellet)을 사용하는 공기총 부문의 경기가 있다. 엽총시합도 비슷한 형식이지만 트랩에서 풀려난 타깃을 쏜다. 득점은 타기을 맞히는 것으로 난다. 총은 2연발이며 총알은 산탄으로 나간다.

소총

50미터 3자세

남자 부문에서 선수들은 제한된 시간 안에 각기 다른 3가지 자세로 40발을 쏜다. 서서 쏘는 입사와 무릎을 꿇는 슬사, 그리고 엎드려 쏘는 복사가 있다. 여자 선수들은 예선전에서 각 자세로 스0발을 쏜다. 양 부문 다 예선전 상위 8명이 결승에 진출하고, 결승에서는 서서 10발을 표적에 쏜다. 선수들이 겨냥하는 타깃은 지름이 15센티미터밖에 되지 않으며, 10점짜리 한가운데 고리는 고작 1.4센티미터에 지나지 않는다.

50미터 소총 복사

예선전에서 60발을 쏘며, 결승에서 10발을 쏘는 남자 부문 경기이다.

10미터 공기소총

남자 선수들은 1회전에서 60발을 쏜다. 여자는 40발을 쏜다. 두 부문 다 상위 8위까지 결승전에 올라가서 보통 그렇듯 10발을 쏜다. 결승전의 타깃은 심지어 더 작아져서 지름이 4.5센티미터이고, 불스 아이는 0.5센티미터이다. 정말로 작다. 1원짜리 동전보다 더 작으니 말이다!

권총

50미터 권총

5센티미터짜리 표적을 50미터 떨어진 곳에서 120분간 60발을 쏘는 남자 부문 경기.

25미터 속사권총

제한된 시간(4초, 6초, 8초)에 5발씩 여섯 번을 쏘는 남자 부문 경기이다. 5가지 다른 타깃이 있으며, 자유 권총 사격에서 쓰이는 표적보다 약간 크다. 다른 5개의 표적을 시간 내에 조준해서 맞혀야 한다.

25미터 권총

자유 사격과 속사를 조합한 여자 부문 경기이다. 예선전은 30발의 자유 사격과 30발의 속사를 치른다. 결승전은 속사만 한다.

10미터 공기권총

남자는 105분 동안 60발을 쏘고 여자는 75분간 40발을 쏜다. 결승에 올라간 8명의 선수가 10발씩을 더 쏜다.

클레이

트랩

선수들은 5군데 사격 위치를 돌아다니며, 각 타깃에 2발씩을 쏜다. 5군데 위치에서 25개의 표적을 맞힌다. 여자는 15개 타깃을 3군데에서 맞힌다. 상위 6명이 결승에 진출하고, 예선전에서와 같은 수의 표적을 맞히지만, 이번에는 표적당 1발씩만 쏜다.

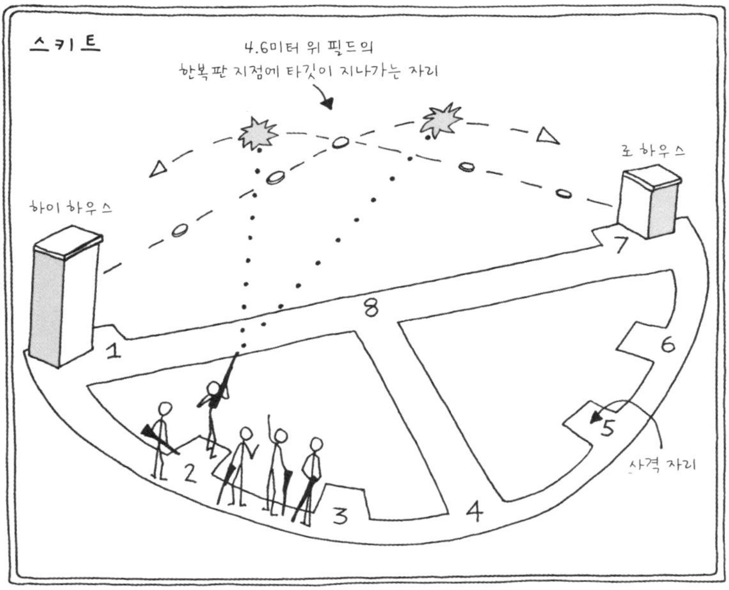

스키트

선수들은 8군데 사격 위치를 따라 다니며 2개의 타깃에 연이어 총을 발사한다. 하나는 높은 위치에서 날아오고, 하나는 낮은 위치에서 날아온다. 0초에서 3초의 간격을 두고 두 표적에 총을 쏜다. 첫 표적은 머리 위로 빠르게 다가오는 새를, 두 번째 표적은 야생화 더미에서 꿩이 솟아오를 때의 비행을 본뜬 것이다.

더블 트랩

남자 선수만 벌이는 시합이다. 여자 부문은 2004년 이후 빠졌다. 사격수들은 정해진 경로에 동시에 발사되는 2개의 표적에 1발씩을 쏜다. 5군데에서 돌아가며 30발씩 쏜다. 6명의 결승 진출자들이 50발을 더 쏘고 예선 점수를 합쳐서 승자를 가린다.

관전 포인트

눈여겨보아야 할 것

관람객들이 보기에 가장 좋은 부문이 클레이다. 사격수가 표적을 좇는 동안 팔을 신나게 돌리는 것도 그렇고, 표적이 산산조각 나면서 터지는 보라색 연기도 보기 즐겁다. 속사권총 시합은 격정적인 긴장감이 감도는데, 선수들이 하나 이상의 타깃에 총을 발사할 때 더욱 그렇다.

사격의 새로운 복장 코드

사격에서 복장은 논쟁이 많이 벌어지는 사안이 되었다. 두꺼운 옷은 얇은 옷보다 더 안정감을 주고 반동을 줄일 수 있어서 관리자들은 선수들의 옷에 관해 엄중하고도 기가 막힐 만큼 세세한 규칙을 내놓았다. 거기에는 속옷까지 포함된다. 모든 사격수는 2012년 대회에서 복장 검사를 받아야 할지 모른다.

올림픽에 간 사격

사격은 1896년 초대 올림픽에 5개 종목으로 등장했고, 엄청난 인기를 끌었다. 200미터 군사용 소총 부문에는 그리스의 왕위 계승자인 니콜라스 왕자의 감독 아래 160명이 참가했다. 권총 사격은 하버드 대학에서 온 형제 존과 섬너 페인의 독무대였다. 그들은 상대 선수들보다 훨씬 우월한 무기를 들고 나타났다. 존은 군사 권총 부문에서 우승을 거두었고, 섬너는 같은 부문에서 은메달을 땄다. 존이 형제애로 자유 권총 시합에서 빠지면서 섬너가 금메달을 딸 길을 열어주었다. 덕분에 그가 곤경에서 벗어나는 일이 있었다. 1901년에 섬너는 자신의 집에서 딸의 음악 교사에게 4발을 쏜 후에 폭행 혐의로 기소되었다. 교사와 그의 아내가 낮 뜨거운 장면을 연출하고 있었던 것이다. 섬너 정도의 사격술을 갖춘 사람이 원하기만 했다면 음악 교사를 쉽사리 맞히고도 남았으리라는 변론에 따라 기소는 취하되었다.
1900년 파리 올림픽에서는 살아 있는 비둘기 사격 부문이 들어 있었다. 300마리에 이르는 비둘기가 경기 과정에서 살해되었고, 참가자들과 진행위원, 관중들은 피와 새털 범벅이 되었다. 다행스럽게도 그런 살육 행위는 올림픽에서 사라졌다. 더 안타까운 것은 1 대 1 권총 시합이다. 이 시합에서는 프록코트를 입은 마네킹이 표적이었고 목에 불스아이가 있었는데,

올림픽 역사상 최고령 메달리스트가 되기 8년 전, 1912년 스톡홀름 대회에서 젊었던 시절의 오스카 스완(턱수염).

1912년 이후 사라졌다.

사격은 1904년 올림픽에서 양궁에 밀려 빠졌지만, 1908년 런던 올림픽에 복수심에 차서 귀환했다. 15개 부문에 200명이 넘는 참가자가 나왔다. 이 대회에 처음으로 트랩 사격이 등장했다. 그후 1928년만 빼놓고 사격은 모든 올림픽에 나왔다. 1928년은 IOC가 아마추어리즘 규칙을 엄격히 적용한 대회였다. 당시 대부분의 뛰어난 사격수들이 여러 대회에서 상금을 받고 총을 쏘았기 때문에 경기가 열리지 못한 것이다.

사격은 활동성보다는 정신적이고 육체적인 평정이 더 필요한 종목이기 때문에, 사격의 올림픽 챔피언들은 다른 종목 선수들보다 배경이 더 다양하다. 1920년 앤트워프 대회에 출전한 스웨덴 선수 오스카 스완은 이전 2번의 올림픽에서 금메달을 땄고, 러닝 디어 종목에서 단체전 은메달을 땄다. 72세의 나이에 올림픽 최고령 메달리스트가 된 순간이었다. (그나저나 사슴은 카드보드지로 만든 움직이는 표적이었다. 이 종목도 안타깝게도 올림픽에서 없어졌다.) 반대로, 1996년에 미국인 킴 로드가 최연소 사격 메달리스트가 되었다. 그녀는 당시 17세였고, 더블 트랩에서 금메달을 손에 넣었다.

1924년에 힌즈 중위는 퍼펙트 스코어를 올리면서 미국의 단체 소총 경기 우승을 도왔다. 오발 사고로 부상을 입은 후에 거둔 성과였다. 심지어 더 놀라운 위업은 헝가리 선수 카롤리 타카치스가 달성해냈다. 1930년대에 그는 톱클래스 권총 사격수였다. 하지만 1936년 베를린 대회에서는 장교들에게만 참가의 문이 열려 있었기 때문에 병장에 지나지 않았던 그는 경쟁에 나가지 못했다. 설상가상으로 1938년에는 수류탄 사고로 오른손이 불구가 되고 말았다. 그는 이에 굴하지 않고 왼손으로 사격하는 법을 배웠으며, 1948년과 1952년 대회 속사 시합에서 금을 따냈다. 프랑스의 세계 챔피언 프랑크 뒤물랭도 비슷한 결기를 보여주었다. 그는 1999년 오토바이 사고로 팔을 다쳤지만, 2000년 올림픽 10미터 공기권총에서 금메달을 목에 걸었다.

2004년 올림픽 사격은 최초의 중신을 섰다. 10미터 공기소총에서 동메달

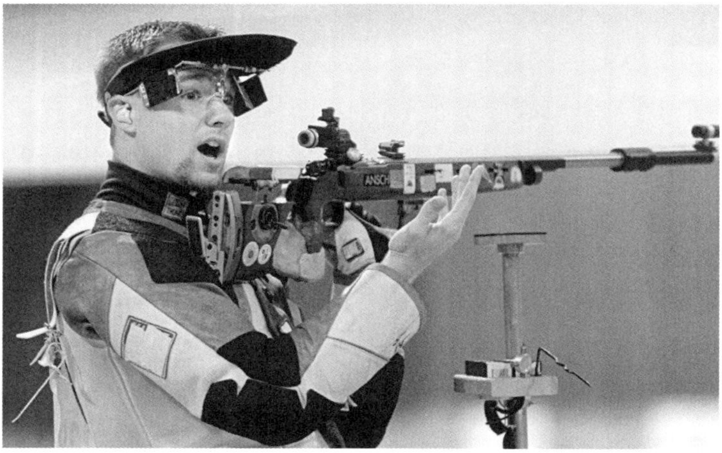

"내가 뭘 어쨌다고?" 2004년 아테네 올림픽에서 엉뚱한 표적을 맞힌 것을 알게 된 매슈 에먼스.

을 딴 카테리나 쿠르코바와 미국인 사격수 매슈 에먼스 사이에 로맨틱한 감정이 싹튼 것이다. 에먼스는 이 올림픽에서 아주 애석한 사연의 주인공이 된 터였다. 남자 50미터 소총 3자세에서 선두 자리를 지키던 그는 마지막 발을 불스아이에 명중시켰다. 하지만 사격 레인을 넘어 상대 선수의 표적에 맞힌 것이었다. 에먼스는 0점을 받았고, 메달도 잃었다. 이 커플은 2007년에 결혼하여, 둘 다 2008년 베이징 올림픽에 돌아왔다. 쿠르코바(이제는 에먼스)가 올림픽에서 첫 금메달을 따냈다. 매슈는 마지막 샷에서 또다시 선두 자리를 빼앗겼고, 은메달 획득으로 시합을 마쳤다.

베이징 올림픽에서 여자 공기소총 부문 은메달과 동메달은 러시아의 나탈리아 포데리나와 그루지아의 니노 살루크바드체가 땄다. 둘은 시상대에서 서로 끌어안고 전쟁을 벌이고 있는 두 나라에 전쟁 중지를 요구했다. 같은 대회에서 61세의 라트비아 사격수 아파나시주스 쿠즈민스는 최초로 올림픽에 8번 참가한 선수가 되었다. 아브히나프 빈드라는 10미터 공기소총에서 인도에 최초의 개인전 금메달을 안겼다. 인도는 그에게 현금 더미와 인도 철도 평생 자유이용권을 주었다. 마지막에 드라마를 비틀었던 선수는 북한의 김종수였다. 그는 남자 50미터 권총에서 은메달, 10미터 공기소총에서 동메달을 땄으나, 약물 검사에서 베타 차단제 프로프라놀롤 양성 판정을 받으며 메달을 박탈당했다.

SWIMMING

수영

2012년 7월 28일~8월 4일

올림픽 파크 아쿠아틱 센터

참가 선수: 850명 | 금메달: 34개

올림픽 참가

남자: 1896년부터 현재까지. 여자: 1912년부터 현재까지.

올림픽 형식

남녀 모두 14차례의 개인 레이스와 3차례의 단체 계영을 치른다.

게임의 강자들

베이징 올림픽에서 미국과 오스트레일리아 선수들이 18개의 금메달을 땄다. 이미 지구인의 범주를 벗어난 마이클 펠프스는 8개의 우승 타이틀을 런던 올림픽에서 방어하려면 꽤나 압박을 받을 것이다. 영국의 2관왕(400미터와 800미터 자유형) 리베카 애들링턴은 이탈리아의 세계 챔피언 페데리카 펠레그리니와의 결투에 휘말려들 것이고, 남자 평영의 제왕 일본의 기타지마 고스케는 올림픽 3회 연속 2관왕을 노린다. 브라질의 세자르 시엘루 필류가 약물 검사 통과에 실패하고 징계가 풀린 후, 남자 자유형 50미터 자유형 타이틀 방어에 나선다. 베이징 올림픽 400미터 챔피언 한국의 박태환도 타이틀 방어와 200미터, 1500미터 자유형에서 금을 노린다.

역대 챔피언

미국: 214개 | 오스트레일리아: 56개 | 동독: 38개

왜 수영을 보는가?

수영은 어느 문화권에서나 즐길 정도로 감각적인 운동이다. 수영과 의식으로 치르는 목욕을 고대 이집트와 아시리아에서는 미술 작품으로 기념한다. 로마인들과 일본의 사무라이, 중세 유럽 기사들의 군사 훈련 지침서에 수

영에 관한 대목이 있기도 하다. 디오니시오스를 위해 수영 경주를 열었던 고대 그리스에서는 수영이 교양의 척도로 여겨졌다. 교육의 기본이 '글자와 수영'이었으니 말 다했지 않은가.
현대의 특급 환경과 경쟁 상황에서 수영은 퍽 달라졌다. 선수들은 어마어마한 심혈관 건강과 근육의 힘, 유연한 우아함과 완벽한 기술을 갖추어야 하는 것이다. 일류 수영 선수는 긴장을 풀고 노력하는 기술에 통달해야 한다. 물과 싸우기 시작하면 스피드와 힘은 달아나버린다. 미국의 위대한 감독인 윌리엄 바크라크가 한번은 말했다. "물에서는 무엇도 폭력으로 또는 갑작스럽게 할 수 없다. 심지어 돌처럼 가라앉기까지도 시간이 걸리는 법이다."

수영 이야기

자기 과신이 특징이던 빅토리아 시대 방식으로 수영 논문을 쓴다면 다음과 같이 서막을 열 수 있겠다. "문명화했건, 문명화하지 않았건 간에 물에서 영국인이 이룬 성취를 능가한 외국인은 어디에도 없다." 현대의 수영 광풍은 조지 왕조 시대 잉글랜드로부터 시작되었다. 당시 귀족들은 바다에 몸을 담그는 행위가 이로운 점과 즐거운 점이 있음을 발견했다. 대중들이 즐기던 수영은 오래지 않아 템스 강과 켄트 해안과 포츠무스 항만을 가로지르는 레이스 종목이 되었다. '프로페서들'이라고 불리는 프로 수영 선수들의 작은 연맹이 생겼고, 그들은 인내심을 발휘한 끝에 구경꾼들을 발견해 다이빙 묘기와 화려한 수영, 호수와 강과 연못에서 펼치는 레이스를 선보였다.
1828년에 세계 최초의 공립 수영장이 리버풀에서 문을 열었다. 영국에는 그 전 50년 동안에도 이미 개인용 풀이 생겨나기는 했지만, 공공 수영장은 수영에 기반이 되는 등뼈와 (1846년 목욕과 세탁장 조례에 이르는 길에 크게 강화된) 척추를 마련해주었다. 이 법안은 지방 공무원들이 가난한 사람들을 위해 세탁장과 목욕탕들을 건설하도록 독려하면서 도시의 위생 수준을 끌어올리려는 노력으로 통과되었다. 대중을 씻기는 가장 경제적인 방법인 커다란 냉탕은 수영할 공간도 제공해주었다. 더 고상한 감성을 지닌 사람들은 일급 수영장을 이용할 수 있었다. 그런 수영장은 좀더 자주 물을 바꾸었다.

1837년에 창설된 영국수영협회는 서펜타인 호수에서 레이스를 열고, 강습 프로그램을 만들기 시작했다. 후계자들은 수영을 더 정연한 기초 위에 세우려 했고, 영국아마추어수영협회(1868년에 설립)는 규정집을 발간하여 오늘날 국제 대회와 올림픽이 기초로 삼고 있는 규칙을 세웠다.

19세기 중반부터 유럽의 상류층 운동 클럽과 학교들이 경영을 벌이기 시작했지만, 1880년대부터 수영은 대중들 사이에서도 세를 확장해나갔다. 수영장이 여러 군데 생겼을 뿐 아니라 수질도 개선되었다. 1875년에 '캡틴' 매슈 웹은 영불 해협을 헤엄쳐 건넌 최초의 인간이 되었고, 세계적인 유명 인사가 되면서 수영에 영웅적인 남자다움의 기운을 불어넣었다. 30년 후에 오스트레일리아 출신의 영화 스타 아네트 켈러먼이 성공을 거두지는 못했지만 웹과 같은 도전을 함으로써 여자들이 수영의 주류에 들어가고, 수영이 올림픽 정식종목으로 들어가는 길을 터주었다.

경기 시작: 수영의 기초

자유형에는 5가지 레이스가 있다. 50미터와 100미터, 200미터, 400미터, 1500미터(여자는 800미터)이다. 자유형을 뺀 다른 모든 종목에는 100미터와 200미터 경기가 있다. 2008년에 최초로 10킬로미터 장거리 레이스가 펼쳐졌다. 2012년 개방 구역의 수영 레이스는 하이드 파크의 서펜타인 호수에서 열린다.

평영

평영은 두 가지 스트로크를 사용한다. 다리를 개구리처럼 차면서 팔로 물을 뒤로 밀어내며 나아가는 수영 방법이다. 4가지 종목에서 가장 오래된 형태인 평영은 고대 미술 작품과 문학에 많이 묘사되어 있으며, 선수는 머리 위로 팔을 뻗치며 수영을 한다. 세월이 흐르면서 선수들은 머리를 최대한 물에 잠기게 하는 방법으로, 즉 잠영으로 스피드를 높여왔다.

1956년 올림픽에서 일본의 금메달리스트 후루카와 마사루는 전 구간을 달리는 동안에 머리를 내밀지 않고 헤엄을 쳤다. 이 방법은 속도를 높여줄지는 몰라도 산소 결핍과 건강 문제를 야기했다. 현대 수영의 규칙에 따르면 손이 한 번 물을 칠 때마다 머리가 반드시 수면 위로 올라와야 한다. 다만 턴을 하고 나서 딱 한 번의 스트로크에는 고개를 내밀지 않아도 된다.

영국의 루시 모튼이 1924년 파리 올림픽 평영 200미터에서 금메달을 따고 있다.

100미터 평영

남자: 58초 91. 기타지마 고스케(일본), 2008년 베이징 올림픽.

여자: 1분 5초 17, 레슬리 존슨(오스트레일리아), 2008년 베이징 올림픽.

200미터 평영

남자: 2분 7초 64, 기타지마 고스케(베이징), 2008년 베이징 올림픽.

여자: 2분 20초 22, 리베카 소니(미국), 2008년 베이징 올림픽

접영

1930년대에 아이오와 주립대학교의 미국인 평영 선수들은 물을 뒤로 밀어내는 게 아니라 양 팔을 머리 위 공중으로 뻗쳤다가 물에 집어넣는 새로운 방법을 실험했다. 당시 새로이 고안되었던 돌핀 킥과 이 방식이 합쳐졌다. 1936년 올림픽에 처음 등장한 접영 영법은 2년이 되지 않아 전통적인 평영보다 빠르다는 것이 증명되었다. 원래 평영에 속해 있다가, 1952년부터는 별도 종목으로 분류되었다.

100미터 접영

남자: 50초 58, 마이클 펠프스(미국), 2008년 베이징.

여자: 56초 61, 잉게 드 브루인(네덜란드), 2000년 시드니.

200미터 접영

남자: 1분 52초 03, 마이클 펠프스(미국), 2008년 베이징.

여자: 2분 04초 18, 류쯔거(중국), 2008년 베이징.

배영

배영은 하늘을 보고 누운 자세로 양 손을 머리 뒤로 휘저어 추진해가는 아주 희한한 방식의 수영이었다. 하지만 1912년 올림픽에서 미국의 배영 선수 해리 헵이 팔을 교대로 쭉쭉 뻗는 영법으로 시합을 압도했고, 그의 방법이 오늘날에도 쓰인다.

1930년대에 오스트레일리아의 수영 선수들은 물 밑에서 팔을 구부리는 것이 쭉 뻗는 것보다 더 나은 방법임을 알게 되었다. 1988년 서울 올림픽에서 일본의 수영 선수 스즈키 다이치와 미국의 데이비드 '블래스트-오프' 버코프는 30미터 지점까지 접영 킥을 구사하면서 잠영으로 시합에 불을 붙였다. 이 기술은 즉시 금지되었다. 오늘날 배영에서 잠영은 전환점을 찍

고 나서 15미터까지만 하도록 제한되어 있다.

100미터 배영

남자: 52초 54, 아론 페어졸(미국), 2008년 베이징.

여자: 58초 77, 커스티 코번트리(짐바브웨), 2008년 베이징.

200미터 배영

남자: 1분 53초 94, 라이언 록티(미국), 2008년 베이징.

여자: 2분 05초 24, 커스티 코번트리(짐바브웨), 2008년 베이징.

자유형(크롤법)

어떤 종류의 스트로크를 해도 상관이 없다. 사이드스트로크로 횡영을 해도 되고, 원한다면 개헤엄을 쳐도 된다. 하지만 앞으로 팔을 뻗치는 크롤법이

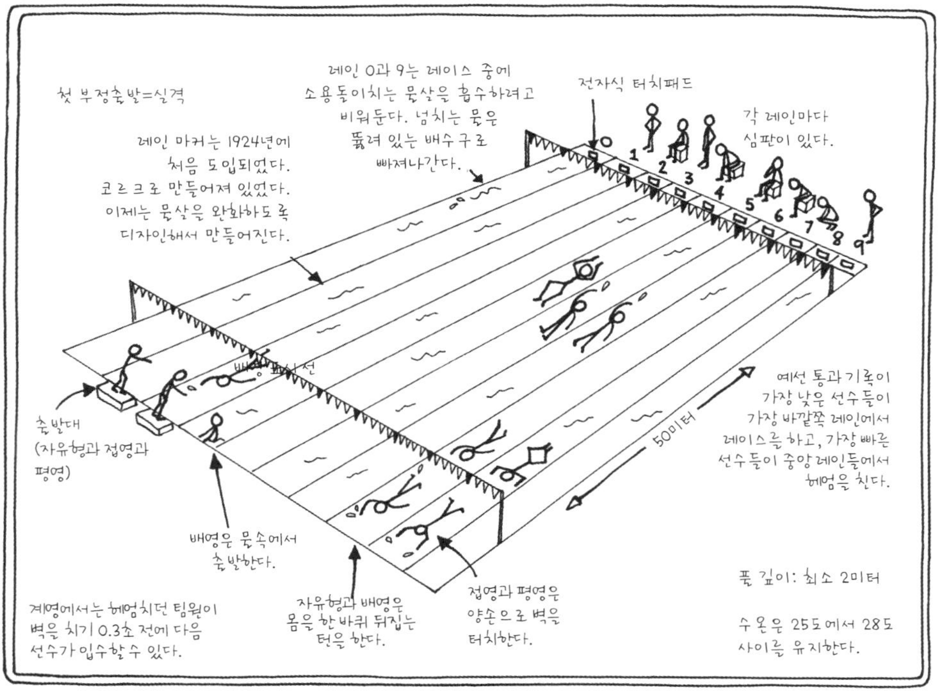

첫 부정출발=실격
레인 0과 9는 레이스 중에 소용돌이치는 물살을 흡수하려고 비워둔다. 넘치는 물은 뚫려 있는 배수구로 빠져나간다.
전자식 터치패드
각 레인마다 심판이 있다.
0
1
2
3
4
5
6
7
8
9
레인 마커는 1924년에 처음 도입되었다. 코르크로 만들어져 있었다. 이제는 물살을 완화하도록 디자인해서 만들어진다.
출발대 (자유형과 접영과 평영)
예선 통과 기록이 가장 낮은 선수들이 가장 바깥쪽 레인에서 레이스를 하고, 가장 빠른 선수들이 중앙 레인들에서 헤엄을 친다.
50미터
배영은 물속에서 출발한다.
풀 깊이: 최소 2미터
계영에서는 헤엄치던 팀원이 벽을 치기 0.3초 전에 다음 선수가 입수할 수 있다.
자유형과 배영은 몸을 한 바퀴 뒤집는 턴을 한다.
접영과 평영은 양손으로 벽을 터치한다.
수온은 25도에서 28도 사이를 유지한다.

가장 빠른 영법이고, 모든 선수가 이 영법으로 경쟁한다. 배영에서와 마찬가지로 올림픽 자유형 레이스에서는 터닝 후 15미터 잠영이 허용된다.

태평양과 남아메리카 쪽에 널리 퍼진 자유형은 1843년에 영국에서 처음 선을 보였다. 전직 장교이자 극단 단장인 랜킨이라는 사람이 오지브와 인디언들을 런던에 데려왔을 적의 일이었다. 폴본 목욕탕에서 그들 중 2명이 런던의 수영 '프로페서들' 중 하나인 해롤드 켄워디와 함께 헤엄을 쳤다. 《타임스》가 "팔로 풍차를 돌리는 것처럼 마구잡이로 물을 내려친다"고 묘사한 물속에서의 쇼를 오랫동안 보여준 후에, 이 아메리카 원주민들은 평영을 하느라고 힘을 그다지 쓰지 않아 쌩쌩한 켄워디에게 보기 좋게 졌다. 멋대가리 없어 보이는 크롤 영법에 영 흥미를 보이지 않던 영국은 평영을 고집했고, 크롤법의 현대화는 미국인들의 몫으로 돌아갔다. 1904년 대회의 미국인 금메달리스트 찰스 다니엘스가 초창기 사례이고, 1912년 올림픽에서는 하와이 출신의 수영선수 듀크 카한모쿠가 식스 킥 기술을 세상에 처음으로 보여주었다. 이 킥 기술은 엉덩이부터 발차기가 시작되어 더 큰 힘을 내는 방법이다.

50미터 자유형

남자: 21초 30, 세자르 시엘루 필류(브라질), 2008년 베이징.

여자: 24초 06, 브리타 슈테펜(독일), 2008 베이징.

100미터 자유형

남자: 47초 05, 에먼 설리번(오스트레일리아), 2008년 베이징.

여자: 53초 12, 브리타 슈테펜(독일), 2008년 베이징.

200미터 자유형

남자: 1분 42초 96, 마이클 펠프스(미국), 2008년 베이징.

여자: 1분 54초 82, 페데리카 펠레그리니(이탈리아), 2008년 베이징.

400미터 자유형

남자: 3분 40초 59, 이언 소프(오스트레일리아), 2000년 시드니.

여자: 4분 02초 19, 페데리카 펠레그리니(이탈리아), 2008년 베이징.

800미터 자유형

여자: 8분 14초 10, 리베카 애들링턴(영국), 2008년 베이징.

1500미터 자유형

남자: 4분 38초 92, 그랜트 해켓(오스트레일리아), 2008년 베이징.

마크 스피츠가 1972년 뮌헨 올림픽 200미터 접영에서 '타셰 드래그'를 극복하고 우승하는 모습.

혼영과 계영

200미터와 400미터, 두 가지의 혼영 경기가 열린다. 선수는 50미터 혹은 100미터를 각각 다른 영법으로 헤엄친다. 선수는 접영과 평영, 배영, 자유형의 순서로 레이스를 해야 한다.

마지막으로 단체 계영이 있는데, 선수들이 돌아가면서 경쟁을 한다. 이 레이스는 4명이 나서서 100미터씩 자유형을 하는 경기와 4명이 나서서 200미터씩 자유형을 하는 경기, 4명이 나서서 100미터씩 혼영을 하는 경기가 있다. 4선수는 개인 부문 혼영과 마찬가지 순서로 각 영법으로 헤엄쳐야 한다.

200미터 개인 혼영

남자: 1분 54초 23초, 마이클 펠프스(미국), 2008년 베이징.

여자: 2분 08초 45, 스테파니 라이스(오스트레일리아), 2008년 베이징.

400미터 개인 혼영

남자: 4분 03초 84, 마이클 펠프스(미국), 2008년 베이징.

여자: 4분 29초 45, 스테파니 라이스(오스트레일리아), 2008년 베이징.

4×100미터 자유형 계영

남자: 3분 08초 24, 미국, 2008년 베이징.

여자: 3분 33초 76, 네덜란드, 2008년 베이징.

4×200미터 자유형 계영

남자: 6분 58초 56, 미국, 2008년 베이징.

여자: 7분 44초 31, 오스트레일리아, 2008년 베이징.

4×100미터 혼영 계영

남자: 3분 29초 34, 미국, 2008년 베이징.

여자: 3분 52초 69, 오스트레일리아, 2008년 베이징.

관전 포인트

좋은 수영복과 기록

근년에 올림픽과 세계 수영의 기록은 볼링 핀이 쓰러지듯 쏟아져 내렸다. 25개의 세계신기록이 2008년 올림픽 때 작성되었고, 2009년 세계선수권대회에서는 43개가 나왔다.

기술과 영양, 훈련도 큰 역할을 했지만, 지배적인 의견은 새로운 수영복과 풀 테크놀로지(pool technology)가 수영을 한 단계 다른 영역으로 이끌었다는 것이었다. 폴리우레탄으로 만든 전신 바디 수트는 선수의 몸 형태를 바꾸고 '드래그' 현상을 크게 줄여주었다. 워낙 논란이 커진 나머지, 국제수영연맹이 2010년에 이 수영복을 금지했다. 베이징과 2012년 런던을 비교해보면 흥미로울 것이다. 이 단명한 수영복 기술이 어떤 의미가 있었는지 런던 올림픽에서 확인해보라.

수영 장비의 역사

19세기 이전 중세 기사와 사무라이 전사들은 갑옷을 입고 물장구치는 법을 배워야 했다. 하지만 대부분 알몸으로 수영했다.

20세기 초반 니트로 짠 원피스 수영복이 표준이었다. 체면은 세워줄지 모르나, 수영을 하기에는 엄청나게 무거운 수영복이었다.

1924년 실크 수영복이 파리 올림픽에서 처음 나왔다.

1956년 남자 나일론 수영 반바지가 멜버른에 도착했다. 오스트레일리아 남자 선수들은 몸의 털을 면도한 최초의 올림픽 선수들로 알려져 있다. 사소하게 드래그를 내는 영향이 있었지만, 심리적으로 긍정적인 효과가 있었다.

1976년 몬트리올에서 선수들은 고글 착용을 처음으로 허용받았다. 페르시아가 3000년 전에 거북딱지로 만든 고글을 선보인 적이 있다. 최초의 현대판 고글은 1930년대에 가이 길패트릭이라는 사람이 비행사 고글에 창문 접합제를 발라서 방수를 해보려 했던 제품이다.

1980년대 나일론과 라이크라가 수영에서 대세가 되었다. 남자 선수의 기다란 수영복 바지가 처음 나왔다.

2004년 아테네 대회에서 올인원 바디 수트가 처음으로 등장하다.

2010년 국제수영연맹이 폴리우레탄 올인원 바디 수트를 금지하다.

전술

수영 단거리는 폭발적인 스타트와 절대적인 집중력이 필요하고, 레이스의 대부분을 거의 전력질주해야 한다. 더 긴 레이스는 전술적으로 좀더 복잡하다. 일부 선수는 처음부터 선두에서 헤엄치는 것을 좋아하며, 에너지를 아껴두었다가 선두주자들을 추월하기를 선호하는 선수들도 있다.

선수들 각자의 특기가 있게 마련인데 혼영은 선수들이 크게 리드하거나 반대로 리드를 빼앗기는 상황을 지켜보는 재미가 단일 스트로크 경기보다 많은 편이다.

힘의 바지: 1904년 세인트루이스 대회의 2관왕인 독일의 에밀 라우쉬.

이 모든 종목에서는 턴할 때의 부드러움과 스피드가 관건이다. 또 선수가 각 구간에서 헤엄치기 시작할 때 허용되는 잠영 활강과 스트로크에 힘과 스피드를 쏟아 넣는 모습도 유심히 보라.

올림픽에 간 수영

풀을 원했지만 돈이 쪼들렸다. 그리하여 첫 근대 올림픽의 조직자들은 아테네 남쪽의 제아 만의 얼음처럼 찬 물에서 4개 종목 레이스를 펼쳤다. 2만 명의 관중이 헝가리 선수 알프레드 허요시가 2관왕을 차지하는 광경을 지켜보았다. 그의 아버지는 그가 어린아이였을 적에 다뉴브 강에서 익사했다. 몹시 힘겨웠을 텐데, 허요시는 회상했다. "얼음 같은 물이 우리 내장을 자를 것처럼 파고들었다. (……) 나의 의지는 이기겠다는 욕망을 완전히 넘어서버렸다. 나는 확고한 결의로 물을 갈랐고, 내 뒤로 배들이 다가와 몸이 무감각해져 싸우기를 포기한 선수들을 건져 올릴 때가 되어서야 진정되었다."

1900년 파리에서는 탁한 센 강의 물에서 두 가지 단발성 레이스가 펼쳐졌다. 잠영 레이스에서 선수들은 60미터까지도 물에 잠겨 헤엄을 쳤고, 1미터를 잠영으로 갈 때마다 2점의 보너스를 받았다. 물 밑에 잠겨 있는 1초마다 1점이 추가되기도 했다. 프랑스 선수인 샤를 드방데비유가 금메달을 따갔다. 흥미롭게도 덴마크의 동메달리스트 리케베르그는 사실 드방데비유보다 거의 30초나 오래 헤엄을 쳤는데, 물에서 앞으로 나가지 않고 맴돈 결과였다. 한편 수영 장애물 경기에서 선수들은 봉을 넘고 줄지어 선 보트들 사이를 나아갔을 뿐 아니라 줄지어 선 배들 사이를 강물의 흐름에 대항하여 헤엄쳤다. 승자인 오스트레일리아의 프레더릭 레인은 금메달 대신에 23킬로그램에 달하는 청동 말을 선사받았다. 좀더 일반적인 종목에서 이 대회의 스타는 존 자비스였다. 그는 "어찌나 뚱뚱한지……. 가슴이 여자처럼 처졌지만, 강한 어깨와 어마어마한 허벅지를 가지고 있었다"고 묘사된 선수였다.

1904년 세인트루이스 올림픽, 박테리아로 그득한 보트 놀이 호수에서 50야드 자유형 레이스는 미국의 J. 스콧 리어리와 헝가리의 졸탄 하마이의 경쟁으로 좁혀졌다. 하마이가 시작부터 끝까지 앞서 나가는 것처럼 보였다. 하지만 결승선에서 멀찌감치 떨어져 앉아 있던 미국인 심판들이 그가 결승선을 끊지 않고 조금 앞에서 멈추어버렸다고 주장했다. 물에서 나온 리어리는 이 헝가리 선수가 진로를 방해했다고 주장했다. 논쟁은 이내 양 선수와 진행위원들의 몸싸움으로 악화되었고, 다시 수영을 해서 승부를 가리자는 쪽으로 모든 당사자가 합의에 이르면서 해결을 보았다. 두 번의 부정 출발로 분위기가 더욱 초조해진 상황에서 하마이가 금을 따갔다.

1908년 런던 올림픽에서는 대회를 위해서 최초로 특별 제작한 풀이 선보였다. 100야드 길이였으며, 화이트 시티 스타디움 육상 트랙 안쪽에 설치한 수영장이었다. 이 대회는 영국 선수들이 수영 메달 순위표의 꼭대기를 차지한 최초이자 최후의 대회였다. 1912년 스톡홀름 올림픽에서 사라 '파니' 두랙이 오스트레일리아에 금메달을 안겨주었고, 영국 여자 선수들은 계영에서 금메달을 땄다. 계영에서 동메달을 딴 오스트리아 단체 팀은 전원이 유대인이었다. 빈과 중부 유럽 전역에서 수영은 현대적이고 남성적인 유대교를 상징하게 되었다. 물에 몸을 담그기에는 너무도 조심성이 많다는 전형적인 유대인 이미지, 운동과는 거리가 멀다는 이미지에 반격을 날린 일대 사건이었다.

양차대전 사이에 미국의 수영이 세계 지배 체제로 돌입하기 시작했다. 자금이 풍부한 대학 프로그램과 온갖 수중 스포츠에 대한 열풍 덕분이었다. 해안에 자리 잡은 남부 캘리포니아 대도시의 오락거리가 된 점도 한몫했다. 1920년 앤트워프 대회의 수영 스타는 하와이 사람인 듀크 마한모쿠였다. 서핑을 개발하고 대중화한 공로로 가장 잘 알려진 사람이다. 앤트워프 올림픽에서 그는 1912년 스톡홀름에서 따낸 2개의 금메달에 금과 은을 1개씩 추가했다. 혁신적인 자유형 펄럭 발차기 법에 힘을 받은 결과였다. 그는 1924년 파리 올림픽에서 은메달을 땄고, 서퍼와 할리우드 배우, 호놀룰루 보안관으로 바삐 활동했다. 그는 파리에서 3개의 금메달을 따내고 1928년 암스테르담 올림픽에서 2개의 금메달을 더 딴 조니 웨이스뮬러에게 패했다. 웨이스뮬러 자신도 암스테르담 대회 후에 할리우드로 향했다.

다음 수영의 실세는 일본이었다. 일본은 1920년에 올림픽 수영에 처음으로 출전했다. 결과는 참혹했다. 19세기의 사무라이 수영 전통에 입각하여 훈련했으나 전혀 경쟁력이 없었다. 일본에서는 야단법석이 일어났다. 그리고 이내 현대화가 휩쓸고 지나갔다. 개척적이고 정교한 스트로크 분석이 뒤따랐고, 강철 같은 전사 훈련과 좋은 시설이 조합되었다.

1932년 일본은 준비된 나라였다. 그들은 남자 부문에 걸린 6개 금메달 가운데 5개를 쓸어갔고, 100미터 배영에 걸린 메달 3개는 모조리 휩쓸었다. 감독은 중요한 것은 테크닉만이 아니라고 주장했다. “우리 선수들은 우리 민족의 정신으로 가득 채워져 있다. (……) 우리의 우월성은 이 점에 기인한다고 할 수 있다”는 주장이었다. 베를린 올림픽에서 일본 남자 선수들은 3개의 메달을 또 땄고, 200미터 평영에서 마에하타 히데코는 수영 금메달을 최초로 따낸 일본 여자 선수가 되었다. 1948년에 일본은 전후 첫 올림픽에 참가를 거부당했다. 이 행성에서 가장 빠른 수영 선수, 위대한 후루하시 히로노신이 시합에서 경쟁할 수 없게 되었다는 의미였다.

미국 선수들은 1932년 대회에서 전멸한 후에 1936년에는 나아졌다. 금메달 유망주 엘리노어 홈이 대서양을 건너는 동안에 술에 취해 난동을 부리고 팀에서 쫓겨나지만 않았다고 해도 더 나은 성적을 거두었을 것이다. 하지만 제2차 세계대전이 끝나고 나서 미국은 금밭을 휩쓸었다. 1948년에는 금메달 11개 중 8개를 땄고, 1952년에는 12개 중에서 10개를 따갔다. 미국인이 아닌 드문 챔피언이 장 부아토였다. 부아토의 아버지는 안절부절못하다가 아들이 400미터 자유형에서 승리를 따내자, 그만 옷을 다 입은 채로 풀로 뛰어들었다.

1950년대와 1960년대, 1970년대 초반을 거치면서 미국은 수영 세계를 장악했다. 오스트레일리아만이 간간히 도전자로 나섰다. 뮌헨 올림픽에서 마크 스피츠가 따낸 7개의 금메달은 개인적인 영광이기도 했고 미국의 패권을 가늠하는 척도이기도 했다. 하지만 1970년대에 동독 수영이 부상했고, 약물의 힘을 빌려 20년간의 최고 수준 경쟁에서 풀에 걸린 38개의 금메달을 쓸어 담았다. 여자 선수들이 특히 강했다. 1976년 몬트리올에서 코르넬리아 엔더는 8개의 메달을 땄다. 그중 4개가 금메달이었다. 1988년 서울에서는 같은 독일인인 키르스틴 오토가 금메달 6개를 따냈다.

유럽 공산주의가 종말을 맞은 후에 미국이 수영 최강국의 자리를 되찾았다. 다만 오스트레일리아와 중국, 네덜란드의 도전이 완강하다. 그리고 근년에는 영국 팀도 한층 강해졌다. 중국 여자 선수들이 한동안 특히 강한 면모를 보였다. 하지만 현재 훨씬 엄격하게 강화된 도핑 테스트에 크게 곤혹을 겪고 있다.

할리우드의 올림픽 타잔들

많은 배우가 텔레비전과 영화에서 '정글의 왕 타잔'을 연기했다. 하지만 혹백 고전영화의 시대에 타잔은 올림픽에 출전한 4명의 미국인이(그중 2명은 수영 선수) 그려냈다.

다이빙은 그의 장기가 아니었다. 〈타잔-조니 웨이스뮬러 편 4〉에 출연한 올림픽 챔피언 조니 웨이스뮬러.

조니 웨이스뮬러 1924년과 1928년 수영 금메달리스트로, 1932년에 타잔을 연기하고 1948년까지 계속 타잔 역할을 맡았다. 그가 연기한 타잔은 다이빙을 보여주었을 뿐만 아니라, 저 유명한 "아아아아아~" 포효 소리도 발명해서 독특한 개성을 부여했다.

버스터 크래브 1928년 올림픽 수영에서 동메달, 1932년에는 금메달을 땄으며, 경쟁 영화사에서 타잔으로 캐스팅되었다. 12편의 영화를 찍기로 되어 있었으나 중도에 그만두고, SF 영화인 〈플래시 고든〉의 주인공으로 출연했다. 훗날 〈아마겟돈 서기 2319년〉이라는 영화에서 주인공 벅 로저스로 출연하기도 했다.

허먼 브릭스 1928년 올림픽 사격 은메달리스트도 타잔에 캐스팅되었으나, 어깨가 부러져 웨이스뮬러에게 역할을 빼앗겼다. 그는 1935년에 다시 기회를 얻어 〈타잔의 새로운 모험〉에 출연했고 1938년 속편인 〈타잔과 녹색 여신〉에도 나왔다. 그러고는 이름을 빌 베넷으로 바꾸고 20년 정도 더 타잔 역할을 했다.

글렌 모리스 1932년 대회에서 10종 경기 금메달을 딴 선수로, 1938년에 〈타잔의 복수〉(글렌 모리스 편)을 만들었다. 그의 연기는 호된 평가를 받았고, 그는 지체 없이 보험 판매원으로 직업을 바꾸었다.

골드러시: 10명의 위대한 올림픽 수영 선수들

10인의 위인(올림픽 출전 순서대로)

1. 찰스 대니얼스, 미국(금메달 5개, 은메달 1개, 동메달 2개)

당대 최고의 수영 선수였으며 윤택한 은행가로서 헤엄치기를 몹시 좋아하고 골프에도 퍽 능했던 사람이었다. 올림픽에 1904년, 1906년, 1908년 3회 연속 출장했고, 전 대회에서 금메달을 땄다. 강력한 식스 비트 킥을 올림픽에서 최초로 완수한 선수이기도 하다.

2. 돈 프레이저, 오스트레일리아(금메달 4개, 은메달 4개)

3회 연속 올림픽(1956년, 1960년, 1964년)에서 금메달을 땄고, 여자 선수 최초로 100미터 자유형을 1분 이내로 주파했다. 1964년 도쿄 대회에서 천황궁 밖에 걸린 오륜기를 훔치는 바람에 때 이르게 선수 경력을 마감했다. 천황은 그녀를 용서하고 기를 주었지만, 오스트레일리아 수영 당국이 그녀의 출전을 금지했다.

3. 마크 스피츠, 미국(금메달 9개, 동메달 1개)

1968년 멕시코 올림픽에서 2개의 금메달을 따내며 떠오른 별로, 스피츠는 1972년 뮌헨 대회에서 화려한 헤어스타일과 시대를 풍미한 콧수염을 달고 나타났다. 그는 불같은 선수생활을 마치고 22세에 은퇴해버렸다. 그리고 한창 떠오르던 유명세를 발판으로 매우 안락한 생활을 누렸다. 그는 치과의사이기도 했다.

4. 코르넬리아 엔더, 동독(금메달 4개, 은메달 4개)

고작 13세에 엔데는 1972년 뮌헨 올림픽에서 단체 은메달 3개를 따냈다. 스테로이드로 힘을 키운 후에 몬트리올에서 시합을 휩쓸었다. 4개의 금메달과 1개의 은메달을 목에 걸었다.

5. 대라 토레스, 미국(금메달 4개, 은메달 4개, 동메달 4개)

1984년에서 2000년까지 금메달 4개와 은메달 1개, 동메달 4개를 땄다. 하지만 그녀의 가장 경이로운 경기는 2008년 베이징에서 펼쳐졌다. 토레스는 41세에 올림픽에서 헤엄친 최초의 40세 이상 선수였다. 계영에서 은메달 2개를 땄고, 50미터 개인 자유형에서 은메달을 땄다. 0.01초 차이의 석패였다.

6. 크리스치나 에게르세기(금메달 5개, 은메달 1개)

에게레세기는 헝가리의 최고로 위대한 수영선수이고, 국가적 영웅이다. 1988년 서울 올림픽에서 금을 캐고 금의환향할 그녀에게 해설가 타마스 비트레이가 한 말은 대중들에게 깊이 각인되었다. "어서 오라, 귀여운 쥐여, 어서 오라, 어린 소녀여."

7. 게리 홀 주니어, 미국(금메달 6개, 은메달 3개, 동메달 2개)

현대 수영에서 가장 자신만만하고 요란했던 성격의 홀은 3차례 올림픽에서 금메달을 땄다. 레이스 전에 복싱 선수 가운을 입고 섀도우 복싱 모양을 취하는 것이 트레이드마크였다. 1998년에 마리화나 흡연 혐의로 1년간 출장 금지 처분을 받았고, 은퇴한 후에 상어 공격으로부터 여동생을 구출했다. 홀은 단념할 때까지 그 물고기의 머리에 주먹을 날렸다고.

8. 에이미 밴 다이켄, 미국(금메달 6개)

1996년 올림픽에서 금메달 4개, 2000년 올림픽에서 2개를 따냈다. 폐를 강화하려고 수영을 시작했던 천식 환자로서는 나쁘지 않은 성적이었다.

9. 이언 소프, 오스트레일리아(금메달 5개, 은메달 3개, 동메달 1개)

2000년 시드니 올림픽에서 금메달 3개를 땄고, 2004년에는 2개의 금메달을 목에 걸었다. 그리고 400미터 자유형 예선전 출발대에서 떨어져서 실격을 당하지 않았으면 거의 확실히 6번째 금메달을 목에 걸었을 것이다. 오스트레일리아와 아시아에서 두루 큰 인기를 누린 그는 후원사인 아르마니에 더 많은 시간을 바치려고 2006년에 수영을 그만두었다. 하지만 2012년에 런던 올림픽 출장 여부가 주목되는 선수이다.

10. 마이클 펠프스, 미국(금메달 14개, 동메달 2개)

이 '볼티모어 총알'은 따질 것도 없이 역사상 가장 위대한 수영 선수이다. 그는 단 2차례 참가한 올림픽에서 메달 16개를 따냈다. 2008년 베이징에서 딴 8개의 금메달 중에 7개에는 세계 신기록이 동반되었다. 대단히 힘겨운 훈련 일정을 소화하기 위해 필요한 그의 풍성한 아침 밥상도 그가 어느

볼티모어의 총알: 2004년 아테네에서 마이클 펠프스.

대학교 남학생 사교클럽 파티에서 마리화나 물파이프를 빨아들이던 장면만큼이나 언론을 많이 탔다. 세계의 각 블로그들은 그가 파이프를 빨아들이는 힘에 경의를 표했다.

SYNCHRONISED SWIMMING
싱크로나이즈드 스위밍

2012년 8월 5일~9일

올림픽 파크 아쿠아틱 센터

참가 선수: 104명 | 금메달: 2개

올림픽 참가

1952년과 4차례 올림픽에서 시범경기. 1984년부터 현재까지 정식종목.

올림픽 형식

싱크로나이즈드 스위밍은 1984년에 솔로와 듀엣이 참가하는 종목으로 닻을 올렸고, 1996년에는 단체 경기만 치렀으며, 2000년부터 듀엣과 단체 부문 경기를 한다. 리듬체조와 마찬가지로, 싱크로나이즈드 스위밍도 여자 선수만 참가하는 올림픽 스포츠이다.

게임의 강자들

2가지 종목에서 금메달로 향하는 관문에서 러시아 팀을 물리쳐야 한다. 또 다른 강국은 캐나다, 미국, 프랑스가 있고, 스페인과 중국, 오스트레일리아도 만만치 않은 도전자들이다.

역대 챔피언

러시아: 6개 | 미국: 5개 | 캐나다: 3개

싱크로나이즈드 스위밍을 왜 보는가?

벤저민 프랭클린은, 누가 모르겠는가만, 비범한 인물이었다. 발명가이자 과학자이자 문장가이자 미국 독립선언서 서명인이자 미국 우정장관이자 프랑스 대사였다. 여가 시간에 그는 열심히 수영을 즐겼으며, 한때는 수영 코치가 되어볼까 생각에 잠긴 적도 있었다. 미국인들에게는 다행스럽게도 프랭클린은 더 중요한 일들에 집중했다. 하지만 수중 활동을 추구한 것도 상당히 의미가 있어서 그는 현재 수영 국제 명예의 전당 회원이다. 그는 오리발을 나름대로 설계했으며, 내친 김에 카이트 수상 스키의 초창기 형태를 만들었다. 또 1726년에 런던에서 '볼거리 수영'을 선보이기도 했다.

"모인 사람들의 요청으로 나는 옷을 벗고 강물에 뛰어들었다. 첼시 근처에서 블랙프라이어스까지 헤엄쳐 가는 길에 물 위에서나 아래에서나 여러 가지 솜씨를 부렸는데, 그게 신기했던지 많은 사람들은 놀라워할 뿐 아니라 즐거워했다. 나는 어릴 적부터 이런 식의 수영이 더없이 즐거웠으며, 쉽고 우아하며 동시에 유용할 수 있도록 나름대로 몇몇 요소를 덧붙이기도 했다. 당시에 이 모든 것을 모인 사람들에게 시연한 셈이었고, 그들의 감탄에 대단히 영광스러운 마음이 들었다."

다음 200년쯤 되는 세월에 수중 발레 선수들과 비슷하게 수중 예술의 형태를 연기한 선수들의 기록이 간간히 나온다. 하지만 스포츠로서 수영은 오랫동안 우아한 동작보다는 속도를 요하는 경기였다. 이런 활동의 직계 후예인 싱크로나이즈드 스위밍은 1984년 로스앤젤레스에서 올림픽 무대에 등장했다. 여자들만 출전하는 경기였다. 사실 남자 선수들은 이 스포츠에서 최근에야 경합을 벌이고 있으며 올림픽 경기에는 아직 참가하지 못

설상가상. 아네트 켈러먼이 1910년 매사추세츠 주에서 노출 혐의로 체포당하고 있다.

하고 있다.
손발이 오글거리는 느끼한 미학과 주관적 채점에 의존한다는 점에 조롱이 쏟아지는 종목이기는 하지만, 둘 다 싱크로나이즈드 스위밍을 들여다보지 말아야 할 이유는 되지 못한다. 싱크로나이즈드 스위밍은 무자비하게 지난한 경쟁을 벌이는 종목이며, 어마어마한 힘과 민첩함, 완벽한 타이밍과 거대한 허파가 필요한 운동이다. 그렇다. 수영복은 한없이 반짝거리고, 붙박인 미소는 부담스럽기 이를 데 없기는 하지만, 그런 요소는 할리우드 뮤지컬과 사촌 사이인 종목에는 당연한 요소이다. 그리고 누군들 가슴속 저 깊은 곳에서는 〈송 앤드 댄스〉의 연기를 사랑하지 않겠는가?

싱크로나이즈드 스위밍 이야기

싱크로나이즈드 스위밍 이야기는 아네트 켈러먼과 더불어 시작된다. 때로 '남태평양의 비너스'라고 불리듯이 말이다. 1887년에 오스트레일리아 뉴사우스웨일스의 중산층 가정에서 태어난 켈러먼은 십대 시절 수영계에 센세이션을 일으켰다. 단거리와 장거리 수영 기록을 깨뜨렸으며, 1903년에 멜버른 수족관의 한 유리 물고기 어항에서 인어공주 역할을 연기하며 보드빌 배우로도 발을 내디뎠다. 그녀의 명성과 악명은 영불해협을 헤엄쳐 건너는 최초의 여자가 되려고 3번 시도하면서 자라났다. 비록 성공을 거두지는 못했지만, 용감한 노력 덕분에 그녀 자신과 혁명적인 원피스 수영복에 언론은 엄청난 반응을 보였다.
그녀는 이제 미국으로 향했고, 1907년에 뉴욕 히포드롬의 커다란 유리 탱크 안에서 연기를 했다. 매사추세츠 주 해안에 원피스 수영복을 입고 나타났다가 풍기문란으로 체포를 당하기도 했다. 이는 여자들을 위한 수중 스포츠와 패션을 민주화하려 했던 켈러먼의 평생에 일어난 여러 사건 중 하나였을 뿐이다. 당연한 수순으로 할리우드가 손짓을 보냈고, 1911년에 켈러먼은 첫 영화에 출연했다. 다소 빤하게도 〈인어공주〉라는 영화였다. 수중 모험은 〈넵튠의 딸〉(1914년)과 〈신들의 딸〉(1916년)에서도 뒤따랐다. 뒤의 영화는 할리우드 최초로 100만 달러의 예산을 들인 영화였다.
수중 발레에 대한 할리우드의 열광은 1920년대 중반에 메말라버렸지만, 켈러먼이 개척하고 대중화시킨 수중 체조 스타일은 북미를 가로지르며 여성용 수영 클럽에서 새로운 보금자리를 찾았다. 수영 감독이었던 캐서린 커티스는 위스콘신 주립대학교에 재학 중일 때 수중 연기에 최초로 음악을 결합하는 실험을 한 사람이었다. 그녀는 1923년 시카고 대학교에 수중 발레 클럽을 창설했다. 1939년에 시카고에서는 최초로 기록된 수중 발레 시합이 열렸다. 시카고 교사들의 대학교(커티스가 감독)와 라이트 주니어 칼리지 사이에 벌어진 경기였다.
미국의 대학교들과 아마추어 스포츠 클럽들이 이런 형태의 수영이 스포츠로 발전할 수 있는 장소를 마련해주었다면, 이 스포츠의 미학과 커져가는 인기는 할리우드와 대중 희가극 보드빌이 뒷받침해주었다. 1934년에 커티스의 제자 60명이 시카고 세계박람회에서 '현대의 인어공주들'이라는 주제로 공연을 했다. 공연의 사회자였던 올림픽 수영 금메달리스트 노먼 로스는 그들의 연기를 묘사하려고 '싱크로나이즈드 스위밍'이라는 말을 썼다. 신조어가 탄생했고, 그 이름으로 전미체육연맹은 1941년에 이 스포츠를 경쟁 종목으로 받아들였다.
시카고 공연을 극찬하는 리뷰에 혹해 보드빌 사업가인 빌리 로즈는 1937년 오대호 세계박람회에서 〈아쿠아케이드〉를 무대에 올리도록 부추겼다. 성공에 고무 받은 로즈는 그 길로 한층 더 사치스러운 버전을 1939년 뉴욕 세계박람회에서 무대에 올렸다. 쇼를 위해 특별히 지은 1만 1000석 규모의 실외 원형 극장에서 열린 〈아쿠아케이드〉는 완전한 오케스트라를 동반했으며, 올림픽 수영 금메달리스트인 웨이스뮬러와 엘리너 홈이 주연을 맡았을 뿐만 아니라 이들 외에도 수백 명이 참가했다. 쇼는 수영의 형식에 높은 다이빙대의 우스꽝스러운 광대 짓을 덧붙이고 싱크로나이즈드 다이빙을 배합해 폭발적인 성공을 거두었다. 샌프란시스코로 옮겨가서는 주연이 새로운 스타인 에스더 윌리엄스로 바뀌었다.

백만 불짜리 인어공주: 1952년 〈백만 불짜리 인어공주〉에서 주연을 맡은 에스터 윌리엄스.

윌리엄스는 최고 수준의 수영 선수였지만 1940년 올림픽이 취소되어 출전할 수가 없는 상황이었다. 〈아쿠아케이드〉는 선택할 수 있는 최선의 일자리처럼 보였다. MGM 사의 스카우트들은 그녀에게 감명을 받고 계약을 했으며, 로맨틱 코미디와 살랑살랑한 뮤지컬, 가벼운 드라마 영화에 그녀를 출연시켰다. 1952년에 윌리엄스는 수중 뮤지컬 장르의 결정판이 된 영화 〈백만 불짜리 인어공주〉에서 주연을 맡았다. 총천연색 물을 그린 테크니컬러의 향연인 이 영화는 주제에 완전히 조응했다. 그러니까 아네트 켈러먼의 전기 영화였던 것이다. 버스비 버클리의 안무에 맞추어, 수영장 미끄럼틀과 서퍼들과 강의 정령들을 배경으로 윌리엄스는 흥에 겨워 춤을 추며, 예술적인 수영 선수 이미지의 결정판을 선사했다. 얼마나 까다로운 연기를 하고 있는지 생각하면 힘 들이지 않고 결함 없이 만들어진 동작이었다. 금색 옷이며 티아라 왕관, 체리빛 붉은색 립스틱들이 화려하게 등장한다. 대중은 이 영화를 사랑했고, 이듬해의 〈데인저러스 웬〉 같은 에스더의 후속작에 몰려들었다.

윌리엄스는 1960년대 초반에 은퇴했고, 10년이 지나고 극장 싱크로나이즈드 스위밍의 시대가 다시 돌아왔다. 안무가는 찰리 필립스였다. 1970년대 중반에 필립스는 극단을 조직했고, 그들은 〈그레이트 머펫 케이퍼〉라는 영

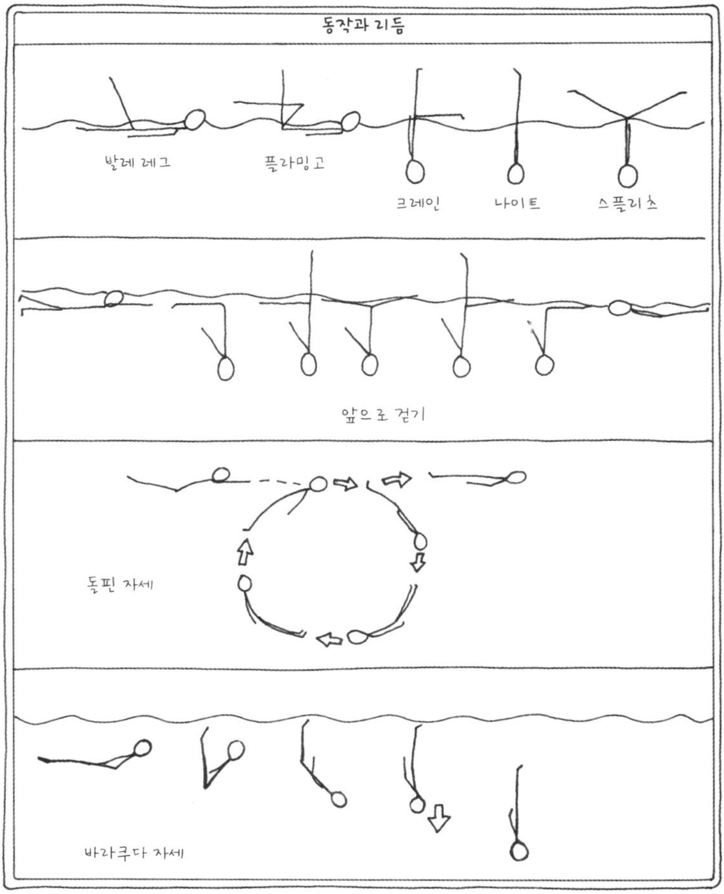

화에서 미스 피기와 함께 춤을 추면서 절정의 인기를 누렸다. 그리하여 다음 세대의 젊은 미국인 여자들이 이 스포츠로 들어가는 길을 확실히 닦아 놓았다.

경기 시작: 싱크로나이즈드 스위밍의 기초

싱크로나이즈드 스위밍은 경쟁 무용의 형식을 띤다. 게임에서 선수들은 각기 시간이며 음악에 맞추어 움직이며, 다양한 스트로크와 비틀기, 회전 동작, 리프트 동작을 연기해야 한다. 참가 선수들은 3미터 깊이의 풀장 바닥을 건드리면 안 되며, 스컬이라고 부르는 동작(손으로 작게 물을 젓는 동작)과 에그비터 스트로크(다리로 물을 젓는 동작)을 조합하여 계속 물 위에 떠 있어야 한다.

춤춰볼까요?:경쟁의 방식

올림픽 시합은 2명의 댄서(듀엣)와 8명으로 이루어진 단체 팀 부문이 있다. 2경기에서 참가자들은 필수적인 기술 요소를 연기하는 종목과 자유 연기 종목에서 경기를 벌여야 한다. 각각 4분가량 진행한다. 기술 종목은 정해진 동작들과 리프트를 수행하며, 자유 부문에서는 선수들이 안무를 창안하여 연기한다.

예술과 수학: 심판하고 채점하기

각 연기 종목은 10명의 심판이 채점을 매긴다. 기술과 자유 종목 공히 5명은 기술 점수를 매기고, 5명은 예술 점수를 매긴다. 기술 점수의 기준은 동작의 통일성, 연기의 움직임, 난이도의 정확성이다. 예술 점수의 기준은 방대하고도 세세한 규정을 두었으나 그래도 분명치 않은 상태로 남아 있다. 많은 기준이 있지만, 보기 좋은 재간과 창의성, 음악과의 느낌이 있다.

심판 5명이 점수를 매기면, 최고 점수와 최저 점수를 뺀 남은 세 점수로 평균을 낸다. 기술과 자유 부문 둘 다 5명의 심판이 기술과 예술 점수를 각각 매기는 것이다. 최종 점수는 기술 점수를 6으로 곱하고 예술 점수를 4로 곱해서 나온 점수를 더해 얻는다. 그리하여 단체나 듀엣 시합에서 얻은 총점은 두 연기 종목의 점수를 합산해서 정하는데, 여기서는 자유 부문의 점수를 기술 부문의 점수보다 더 높은 비율로 반영한다. 자유 부문 점수를 0.65배로 곱하고, 기술 부문 점수는 0.35배로 곱한 점수를 합산해서 최종 점수를 내는 것이다. 모두 이해가 가는가?

관전 포인트

데크에 선 선수들 보기

연기는 풀장 옆에서 정교하게 안무한 동작과 다이빙으로 시작한다. 이것을 데크워크라고 부르며, 이 동작은 동시에 실시할 필요가 없다. 보기에는 멋지지만, 심판들은 데크워크를 채점에 반영해서는 안 된다는 지침을 받는다.

고글은 노!

수영복과 젤라틴(머리를 고정시키기 위해 쓰는 것) 외에 착용해도 되는 유일한 장비는 코에 끼우는 집게뿐이다. 싱크로나이즈드 스위밍 선수들은 수경의 도움 없이도 물 밑에서의 복잡한 동작을 놀랍게도 잘해낸다.

동작과 리듬

모든 싱크로나이즈드 스위밍 연기에는 세 가지 주요한 구성요소가 있다. 자세와 움직임과 리프트이다. 자세는 일반적으로 어떤 식으로든 허공에 다리를 드러내는 것이다. 심판은 연기 동작의 정확도와 일치성을 살펴본다. 움직임이란 선수들이 앞으로 나아가는 동작 혹은 바라쿠다같이 우아하게 물 밑으로 하강하게 해주는 구조화된 자세를 가리킨다. 물 밑에는 스피커가 있어서 선수들이 서로 타이밍과 음악을 맞추도록 도와준다.
싱크로나이즈드 스위밍에서 가장 극적인 요소는 리프트이다. 모든 리프트에는 정해진 기본이 있다. 중심이 되어 리프트를 시행할 선수가 있어야 한다는 것이다. 거기에 리프트를 위해 세운 기초 뒤에서 올려질 가벼운 선수가 있다. 나머지 선수들은 그 주변에서 헤엄을 치면서 올라갈 선수를 물 밖으로 들어 올린다. 올라갔던 선수는 리프트 동작 말미에 힘을 모아 곡예 같은 연기를 펼치기 쉽다.

올림픽에 간 싱크로나이즈드 스위밍

싱크로나이즈드 스위밍으로서는 기나긴 여정이었다. 1952년 헬싱키 대회 이래 5차례 올림픽 시범경기가 있었고, 1960년에 미국 싱크로나이즈드 스위밍 팀이 이 스포츠를 홍보하기 위해 벌인 세계 투어는 1984년 로스앤젤레스 올림픽에서 정식종목이 되어 보상을 받았다. 다음 세 올림픽에서 미국과 캐나다가 솔로와 듀엣 종목에서 모두 우승을 차지했다. 1996년 애틀랜타는 미국 단체 팀에게 호시절이었다. 조국 땅에서 연기하면서 그들은 연속 만점을 받으면서 금메달을 땄다.

북미의 장기 집권은 2000년 시드니에서 깨졌다. 이 대회에서 러시아가 이 게임에 걸린 금메달 2개를 모두 따갔다. 러시아는 팀을 잘 꾸리고 있는데, 발레와 곡예 같은 예술 부문이 강점이다. 그들은 아무도 생각하지 못한 스피드로 여러 동작을 배합한 새로운 연기 형태와 더 높은 리프트를 선보였다.

러시아에 끌려 다니면서, 다른 나라들은 더없이 비범한 주제와 의상에 의존하면서 금메달 아래 메달밭에서 아웅다웅해왔다. 이 추세는 1995년 세계선수권대회에서 일본에 의해 개시되었다. 고베 지진을 주제로 한 연기였다. 프랑스 팀은 1996년 올림픽에서 홀로코스트를 주제로 연기하려고 계획하는 바람에 이 스포츠의 명성에 큰 해를 입혔다. 검은 수영복을 차려입은 선수들은 다리를 굽히지 않고 높이 들면서 풀 옆으로 걸어와 입수해

세상이 거꾸로 뒤집혔어. 2000년 시드니에서 러시아 선수들.

서는 죽음의 수용소에 도착하는 유대인 여인들과 나치 의사들의 선별, 가스실로 가는 마지막 걸음까지 재현하겠다는 것이었다. 엄청난 항의를 받은 끝에 그들은 생각을 고쳐먹었다.

2004년 아테네에서 미국 듀오는 그리스 신화에 영감을 받은 마임을 펼쳤다. 반짝거리는 뱀 모양으로 장식된 수영복을 입고, 메두사를 연상시키는 동작을 연기했다. 2008년 베이징에서 스페인 듀엣은 일을 한 단계 더 몰아갔다. 수영복에다 꼬마전등과 배터리와 회로 차단기를 내장하려고 몇 달이나 애를 썼던 것이다. 안타깝게도 국제수영연맹에서 받아들일 수 없다고 통고했다.

TABLE TENNIS

탁구

2012년 7월 8일~8월 12일

엑셀 경기장

참가 선수: 172명 | 금메달: 4개

올림픽 참가

1988년부터 정식종목.

올림픽 형식

국제탁구연맹이 정한 세계 랭킹에 따라 조를 배정받은 남녀 단식과 복식 부문에서 경기가 열리며 패자는 곧바로 탈락하는 방식으로 시합이 치러진다. 단체전은 4번의 단식과 1번의 복식 경기를 벌인다.

게임의 강자들

중국이 실패의 여지없이 금메달을 쓸어갈 것이다. 순위표가 이를 말해준다. 세계 랭킹에서 최고 순위 여자 5명, 그리고 남자 5명 중 4명이 중국인이다. 단 1명 예외가 있으니 현재 남자 세계 랭킹 2위인 티모 볼이다.

역대 챔피언

중국: 20개 | 한국: 3개 | 스웨덴: 1개

탁구를 왜 보는가?

최상급 수준의 탁구는 무술을 방불케 하는 속도와 긴장감을 지니고 있다. 이제는 너무 빨라져서 공이 시속 110킬로미터가 넘게 날아다니는 나머지, 경험 없는 사람은 따라가볼 엄두도 내지 못한다. 바로 그런 속도 때문에 탁구는 전율이 넘치는 것이다.

당혹스러울 정도로 빠른 속도뿐만이 아니라, 최고 수준의 탁구는 엄청나게 미묘한 경기이다. 탁구는 상대 선수를 속이는 것이 관건인데 그렇게 하려면 숱한 요령이 필요하다. 플레이 도중에 전술을 갑자기 바꾸기도 하고 재빠른 발놀림으로 상대를 몰아붙인다. 하지만 가장 중요한 요소는 스핀이다. 공을 보낼 때 스핀을 걸기도 하고 상대방이 스핀을 걸었을 때도 이를 읽고 활용해야 한다. 최고의 선수들은 물리 법칙에 역행하도록 공을 보낼 줄 안다.

탁구는 또 세계의 대중들로부터 작으나마 흥미로운 종목이라는 명성을 얻었다. 장비가 저렴하고 테이블을 놓는 데 필요한 공간이 비교적 작아서 세계 도처의 청소년과 최고 리그의 축구 선수, 도쿄의 수도승에 이르기까지 매우 다양한 이들이 탁구에 매력을 느낀다. 탁구는 영화에도 영향을 미쳤다. 유명하게는 〈포레스트 검프〉와 일본의 컬트영화 〈핑 퐁〉이 있다.

탁구 이야기

베이징 올림픽이 끝날 때 오륜기를 받아든 런던 시장 보리스 존슨은 "핑퐁이 고향에 온다!"고 재담을 던졌다. 그의 발언이 기발한 것은 주최국에 살짝 영광을 돌리면서도 사실이기 때문이다. 탁구는 아닌 게 아니라 빅토리아 시대 영국의 테이블 위에서 탄생했다. 하지만 2008년 올림픽에서 중국이 주름잡은 데서 확인되었듯이, 탁구는 동아시아에서 정신적 고향을 발견했다.

전해지는 바에 따르면, 탁구는 인도(아니면 남아프리카공화국일 가능성도 있다)에 주둔하던 영국 장교 무리가 1881년에 발명했다. 그들은 저녁 식후 오락거리를 찾다가, 샴페인 코르크를 깎아 만든 공을 시가 상자 뚜껑으로 만든 네트를 사이에 두고 치기 시작했다. 그들은 이 게임을 잉글랜드로 가지고 돌아왔고, 상류층에서 큰 인기를 모았다. 이 단계에서 이 배아기 스포츠는 멋들어지고 재미있는 의성어인 '휘프 워프'라는 이름으로 불렸고, 사람들은 골프공을 이용해 '휘프 워프'를 즐겼다.

스핀 닥터. 1963년에 피델 카스트로가 웃통을 드러내고 탁구를 치고 있다.

1891년에 런던의 존 자크스가 고시마라고 부르는 게임을 선보였다. 양피지를 늘여 만든 북 모양의 머리가 달리고 손잡이가 긴 라켓으로 하는 경기였다. 하지만 탁구 초창기의 문제점은 바로 공이었는데, 이는 1900년에 속이 빈 셀룰로이드 공이 도입되면서 해결되었다. 이 공은 예측 가능한 모양으로 튀었고 스핀이 걸렸으며 경기 속도를 극적으로 올려주었다. 열풍이 불어올 것을 감지한 존 자크스는 고시마라는 이름을 바꿔 이제 '핑 퐁'으로 다시 소개했다. 그의 회사에서도 '핑 퐁'이라는 이름을 상표등록했다가 나중에 미국인인 파커 브라더스에게 상표권을 팔았다. 그리하여 이 스포츠를 '핑 퐁'이라고 묘사하는 모든 경기에서 선수들은 자크스/파커 회사의 장비를 써야 했다.
이런 제한으로 이 스포츠는 유아기부터 목이 졸려버렸을지도 모른다. 정신이 자유로운 탁구광들의 경기 모습을 보면 연상되는 평범한 이름 '테이블 테니스'를 만들기로 결정하지 않았다면 말이다. 1901년 라이벌인 핑퐁협회가 설립되기 나흘 전에 잉글랜드에서 탄생한 탁구협회는 국제탁구연맹의 직계 조상이다. 국제탁구연맹은 오늘날 탁구를 운영하는 단체이다.
탁구는 '핑 퐁 외교' 시절에 동부 유럽을 뚫고 들어가 인기 있는 스포츠로 남아 있었지만, 다른 곳에서는 초기 열풍이 빠르게 식어버렸다. 하지만 1920년대 초반에 부활의 조짐이 나타났다. 특히 탁구의 규칙을 성문화한 영국에서 그랬다. 1926년 국제탁구연맹 설립의 주역이었으며 성격이 흥미로운 귀족 아이버 몬태규가 조직화의 선봉에 섰다. 제1회 세계선수권대회가 같은 해에 열렸다. 메달은 전부 헝가리 선수들에게 돌아갔는데, 제2차 세계대전이 도래할 때까지는 그들이 선수권대회를 장악했다. 빅토르 바르나와 마리아 메드니얀스츠키가 각각 5차례 타이틀을 쥐었다. 미래에 테니스와 셔츠 제조의 유명인이 되는 젊은 프레드 페리가 총 9번의 선수권대회에서 비헝가리인으로는 유일하게 우승을 차지했다.
1926~1952년은 '하드 배트'의 시대라고 여겨진다. 왜냐하면 당시 라켓은 그저 합판 날에 까끌까끌한 고무를 붙인 얇은 판에 지나지 않았기 때문이다. 회전을 걸 여지가 거의 없었던 데다가 탄성이 없어서, 당시의 탁구는 오늘날보다 상당히 느렸다. 승리하려면 간교한 술수를 써야 했는데, 선수들이 상대 선수를 제 위치에서 벗어나게 하려고 쉼 없이 노력했기 때문이다. 랠리는 승부가 나지 않고 끝도 없이 지루하게 이어지기도 했다. 1936년 세계탁구선수권대회에서 한 랠리는 무려 2시간이나 지속되었다. 이런 단순하고 소박한 게임 방식에도 불구하고 미국과 서부 유럽에서는 '구식' 하드 배트 클럽이 숱하게 생겨났다. 어쨌거나 탁구를 하고 싶어 하는 사람들이 있었던 것이다.
모든 것은 1952년에 바뀌었다. 그해 세계선수권대회에서 일본의 사토 히로지가, 어느 중계자의 말에 따르면, 휴대용 매트리스같이 생긴 라켓으로 전승을 거두어버렸다. 나무 판과 까끌까끌한 고무 사이에 스펀지 층을 댄 이 라켓으로 사토는 스피드와 스핀을 겸비한 샷을 날릴 수 있었다. 상대 선수들은 오직 꿈에서나 볼 법한 샷이었다. 그의 승리로 기술 전쟁이 벌어졌다. 전에 없이 정교한 라켓 조합이 발전하면서 탁구를 완전히 탈바꿈시켰다.

사토의 우승은 그때 이래로 계속된 아시아인들의 패권 시대를 열었다는 점에서도 의미가 깊다. 1980년대 후반과 1990년대 초기의 짧은 기간만 예외이다. 하지만 탁구의 지배자는 일본이 아니라 중국이 되었다. 마오쩌둥이 핑퐁을 중국의 스포츠로 선언한 터였다. 별난 선택이었다. 공산주의 혁명 이전에 탁구는 중국에 별 영향력이 없었다. 하지만 탁구는 영감을 주는 스포츠였다. 큰 공간이나 값비싼 장비가 필요하지 않고 재빠른 반사 능력과 날렵한 움직임이 요구되었다. 이런 특성은 중국인의 마음에 완벽하게 들어맞았다. 당시 국제탁구연맹은 중화인민공화국을 세계 순위에 올려놓을 태세를 갖추었다. 그리하여 세계무대에서 중국의 스포츠가 성공을 거둘 흔치 않은 기회를 제공했다.

마오가 탁구의 영광을 가슴에 품자 집단농장에서부터 도시의 철도역에 이

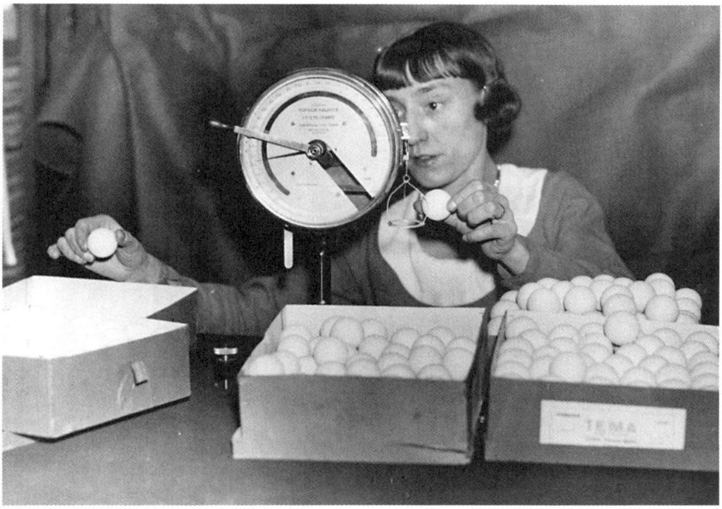

체급 심사: 탁구공의 중량은 반드시 2.7그램이어야 한다.

르기까지 단단한 테이블이 어디고 만들어졌다. 노력은 성과를 거두었다. 1959년, 중국이 국제탁구연맹에 가입한 지 고작 6년이 지나서, 롱궈투안이 세계선수권대회에서 우승을 차지했다. 중국 국적을 지닌 선수로는 어떤 스포츠를 막론하고 최초로 세계 타이틀을 얻은 것이다. 중국은 탁구 광풍에 휩싸였다.

중국의 탁구 지배는 마오가 문화혁명을 일으키지 않았으면 계속되었을 것이다. 이 시기 중국 최고의 선수들은 1967년과 1969년 세계선수권대회에 불참했을 뿐 아니라 이 와중에 3명의 선수가 홍위병에게 쫓기다가 자살을 했다. 그럼에도 이 스포츠의 재건이 마오의 정치적 이해에 맞아떨어지자 중국 최고의 선수들이 6년 만에 다시 무대에 설 수 있었다.

핑퐁 외교

1960년대의 소강기가 지났을 즈음 중국과 미국은 서로 친밀하게 지내야 할 이유가 한두 가지가 아니었다. 중국은 문화혁명으로 경제적으로 황폐화되었고, 마오의 체제는 대만으로 쫓겨난 장개석 정부보다 국제사회에서 인정받아야 할 절박한 이유가 있었다. 미국 대통령이었던 리처드 닉슨은 베트남 철수를 목전에 두고 중국의 지지가 간절히 필요했다. 또 베이징과 관계를 돈독히 하면 소련과의 협상에서도 큰 힘을 얻으리라는 사실을 알고 있었다. 문제는 양국 다 체면을 잃지 않고 관계 회복을 원한다는 것을 인정할 길이 없었다는 점이다. 미래를 논의하는 데 이용할 '만남의 기회'가 필요했다. 기회는 제한되어 있었다. 강력한 두 권력은 1949년에 국교를 단절한 터였고, 중국과 미국 국민들의 접촉은 극도로 드물었다. 하지만 두 나라 공히 속해 있는 국제 조직이 하나 있었으니 바로 국제탁구연맹이었다.

그리하여 양국은 1971년 일본의 나고야에서 열린 세계탁구선수권대회에서 조우할 수 있었다. 미국 대표팀의 일원이자 히피 성향이 있던 19세의 글렌 코원은 훈련 시간 후에 사라져서 중화인민공화국 팀의 버스에 올라

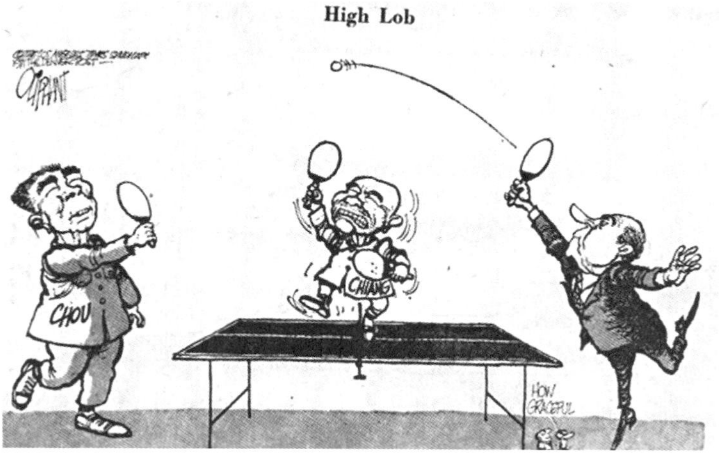

높은 롭, 가운데 낀 아기 돼지: 저우언라이와 리처드 닉슨이 '핑퐁 외교'를 통해 대만 지도자와 장개석을 압도하고 있다.

탔다. 처음에 중국 선수들은 그들 중 한복판에 화성인이라도 나타난 양 어리둥절해했다. 몇 분간 어색한 침묵이 흘렀지만, 중국 팀의 주장인 주앙쩌동이 통역사를 대동하고 코원에게 다가가 황산이 그려진 실크 스크린 그림을 한 장 선물로 주었다. 코원은 가방을 뒤적이면서 적당한 선물을 찾았으나, 찾아낸 것은 고작 빗이었다. 그는 다음날 더 적절한 것을 가지고 와서 화답하겠노라고 약속했다. 나중에 '렛 잇 비Let It Be'가 적힌 티셔츠였음이 밝혀졌다.

감독이 목적지에 차를 대고 있을 무렵에, 세계의 미디어가 중미 관계에 있어서 이 중차대한 순간을 취재하려고 몰려들었다. 한 기자가 코원에게 중국을 방문해보고 싶으냐고 물었다. "물론입니다." 선수가 대답했다. 그후부터는 일이 놀랍도록 재빠르게 돌아갔다. 이틀도 채 되지 않아 마오는 중국 팀에게 미국 선수들을 베이징에 초청하라는 지시를 내렸다. 버스에서 선물 교환이 있고 나서 일주일도 되지 않아, 미국 탁구 팀은 홍콩을 경유해 중국 본토로 들어가 일주일간 투어를 했다. 나흘 후에는 미국 정부가 중국에 대한 20년간의 수출입 금지 조항을 들어냈고, 1972년 2월에는 리처드 닉슨이 역사적인 베이징 방문길에 올랐다. 대해빙기가 시작되었다.

사연은 그렇다, 적어도. 나중에 알고 보니, 저우언라이 수상이 세계선수권대회가 시작되기 전에 17일간의 고위급 회담을 중국에서 열자며 미국을 초청할 가능성을 내비쳤다 한다.
하지만 1989년에 생각지도 못할 일이 일어났다. 도르트문트에서 열린 세계선수권대회 단체 결승전에서, 중국이 스웨덴에게 5 대 0으로 완패하고 만 것이다. 코치들은 삶을 마비시키는 너무나 강력한 민족주의가 중국의 탁구를 붙잡고 있음을 알았다. 국가 주석 마오의 영향력 때문이었다. 그렇다고 공공연히 발설할 수는 없는 일이었다.
1950년대에 마오는 성서의 지위까지 오른 탁구 코치 매뉴얼을 승인했다. 그 교의에 아무런 이의 없이 매달리고, 특히 '유별나게 중국적인' 펜 홀더 그립에 집착하는 중국 탁구는 어리석어 보였다. 알다시피 펜 홀더 그립은 라켓의 한 면만을 사용한다. 그러나 1990년대 덩샤오핑 체제의 출범으로 중국은 "까만 고양이든 흰 고양이든 무슨 상관이냐 쥐만 잘 잡으면 된다"는 저 유명한 말을 실천하기 시작했다. 탁구를 비롯하여 중국인들 삶의 모든 면을 개혁하는 문이 갑자기 열렸다. 왕리퀸 같은 선구적인 선수들이 성스러운 예전 그립을 버렸고, 작디작은 덩야핑이 1990년대의 첫 8년 동안 세계 선수 1위 자리를 고수했다. 그녀는 서양의 '셰이크핸드' 그립을 사용했는데, 후에 20세기 가장 위대한 중국인 여자 운동선수로 뽑혔다. 한편 루궈량은 변형 펜 홀더 그립으로 손목 회전 타법을 개발하여 라켓의 양면을 모두 사용함으로써 전통적인 그립의 약점을 없앴다. 탁구가 진용을 갖추어 올림픽에 진입할 채비를 할 무렵 중국 선수들은 압도적인 경기력을 과시했다.

경기 시작: 탁구의 기초

형식

올림픽 탁구는 토너먼트 대회이다. 각 나라는 남자 선수 3명과 여자 선수 3명까지 참가할 수 있으며, 단식에는 남녀 최대 2명까지 나간다.
개인전은 7경기, 단체전은 5경기를 치러 우승자를 가려낸다. 단체전은 단식-단식-복식-단식-단식으로 구성되며 먼저 3승을 거둔 팀이 승리한다.

규칙

서비스와 함께 경기가 시작되며, 한쪽 선수가 규칙에 부합하게 공을 받아 넘기지 못하면 랠리가 끝난다. 서브를 넣을 때 공은 네트 양쪽에 꼭 한 번씩 튀어야 하는데, 랠리 동안에는 상대편 선수의 테이블에만 튀어야 한다. 네트를 건드렸으나 상대 선수 테이블에 내린 공은 '렛'이라고 선언되어 플레이를 다시 해야 한다. 반면에 랠리 중에 공이 네트에 맞았을 때는 계속 플레이한다. 듀스 시스템도 있는데, 두 선수 다 세트에서 승리할 수 있는 최종 점수에서 1점이 모자를 때 발효된다. 그때부터는 2점을 먼저 따내는 선수가 게임에서 이긴다. 테니스와는 다르게 발리는 허용되지 않으며, 서브는 1점당 한 번만 시도할 수 있다('렛'은 제외한다).

탁구의 역사에서 대부분은 21점이 승점이었다. 하지만 2001년에 국제탁구연맹은 11점으로 줄이는 어마어마한 결정을 내렸다. 5점이 아니라 2점마다 서비스를 바꾸는 안도 채택했다. 이렇게 규칙을 바꾸었더니 그렇지 않아도 긴장과 드라마로 넘치는 스포츠가 더욱 긴장에 넘치게 됐다는 의견이 지배적이다.

승리를 향한 눈. 20세기의 중국 여자 운동선수 덩야핑.

'촉진룰'이라는 것도 있다. 한 세트가 10분이 지나도 끝나지 않고, 양 선수 다 9점 이하를 기록하고 있을 경우 심판이 선언한다. 이후에는 1점마다 서비스를 바꾸며, 서브권을 가진 선수가 열세 번의 랠리에서 득점을 하지 못하면 자동적으로 실점한다.

장비

미국인들은 '패들'이라고 부르고 유럽에서는 '배트'라고 부르는데 국제탁구연맹 공식 용어로는 라켓이다. 어떻게 부르건 간에 더 많은 스핀과 더 큰 스피드를 모색하는 과정에서 이 도구는 사토 히로지가 1952년에 스펀지를 채운 도구를 사용한 이래로 극적으로 진화해왔다.
현대 탁구 라켓은 샌드위치와 비슷하다고 할 만하다. 라켓의 판 부위는 반드시 85퍼센트는 나무로 구성되어야 하지만, 나머지 15퍼센트는 얼마든지 다른 물질을 써도 된다. 예를 들어 탄소섬유를 사용하면 판이 더 딱딱해져서 '스위트 스팟'이 더 넓어진다. 스펀지를 넣을 수도 있다. 선수의 기호에 따라 두껍거나 얇게, 딱딱하거나 부드럽게 만들 수 있다. 샌드위치의 바깥쪽은 두 장의 까끌까끌하고 얇은 고무를 대는데 이 고므의 성질에 따라 스핀과 속도가 달라지게 된다. 고무는 보통 매끄러운 라켓 겉면의 스펀지 위에 붙이지만, 어떤 선수들은 상대 선수의 스핀을 무력화하고 그 스핀을 되돌려주려고 바깥 면이 까끌까끌한 라켓을 쓰기도 한다.
양면의 성질이 전혀 다른 라켓을 쓰는 것도 허용되는테, 이 경우 상대 선수가 샷을 '읽기' 좋도록 한쪽 면은 반드시 검은색, 다른 면은 빨간색이어야 한다.
이번 런던 올림픽에서는 스피드 글루를 사용할 수 없다. 테이블 끝의 밑면에서 공을 칠 때 공이 더 많이 튀게 하고 공을 더 빠르게 보내려고 많은 선수들이 쓰던 휘발성 접착제이다. 접착제를 바른 라켓에서 뿜어내는 독성가스로 주변에 있던 사람이 의식을 잃는 일이 두어 번 있었다. IOC는 베이징 올림픽이 끝나고 스피드 글루의 사용을 금지했다.
탁구에 쓰는 공은 셀룰로이드로 만들고 안은 가스로 채운다. 공은 탁구대에서 정확히 30.5센티미터 높이에서 떨어뜨렸을 때 적어도 23센티미터는 튀어 올라야 한다. 2000년 시드니 올림픽 후에 국제탁구연맹은 정식 공의 지름을 38밀리미터에서 40밀리미터로 늘렸다. 텔레비전 시청자들의 눈에 더 잘 띄게 하고, 플레이를 한 템포 느리게 하려는 의도였다.
탁구대는 2.74미터 길이에 1.525미터 너비이고, 윗면은 매끈하고 마찰이 일어나지 않게 코팅을 해야 한다. 탁구대에 달린 중요한 도구로는 15.25센티미터 높이의 네트가 있다. 선수는 하얀색 옷은 절대 입어서는 안 된다. 공을 보기 어렵게 만들기 때문이다.

관전 포인트

라켓 잡기

탁구 라켓을 잡는 기본 방법에는 두 가지가 있다. 중국과 북부 아시아 선수들이 좋아하는 펜 홀더 그립은 엄지와 검지 끝으로 핸들을 둥글게 말아 쥐고 다른 손가락들은 라켓 뒷면에 붙이는 방식이다. 이 그립을 쓰는 선수들은 1990년대까지는 라켓을 한 면밖에 쓰지 못했다. 하지만 예의 중국인 선수가 리버스 펜 홀더 백핸드를 개발했다. 셰이크핸드 그립은 손을 흔들듯이 라켓을 쥔다. 전통적으로 유럽과 남아시아 선수들이 선택하는 이 그립은 펜 홀더보다 백핸드 샷을 구사하기 훨씬 쉬운 덕분에 세계적으로 인기를 얻었다.

서비스

테니스와 마찬가지로 서버는 랠리의 처음 '형태'를 정할 수 있다는 점에서 상당한 이점을 가지고 있다. 공을 높게는 허공의 4미터까지 올리는 하이 서브가 톱클래스 선수들 사이에서는 표준이 되었다. 공은 하강하면서 스피드를 얻고, 라켓에 접촉하면서 생겨난 스핀에 더 많은 스핀이 걸리게 된다. 서브는 보통 무거운 사이드 스핀이 걸려 오지만, 간혹 스핀을 전혀 걸지 않고 서브를 해서 상대 선수의 허를 찌르는 경우도 있다.

스핀

스핀은 결정적인 기술이다. 톱스핀은 라켓을 위로 향하며 거는데 공은 상대 선수 테이블에 닿을 때 착 가라앉고는 앞으로 홱 튀어 오른다. 반대로 밑으로 나무를 패는 듯한 동작으로 거는 백스핀 샷은 테이블에 닿는 순간에 공이 급정거한다. 옆으로 가르는 동작으로 거는 사이드스핀은 원래 갈 랐던 방향과 반대 방향으로 공이 날아가게 한다. 선수들은 한층 더 고약하게, 탑스핀이나 백스핀 사이사이에 사이드스핀을 끼워 넣는다.

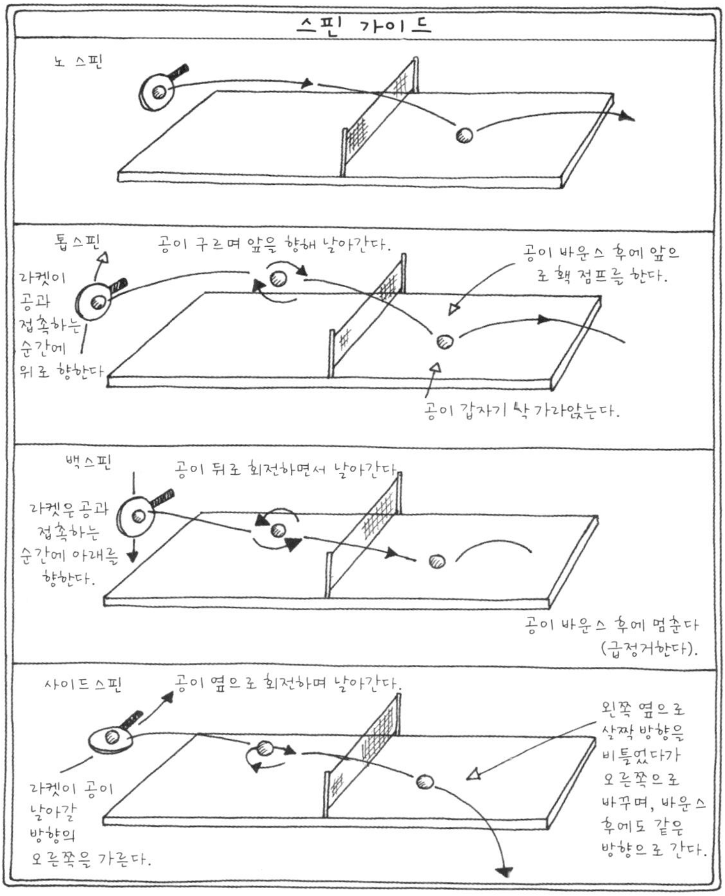

스핀 가이드
노 스핀
톱스핀
공이 구르며 앞을 향해 날아간다.
공이 바운스 후에 앞으로 홱 점프를 한다.
라켓이 공과 접촉하는 순간에 위로 향한다.
공이 갑자기 싹 가라앉는다.
백스핀
공이 뒤로 회전하면서 날아간다.
라켓은 공과 접촉하는 순간에 아래를 향한다.
공이 바운스 후에 멈춘다 (급정거한다).
사이드스핀
공이 옆으로 회전하며 날아간다.
왼쪽 옆으로 살짝 방향을 비틀었다가 오른쪽으로 바꾸며, 바운스 후에도 같은 방향으로 간다.
라켓이 공이 날아갈 방향의 오른쪽을 가른다.

풋워크

술한 행위가 벌어지는 테이블 아래를 보라. 올림픽 수준의 기민함을 보면 경악하게 될 따름이다.

선수 스타일

톱 선수들의 스타일은 다양하게 갈리지만 각자의 전형을 고수하는 경우가 많다. 보통 공격 측면에서 범주화하는데, 이기려고 플레이하는 선수와 지지 않으려고 플레이하는 선수로도 나뉠 수 있다. 수비 플레이도 오로지 공격뿐인 플레이만큼이나 전율에 넘칠 만큼 흥미진진하다. 많은 1 대 1 스포츠와 마찬가지로, 탁구도 대조적인 스타일의 선수가 맞붙어야 시합이 짜릿해질 때가 많다.

올림픽에 간 탁구

세계적으로 누리는 인기에도 불구하고 탁구는 1988년 전까지는 올림픽에 나가지 못했다. 국제탁구연맹의 창립자인 아이버 몬태규 탓이 크다. 그는 40년이 넘게 이 기구를 지배했다. 그는《옵저버》지 최초의 영화평론가로서 히치콕 영화를 여러 편 제작하기도 했고, 소련 스파이였다는 설도 있다. 몬태규는 완벽한 세계선수권대회를 이미 운영하고 있다면서 탁구의 올림픽 입성을 한사코 반대했다.

설상가상으로 프로페셔널리즘이 장애가 되었다. 이르게는 1935년에 국제탁구연맹은 프로와 아마추어 선수들의 구분을 아예 없애면서, IOC의 고집스러운 아마추어리즘과 대립했다. 1979년에 몬태규의 후임자인 H. 로이 에번스에게 공이 넘어갔다. 2년 후에 IOC는 탁구를 올림픽의 품에 받아들이는 안건으로 투표를 했다. 얄궂게도 탁구가 서울 올림픽에서 데뷔할 무렵에 '아마추어만 뛸 수 있다'는 규정은 IOC 헌장에서 없어졌다.

서울에서는 4개 부문의 경기가 열렸다. 남녀 단식과 남녀 복식이었다. 누가 놀랄 사람이 있겠는가만, 중국이 여자 단식과 남자 복식에서 금메달을 땄다. 그들은 다음 올림픽 같은 부문에서 금메달을 독식했다. 남자 복식 금메달 행진은 2004년에 멈추었다. 오히려 놀라운 사건은 다른 두 부문에서 한국이 우승을 따낸 것이다.

중국이 방심했다는 추가 증거는 1989년 세계선수권대회에서 스웨덴에게 대패한 것이다. 1992년 바르셀로나에서 탁구의 신성이 출현했으니 위대한 스웨덴 선수 얀-오베 발트너가 아찔한 막상막하 게임에서 금을 챙겨 갔던 것이다. 탁구의 모차르트라는 칭호를 받곤 하는 발트너는 조국에서만큼 중국에서도 큰 존재이다. 그는 베이징에 'W 바'라는 레스토랑을 소유하고 있으며, 그에게 애정을 보내는 중국인들에게 라오 완('늘 푸른 나무')이라는 별명을 얻었다.

망신을 당한 중국 코치들은 바꿀 생각을 하지 않았던 펜 홀더 그립을 버렸고, 트레이너들을 파견해 유럽 최고 선수들의 플레이 스타일을 연구했다. 새로운 접근방식은 확실히 성과를 거두었다. 2004년 남자 단식에서 한국의 유승민이 승리를 거두었을 뿐, 중국 선수들은 바르셀로나 다음부터 모든 올림픽 금메달을 독식했다.

TAEKWONDO

태권도

2012년 8월 8일~11일

엑셀 경기장

참가 선수: 128명 | 금메달: 8개

올림픽 참가

1992년과 1998년에서 시범종목. 2000년부터 현재까지 정식종목.

올림픽 형식

남자 4체급(58킬로그램, 58~68킬로그램, 68~80킬로그램, 80킬로그램 이상), 여자 4체급(49킬로그램, 49~57킬로그램, 57~67킬로그램, 67킬로그램 이상) 경기가 열린다. 모든 경기는 패자 탈락 방식이며, 국제태권도연맹이 정한 순위를 기반으로 각 부문에 8명씩 선수가 배정된다. 각 체급의 패자부활전에서 승리한 선수 2명에게 동메달 2개를 수여한다. 패자부활전은 토너먼트 과정에서 결승전 진출자 2인에게 패한 모든 선수들을 대상으로 치러진다. 각 그룹의 패자부활전 결승에서 승리한 선수 2명이 동메달을 받는다.

게임의 강자들

한국이 압도할 것으로 관측된다. 어쨌거나 태권도는 그들의 국기인 것이다. 하지만 전부 마음대로 되지는 않을 것이다. 2011년 세계선수권대회에서 한국의 남자 팀은 이란에게 패배했다. 여자 동료들도 꼭대기에 앉아 있지만, 꼭 그렇게만 볼 수도 없다. 중국과 프랑스가 금메달을 더 많이 딴 것이다.

역대 챔피언

한국: 9개 | 중국: 4개 | 미국, 대만, 멕시코, 이란: 2개

태권도를 왜 보는가?

태권도는 세계에서 가장 인기 있는 무술 가운데 하나이며, 가장 빨리 성장하고 있는 무술이다. 생긴 지가 60년이 채 되지 않는데도 600만 명 정도로

추산되는 사람들이 이미 태권도를 하고 있다. 미국의 영화배우인 척 노리스와 〈뱀파이어 해결사〉의 주인공 사라 미셸 겔러도 여기에 포함된다. 둘 다 검은 띠를 찼다. 공격적인 스포츠를 좋아한다면, 태권도가 딱이다. 태권도는 극적이고 번개처럼 빠르며 가혹하다. 그래서 선수들은 머리와 몸 보호구를 착용한다. 그럼에도 우아한 움직임, 엄청나게 높은 발차기와 더불어 발레 비슷한 면모도 있다. 이런 요소가 모여 태권도는 비디오 게임을 현실에 옮겨다놓은 것처럼 보인다.
이러한 매력은 젖혀놓는다고 해도, 태권도는 한국의 문화로 들어가는 매혹적인 길을 마련해준다. 태권도의 역사는 이 나라의 역사와 밀접하게 얽혀 있다. 하지만 북한과 한국의 대격돌은 기대하지 말라. 북한은 IOC가 인가한 방법과는 약간 다른 방식으로 태권도를 한다.

태권도 이야기

한반도에서 고대의 싸움 기술이 태권도로 흡수해 들어간 것은 말할 것도 없지만, 태권도는 사실 현대의 발명품이다. 일본의 가라테와 중국의 쿵푸를 접목한 스포츠가 태권도이다. 태권도는 여러 도장(무술을 가르치는 학교)의 스승들이 그들의 스타일을 새롭고 단일화한 종목인 태수도로 통일하기로 합의한 1955년 4월 11일에 생겼다. 2년 후에 이 스포츠의 이름은 최홍희 장군에 의해 태권도로 바뀌었다. 이것은 택견과의 연속성을 강화하려고 지은 이름이다. 택견은 서기 첫 500년 동안에 한국에서 개발한 무술이었다.
그 시기에 택견에서 정확히 어떤 기술을 썼는지는 거의 알려지지 않았다. 하지만 택견은 고구려에서 생겼고 다리를 주로 쓰는 싸움 기술인 수박이라는 무술의 한 부류라는 것이 알려져 있다. 고구려는 기원전 57년부터 서기 668년까지 한반도를 분할했던 삼국 중 한 왕국이었다. 삼국 중 가장 작은 나라가 신라였는데, 신라는 일본 해적들에게 자주 습격을 받았다. 신라가 고구려에게 이 문제의 해결을 도와달라고 요청하자, 고구려는 신라를 지원했는데 그 일환으로 신라 전사들에게 택견을 훈련시켰다. 이 훈련을 받은 엘리트 그룹은 공자 철학과 불교 윤리를 배우면서 화랑('남자다움을 꽃피움')이라는 이름으로 알려지게 되었다. 그들은 한반도를 돌아다니면서 택견을 전파했다.

936년에 고구려의 후예인 고려가 다시 한반도를 통일했다. 코리아라는 이름은 고려에서 연원한 것이다. 비교적 평화를 누리던 가운데 택견의 지위와 비슷한 활동들은 쇠퇴했다. 19세기가 끝날 무렵에는 다 사라져버리고 만 것이나 다름없었다. 하지만 1909년 일본의 침략으로 이런 무술에 대한 관심이 다시 불이 붙었다. 점령자들은 한국민들에게 당연히 호소력이 높아질 수밖에 없는 무술을 포함한 전통 문화의 모든 측면을 억누르려 했다. 외딴 절에서는 한국인 민족주의자들의 작은 무리가 택견의 불씨를 살리고 있었다.

1943년에 일본은 징집을 위한 군사 훈련의 일환으로 가라테와 유도, 쿵푸를 공식 소개했다. 그리하여 1945년에 한국이 해방되었을 무렵에 모든 요

알렉산드로스 니콜라이디스가 2008년 남자 헤비급 결승전에서 멋진 발차기를 날려 3점을 따내고 있다.

소가 태권도라는 새로운 하이브리드 무술로 꽃피우게 되었다. 태권도의 규칙을 정하고 태권도를 대중화하는 데 최홍희는 혁혁한 공을 세웠다. 태권도의 발전에서 중요한 계기는 1952년에 이승만 대통령 앞에서 보인 시범이었다. 이 시범에서 남태희 명인이 단 1번의 가격으로 기왓장 13개를 부숴버린 것이다. 이승만 대통령은 감명을 받은 나머지, 한국 군대의 모든 병사가 태권도 훈련을 받아야 한다고 명령을 내렸다.

생긴 지 몇십 년이 지나지 않아 태권도가 이룬 성장은 경탄스러웠다. 1974년에 이르러 국제태권도연맹의 훈련받은 강사 600명이 세계적으로 퍼져나갔다. 하지만 새로 창설되어 1973년에 서울에서 첫 세계선수권대회를 치른 국제태권도연맹이야말로 태권도가 올림픽 대회에 들어갈 수 있도록 정비한 주인공이다. 한국 사람들의 맹렬한 로비 덕분이었다. 오늘날 국제태권도연맹에는 197개 나라가 가입해 있다.

의절당한 태권도의 아버지

최홍희 장군은 태권도를 발전시키고 이 스포츠의 이름을 지어주고 태권도를 세계로 퍼져나가게 한 인물이었다. 그럼에도 오늘날 국제태권도연맹에서 그의 이름을 언급하는 경우는 거의 없다.

1918년에 북한에서 태어난 최홍희는 한일동이라는 훈장 밑에서 서예를 배웠다. 한일동은 고대 한국의 발차기 싸움의 한 형태인 택견의 명인이었다. 제자가 흥미를 보이자, 한일동은 일제가 금지했음에도 불구하고 그에게 택견을 가르쳤다.

전쟁 중에 최홍희는 징집을 피하려 한 죄로 투옥되었고, 수감 생활 중에 택견과 가라테를 접목한 무술을 만들어냈다. 석방되고 나서 그는 새로 설립된 한국군에 입대해서 그의 무술을 가르치기 시작했다. 1950년에 한국전쟁이 발발하자, 그는 제주도에 정예부대를 만들었고, 부대는 한국 지도 위로 그의 꽉 쥔 주먹이 그려진 깃발 아래 행군했다.

최홍희 장군은 이젤이 마음에 들지 않는가보다.

'주먹부대'는 남한 군대 전체에 태권도를 가르칠 사범을 양성했고, 최홍희는 육군 소장으로 진급했다. 그는 별의 수를 계속 늘려갔고, 극동 지역과 미국에서 새로운 무술의 시범을 보였다. 그러나 1961년 박정희 장군이 권력을 잡았고 이는 최홍희에게는 커다란 문제가 되었다. 그는 1940년대에 박정희에게 사형선고를 내린 집단의 일원이었던 것이다.

최홍희는 군을 떠나는 수밖에 없었다. 한동안은 계속 한국에 살면서 가르치고 1966년에 국제태권도연맹을 창설하기도 했다. 하지만 박정희 체제 아래서의 삶은 날이 갈수록 참을 수 없게 되었고, 1972년에 그는 캐나다로 망명했다. 여전히 국제태권도연맹은 그의 손아래 있었다. 한국 정부는 즉시 경쟁 조직인 세계태권도연맹을 만들고, 최홍희를 담당하는 정보원 조직을 마련했다. 한국에 돌아오지 않으면 한국에 있던 아들과 딸이 사형을 당할 것이라는 얘기를 듣고, 그는 다음과 같은 반응을 보였다. "나는 내 아들 대신 태권도를 선택한다." (딸은 언급도 하지 않았다.)

비록 서울에서는 끈 떨어진 가방 신세였을지 모르나, 1980년에 북한에 태권도를 소개했을 적에 그의 명성은 솟구쳤다. 최홍희는 결국 평양으로 이주했고, 2002년에 그곳에서 사망했다.

경기 시작: 태권도의 기초

동양의 무술 대부분과 마찬가지로, 태권도는 싸움의 기술이자 생의 철학이다. 겹겹이 놓인 판자 더미를 강타하기에 필요한 극도의 집중력은 진리로 이끌어줄 정신 수양의 한 측면이기도 하다. 하지만 태권도 시합에서는 측정 가능한 성공의 기준이 필요하다. 더불어 심각한 부상을 막을 만한 도구도 필요하다. 올림픽 태권도는 그러므로 '겨루기'로 제한되어 있다. 상대 몸의 다양한 지점을 가격하는 것으로 점수가 나는 싸움으로 제한되어 있다는 뜻이다. 태권도에는 또 자기방어와 판이나 벽돌 깨기, 품새가 있다. 이것은 다중의 공격자들과 벌이는 상상의 시합에 기반을 둔 동작이다.

태권도는 '발과 주먹의 도'라는 뜻이다. 이 스포츠를 가장 간결하게 말하자면 그런 의미이다. 선수는 발과 주먹만으로 상대를 가격해야 한다. 다리가 주된 무기이다. 다리가 팔보다 더 길고 강하므로 논리적으로 당연하다. 주먹은 공격을 막는 데 중요한 도구이지만, 주먹 가격의 경우 득점이 더 적다. 권투로 치면 주먹으로 치는 것은 잽이고, 발차기는 훅이나 어퍼컷이다.

시합의 형식

올림픽 태권도 시합은 8×8미터의 정사각형 공간에서 열리며, 2미터의 가장자리는 경기 구역이 아니다. 선수들은 매트 정중앙에서 마주 서서 상대에게 절을 하는데 심판이 '시작'이라고 외친 후에 경기가 시작된다.

2분 3라운드 경기를 치르고, 라운드 중간에 1분의 휴식 시간이 있다. 마지막 라운드가 끝나고도 동점이라면, 시합은 서든 데스로 간다. 득점을 먼저 올리는 선수가 시합에서 승리하는 것이다. 2분의 서든 데스 연장전이 끝나고도 승자가 나오지 않으면, 심사위원들이 연장전에서 누가 공격성을 더 보였는지에 따라 승리를 판정한다.

국제태권도연맹의 규정에 따르면, '정확하고 강력한' 가격에 점수를 준다. 빗나가거나 미지근한 접촉은 점수로 치지 않는다.

진행위원들

단 1명의 주심이 시합을 주재하고 흐름을 관리한다. 보통의 시합에서 심판은 점수를 주지 않는다. 득점은 4명의 부심이 매긴다. 이 심판들은 머리 공격에 점수를 매기며 몸통 가격은 전자적으로 기록된다. 하지만 득점 혹은 감점에 대해 다수결로 결정하지 못하면, 주심이 결정권을 행사한다.

장비

태권도는 도복이라고 부르는 전통적인 유니폼에 호구라고 부르는 안전 재킷을 그 위에 입는다. 올림픽과 다른 주요한 대회에서 호구에는 가격을 자동으로 기록하는 센서가 달린다. 점수를 내려면 반드시 맞혀야 하는 몸통 부분에 센서가 있다. 몸통의 앞부분과 옆 부분이다. 이러한 발전으로 심사위원들의 짐이 한결 덜어졌다. 하지만 새로운 테크놀로지가 모든 논란을 종결시킨 것은 아니다. 센서가 너무 민감해서 득점이 되는 가격과, 선수가 공격을 성공적으로 막아내면서 자기 호구를 치는 것을 구분하지 못한다는 주장이 있었다. 머리를 향한 발차기는 전적으로 심사위원들이 점수를 매긴다.

선수들은 보호 장비를 아주 많이 착용한다. 그러지 않으면 시합이 지속될 수가 없을 것이다. 파란색이나 빨간색 호구 외에도, 머리와 손 보호대와 사타구니 보호대, 팔뚝과 정강이 보호대를 착용하며 마우스피스도 낀다.

점수

머리에 주먹을 날리는 것은 금지되어 있지만, 발로 머리를 가격하면 4점을 얻는다.

점수는 다음과 같이 매긴다.

호구에 발차기 혹은 펀치는 1점.

공격자가 몸을 부분적으로 돌리며 호구에 가한 발차기는 2점.

얼굴이나 머리 측면에 가한 발차기는 3점.

몸을 완전히 돌려 머리와 얼굴에 가한 발차기는 4점.

3회전 시합이 끝나기에 앞서서 이기는 경우가 있는데, 12점 차이로 앞서고 있을 때이다. 이것은 1회전에는 해당되지 않는다. KC가 난 경우에 주심은 한국어로 10까지 센다. 권투와 마찬가지로 선수가 일어나더라도 8까지는 꼭 센다. 수를 다 세도록 선수가 일어나지 못하거나, 주심이 판단하기에 시합을 지속할 상태가 아니면 상대 선수가 이긴다.

벌칙과 경고

경고 2개마다 1점을 감점받는다. 4점 감점을 받으면 몰수패를 당한다. 다음과 같은 공격 행위에 경고가 나온다. 허리 아래 공격하기, 부주의로 손을 사용하여 상대 선수 얼굴을 가격하기, 양 발이 모두 싸움 구역의 경계를 벗어나기, 부상당한 척하기, 싸움을 회피하기, 돌려차기 할 때를 제외하고 상대 선수에게 등을 돌리기, 붙들기, 밀기, 버팅, 무릎으로 치기이다.
넘어지는 상대방을 가격하거나 고의적으로 얼굴을 주먹으로 치는 등의 더 심각한 공격 행위에는 곧바로 감점을 주어 벌을 내린다.

발차기와 주먹
얼굴에 다리 뻗어 차기
옆차기/갈비뼈
몸통 치기
돌려차기(초승달 차기)
어느 시점에 상대 선수에게 등을 돌리고 몸을 회전한다.
몸을 돌리면서 찰 다리를 준비한다.
다리를 뻗어 상대의 머리를 가격한다.

관전 포인트

태권도 시합은 다양한 발차기와 주먹 가격, 막기와 피하기에 통달해야 한다. 그림으로 종류를 제시했다.
올림픽 태권도 출전자들은 태권도라는 이름이 말하듯이 1 대 1로 맹렬하게 맞붙는다. 공격성을 높이 사기 때문이다. 발차기와 주먹 가격이 이목을 끄는 까닭에, 막기와 피하기를 놓치기 쉽다. 하지만 공격을 피하는 기술도 때리는 것만큼이나 중요하다. 이런 측면에 눈이 틔어야 태권도라는 스포츠를 훨씬 더 즐길 수 있을 것이다.

올림픽에 간 태권도

1988년 서울 올림픽 개막식은 태권도가 올림픽 정식종목으로 채택되는 데 상당한 기여를 했다. 하얀 옷을 입은 수백 명의 한국인들이 완벽하게 조화를 이룬 태권도 시범을 보였다. 스타디움에는 척추가 짜릿해지는 음향효과가 울려 퍼졌다. 관중석에서는 야단이 났다. 한국은 16개 부문의 시범 경기에서 9개의 금메달을 따갔다.

농담이겠죠! 사라 스티븐슨이 베이징에서 패배 판정에 믿을 수 없다는 반응을 보이고 있다.

하지만 태권도는 2000년이 되어서야 정식 종목으로서 올림픽에 데뷔했다. 시드니 올림픽에서 한국인들이 8개가 걸린 금메달 중에 3개를 따갔다. 다양한 국적(그리스, 쿠바, 오스트레일리아, 중국)의 선수들이 금메달을 따낸 점이 눈에 띈다. 4년 후 아테네에서 중국과 대만이 한국과 동률을 이루면서 금메달 2개씩을 각각 땄다. 한국 선수들은 베이징에서는 전체 금메달 중에 절반을 쓸어 담아 명예를 회복했지만, 가장 큰 화제를 몰고 온 선수는 쿠바의 앙헬 마토스였다. 시드니 올림픽에서 미들급 챔피언이었던 그가 시간제한을 넘어서 실격을 당한 후 심판의 얼굴에 발차기를 날린 것이다. 마토스는 영구 출전 금지를 당했다. 피델 카스트로는 이 선수에게 '전면적인 연대'를 표현했다.
태권도의 미래에 더 중대한 영향을 미친 것은 사라 스티븐슨(영국)과 천종(중국) 사이에 열린 8강전이었다. 경기가 끝나기 4초 전까지 중국 선수가 1-0으로 앞서고 있었고, 스티븐슨이 게임을 따낼 발차기를 상대의 얼굴에 깔끔하게 날렸다. 뚜렷한 이유도 없이 4명의 부심 중 2명이 이 가격을 기록하지 못했고, 결정권을 가진 주심마저 판정을 내리지 못했다. 결과적으로 천종이 승리를 거두었다. 영국 팀의 격렬한 항의 후에 심사위원단이 경기 영상을 재생해 보았고, 중국 관중의 분노에도 불구하고 결정을 번복했다. 이 사건 이후 비디오 판독의 채택은 그저 시간문제일 뿐이었다.

TENNIS

테니스

2012년 7월 28일~8월 5일

윔블던 올 잉글랜드 클럽

참가 선수: 172명 | 금메달: 5개

올림픽 참가

1896~1924년, 1988년부터 현재까지.

올림픽 형식

남녀 단식, 남녀 복식, 남녀 혼합 복식, 이렇게 5가지 부문에서 경기가 열린다. 혼합 복식은 1924년 대회에서 첫 선을 보였다. 모든 경기는 패자 탈락의 토너먼트 형식이며, 선수와 복식 조는 국제테니스연맹이 매긴 순위에 따라 조 배정을 받는다. 모든 경기는 3세트로 치러서 승자를 가린다. 다만 남자 단식 결승전만 5세트를 치른다.

게임의 강자들

2012년 올림픽에서 가장 유력한 우승후보들은 보통의 윔블던 테니스 대회의 우승후보들과 별다르지 않다. 윔블던 대회는 올림픽이 열리기 3주 전에 열리는데 이 결과에 비추어 올림픽 판세도 예상해볼 수 있다. 윔블던에서 테니스 대회를 열었던 1908년과 마찬가지로 영국 팀이 금메달 싹쓸이를 반복할 가능성은 전무하다. 다만 앤디 머리가 라파엘 나달이 방어하는 남자 단식 타이틀을 노려볼 만하다. 베이징에서 금메달을 딴 엘레나 데멘티에바의 은퇴로, 여자 단식 부문에서는 새로운 챔피언이 나타날 것이다.

역대 챔피언

미국: 17개 | 영국: 16개 | 프랑스: 5개

테니스를 왜 보는가?

테니스는 보는 사람에게는 정말 멋진 스포츠이다. 빠르고 격렬하며 친밀하다. 경기가 진행되는 동안에 텔레비전 카메라가 선수들 얼굴을 스치며 명멸하는 온갖 감정을 잡아내기에, 시청자들은 선수들을 놀랍도록 잘 알게 된다. 아니면 그렇다는 환상이라도 품을 수 있다. 하지단 문제는 이것이다. 테니스라는 스포츠가 아니라, 올림픽 테니스를 왜 보는가!

20년 전이라면 답하기가 까다로운 문제였을 것이다. 1988년 올림픽에 테니스가 다시 들어갔을 때, 세계 최고의 선수들은 거의 관심을 보이지 않았다. 테니스에서 올림픽 대회는 명성도 전혀 없고, 이미 일정이 꽉 채워진 시즌 한복판에 떡 하니 열렸다. 그리고 상금도 없다. 그러나 국제테니스연맹이 2000년부터는 남자, 2004년부터는 여자 선수들에게 올림픽 테니스를 랭킹 점수에 반영하겠다는 결정을 내리자, 산전수전 다 겪은 프로 선수들도 올림픽을 달리 보게 되었다. 또 트로피 진열장에 금메달을 집어넣으니 보기에 좋더라는 사실도 깨닫게 되었다. 부상당한 선수를 제외하고, 2012년 올림픽에는 대어들이 대부분 등장할 것이다.

인정할 일이건대, 테니스가 정말로 올림픽에 속하는 스포츠인지 하는 의구심은 여전히 팽배하다. 올림픽 금메달은 운동선수의 정점이어야 하는데, 그랜드슬램보다 올림픽 금메달을 더 따고 싶어 할 테니스 선수는 아무도 없다. 그럼에도 런던에서 열릴 테니스 경기는 맹렬할 것이며, 바로 3주 전에 열린 윔블던 대회로도 만족할 줄 모르는 사람들은 이를 환영할 것이다. 또 같은 선수가 양 대회를 지배할지 여부를 지켜보는 것도 엄청나게 재미있으리라.

테니스 이야기

론 테니스는 헨리 8세가 그물이 늘어진 네트를 사이에 두고 비대칭 라켓을 사용하여 벌인 실내경기와 로열 테니스라고 불린 경기에서 유래했으리라는 추측이 많다. 둘 다 궁극적으로는 중세 프랑스에서 맨손으로 하던 죄드 폼에서 유래했지만, 사실 둘 사이에는 공통점이 거의 없다. 론 테니스는 라넬리던의 월터 윙필드 소령이 창안자라 할 수 있다. 그가 여름에 찾아오는 손님들을 재미있게 해주려는 의도로 만든 게임이었다. 이미 전부터 있었던 몇몇 게임을 접목한 그의 발명품은 스페어리스티크(고대 그리스어로 '공놀이를 하다'라는 뜻)라는 이름으로 불렸고, 모래시계 모양의 코트에서 경기를 했다. 1874년에는 특허권을 얻을 만큼 독자적인 스포츠로 인정받았다.

이 게임은 빠르게 론 테니스가 되었다. 특허가 나기 2년 전에 리밍턴 스파에 세계 최초의 '테니스 클럽'이 생겼고, 특허가 나고 몇 달이 지나지 않아 뉴욕에 코트가 깔렸다. 영국의 오스카 와일드가 열성적인 애호가가 되었으며, 1878년에는 옥스퍼드와 케임브리지 여대생들이 복식 시합을 열었다.

윙필드가 특허를 받은 지 4년이 지나서 윔블던의 올 잉글랜드 크로케 클럽이 최초의 남자 대회를 열었다. 여자 대회는 1884년에 뒤따랐다. 선수들은 처음에는 거대한 드레스를 바스락거리며 경기했지만, 1887년에 로티 도드라는 십대가 빅토리아 시대의 관습에 반항하면서 좀 짧은 치마를 입고 우승을 거두었다(21년 후에 그녀는 올림픽 양궁에서 은메달을 땄다).

이 새로운 스포츠에서 나름대로 국가선수권대회가 열리기 시작했다. 잉글랜드 다음으로 미국이 1881년에 미국테니스선수권대회를 열었고, 프랑스

'신성의 여인' 쉬잔 랭글랭은 7년 동안 딱 두 세트를 내주었다

는 10년 후에, 오스트레일리아는 1905년에 첫 대회를 개최했다. 전부 합쳐서 그랜드슬램이라고 알려지게 된 이 대회들은 국제테니스연맹의 심장부가 되었고, 오늘날에도 그렇게 남아 있다. 테니스의 발전을 추동한 또 다른 대회가 바로 1900년에 창설된 데이비스컵이었다. 데이비스컵은 남자 국가대표 팀들끼리의 대항전이다. 여자 대회도 63년 후에 페더레이션컵(이제는 페드컵)이라는 이름으로 열린다.

1920년대까지는 영국이 테니스를 지배했고, 그때 이후 추는 미국과 프랑스 사이에서 오갔다. 프랑스에는 악어 로고의 의류 브랜드로 유명해진 르네 라코스테가 대표하는 이른바 '사총사'가 남자 부문에서 20번의 단식과 23번의 복식 그랜드슬램 우승을 달성했다. 위대한 수잔 렝글렝은 7년간 경기를 치르면서 단 두 세트에서 졌다.

데이비스컵과 페더레이션컵의 승자 목록은 세월이 흐르면서 주도권이 어떻게 옮겨갔는지 분명히 드러낸다. 1975년 이전에는 남자 선수권대회는 예외 없이 그랜드슬램 국가들, 보통은 미국과 오스트레일리아에서 열렸다(영국은 1936년 이후 승리를 차지하지 못했고 프랑스도 1932년 승리를 거둔 후 거의 60년이 되도록 우승하지 못했다). 그후 스위덴과 독일, 러시아, 스페인 같은 새로운 나라들이 창단 멤버들에게 잇따라 도전장을 던졌다. 여자 선수들의 게임도 비슷한 양상을 따랐다. 미국과 오스트레일리아 선수들이 1960년대와 1970년대를 풍미했지만, 1980년대에 동부 유럽과 중부 유럽으로 주도권이 옮겨갔다. 미국의 비너스와 세레나 윌리엄스 자매가 활약하고 있지만, 지금까지도 계속 같은 양상이다.

경기 시작: 테니스의 기초

코트

테니스는 0.914미터 높이의 네트로 나뉘는 23.77미터 길이의 직사각형 코트에서 벌인다. 복식에서 플레이 구역의 너비는 8.23미터이며, 복식에서는

11미터이다. 코트 양옆에 측선으로 표시를 한다. 서비스를 제외하고 이 측선 구역에 공이 떨어지면 복식에서는 '인'이고 단식에서는 아웃이다.

득점

테니스의 득점 시스템은 누가 만들었는지 몰라도, 천재이자 미치광이가 만들었음에 분명하다. 룰에 이렇다 할 논리가 없는 것 같으면서도, 시합이 긴장감을 유지하고 균형을 똑바로 유지하는 방식으로 고안되어 있다. 단 1득점으로 시합의 성패가 결정되며 전체 흐름이 뒤바뀌어버린다.

3가지 기본 단위가 있다. 득점과 게임과 세트이다.

게임은 선수가 서비스를 넣는 것과 함께 시작한다. '더블 폴트'(유효 서브를 보내는 데 2번 실패하는 것)가 일어나거나 상대 선수가 리턴에 실패하면 득점한다. 게임은 4점을 먼저 얻은 단식 혹은 복식 선수들에게 돌아간다. 전제는 상대 팀보다 최소 2점은 앞서 있어야 한다는 것이다. 양 선수가 모두 3점을 얻으면 '듀스'가 되어 한 선수가 2점 차로 앞설 때까지 계속 경기를 한다.

테니스의 득점은 1점, 1점 올리는 시스템에 기반을 두고 있지 않다. 테니스에서는 게임 중에 첫 번째 랠리에서 이기면 15점을 얻는다. 두 번째 교환에서 이기면 또 15점을 받으며, 세 번째에서는 10점을 받는다. 0점은 '러브'라고 부르는데, 프랑스어인 외프(계란)에서 유래한 단어이다. 언제나 서버의 점수부터 먼저 발표한다. 그러므로 0-15, 15-15, 30-15, 40-15, 같은 식으로 서버를 기준으로 진행된다. 40-40(듀스)이면, 그다음에 득점을 먼저 올린 선수가 '어드밴티지'를 갖는다.

세트는 여러 게임으로 이루어지며, 세트가 끝나면 선수들은 코트를 바꾼다. 6게임을 먼저 이기는 선수가 세트를 따고, 상대 선수에게 적어도 2게임 차로 앞서게 된다. 양편이 5게임씩 가져간 경우라면, 어느 한쪽이 다음 2게임을 이기는 것으로 세트를 딸 수 있다. 하지만 6-6이 되면 타이 브레이크에 들어간다. 다행스럽게도 이 시점에서 적용하던 듀스 시스템은 원래의 규칙으로 돌아간다. 즉 7포인트에 먼저 도달한 선수가 세트를 승리하며 2포인트를 앞서게 된다. 점수가 6-6에 도달했을 경우, 한 선수가 2포인트 리드를 잡을 때까지 경기를 지속한다. (올림픽 남녀 혼합복식의 마지막 세트에서는 목표 점수가 7포인트가 아니라 10포인트이고, 2포인트 규칙은 여기서도 적용된다.) 그 세트에서 서브할 차례가 된 선수는 타이 브레이크의 첫 포인트를 서브한다. 상대 선수는 다음 2포인트를 서브하고, 그다음에 서브는 2포인트마다 돌아간다. 올림픽 테니스 시합은 3세트를 해서 더 많은 세트를 이긴 팀이 승리한다. 남자 단식 결승전만 전통적으로 5세트를 치른다.

플레이

플레이는 한 선수가 자기 코트 오른편 베이스라인 뒤에서 공을 서브하는 것으로 시작한다. 서비스는 반드시 상대 코트의 대각선 박스 안에 넣어야 한다. 득점할 때마다 자리를 바꾸어 서브를 넣는다. 서버는 득점당 서브를 넣을 기회를 2번 잡는다. 서브에 2번 실패하면 더블 폴트가 되고, 상대 선수가 점수를 얻는다. 정해진 박스 안쪽으로 공이 날아가는 길에 네트를 건드리면 '렛'이 되고, 벌칙 없이 다시 서비스를 한다. 상대가 서브를 받지 못해 득점하는 경우를 에이스라고 부른다.

서비스를 상대 선수가 받아넘기면 랠리가 이어진다. 둘 중 하나가 코트에 떨어지는 공을 쳐서 상대편 코트에 날리지 못하거나, 공으로 네트를 치는 식으로 실책을 저질러 득점이 날 때까지 랠리는 계속된다. 공이 경계선의 어느 부분이라도 건드리면 유효 플레이로 인정한다.

장비

올림픽 첫 시기 테니스 선수들은 합판 나무와 동물 내장으로 만든 줄을 사용한, 헤드의 표면 둘레가 약 65제곱인치인 라켓을 썼다. 오늘날 라켓은 대개 섬유유리와 온갖 하이테크 물질을 섞은 탄소섬유로 만든다. 라켓의 헤드 면적은 예전보다 훨씬 커졌고(137제곱인치이다) '스의트 스팟'도 마찬가지다. 스위트 스팟은 최고의 힘을 내고 공을 통제할 수 있는 라켓 표면이다. 줄은 이제 합성섬유를 쓴다.

테니스에서 사용하는 공은 가황 처리를 한 천 위에 펠트 천을 씌운다. 공은 압력을 가한 캔에서 한번 나오면 탄성을 잃고 보풀이 빠르게 죽는다. 그리고 코트를 치고 돌아다니며 기이하게 움직이기 시작한다. 이런 이유로 공은 시합 중간에 빈번하게 바꾼다.

잉글랜드의 모든 테니스 클럽은 보통 선수들에게 하얀색 옷만 입게 하지만, 2012년 올림픽에서는 규칙을 완화했다. 다만 아주 요란한 색상은 제외한다.

규칙의 진화

테니스 규칙은 1890년대 이래 거의 바뀌지 않았다. 1908년과 1961년 사이까지 서브를 할 때는 한 발을 땅에 붙이고 있어야 했다. 1970년대에 타이 브레이크가 도입되었고, 최근에는 '호크 아이' 기술에 바탕을 두고 득점에 이의를 제기하는 제도를 마련했다. 선수들은 원할 때마다 진행위원들에게 영상 판독을 요구할 수 있다. 하지만 세 번 요구했는데 심판 판정이 옳았다면, 그 세트에서는 더 이상 이를 요구할 수 없다. 하지만 타이 브레이크의 경우에 죽다 살아나는 경험을 하게 된 것만은 확실하다.

관전 포인트

잔디 코트 테니스는 클레이나 하드 코트 경기보다 진행이 빠르다. 특히 남자부 경기에서 에이스가 아주 많이 날 것이다. 운이 좋아 시합을 관전한다면, 텔레비전 중계가 예외 없이 사용하는 각도, 이 각도에서 저 각도로 옮겨가며 선수들의 플레이를 볼 기회를 즐겨라. 실제로 보기 전까지는 테니스가 얼마나 빠른 게임인지 이해할 길이 없다. 선수들이 상대 선수를 코트의 넓게 트인 지역에 몰아넣으면서 한 방을 꽂아 넣으려고 애쓰는 움직임을 잘 살펴보라.

선수들의 다양한 플레이 스타일도 감상할 일이다. 서브 발리 플레이어들은 서브를 넣고 나서 대개 네트 앞으로 쇄도하면서 상대 선수가 리턴을 할 공간을 좁혀놓는다. 베이스라인 플레이어들은 필요할 때간 네트로 다가간다. 예를 들어 드롭 샷을 받으러 갈 때가 그렇다.
그랜드슬램 대회에만 익숙한 사람들에게 남자 단식과 복식의 3세트 형식은 참신할 것이다. 올림픽에서 세트 수를 3세트로 줄인 이유는 실수할 여유를 줄이기 위해서다. 다섯 세트 시합에서보다 한 세트를 잃는 것이 훨씬 심각한 일이 된다. 다섯 세트 경기에서는 한 세트에서 한참을 뒤져 있으면 미련을 버리고, 다음 세트를 대비하여 에너지를 비축해둘 수 있다.

올림픽으로 간 테니스

테니스는 1896년 아테네 올림픽에서 실시했던 9가지 스포츠 가운데 하나였다. 남자 단식 우승은 존 볼랜드라는 아일랜드 선수가 차지했다. 당시는 '영국과 아일랜드의 연합왕국' 대표로 출전했다. 경기에 참여하게 될 줄 몰랐던(조직위원회의 일원이었던 그리스 친구가 그를 선발하여 경기에 참여하게 되었다) 그는 굽이 달리고 가죽 밑창이 달린 신을 신고 경기했다.
1900년에는 영국의 샬럿 채티 쿠퍼가 프랑스의 엘렌 프레보스트를 여자 단식 결승에서 꺾고 올림픽 금메달을 딴 최초의 여자 선수가 되었다. 여자는 고대 올림픽에서는 경기에 참가할 수 없었다.
1904년 세인트루이스 올림픽에서는 미국 선수들이 테니스에 걸린 모든 메달을 휩쓸었다. 다른 나라는 딱 1개국만 참여했기에 놀라울 것도 없는 결과였다. 영국 선수들이 런던 올림픽에서는 테니스에 걸린 금메달 6개를 전부 땄다. 하지만 이번에는 미국인 선수들이 1명도 참가하지 않았다. 1912년 미국인이 딱 1명만 출전했고, 프랑스와 영국과 남아프리카공화국이 메달을 골고루 나눠 가졌다. 1920년 앤트워프에서는 다시 프랑스와 영국이 금메달을 양분했다. 그러나 4년 후에 미국이 앙갚음을 해주러 돌아와 금메달 5개를 모두 땄다.
이 시점에서 프로페셔널리즘 문제가 올림픽 테니스를 파멸시켰다. 1913년에 창설된 국제론테니스연맹은 프로로 전향한 선수들은 올림픽을 포함해 이 단체가 주관하는 시합에 뛰는 것을 금지했다. 하지만 명분을 찾지 못할 싸움이었다. 1926년에 프로모터인 C. C. 파일이 수잔 렝글렝과 암스테르담 올림픽 복식 금메달리스트인 미국의 비니 리처즈에게 수익이 많이 나는 투어를 해보자고 유혹했다. 몇 년이 지나지 않아 미국(1927년)과 프랑스(1930년)와 잉글랜드(1934년)에서 창설한 '프로 슬램'이 주요한 대회들

황금 소녀에게 황금 슬램을. 슈테피 그라프가 1988년 그랜드슬램에 올림픽 금메달을 추가했다.

을 대체했다. 스타들을 다 빼앗긴 테니스는 올림픽 종목에서 빠질 가능성이 언제나 높았고, 1924년 대회 후에 실제로 없어졌다.

1968년에 국제테니스연맹은 마침내 압력에 굴복하고 프로 선수들을 대회에 받아들였다. IOC도 1980년에 결국 같은 길을 따랐고, 테니스는 64년간의 공백 끝에 서울 올림픽에 다시 나타났다. 남자 단식 타이틀은 체코슬로바키아의 밀로슬라프 메시르가 땄고, 여자 단식에서는 슈테피 그라프가 우승했다. 올림픽 금메달로 그라프는 유일한 '골든 슬램' 달성자가 되었다. 4개의 그랜드슬램과 더불어 올림픽 금메달까지 같은 해에 따낸 것이다.

다음 몇 올림픽은 세계 최고의 선수들이 들쑥날쑥 참가하면서 얼룩졌다. 바르셀로나 올림픽 단식에 세계 랭킹 5위까지의 남자 선수들이 출전하기는 했지만, 애틀랜타 올림픽에서는 세계 랭킹 10위 안에 든 선수 가운데 단 3명만이 나타났다. 그리고 1992년 바르셀로나 올림픽에서는 스위스의 마르크 로세가 피트 샘프라스와 보리스 베커 같은 대선수들을 젖히고 남자 단식 금메달을 따는 이변이 일어났다. 올림픽 테니스의 지위가 높아지고 올림픽 참가를 랭킹 점수에 반영하면서 참가 문제는 어느 정도 해결했지만, 올림픽 대회는 여전히 예기치 못한 챔피언을 간간이 내고 있다. 니콜라스 마수, 누가 아는가? 2004년에 남자 단식과 복식 금메달을 모두 딴 칠레 선수이다.

TRIATHLON

트라이애슬론

2012년 8월 4일과 7일

하이드 파크

참가 선수: 110명 | 금메달: 2개

올림픽 참가

2000년부터 현재까지.

올림픽 형식

1500미터 수영에 이어 40킬로미터 사이클 레이스를 벌이고 10킬로미터 달리기를 한다.

게임의 강자들

오스트레일리아, 뉴질랜드, 캐나다, 독일이 역대 올림픽 메달 순위표에서 나란히 포진해 있다. 스위스와 오스트리아가 이를 뒤따른다. 산악지대 출신 선수들에게 분명히 이점이 있지만, 이번 런던 올림픽에서는 영국의 앨리스테어 브라운리의 우승이 유력하다.

역대 챔피언

오스트레일리아, 뉴질랜드, 캐나다, 독일, 스위스, 오스트리아: 금메달 1개씩

왜 트라이애슬론을 보는가?

세계에서 가장 빨리 성장 중인 스포츠의 하나로, 트라이애슬론은 살인적인 인내를 요구하는 경기이다. 수영, 사이클, 달리기, 이 3가지 종목을 치르면 극도의 피로가 몰려온다. 보통 사람이라면 포기하고 말 정도의 고통을 극복하는 선수만이 승리할 수 있다. 트라이애슬론의 각 부문 세계 최고 기록의 누적 시간이 평균 1시간 20분을 약간 넘는다고 하면 이 종목의 성격을 좀 이해할 수 있을 것이다. 선수가 세 부문을 연이어 치러야 한다는 사

실을 생각하면 캐나다의 사이먼 휘트필드가 시드니에서 1시간 48분 24초의 기록으로 금메달을 차지한 일은 놀라울 따름이다. 따뜻한 실내 풀장이 아니라 야외의 차가운 물에서 수영을 하고 나서, 탄성 있는 육상 트랙이나 매끈한 벨로드롬의 보드 위가 아니라 아스팔트 도로를 달리고 자전거를 탄 끝에 얻은 결과라니 말이다.
구경거리로서 트라이애슬론은 구성 종목의 재미와 더불어, 그것만의 고유한 재미를 안겨준다. 다음 종목으로 넘어가는 전환 과정에서 특히 눈길을 뗄 수 없다. 54개의 비슷한 장치 사이에서 보관된 사이클에 신경을 곤두세우는 선수는 언제나 인상적이며, 선수가 수영복을 벗고 옷을 갈아입을 때 어이없는 실수를 할 가능성도 조금 있다.

트라이애슬론 이야기

다양한 형식으로 벌이는 복합 스포츠는 생겨난 지 오래되었다. 가령 프랑스에서는 1902년부터 주앙빌 르 퐁에서 3종경기를 개최해왔다. 원래는 육상과 사이클, 카누로 구성되었으나, 1920년 마른 강에서 열린 대회에서 수영으로 대체되었다. 하지만 1970년대 미국에서 조깅 열풍이 불었고, 이로부터 올림픽 트라이애슬론의 형태가 생겨났다. 사실 올림픽 스포츠는 탄생일자가 분명한 종목이 거의 없으나 트라이애슬론은 예외이다. 트라이애슬론은 1974년 9월 25일에 미국 캘리포니아 주에서 태어났다. 샌디에이고의 육상 클럽 소식지가 그렇게 발표했다.
이 스포츠는 늘어나는 뱃살의 고삐를 쥐려고 3년 전부터 조깅을 했던 38세 남자 잭 존스턴의 머리에서 나왔다. 열성적이지만 별 볼일 없는 러너였던 그는 도로 경주에서 번번이 꼴찌를 하는 데 취미를 붙였다. 하지만 어렸을 적에는 수영을 뛰어나게 잘했다. 존스턴은 데이비드 페인의 생일맞이 바이애슬론이라는 행사 얘기를 들었을 적에 "나를 위한 경기가 될지 몰라"라고 생각했다. 약 7킬로미터를 달린 다음, 400미터가량 수영을 하는 경기였다.
1974년 경기에서 10위 안에 든 데 고무된 존스턴은 수영을 더 늘린 레이스를 꾸며보기로 마음먹었다. 그러고 나서 샌디에이고 육상 클럽의 동료 일원인 돈 섀너한도 복합 스포츠를 기획 중임을 알게 되었고, 둘은 뭉쳤다. 사이클을 포함해야 한다는 섀너한의 고집으로 트라이애슬론이라는 세례명을 새로이 받은 스포츠 형식이 확립되었다. 46명의 남녀가 첫 레이스에 참가했다. 존스턴은 6위를 차지했고, 모두 피자를 먹으러 갔다.

철인들

이 미션 베이 트라이애슬론이 첫 스타트를 끊었지만, 이 유아기의 스포츠에 세계의 이목을 집중시킨 대회는 1977년에 22위로 어느 대회를 마친 미국 해군 중령인 존 콜린스가 생각해냈다. 그는 하와이의 오아후 릴레이 경기의 수상식에 참가했다가, 와이키키 수영 클럽의 회원들과 중앙 태평양의 도로 러너들이 수영 선수와 육상 선수들 중 누가 진정한 운동선수라고 할 수 있는지 입씨름을 벌이는 것을 주워들었다. 그는 대화에 끼어들어 그가 읽은《스포츠 일러스트레이티드》지의 기사에 따르면 벨기에의 사이클 선수 에디 메르크스가 산소를 최고로 흡수해내는 사람이니 육상, 수영보다 사이클 선수들이 더 탄탄한 운동선수가 아닐까 한다고 말했다.
논쟁을 정리하기 위해 그는 모든 트라이애슬론의 어머니를 고안해냈다. 약 3.9킬로미터를 헤엄친 후에, 70킬로미터의 자전거 경주를 벌이고 마라톤 풀코스를 달리는 것이었다. "누구든 이기는 사람에게 우리는 철인이라 칭하겠다"고 콜린스가 발표했다. 지금은 덴버 주에 기반을 잡은 컴퓨터 자문가인 고든 홀러가 1978년 2월 18일에 11시간 47분이라는 무시무시한 시간 동안에 코스를 완주하며 '철인'이라는 찬사를 받는 최초의 주인공이 되었다. 수영을 한 후에 샤워를 하러 호텔에 뛰어들지 않았다면 더 빠른 기록을 얻었을 것이다. 그렇다고는 해도 그의 경기력은 오늘날 철인들에 비하면 시시해 보인다. 이 형식의 종목에서 이제 남자 기록은 8시간 4분 8초가 평균이며, 여자는 8시간 54분 2초이니까 말이다.

이 스포츠가 진화해가면서 초창기의 태평스러운 정신은 더 전문적이고 과학적인 접근방식에 자리를 내주게 되었다. 1980년대 중반에 미국 트라이애슬론 경기를 위해 개발한, 철인이라는 말이 무색한 1500미터/40킬로미터/10킬로미터 형식이 표준화한 것이다. 이에 더해 트라이애슬론에만 특화된 기술과 훈련 방법이 떠올랐다. 트라이애슬론이 빌려온 종목들과는 대조적인 기술과 훈련 방법이었다. 종목 전환(종목 사이에 최대한 빨리 장비와 옷을 바꾸어 착용하기)은 훈련에서 특히 집중하는 과정이 되었고, 레이스 내내 에너지 소모와 비축의 효율적인 균형을 유지하려는 노력도 마찬가지였다.

트라이애슬론의 첫 40년을 장식한 주요한 논쟁은 에너지를 아끼려고 사이클과 수영 단계에서 뒤에 처지는 전략을 구사하는 것이 마땅한가, 아니면 꼼수인 드래프트(뒤따르기)를 할 것인가 하는 문제였다. 이는 초창기 트라이애슬론 선수들에게 골칫거리가 될 뻔했다. 이제 트라이애슬론은 드래프

전부 갈아입으세요. 2000년 시드니에서 수영을 하고 나서 사이클로 갈아타는 구역.

트가 합법인 경기와 드래프트가 불법인 경기로 나뉘어 열린다. 올림픽 트라이애슬론에서는 드래프트가 합법이다.
1989년에 국제트라이애슬론연맹이 프랑스 아비뇽에서 탄생했다. 이 단체는 그 해 처음 열린 세계선수권대회의 매년 개최 외에도, 올림픽 입성을 구체적인 목표로 잡았다. 국제트라이애슬론연맹은 단 5년 만에 목표를 실현했다. 1994년 파리에서 열린 IOC 회의에서 트라이애슬론은 정식 메달 종목으로 채택되었으며 2000년 시드니에서 데뷔하게 되었다.

경기 시작: 트라이애슬론의 기초

수영

올림픽 트라이애슬론 레이스는 선수들이 무리지어 수상 플랫폼이나 물가에 설치한 출발대에서 다이빙을 하는 것으로 시작한다. 수영 부문을 치르는 동안에 선수들은 원하는 영법을 마음대로 쓸 수 있으나, 크롤 자유형이 아닌 영법을 선택한 선수는 신문 헤드라인에 등장할 것이다. 선수들은 선 헤엄을 치거나 부표를 붙들고 호흡을 골라도 되지만, 그렇게 할 정도에 이르면 이미 게임은 물 건너간 것이다. 레이스 내내 수영 모자를 써야 한다. 만약 수온이 20도가 넘으면 잠수복 착용을 금지한다. 수온이 14도 이하이면 반드시 착용해야 한다.

사이클

물에서 나오고 나서 선수들은 첫 전환 구역에 들어간다. 그곳에서 잠수복을 벗고 미리 놓아둔 사이클 운동화를 신는다. 랙에서 자전거를 빼기 전에 사이클 헬멧을 반드시 쓰고 적절하게 조여야 한다. 헬멧을 제대로 착용하지 않으면 실격한다. 두 번째 전환 구역에서 자전거를 세우기 전까지 어느 시점에서든 헬멧을 벗으면 실격이다. 다만 펑크를 수리해야 하는 등의 절박한 상황에서는 멈추고 벗을 수 있다.

마라톤

선수들은 두 번째 전환 구역 바로 전에 있는 라인에서 반드시 자전거에서 내려야 한다. 여기서 최대한 가까운 개인 랙에 놓여 있는 러닝화를 찾는다. 자전거를 랙에 걸면서 헬멧을 벗고 신발을 갈아 신는다. 순서대로 해야 한다. 그러고 나서 출발할 수 있다.

관전 포인트

페이스

선수들이 레이스 막판까지 페이스 조절을 한다는 사실을 알아두라. 만약 타임 트라이얼 경기에 나선 것처럼 사이클을 달리면 결승선을 끊지 못할 것이다.

사이팅

수영 부문에서는 선수들이 '사이팅'이라는 것을 한다. 물속에서 고개를 올리고 코스 표시를 보면서 적절한 스트로크를 하고 에너지 소모와 속도 저하를 최소화한다.

드래프트

수영과 사이클에서 선수들이 드래프트하는 것을 눈여겨보라. 드래프트는 바로 앞 선수에 따라붙어서 가는 것이다.

종목 전환

전환 구역에서 일어나는 일에 세심히 주의를 기울여라. 최고의 트라이애슬론 선수들은 매우 매끄럽게 전환을 하지만, 대실수를 저지를 수도 있다. 많은 트라이애슬론에서 엉겨 붙은 잠수복과 씨름하거나 자전거가 랙에 어설프게 놓여 있어서 승리를 거두지 못하는 경우가 많았다.

올림픽에 간 트라이애슬론

첫 올림픽 트라이애슬론은 시드니 오페라 하우스의 그림 같은 풍광을 배경으로 열렸다. 여자 선수들이 먼저 시작했고, 스위스의 브리지트 맥마혼이 오스트레일리아의 후보 미셸 존스를 달리기 종목 막판에 물리쳤다. 남자 부문 챔피언은 캐나다의 사이먼 위트필드였다.

2004년 아테네에서 오스트리아의 케이트 알렌이 사이클이 끝났을 적에 28위를 달리고 있다가 최종 승리를 거두었다. 그녀의 승리는 10킬로미터 달리기에서 힘을 보존해두는 방법의 중요성을 부각시켰다. 남자 부문의 금메달은 뉴질랜드의 해미시 카터가 가져갔다. 자국 동료인 베번 도허티보다 8초가량 앞서서 결승선을 끊었다.

오스트레일리아의 에머 스노우실이 베이징 올림픽에서 금메달을 땄다. 2위와는 무려 66초 차이가 났다. 남자 부문에서는 독일 챔피언인 얀 프로데

트라이애슬론 선수들이 2004년 아테네 경기에서 물에서 나오고 있다.

노가 챔피언이 되었다. 그는 마지막 100미터를 남겨놓고 휘트필드를 추월했고, 가장 강력한 유망주였던 하비에르 고메스를 4위로 밀어냈다. 이 경기는 휘트필드의 등장에 힘입어 캐나다에서 가장 높은 시청률을 기록했다.

VOLLEYBALL

배구

배구: 2012년 7월 28일~8월 12일 / 얼스 코트

비치발리볼: 2012년 7월 28일~8월 9일 / 호스 가즈 퍼레이드

참가 선수: 288명(배구), 96명(비치발리볼) | 금메달: 4개

올림픽 참가

배구: 1924년 시범종목. 1964년 이래로 정식종목. 비치발리볼은 1996년부터 정식종목.

올림픽 형식

실내 배구에서는 12개 팀이 조별 경기를 벌여 8강을 가린 후 토너먼트에 들어간다.
비치발리볼에서는 24개 팀이 경기를 벌여 예선을 통과한 16개 팀이 토너먼트에 들어간다.

게임의 강자들

남자 배구에서는 미국과 브라질, 러시아가 강호지만, 이탈리아와 네덜란드도 경쟁력이 있다. 여자 배구에서는 일본과 중국, 쿠바, 브라질이 모든 나라가 두려워할 강자다. 비치발리볼에서는 미국과 오스트레일리아와 브라질의 실력이 뛰어나다.

역대 챔피언

배구 소련: 7개 | 일본: 3개 | 미국: 3개 | 브라질: 3개
비치발리볼 미국: 5개 | 브라질: 2개 | 오스트레일리아: 1개

배구를 왜 보는가?

배구는 실내 배구와 비치발리볼로 나뉜다. 한 팀이 6명이던 실내 판은 배불뚝이 매사추세츠 주 그리스도교도 사업가들을 위한 건전한 스포츠 오락으로 시작되었다. 그리고 최근까지도 영예로운 아마추어리즘을 만끽했다. 이와는 대조적으로 비치발리볼은 향락적이고 현란하고 아크로바틱한 변종 배구로, 하와이와 캘리포니아의 해변에서 태어났다. 초창기 비치발리볼은

미인대회와 어우러졌으며 섹시한 육체와 쬐끄만한 수영복, 야한 상업주의 축제로서 텔레비전 스포츠의 세계에 입성했다.
실내 배구도 이제는 섹스어필을 하려고 노력 중이다. 새로운 규칙과 옷감을 아낀 유니폼을 도입해 실내 배구는 더 빠르고 텔레비전 친화적인 경기가 되었는데, 그 와중에 비치발리볼은 진짜 스포츠가 아니라는 혐의와 싸우느라 고생하고 있다. 양쪽 버전 다 걱정거리가 있다. 둘 다 격렬한 운동이며, 전술적으로 정교할뿐더러 말도 못하게 경쟁이 심하다.

배구 이야기

남성성 넘치는 사촌 농구와 마찬가지로, 배구도 매사추세츠 주 YMCA의 체육 교사들이 만들어냈다. 제임스 네이스미스가 스프링필드의 YMCA에서 1891년에 처음 성문 규칙을 세운 농구는 충분히 사용되지 않는 YMCA 체육관 안에 레크리에이션을 마련해주기 위해 고안했다. 하지만 모든 사람이 농구의 격렬한 육체성에 적응할 수는 없었다. 적어도 홀리요크의 윌리엄 G. 모건의 수업을 찾아온 느림보 사업가들은 그럴 수 없었다.
모건은 맨손과 공으로 플레이하는 새로운 스포츠를 고안하면서 여러 가지 실험을 했다. 그는 배드민턴처럼 높은 네트로 코트를 양분하는 것이 좋겠다고 생각했고, 농구공(너무 무거웠다)과 농구공 거죽 주머니(너무 가벼웠다)로도 실험을 해본 후에 스포츠 용품 제조사인 스폴딩 사에 공을 만들어달라고 주문했다. 딱 맞는 공이었다. 공을 서로 주거니 받거니 때린다는 기본 규칙이 세워졌고, 처음에 민토네트라고 부른 경기가 1895년 YMCA 컨퍼런스에서 시범을 보였다. 최초의 관중 중에 알프레드 T. 홀스테드 교수가 이 스포츠를 '발리볼'로 칭하면 어떻겠느냐고 제안했다.
1897년에 정제한 규칙이 나왔고, 뒤이어 YMCA의 체육관 네트워크를 거쳐서 배구는 캐나다, 쿠바, 일본, 멕시코, 남아메리카, 중국, 인도로 퍼져 나갔다. 배구는 세트 플레이 후 스파이크 공격 기술을 완성한 필리핀에서 정

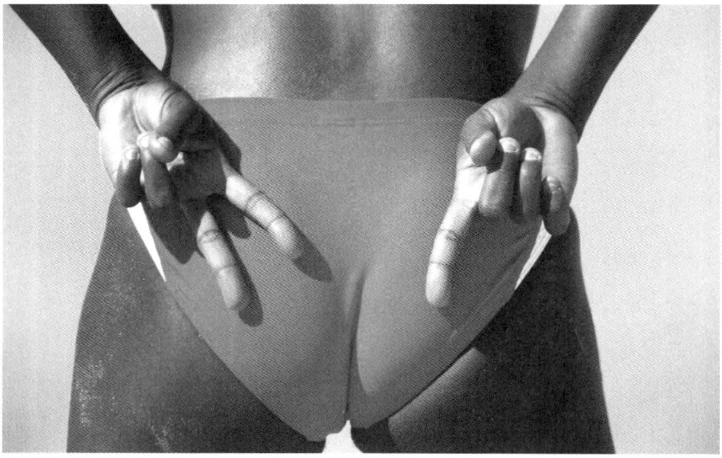

수신호를 보라. 비치발리볼에서 아주 중요하다.

작 큰 인기를 얻었다. 필리핀은 1913년에 열린 극동대회에서 세트와 스파이크 공격법을 선보였다.

미국에서도 대학과 군대에서 배구를 교과과정에 들여놓으면서 열풍이 불었다. 제1차 세계대전 후에 유럽에 주둔하던 미국 해외원정파견군은 16만 개의 배구공을 사람들에게 나누어주었고, 1919년 파리에서 열린 동맹국끼리의 대회에서 엄청난 관중 앞에서 배구를 했다. 이 대회는 동맹국 군대끼리 벌인 미니 올림픽이었다. 중부와 동부 유럽에서 꾸준히 퍼져가던 배구는 양차대전 사이 시기에 나름 대로 인기 있는 스포츠가 되었다. 제2차 세계대전이 끝나고 나서도 배구의 인기는 여전했고, 1947년에 국제배구연맹이 창립되었다. 최초의 세계배구선수권대회가 1949년 프라하에서 열렸다.

비치발리볼의 정확한 근원이 무엇인지는 논란의 여지가 있다. 혹자는 1910년대 호놀룰루 근처의 와이키키 해변 서퍼들에게서 기원을 찾을 수 있다고 말한다. 혹자는 1920년대에 캘리포니아 주 산타모니카를 든다. 어느 쪽이거나 배구가 해변을 강타하는 것은 시간 문제였다. 모래 위에서 플레이한다는 이 게임의 가장 고된 측면, 코트에서 넘어지고 구르는 동장은 재미있는 구경거리라 되었다. 남부 캘리포니아는 비치발리볼이 굳게 자리 잡은 곳이고, 한 팀에 선수 2명이라는 형식을 만들며 비치발리볼을 진화시킨 곳이다. 처음에는 가족 놀이였던 비치발리볼은 캘리포니아 사람들이 운동을 하면서 놀려고 해변으로 몰려들던 1930년 거치는 동안에 인기가 커졌다. 제2차 세계대전이 끝난 후에 판은 대회 조직을 뒷받침할 만큼 성장했고, 펩시 사가 해변 문화와 비치발리볼의 밀접성을 간파하고 1948년부터 후원에 나섰다.

다음 20년간 비치발리볼은 스포츠와 쇼비즈니스 사이를 맴돌았다. 캘리포니아에서 대회가 조직되었지만, 예외 없이 미인대회와 수영복 대회 그리고 음악 쇼와 함께 짝을 이루었다. 마릴린 먼로와 JFK는 이 스포츠가 근사하다고 생각하고, 둘 다 관중석에 끼어 스스럼없이 사진을 찍혔다. 1970년대에 비치발리볼은 미국에서 프로 스포츠가 되었고, 세계의 주요한 해변 문화로 퍼져 나갔다. 두드러지게는 브라질과 오스트레일리아가 있다. 비치발리볼이 너무도 큰 이목과 돈을 끌어 오르는 바람에, 국제배구연맹은 원년 멤버들의 불쾌감에도 불구하고 1986년에 비치발리볼을 받아들였다. 이는 국제배구연맹의 멕시코인 회장인 루벤 아코스타가 벌인 논란을 불러일으킨 여러 일 중 하나였다. 그는 가차 없이 상업화를 추진했고, IOC 윤리위원회의 조사를 받기에 이르렀다. 아코스타는 2008년에 국제배구연맹을 그만두었고, 어느 개혁가가 그의 뒤를 이었다.

경기 시작: 배구의 기초

실내 배구

실내 배구는 높은 네트로 나뉜 코트에서 팀당 6명이 경기를 한다. 선수들은 상대 코트에 공을 떨어뜨리거나 공이 네트에 걸릴 때까지 주거니 받거니 공을 쳐서 넘긴다. 선수들은 허리 위로는 공을 치기 위해 어느 부분이라도 쓸 수 있지만, 공을 붙잡아서는 안 된다. 어떤 선수라도 네트 너머로 공을 넘기기 전에 1번만 공을 칠 수 있으나 팀 전체로는 3번까지 칠 수 있다.

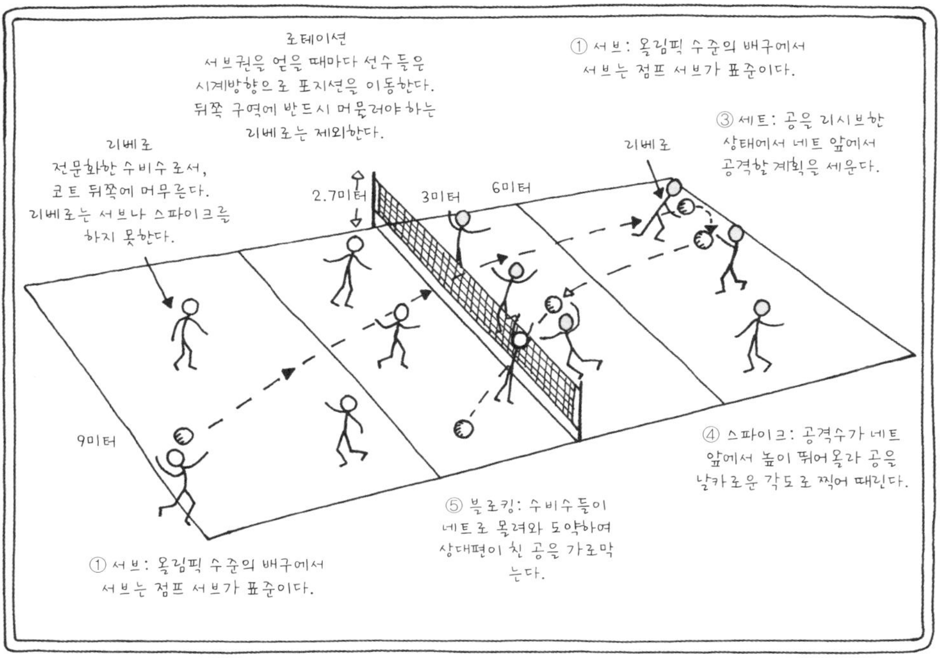

로테이션
서브권을 얻을 때마다 선수들은
시계방향으로 포지션을 이동한다.
뒤쪽 구역에 반드시 머물러야 하는
리베로는 제외한다.
① 서브: 올림픽 수준의 배구에서
서브는 점프 서브가 표준이다.
③ 세트: 공을 리시브한
상태에서 네트 앞에서
공격할 계획을 세운다.
리베로
리베로
전문화한 수비수로서,
코트 뒤쪽에 머무른다.
리베로는 서브나 스파이크를
하지 못한다.
2.7미터
3미터
6미터
9미터
④ 스파이크: 공격수가 네트
앞에서 높이 뛰어올라 공을
날카로운 각도로 찍어 때린다.
⑤ 블로킹: 수비수들이
네트로 몰려와 도약하여
상대편이 친 공을 가로막
는다.
① 서브: 올림픽 수준의 배구에서
서브는 점프 서브가 표준이다.

받고 세트하고 스파이크하라!

라인 밖에서 서브를 넣는 것으로 시작한다. 리시브하는 쪽은 공을 받고 나서, 네트 위에서 아래로 꽂아 넣을 수 있는 위치로 공을 보내는 세트 플레이를 한다. 네트 위에서 공을 내리 꽂는 것이 스파이크이다. 선수들은 할 수 있는 한 상대 스파이크가 네트를 넘어 오는 순간 가로막기를 해서 돌려보내고 재차 공격하기 힘들게 만들려고 시도한다. 선수들은 여하한 순간에도 네트를 건드려서는 안 된다.

서브

서브는 선수들이 돌아가면서 하는데, 팀은 점수를 잃을 때까지 계속 서브를 한다. 서브권을 되찾을 때마다 선수들은 시계방향으로 한 자리씩 옮겨가야 한다. 결과적으로 최고의 수비수도 가끔 공격에 나서며, 반대 경우도 성립한다는 뜻이다. 서브는 팔뚝 부분으로 아래에서 위로 올려치는 언더암 방식과 손바닥으로 위에서 아래로 내려치는 오버암 방식이 있지만, 올림픽 수준의 선수들은 대부분 볼을 공중에 높이 띄운 다음 도약해서 오버암으로 내리치는 점프 서브, 스파이크 서브를 한다.

특별한 사람

리베로는 특화된 포지션이다. 팀의 다른 선수들과는 다른 유니폼을 입으며, 맨 뒷선에서만 플레이할 수 있고, 서브를 넣거나 스파이크를 하면 안 된다. 리베로는 대개 코트 뒤쪽에서 서브를 받아 공격할 기회를 만들어주는 전문 수비수 역할을 한다.

점수, 세트, 시합

서브권을 가진 쪽이 공격에 성공했을 때뿐이 아니라, 매 랠리마다 득점이 난다. 랠리에서 점수를 낸 쪽이 다음 서브를 넣는다. 2점 이상 차이로 25점을 먼저 얻는 팀이 세트를 가져간다. 2점 차이가 나지 않으면 어느 한 팀이 2점 이상 앞설 때까지 계속 플레이한다. 5세트를 치러 3세트를 따낸 팀이 승리한다. 5세트에서는 15점이 승점이다.

교체선수

교체는 세트 시작이나 타임아웃 중에 할 수 있다. 세트당 최대 6명까지 교체할 수 있다. 각 팀은 선수를 12명까지 데려올 수 있다.

비치발리볼

비치발리볼 규칙은 실내 배구와 같은데, 한 팀에 2명만 뛰며 고정된 포지션과 교체선수가 없다는 점만 다르다. 코트는 약간 더 작고 최소 40센티미터 깊이의 모래 위에서 경기한다. 공은 약간 더 크고 압력을 더 낮게 넣는다. 3세트 가운데 먼저 2세트를 따면 이긴다. 처음 두 세트는 2점 이상 차이로 21점에 먼저 도달한 팀이 승자가 되고, 3세트에서는 15점에 먼저 도달한 팀이 승리한다.

관전 포인트

미소로 서비스

톱스핀이 걸린 서브를 눈여겨보라. 이 서브는 손목으로 치는데, 네트를 넘어서면서 날카롭게 떨어지다 말아서 무회전 상태가 되기 때문에 비행을 예측하기가 대단히 어렵다.

수비 전술

서브를 리시브하는 데 보통 3명의 선수가 코트 뒤쪽에 서지만, 때로는 2명만 서고 3번째 선수가 공을 세팅하기에 더 좋은 자리에 가 있기도 한다.
넘긴 공이 네트를 넘어 어느 곳으로 갈지 알기 어렵다. 선수들은 상대 선수가 공을 보내기 전에 네트 앞에 서서 높이 점프한다. 블로킹이 통하면 대책이 없다. 블로커들이 네트 너머로 손을 뻗쳐 공을 날카롭게 내리꽂으며 수비를 공격으로 곧장 뒤바꾸는 모습을 잘 보라.

공격 기술

2인 공격을 눈여겨보라. 두 선수가 네트 앞에서 공을 향해 동시에 뛰어오르는데 이때 수비수들은 누구를 가로막아야 할지 선택해야 한다. 비슷한

2인 공격
두 선수가 네트에 함께 쇄도해 약간 시간차를 두고 조금 다른 높이로 뛰어 오른다.
수비수는 어떤 공격수 앞에서 어떤 높이로 뛰어 가로막기를 할지 결정해야 한다.

플레이가 크로스오버이다. 두 선수가 대각선으로 가로지르면서 둘 중 하나가 공격한다. 네트에 선 두 선수가 피스톤 동작을 취하기도 한다. 즉 한 명은 앞 선수 뒤에 서서, 수비수가 누구를 따라가야 할지 가늠하기 어렵게 만든다. 뒤에 있던 선수가 오픈 공격을 위해 자리를 비켜줄 수도 있다.

해변에서

비치발리볼에서는 선수들이 등 뒤로 내보내는 사인을 눈여겨보라. 팀 동료에게 어떤 서브 혹은 수비를 하면 좋은지 알려주는 신호이다.

올림픽에 간 배구

최초로 올림픽에서 이목을 받은 순간이 배구로서는 최고의 순간이었을 것이다. 1964년 도쿄 올림픽에서 70퍼센트의 인구가 개막식을 지켜보았다. 그리고 그 정도 인원이 주최국의 가장 빛나는 승리의 순간에 또다시 텔레비전을 틀었다. 여자 배구 결승전이었다. 소련에서 온 키 크고 힘 센 군단과 더 작고 가볍지만 포기할 줄 모르는 일본 대표가 벌인 서사적 전투였다. 1953년에 오사카 근처에 있는 니시보 방적공장의 지배인이던 히로후미 다이마쓰가 일본에서 여자 배구를 알렸다. 퇴역군인인 그는 전설적이리만치 엄격한 훈련을 실시했다. 팀은 일을 마치고 나서 하루에 6시간씩 연습을 했고 그에 걸맞은 성과를 냈다. 일본, 사실상 니시보 팀은 세계 챔피언을 방어하는 입장에서 올림픽에 출전했다. 결승전은 5세트까지 갔고, 소련이 사력을 다해 상대를 위협

'동양의 마녀'들이 1964년 여자 결승전에서 승리하고 나서 히로후미 다이마쓰 감독을 헹가래 치고 있다.

했지만, 일본은 침착하게 서브권을 찾아와 승리를 거두었다.

올림픽 배구에서 그토록 감정이 고조된 순간은 드물었지만, 여자 부문에서는 극적인 스토리가 계속 나온다. 1984년 로스앤젤레스 올림픽에서 중국 여자 팀이 처음 출전해서 거둔 승리는 엄청난 환호를 받았다. 팀의 스타였던 랑핑은 영웅의 지위와 '쇠망치'라는 별명을 얻었다. 1992년과 1996년, 그리고 2000년에는 쿠바 여자 선수들이 3회 연속 금메달을 따냈다. 2004년에 중국 여자 선수단이 러시아와의 대전에서 엄청난 역전극을 펼치면서, 텔레비전 앞에 풀로 붙인 듯 앉아 있던 중국인들에게 대단한 희열을 안겨주었다. 여자 배구는 2008년 베이징에서 말할 것도 없이 가장 잘 나가는 티켓이었고, 랑핑이 미국 여자 팀 감독으로 나섬으로써 후끈 달아올랐다. 금메달은 브라질, 은메달은 미국에 돌아갔고 중국은 동메달에 그쳤다.

올림픽 남자 경기는 1980년대까지 소련과 동부 유럽이 장악했다. 그후로는 미국(1984년, 1988년, 2008년)과 브라질(1992년, 2004년)이 공산권의 쇠퇴와 프로 경기의 흥행으로 덕을 보면서 금메달을 땄고, 네덜란드(1996년)와 유고슬라비아(2000년)도 금메달을 목에 걸었다.

1964년에 정식종목이 된 후로 배구는 더 빨라지고 화려해졌다. 그럼에도 일본과 중국을 제외하고는 관중 동원에 애먹고 텔레비전 시청률도 끌어올리지 못했다. 코트 안팎에서 선수는 엄격한 에티켓을 지켜야 하고 아마

2008년 베이징 올림픽에서 3중 블로킹을 시도하는 브라질 여자 대표팀.

추어 정신을 따른다. 예를 들어 욕설에 곧잘 벌칙이 나오고 감정을 심하게 드러내는 것은 눈살을 찌푸릴 일이다.

비치발리볼은 전통적인 배구에 결여된 것들을 제공한다. 1996년 애틀랜타 올림픽에서 데뷔했을 때 비치발리볼은 티켓이 세 번째로 많이 팔린 경기였다. 냉소적인 사람들은 비키니와 잘 다듬은 몸을 스포츠 이벤트의 경험으로 치장했다고 비판했지만 말이다. 아닌 게 아니라 1999년에 국제배구연맹은 규칙을 바꾸어 여자는 투 피스 비키니(엉덩이를 최대 반만 가리는)를 입고 남자 선수도 신체를 더 많이 노출하게 했다. 이 해변 종목은 그후로 올림픽에서 엄청난 인기를 누려오고 있다.

WATER POLO

수구

2012년 7월 29일~8월 12일

올림픽 파크 수구 경기장

참가 선수: 260명 | 금메달: 2

올림픽 참가

남자: 1900년부터. 여자: 2000년부터.

올림픽 형식

남녀 모두 예선전을 치르고, 8위까지 8강전에 진출하여 메달을 가린다.

게임의 강자

남자 대회에서는 이탈리아, 헝가리, 러시아, 세르비아, 크로아티아가 강자이다. 미국도 만만치 않은 도전자이다. 여자 부문에서는 오스트레일리아와 네덜란드가 금메달 후보로 유력하며, 미국과 이탈리아도 탁월하다.

역대 챔피언들

헝가리: 9개 | 이탈리아: 4개 | 영국: 4개

수구를 왜 보는가?

"주먹이 날아다니고 피가 흥건하다", 1956년 12월 6일자 《뉴욕타임스》 헤드라인이다. 권투 기사인가 싶다면 어떤 의미로는 맞다. 하지만 사실 멜버른 올림픽 수구를 취재한 기사이다. 이 경기에서 헝가리가 소련을 4 대 0으로 물리쳤다. 수구 역사에서 가장 유명한 순간이었던 이 경기는 올림픽에서 일어난 육탄전 중에 가장 큰 사건이기도 했다.

커다란 귀덮개가 달린 수영 모자를 쓴 선수들을 보면, 럭비 경기장에서 볼 법한 모습이다. 또 수영 팬티를 두 개 입는 이유도 있다. 귀덮개는 찢어지고, 팬티도 벗겨지거나 찢어지기도 한다. 이 맹렬한 수중 핸드볼을 하는 동안에 일어나는 아주 사소한 장난 같은 것이다. 수구는 말도 안 되게 힘겨운 경기이다. 선수들은 다리로 물살을 쉴 새 없이 가르고, 필요할 때는 물 위로 떠오르며, 그러고는 이쪽 진영 끝에서 저쪽 진영 끝으로 허파가 타들어 갈 만큼 전력으로 헤엄쳐 간다.

현대에 들어 헝가리, 러시아, 이탈리아, 유고슬라비아와 거기에서 갈린 나라들이 쥐락펴락한 했던 수구는 예외 없이 엄청난 감정을 분출하는 육체적으로 힘든 경기다. 선수나 감독이나 팬이나 활화산 같은 분노를 분출하는 것이다. 이 경기는 우아함은 기대하기 힘들며 떠들썩함과 무시무시한 경쟁으로 점철되어 있다.

수구 이야기

수구의 정확한 기원은 확실치 않다. 어떤 자료를 보면 인도 통치 시대의 영국군이 말을 타고 하는 폴로의 수중 버전을 만들어보려고 했다고 한다. 하지만 호수에서 헤엄을 치던 영국의 젊은이들과 빅토리아 시대 처음으로

빅토리아 시대의 신사들이 수구의 형태를 실험하고 있다.

공중 목욕을 했던 이들이 소일거리로 개발했을 가능성이 더 높다.

선수들은 럭비와 축구에서 힌트를 얻은 경기를 하는 동안에 엄청나게 많은 몸싸움, 밀집한 지역에서 실랑이, 숙이고 주먹을 날리면서 득점을 올렸다. 초창기 버전의 경우 공을 부표나 풀의 맨 끝에 넣어 득점을 올렸고, 골키퍼는 풀 바깥에 있다가 골이 날 상황일 때만 물에 뛰어들었다.

이 경기를 합리화할 도구를 스코틀랜드인 선구자인 윌리엄 윌슨이 아수라장에 도입했다. 그가 1877년에 세운 '수중 축구'의 규칙은 공을 가지고 있지 않은 선수에 대한 태클을 금지했다. 런던수중리그라고 하여 최초로 조직화한 대회가 1888년에 창설되었고, 2년 후에 국제전에 데뷔한 이 대회에서 스코틀랜드가 잉글랜드를 4 대 0으로 완파했다. 흥미롭게도 스코틀랜드 선수들은 집단 패스를 선호하고 잉글랜드는 개인 드리블을 좋아했는데 이는 현대 축구를 대하는 두 나라의 접근방식과 닮았다.

제1차 세계대전이 발발하기 수년 전에 젊은 남자, 대학 교육을 받은 많은 남자가 유럽 대륙과 북아메리카의 도시들에서 이 스포츠에 입문했다. 이탈리아 선수들이 특히 열심이었다. 밀라노의 한 신문이 1890년대에 이 게임을 "축구 같지만 훨씬 더 힘들고 어려우며 비범한 에너지와 힘이 필요하다"고 묘사했음에도 말이다. 이 스포츠는 또 프랑스와 벨기에, 미국, 특히 헝가리와 유고슬라비아에서 곧바로 인기를 끌었다.

1930년에 창설한 세계수영연맹의 관리를 받는 수구는 플레이 속도를 높이고, 선수들이 상대 선수의 몸보다는 공에 집중하도록 유도하면서 꾸준히 정제되어왔다. 헝가리 선수들이 드라이 패스를 최초로 사용했는데, 드라이 패스는 물을 거치지 않고 손에서 손으로 곧장 날아가는 패스를 말한다. 이 패스로 헝가리는 제2차 세계대전 전후로 오랫동안 우위를 누릴 수 있었다. 게임이 진행되는 동안 물을 빨아들여서 느려지고 더 무거워지는 가죽 공은 1930년대에 고무를 칠한 공으로 대체되었다. 당시 저득점과 육체적으로 지나치게 격렬한 플레이에 시달리던 농구와 마찬가지로, 1950년대에 수구에도 샷 클락이 도입되었다. 그리하여 팀은 공의 소유권이 상대 팀에게 넘어가기 전에 45초(지금은 35초로 줄어들었다) 안에 슛을 시도해야 한다. 비슷하게, 누적된 파울과 폭력적인 행위에 대한 처벌도 점점 강화되어서, 선수들은 룰을 어기면 일시 퇴장을 당하기도 한다. 한 선수가 나가 있는 상황에서 득점이 가장 많이 난다.

경기 시작: 수구의 기초

수구는 공격과 수비와 전환의 스포츠이다. 공을 쥐면 팀은 드리블, 패스를 하고 움직이면서, 골을 쏘려고 기도한다. 공 소유권을 잃은 팀은 블로킹을 하고, 태클을 걸고, 공을 다시 낚아채 오려고 애쓴다. 공격권이 바뀔 때마다 선수들은 풀 한쪽 끝에서 반대편 끝까지 어마어마한 전력질주를 한다.

풀은 깊이가 최소 2미터여야 하며, 선수들은 바닥을 건드리면 안 된다. 그러니까 플레이가 중단되었을 때를 포함하여 끊이지 않고 선헤엄을 치고 있어야 한다는 뜻이다. 대부분의 경기에서 플레이는 아주 많이 중단되며, 그리하여 원래 28분밖에 되지 않는 경기 시간이 1시간이 넘게 지속되기도

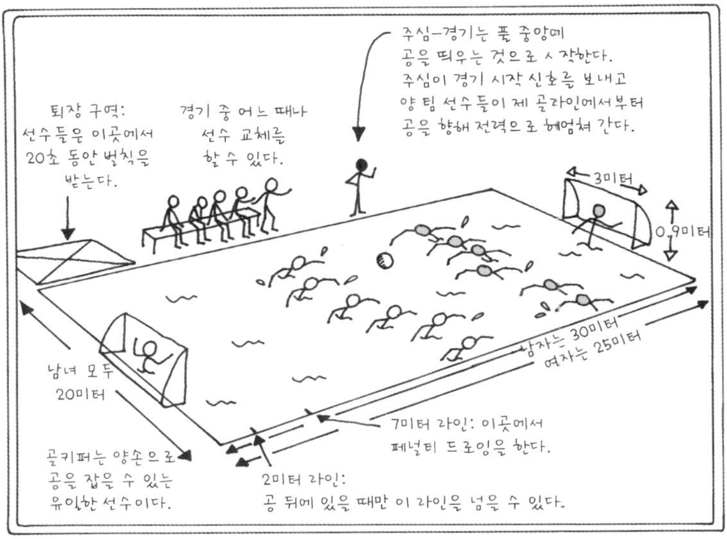
주심–경기는 풀 중앙에
공을 띄우는 것으로 시작한다.
주심이 경기 시작 신호를 보내고
양 팀 선수들이 제 골라인에서부터
공을 향해 전력으로 헤엄쳐 간다.
퇴장 구역:
선수들은 이곳에서
20초 동안 벌칙을
받는다.
경기 중 어느 때나
선수 교체를
할 수 있다.
3미터
0.9미터
남녀 모두
20미터
남자는 30미터
여자는 25미터
7미터 라인: 이곳에서
페널티 드로잉을 한다.
골키퍼는 양손으로
공을 잡을 수 있는
유일한 선수이다.
2미터 라인:
공 뒤에 있을 때만 이 라인을 넘을 수 있다.

한다. 주요한 금지 사항은 공을 물 아래로 가라앉히는 언더워터, 공을 가지고 있지 않은 선수를 태클하기, 양손으로 공 잡기(골키퍼는 양손으로 공을 잡아도 된다)이다. 파울을 저지른 팀은 공격권을 넘겨주어야 한다. 자기 진영 5미터 안에서 파울을 하면, 상대는 페널티 스로를 할 수 있다.

수구에서는 위험하고 폭력적이며 스포츠맨십에 어긋나는 플레이가 숱하거니와, 퇴장 파울이 불리면 해당 선수가 20초간 퇴장을 당한다. 이런 파울의 예는 상대 선수의 얼굴에 물을 뿌리거나, 선수를 붙잡거나, 물 아래로 가라앉히는 것이다. 발로 차거나 악의를 품고 주먹을 날리는 무자비한 플레이를 한 선수는 경기에서 아예 퇴장을 당하며, 교체 선수도 4분이 지나야 나올 수 있다.

관전 포인트

공격을 지켜보기

경기 중 아주 많은 시간에 양 팀은 한쪽 골대 주변에 몰려 있다. 지켜볼 핵심 선수가 중앙에 자리 잡는 2미터 맨 혹은 '홀' 맨과 그 선수를 수비하는 수비수이다. 2미터 맨은 파울도 많이 이끌어내고, 대부분 공격의 축으로 움직이면서 2미터의 반원 지역 안에서 동료들에게 공을 패스한다.

수구에서 최고의 기술 중 하나는 수비수들이 주변을 돌며 페인트 동작을 하고, 갑작스럽게 솟구쳐 오르거나, 손목을 슬쩍 꺾어 방향을 바꾸는 행위이다.

수비를 지켜보기

수비수들은 골을 넣으러 오는 상대 선수를 차단할 길을 모색한다. 또 공을 가진 선수에게 태클을 걸 수 있으며, 공을 빼앗기도 한다.

최고의 수비수는 사람을 막기보다 공 소유권을 찾아오는 데 집중력을 발휘한다. 하지만 공격적인 신체 접촉은 엄청나게 많이 일어난다. 특히 물 아래서가 그렇다. 불법적인 격투와 주먹질, 팔꿈치로 치기, 사타구니 잡기 등이 일어나는지 살펴보라.

공격과 수비
드라이버-선수.
골대로 쇄도해 갑작스러운
슛을 쏠 수 있다.
공격 선수들은
골대에 자리를 잡는다.
2미터 맨
윙에 있는 선수들은
중앙으로 공을 도로
패스하거나 슛을
쏠 수 있다.

올림픽에 간 수구

최초의 올림픽 수구 대회는 1900년 센 강에서 열렸고, 브뤼셀과 릴, 맨체스터에서 온 구단들이 경기를 벌였다. 맨체스터의 오스본 수영클럽이 영국에 금메달을 안겨주었고, 세 올림픽(1908년, 1912년, 1920년)에서 금메달을 더 따고는 경쟁 수구의 세계에서 어느 날 갑자기 홀연히 사라져버렸다. 영국은 1956년에 마지막으로 예선을 통과해 8팀 가운데 7위를 차지했다. 1904년 올림픽에서는 모든 메달이 미국에 돌아갔는데, 참가 선수가 미국인들밖에 없었으므로 당연한 결과였다. 독일 팀이 세인트루이스까지 가기는 했는데, 대회 관리들이 이 대회에서는 공을 네트에 꽂을 때 손으로 공을 잡고 있는 상태여야 득점으로 인정하겠다는 희한한 결정을 내려 오도 가도 못 하게 되었다. 그러더니 부분적으로 훼손된 배구공인데도 대회에 쓰기에 완벽하게 적합하다는 판단을 내리기도 했다. 다른 규칙과 더 좋은 장비에 익숙한 독일인들은 이 '소프트볼 수구'에 조롱을 보내고는 대회 참가를 거부했다. 그들은 미국인들이 미처 몰랐던 것을 알았을지도 모른다. 박테리아로 가득 찬 호수에 장시간 잠겨 있었던 탓에 1년이 지나지 않아 미국 선수 4명이 장티푸스로 사망했던 것이다.

1928년 올림픽에서 은메달을 땄던 헝가리 선수단은 1932년에 여객선을 타고 배에 있는 조그만 풀에서 연습을 하면서 대서양을 건넜고, 로스앤젤레스에 도착했다. 그곳에서 9회 연속 금메달의 첫 시동을 걸었다. 1932년 이래 헝가리와 이탈리아, 유고슬라비아와 소련, 혹은 유고슬라비아와 소련의 후속 국가들이 올림픽 금메달을 쓸어갔다.

1932년 헝가리는 수구의 제왕으로 등극했지만, 브라질 선수들도 같은 대회에서 나름대로 센세이션을 일으켰다. 그들은 1932년 올림픽에 아예 참가하지도 못할 뻔했다. 브라질 정부가 세계 커피 시장의 붕괴로 인해 로스앤젤레스로 가는 경비 지급을 거부한 탓이었다. 그랬는데 행정적인 천재성을 발휘한 끝에, 결국 올림픽 대표단을 미국에 보낼 길이 있다는 결론을 내렸다. 50명의 강인한 해병 악단과 커피 25톤도 함께 보내는 거였다. 대표팀 선수들이 미국으로 가는 길에 커피를 팔아 경비를 마련하려는 계획이었다.

일은 잘 풀리지 않았다. 군함으로 파나마 운하를 공짜로 통과하려던 시도가 파나마 당국에 의해 삐걱거렸다. 두 개의 녹슨 대포가 버티고 있었는데도 소용이 없었다. 또 커피가 얼마나 헐값이었는지 미국에 도착하자 그들 수중에는 24달러밖에 남지 않았다. 1인당 1달러씩 하는 이민세를 내고 고작 24명의 대표만 보내기에 족한 돈이었다. 운이 좋게도 수구 팀도 그 사이에 끼여 있었다. 팀의 나머지 선수들이 커피 판매 임무를 띠고 포틀랜드와 시애틀로 향하는 동안, 그들은 로스앤젤레스로 가서 독일과 첫 라운드 경기를 치러 7 대 3으로 패함으로써 올림픽 역사의 한 장을 스스로 썼다. 그들은 헝가리인 주심이 편파 판정을 했다고 생각하고서 상대방 선수들에게는 정중하게 축하를 보내더니 심판석으로 돌진해 결국은 로스앤젤레스 경찰의 제지를 받았다.

올림픽 역사상 가장 심각한 주먹다짐이 1956년 헝가리와 소련 사이에 벌어진 준결승전에서 터졌다. 하지만 이 사건에 견줄 만한 사건이 없는 것도 아니다. 2000년 올림픽에서 러시아와 헝가리 사이의 쓰라린 재대전이 벌어졌고, 뒤늦게 올림픽에 데뷔한 여자 수구도 수영복 벗기기, 주먹질하기 등 온갖 구경거리를 제공하면서 남자들만 난투극의 전매특허를 낸 것만은 아님을 보여주었다.

1956년 올림픽에서 헝가리 대 소련

멜버른 올림픽은 소련군이 헝가리를 침공하던 즈음에 열렸다. 우연도 그런 우연이 있는지, 헝가리와 소련 수구 팀은 같은 배를 타고 오스트레일리아로 왔다. 그리고 싸움은 시작되었다. 일단 오스트레일리아에 도착하자, 멜버른의 대규모 헝가리인 사회가 그들의 감정을 알고도 남음이 있다고 헝가리 선수들을 고무했다. 그리고 두 팀이 결승 라운드에서 맞붙게 되자 5000명에 가까운 헝가리계 오스트레일리아 사람들이 경기를 보려고 찾아왔다.

헝가리 선수들은 상대 팀을 손봐주겠다는 의도를 품고 경기에 들어갔다. 일을 벌이는 데는 별일이 필요하지 않았다. 경기를 시작한 지 2분 만에 한 소련 선수가 상대 헝가리 선수에게 해머록을 걸었다. 그는 엄청난 야유를 받으며 바로 퇴장 당했다. 이 일이 발판을 멋들어

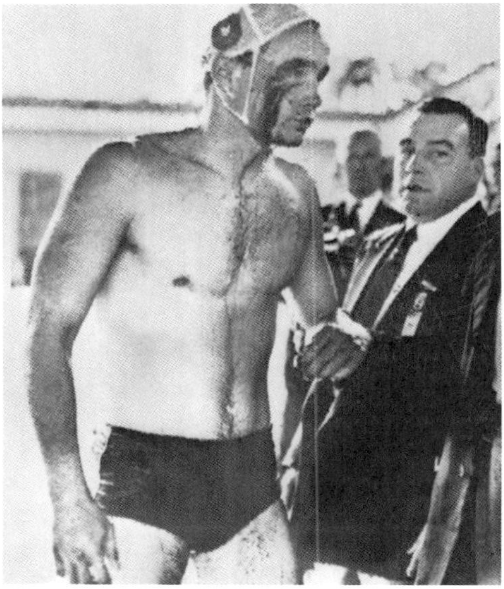

주먹질을 당한 후의 에빈 자도르.

안녕, 소년들! 싱가포르 정부는 사타구니가 도드라진 이 수영복에 아주 기뻐하지는 않았다.

지게 깔아주었다. 헝가리가 2-0으로 앞서던 후반전 초반에 보리스 마르카로프가 헝가리 팀 벨바리의 눈에 강타를 날렸다. 지옥이 무너져 내렸다. 풀은 온통 주먹질로 가득 찼으며, 공은 온데간데없이 잊혀졌다. 게임의 마지막 몇 분에 한 소련 선수가 에르빈 자도르를 어찌나 세게 쳤는지 그의 눈썹이 찢어졌고, 갈라진 상처 사이로 피가 철철 흘러 풀로 떨어져 내렸다. 관중이 스탠드에서 쏟아져 나왔고 풀 주위의 타일에서 소련 선수들에게 고함을 질러대는 바람에 결국 경찰이 팔을 걷어붙였다.

헝가리는 계속 나아가 4 대 0으로 이겼다. 후에 자도르는 무엇이 위기에 놓여 있었는지 분명히 밝혔다. "우리는 우리 자신만을 위해서가 우리나라 전체를 위해 뛰고 있다고 느꼈다." 여러 헝가리 선수들이 나라를 버리고 오스트레일리아에 남았다.

패션에 관심이 있는 사람에게도 재미가 있다. 2010년 아시안게임에서 싱가포르의 남자 선수들은 품위 없는 수영복으로 싱가포르 정부에 한바탕

야단을 맞았다. 팀 스스로 디자인한 수영복은 싱가포르 국기처럼 빨간색 바탕에 하얀 별 다섯 개, 하얀색 초승달이 그려져 있었다. 의도적이었든 아니었든 간에 초승달은 선수들의 사타구니 쪽을 곧장 향하고 있었다.

WEIGHTLIFTING

역도

2012년 7월 28일~8월 7일

런던 엑셀 경기장

참가 선수: 260명 | 금메달: 15개

올림픽 참가

남자: 1896년, 1904년, 1920년~현재까지. 여자: 2000년부터 현재까지.

올림픽 형식

모든 체급에 속한 선수가 2가지 방법으로 경기한다. 인상에서는 한 동작으로 바를 머리 위로 끌어 올린다. 용상에서는 일단 어깨에 걸쳤다 올린다. 가장 좋은 기록을 총점에 합산한다.

게임의 강자들

그리스, 터키, 러시아, 불가리아, 중국이 남자 역도를 선도하는 나라들이다. 아시아의 역도 선수들, 특히 중국이 여자 시합을 지배할 가능성이 높다.

역대 챔피언들

소련: 39개 | 중국: 24개 | 미국: 16개 | 불가리아: 12개

역도를 왜 보는가?

100미터 달리기가 '가장 빠르게'라는 올림픽 모토를 실현하는 경기이고 높이뛰기와 장대높이뛰기는 '가장 높게'를 실현하는 경기라면, 역도는 의문의 여지 없이 '가장 힘세게'를 실현하는 경기이다. 역도는 올림픽에서 최고의 장관 중 하나이다. 비록 역도가 투르 드 프랑스와 자웅을 겨룰 만한 약물 기록의 역사를 가지고 있을지는 모르지만, 선수가 최대한 기운을 끌어모아 자기 몸무게보다 3배나 무거운 물건을 머리 위로 들어 올리는 것만

럼 보기 힘든 장면도 없다.

이 스포츠의 역학은 짧고 다부진 선수들에게 유리하다. 팔보다 더 긴 다리에서부터 바벨을 끌어 올리는 데 그 길이가 더 짧은 것이다. 좋은 예가 미국의 조 디 피에트로로, 그는 1948년 올림픽 밴텀급에서 금메달을 딴 선수이다. 키가 147센티미터밖에 되지 않았던 그는 팔이 얼마나 짧았는지 바를 머리 위로 겨우 올리고 나면 끝날 정도였다.

1904년 세인트루이스의 올라운드 덤벨 경기 은메달리스트인 프레더릭 윈터스.

역도는 매우 심리적인 스포츠이기도 하다. 선수가 들어 올릴 수 있다고 믿지 않으면, 기회는 전혀 없다. 반대로 할 수 있다고 스스로 확신하면 그대로 될 가능성이 높다. 한편으로 각 종목에 3번밖에 시도할 수 없다는 사실은 상대 선수들과 무시무시한 마인드 게임을 벌이도록 이끈다. 대개는 처음부터 상당히 무거운 중량을 선택한다. 물론 역효과가 날 수도 있다. 선수가 첫 시도에서 너무나 무거운 중량을 택하는 바람에, 단 1번도 들어 올리지 못하는 일이 벌어지기도 한다.

역도 이야기

인간은 따질 것도 없이 양 엄지를 개발한 이래로 무거운 물건을 들어 올리는 것으로 힘겨루기를 해왔다. 이에 관한 최초의 기록은 무거운 물체(아마도 모래주머니)를 든 남자를 그린 고대 이집트의 베니 하산 묘실의 기원전 3500년경의 벽화이다. 역도는 고대 세계의 군사 훈련에서 중요한 부분이었다. 특히 중국이 유명한데, 기원전 마지막 밀레니엄이 흐르는 동안에 2가지 구분되는 방식으로 경기가 진화해갔다. 첫째는 교관(翹關)이라는 것으로, 문에 달린 무거운 막대의 한쪽 끝을 한손으로 붙잡는 경기이다. 궁정 전사들 사이에서 인기가 있었던 이 스포츠는 당나라(서기 618~907년)에서는 입대하려면 필요한 시험의 일부가 되었는데, 문의 막대는 특별히 만든 웨이트 기구로 교체되었다. 또 강정이라고 부르는 것은 육중한 양수 냄비를 들어 올리는 경기였다. 한나라(기원전 206년~서기 220년) 대에 강정은 정식 전문 스포츠로 발전했다.

역도는 고대 그리스에서도 군사 훈련의 일환이자 남성성을 과시하는 행위로 많이 시행했다. 올림피아의 고고학 박물관에 143킬로그램짜리 적색 사암이 전시되어 있는데, "폴라의 비본이라는 남자가 한 손으로 나를 머리 위로 들어 올렸다"는 설명이 붙어 있다. 한편으로 비본과 같은 시대, 기원전 6세기의 초인이었던 크로톤의 밀로는 발전된 저항력 훈련을 시행한 최초로 기록된 선수이다. 그는 레슬링을 설명하는 장에서 또다시 만날 것이다. 어쨌거나 밀로는 수송아지를 매일 들어 올렸으며, 다 자란 소로 자랄 때까지 계속 들었다. 더 이상 들 수 없게 되자, 그 소를 잡아 먹었다.

로마인들도 그리스인들의 역도 기호를 물려받았지만, 중세에 활동의 중심지는 켈트 족의 근거지와 스칸디나비아 지역으로 옮아갔다. 이곳에서 역도는 거대한 바위를 들어 올리는 형태로 바뀌어, 인간과 자연의 전투 형태를 띠었다. 아이슬란드에서는 어선에 타려면 적어도 104킬로그램짜리 암석을 엉덩이 높이까지 끌어 올릴 수 있어야 했다. 155킬로그램의 암석을 들기도 했다. 스코틀랜드 남자들도 통과의례를 거치는 과정에서 돌덩이 들어올리기를 이용했다. '남자다움의 돌'이라고 불린 이 전설의 미네랄 광석에는 맥글래셴 스톤과 올드 데일리의 블루 스톤이 포함되어 있다.

역도의 현대적 형태는 18세기와 19세기에 유럽과 미국을 휩쓸었던 열광, 고전적인 모든 것에 대한 열광에서 자라났다. 그리하여 육체 훈련에 대한 관심이 생겨났는데, 젊은 귀족 남자들이 체육 클럽에 가입하고 대학에서는 교과과정에 체육을 집어넣었다. 하지만 역도에서 정말로 빛을 발했던 것은 서커스 무대에서 볼 수 있었던 강한 남자였다. 양 끝이 올라간 콧수염을 기른 덩치 큰 남자들이 사슬을 끊고, 말을 들어 올리고, 대포를 집어 드는 모습을 보겠다고, 대서양을 사이에 둔 양쪽 지역에서 사람들이 구름처럼 몰려들었다.

이 화려한 무리에서 가장 영향력 있던 한 사람이 1844년 루드비히 뒤를라체르에서 태어난 독일인 루이스 아틸라였다. 그는 역도에 온갖 혁신을 도입했다. 개중에 탈부착형 구체 바벨의 발명도 포함되어 있다. 단 하나의 장비를 정확한 무게로 다양하게 나누어 쓸 수 있게 만든 이 장치로 인해 구식 덤벨(원래는 추가 없는 원반이 양쪽 끝에 달린 축이었다)은 종지부를 찍게 된다. 왕관을 쓴 일국의 왕을 비롯해서 사람들이 힘과 몸매 유지 훈련에 관해 조언을 구하기 시작했고, 1887년에 아틸라는 브뤼셀에 자신의 첫 체육관을 열었다. 비슷한 기관을 런던에서도 운영한 후에, 그는 1893년 뉴욕에 아틸라의 운동 스튜디오 겸 육체문화학교를 설립했는데 이는 널리 성공을 거두었다. 그의 제자들 중에는 권투 챔피언인 제임스 J. 코벳이 있었고, 당시로서는 깜짝 놀랄 일인데 여자도 여러 명 있었다.

역도를 메인 쇼에 손님을 끌어들이기 위한 미끼에서 스포츠로 발전시킨 공은 1880년대에 원반으로 무게를 채워나가는 장비를 소개한 M. M. 펠레티에 모니에와, 기다랗고 탄력 있는 바를 개척한 샤를르 리굴로에게도 돌려야 한다. 그는 휘어지는 바를 이용하여 용상에서 세계 기록을 깼다. 한편 훈련은 날이 갈수록 과학적으로 변화했다. 1906년에 W. A. 펄럼이라는 사람이 힘보다 기술에 주안점을 두는 역도학교를 최초로 창립했다. 6년 후에 그는 영국인 중에서는 최초로 자기 몸무게의 2배를 들어 올리면서, 스스로 창안한 방법의 정당성을

바실리 '몸짱' 알렉세예프가 1980년 모스크바에서 역기를 들어 올리고 있다.

입증했다.

직소 퍼즐의 마지막 조각은 이 스포츠의 세계적 운영 조직인 국제역도연맹의 창설(1920년)과 여자 역도대회의 등장이었다. 초대 여자 역도선수권대회가 1947년 미국에서 열렸다.

경기 시작: 역도의 기초

형식

남자는 8개 체급(56킬로그램, 62킬로그램, 69킬로그램, 77킬로그램, 85킬로그램, 94킬로그램, 105킬로그램, 105킬로그램 이상)에서 겨루고, 여자는 7개 체급(48킬로그램, 53킬로그램, 58킬로그램, 63킬로그램, 69킬로그램, 75킬로그램, 75킬로그램 이상)에서 경기한다. 156명의 남자 선수와 104명의 여자 선수가 런던 올림픽 역도 종목에 참가한다. 어떤 나라도 10명 이상 참가할 수 없으며, 한 부문에 2명 이상 내보내지 못한다.

규칙

선수들은 순서대로 경기하는 인상과 용상에서 들어 올리기에 성공해야 한다. 각 종목마다 성공이나 실패에 관계 없이 최대 3번까지 시도할 수 있다. 나오라는 부름을 받은 선수는 1분 이내로 기구를 들어 올려야 하며, 그전에 이미 시도했었다면 2분의 시간을 받는다. 한 중량을 드는 데 성공했다면, 다음 시기에서는 적어도 1킬로그램 이상씩 무게를 늘려간다. 대개 선수들은 2.5킬로그램씩 늘려간다.

유효로 판정받으려면 인상에서는 한 동작, 용상에서는 두 동작으로 들어 올려야 한다. 바벨을 머리 위로 올리고 나면, 팔꿈치는 고정하고 다리를 가지런히 모아야 하며, 3명의 심판 중에 적어도 2명이 유효로 인정할 때까지 잘 버티고 있어야 한다.

심판은 단추를 눌러서 유효를 표시하는데, 단추를 누르면 하얀색 조명이

인상—쉬는 단계가 없다.
선수는 쭈그리고 앉아서 바를 쥔다.
간결하게 일어난다.
그랬다가 수그린 자세로 다시 들어가면서 동시에 바벨을 머리 위로 밀어 올린다.
팔을 위로 밀어붙이며 선 자세를 취한 다음 다리를 가지런히 세운다.

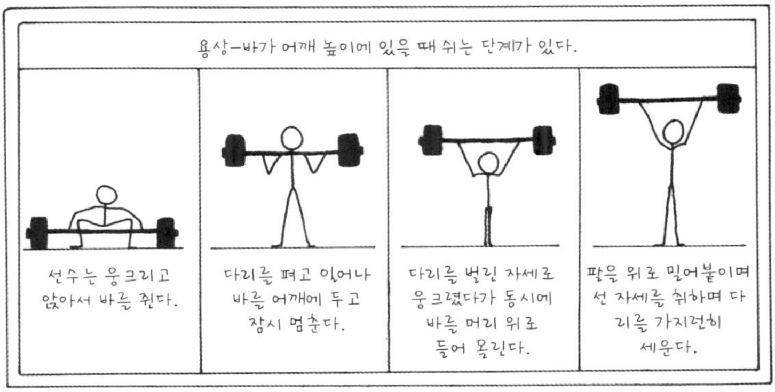

용상—바가 어깨 높이에 있을 때 쉬는 단계가 있다.
선수는 웅크리고 앉아서 바를 쥔다.
다리를 펴고 일어나 바를 어깨에 두고 잠시 멈춘다.
다리를 벌린 자세로 웅크렸다가 동시에 바를 머리 위로 들어 올린다.
팔을 위로 밀어붙이며 선 자세를 취하며 다리를 가지런히 세운다.

켜진다. 무효일 경우 빨간색 불이 들어온다. 심판들의 결정을 조사하는 심사위원단도 마련되어 있다. 선수가 바벨을 허리까지 내리지 못하고 떨어뜨리면 무효가 된다. 두 선수가 같은 무게를 들어 올렸다면 몸무게가 가벼운 선수가 순위에서 앞선다.

기술

바를 쥐는 표준 방법은 '후크', 즉 걸기로 알려져 있다. 엄지로 바를 감싸고 검지와 그다음 손가락을 그 위에 단단히 붙인다. 인상은 밀어 올리기를 위해 몸을 떠오르는 바 아래 정확히 언제 위치시켜야 하는지 가늠해야 하므로 용상보다 더 어렵다. 타이밍을 정확히 잡지 못하면 바가 가슴으로 떨어져 내리거나 뒤로 넘어가버려, 어깨 탈골이 일어날 가능성이 높다.

용상에서 선수들은 인상에서보다 바를 잡은 손의 거리를 더 좁힌다. 첫 동작을 마치면서(바를 어깨 높이에 올리면서), 선수는 웅크린 자세로 들어간다. 그리고 다리를 뻗쳐 일어나면서 힘을 모아 바를 들어 올린다.

장비

역도는 미끄럽지 않은 표면의 4×4미터 경기대에서 실시한다. 원반은 양 끝에 달린 2.5킬로그램의 조임쇠로 조이며, 검은색(2.5킬로그램)에서부터 적색(25킬로그램)까지 색깔별로 무게가 표시된다.

선수들은 원피스로 된 리어타드를 입는데, 티셔츠를 받쳐 입기도 하고 받쳐 입지 않기도 한다. 또 지지 벨트와 장갑, 무릎 반창고와 보호구를 착용할 수 있다. 선수들은 손에 초크를 바를 수 있는데 대개 듬뿍듬뿍 발라 바를 단단히 움켜쥔다. 탄산암모늄 냄새가 나는 소금을 발라서 적절히 호전적인 느낌을 불러일으킬 수 있다.

관전 포인트

기합 넣기

역도를 보는 즐거움 가운데 하나가 바로 전 시도에서 선수들이 냈던 결과를 바탕에 두고, 특정한 무게에 성공할지 아닐지 짐작해보는 것이다. 선수가 손에 초크를 바르는 모양과 얼굴 표정, 몸짓을 주의 깊게 보라. 초조함을 드러내는가, 아니면 자신에 대한 믿음을 드러내는가? 그 분위기가 경기대에 올라 바벨을 들어 올리려는 시간, 최대 60초 사이에 바뀌던가?

일부 역도 선수들은 경기대에 올라가면서 매우 유별난 행동을 보인다. 멕시코 올림픽 밴텀급에서 금메달을 딴 이란 선수 쿠르드 모하마드 나시리는 30초는 기도하는 데 쓰고, 바를 집으며 "야 알리!"라고 외쳤다. 시아파의 최고 지도자에게 경배를 바치는 것이었다. 1984년 올림픽 밴텀급에서 4위를 차지했던 일본의 이치바 다카시는 경기를 하러 나올 때마다 뒤로 공중제비를 한 번 넘었다. 다른 선수들은 아드레날린이 용솟음치도록 자신을 독려하는 모습을 보인다.

팔꿈치, 폭발, 들기

운명의 순간이 다가오거든, 들어 올리기에 폭발성이 있는지 없는지 가늠해 보라. 들어 올리기의 속도는 에너지 지출을 최소화해준다는 점에서 성공에 필수적이다. 마지막 단계에 팔꿈치가 움직이지 않는지, 발은 나란히 세웠는지 살펴보라. 관중의 감정에 휩쓸려들 준비를 하라. 역도 팬들은 대단히 시끄러우므로 텔레비전에 대고 소리 지르는 것을 수줍어하지 마라.

역도와 약물

1968년에서 2008년 올림픽까지 99명의 인간(말도 몇 마리 걸려들었다)이 도핑 위반 행위로 걸렸고, 그중 38명이 역도 선수였다. 최초로 적발된 2명은 1972년 검사에서 양성 반응이 나왔다.

스포츠에서 경기력 강화 물질을 사용하는 것은 스포츠만큼이나 역사가 깊다. 고대 올림픽에 나갔던 선수들은 도마뱀 고기를 먹어 원기를 북돋았고, 19세기 사이클 선수들은 혈관을 확장하려고 니트로글리세린을 섭취하기도 했다. 1904년 대회의 마라톤 우승자는 스트리니크닌 약물과 브랜디 한 잔으로 활기를 얻었다. 하지만 폭발성과 근육 개발 약물을 투여하면 기록이 엄청나게 향상되는 역도는 실험실이 개입하기 시작하면 유별나게 취약했다.

현대 도핑의 진화에서 핵심적인 인물이 미국인 의사 존 지글러이다. 1954년에 그는 미국 역도 팀과 오스트리아 빈에 갔다가 한 소련 트레이너와 대화를 나누게 되었다. 술 몇 잔에 기분이 난 트레이너가 '자기 아이들'이 1940년대 중반부터 정례적으로 테스토스테론 주사를 맞아왔다고 털어놓은 것이다. 미국으로 돌아온 지글러는 자기 자신과 위대한 보브 호프먼과 역도 선수 2명에게 호르몬을 주입했지만, 부작용이 나서 마땅치가 않았다. 그는 만족스럽지 않은 마음에, 시바 제약회사와 다이아나볼이라는 먹는 동화작용 스테로이드(테스토스테론의 효과를 모방하는 약물)를 개발했다. 이 약은 1960년에 시장에 나왔다. 지글러는 올림픽이 열리던 해에 미국 국가대표 역도 팀 전원에게 이 약을 투여했다. 지적하고 넘어가야겠거니와, 전적으로 합법적인 일이었다. IOC가 1967년까지는 경기력 강화 약물을 금지하지 않았기 때문이다. 하지만 그러고도 미국은 소련에 보기 좋게 패배했다. 일부 선수가 다이아나볼 권장 복용량의 20배를 섭취해서 간이 손상되고 만 것을 알게 된 지글러는 실험을 중지했다. "나는 그 재간둥이들의 아이큐를 가지고 노닥거리는 데 흥미를 잃었다." 하지만 피해는 이미 발생하고 난 다음이었다.

올림픽 역도의 오점이 되었던 한 장면으로 불가리아의 이사벨라 드라그네바의 실격이 있다. 2000년 시드니에서 역사상 여자 최초로 역도 금메달을 따고 나서 금방 일어난 일이었다. 베이징 올림픽에 앞서서는 13명의 그리스 국가대표 팀 가운데 11명이 약물 양성 반응을 보였고, 비슷하게 형편없는 테스트 결과를 얻은 불가리아 대표팀은 전체가 출전을 포기했다.

이 도핑 기록은 국제역도연맹과 IOC에게는 당연히 몹시 망신스러운 일이 아닐 수 없었다. 안타깝게도 그들이 할 수 있는 일에는 한계가 있다. 끝도 없이 더 정교한 테스트 절차를 고안할 수도 있고 실제로 그렇게 해왔지만, 하얀 가운을 입은 음지의 사람들과 무한 경쟁을 벌이는 길로 이어질 뿐이다. 그들은 그저 탐지를 피해갈 더 영리한 방법을 찾아왔다. 최근에 게임 관계자들은 체급 부문을 바꿈으로써(애틀랜타와 시드니 대회에 앞서서) 깨끗하고 새로운 발판을 마련하기도 했다. 그렇게 해서 이전 기록을 말소했던 것이다. 하지만 선수들은 또 군중심리에 몰려들고 있다. 약물을 이용하지 않으면 약물을 이용한 선수에게 지고 말 것이라는 아주 불합리하지만은 않은 생각과 더불어서 말이다.

올림픽에 간 역도

역도는 아테네에서 열린 초대 올림픽 대회 종목에 들어갔지만 당시에는 매우 다른 경기였다. 한 예를 들자면 이때 올림픽은 육상과 필드 경기로 여겨졌다. 또 한 가지가 있다면, 체급이 없었다는 점이다(1920년 앤트워프 대회까지 계속 그랬다). 몸무게와 상관 없이 모든 선수가 참가할 수 있었으며 메달이 걸린 2개 부문이 있었을 뿐이다. 영국의 론체스턴 엘리엇이 한 손 역도 부문에서 금메달을 땄지만, 양손 역도에서는 은메달에 머물렀다. 그는 승자였던 덴마크의 비고 엔센과 같은 무게(111.5킬로그램)를 들었지만, 스타일이 좀더 떨어졌다는 판정을 받았다. 분명 스포츠 박식가였던 엔센은 사격 메달도 두어 개 따고 밧줄 타기에서는 4위를 했다.

역도는 1900년 올림픽에는 빠졌으나, 세인트루이스에서 다시 나타났다. 이번에도 메달 부문은 달랑 2개였다. 양손 역도와 갈피를 잡을 길 없는 9가지 다른 들어 올리기를 시행하는 올라운드 덤벨 시합이었다. 선수층은 얄팍하기만 했다. 고작 5명이 시합에 참가해, 4명이 메달을 따갔다. 그것이 1908년과 1912년의 런던과 스톡홀름에서 역도가 빠진 이유를 설명해줄지도 모르겠다. 하지만 역도는 1920년에 앤트워프로 돌아왔고, 그때부터 올림픽 메뉴에 계속 올라가 있다.

하지만 형식을 다듬는 문제는 아직 남아 있었다. 한손 역도는 1932년 로스앤젤레스 올림픽까지 계속되었고, 그때 역도 시합은 3가지 형식(인상, 용상, 프레스. 프레스는 바를 어깨까지 끌어올렸다가 팔의 힘만으로 머리 위로 올리기에 앞서서 2초간을 기다리는 경기였다)으로 바뀌었다. 그러다가 1972년 올림픽에서 프레스가 빠졌다.

세계의 여러 다른 지역이 돌아가며 올림픽 역도를 지배했다. 1920년대는 이탈리아와 프랑스, 중부 유럽이, 1930년대와 1940년대는 이집트와 미국이 역도를 호령했다. 이 시기에 미국이 거둔 성공은 펜실베이니아 주 요크의 보브 호프먼에게 빚진 바 컸다. 그는 전도유망한 유럽 이민자들을 자신의 석유 버너 회사에 채용하고, 자신의 체육관에서 그들을 훈련시켰다. 제2차 세계대전 후에 미국 역도의 운이 극적으로 쇠락한 것은 소련과 동구권의 부상과 맞물렸다. 그 지역 선수들은 1950년부터 베를린 장벽의 붕괴까지 올림픽 메달의 노른자위를 다 뽑아갔다. 최근에는 메달을 골고루 나누어 가지고 있다. 역도의 족보가 가장 오래된 중국, 그리스, 터키, 불가리아가 다시 홰를 치고 앉은 것이다.

술레이마놀루: 주머니 속의 헤라클레스

페더급의 나임 술레이마놀루는 그저 역사상 가장 위대한 올림픽 역도 선수 정도가 아니다. 어느 면으로 보더라도 그는 지상에 살았던 가장 힘이 센 인간 중 하나다. 그가 하루에 담배 50개비를 매일 피워젖히지 않았다면 어떤 위업을 달성했을까, 그것은 오직 하늘만이 알 일이다. 그는 말했다. "내면의 평화를 찾기 위해서"라고.

1967년에 불가리아에서 터키 혈통의 아주 작은 사람들(함석 캐는 광부였던 그의 아버지는 152센티미터, 온실 노동자였던 어머니는 140센티미터)의 가족에서 태어난 술레이마노프는 어릴 때부터 비상하게 힘이 좋았다. 14살에 처음으로 나간 국제대회의 복합 역도 경기에서 성인이 세운 세계 기록보다 불과 2.5킬로그램을 덜 들었다. 이듬해에는 실력이 더 향상되어 자신의 첫 번째 세계기록을 세웠다. 그는 선수생활을 하는 동안에 46개의 세계기록을 경신했다. 그는 불가리아가 동구권의 보이콧에 동참하지 않았다면 로스앤젤레스 올림픽에서도 낙승했을 것이다.

1980년대 중반은 불가리아의 터키인들에게는 시련의 시대였다. 회교 사원은 강제로 닫히고 터키어로 말하는 것이 금지되었다. 술레이마노프는 1985

비교할 자가 없는 천하장사 나임 술레이마놀루가 셰릴 콜의 몸무게를 3번 합쳐놓은 무게를 들어 올리기 일보 직전이다.

년 멜버른의 훈련 캠프에 있는 동안에 망명하고 싶은 유혹을 느꼈지만, 도와주겠다는 사람들에게 불가리아의 수도 소피아에 있는 정부가 비이슬람 이름을 강요하려고 하는 경우에만 망명하겠다고 말했다. 불가리아에 돌아오자마자 그의 여권은 압수되었고, 나움 샬라마노프라는 이름으로 다시 발급되었다.

1986년 세계역도선수권대회에 참가하려고 멜버른에 되돌아왔을 때, 그는 공식 연회석상에서 경호원들을 슬쩍 따돌리고 터키 영사관에 가서 망명을 요청했다. 며칠 후에 그는 대통령 투르구트 오잘의 개인 제트기를 타고 하늘을 날고 있었다. 그는 터키에 도착해서 땅에 입을 맞추며 국가적 영웅으로서의 위치를 확고히 다졌다. 술레이마노프의 망명 이후 불가리아 정부는 30만 명의 터키 민족에게 나라를 떠나도 좋다고 허가했다. 이제 그는 신성한 인간이 되다시피 했다.

올림픽 규칙은 국적을 바꾸는 선수에게는 국제대회에서 겨루려면 3년을 기다려야 한다고 규정하고 있었다. 단 이전에 소속되었던 국가의 허가를 얻으면 대회에 나갈 수 있었다. 터키 정부는 그 서류 1장을 얻으려고 술레이마놀루(그는 터키 식으로 이름의 철자를 바꾸었다)가 서울 올림픽에서 뛰기에 맞춤한 시간 안에 불가리아 정부에 기꺼이 100만 달러를 내주었다. 잘 쓴 돈이었다. 이 작은 남자는 각 부문에서 2차례 세계기록을 경신하며 금메달까지 순항했다. 인상과 용상에서 그가 얻은 최고 기록은 32년 전 멜버른에서 슈퍼헤비급 챔피언을 차지한 폴 앤더슨의 기록을 능가했다. 앤더슨은 137킬로그램을 상회하는 선수였고, 술레이마놀루의 몸무게는 고작 60킬로그램에 지나지 않았다.

1988년 대회를 끝으로 은퇴하려 했던 술레이마놀루는 앙카라 공항에 환영나온 100만 명의 군중에게 설득을 당했다. 그는 계속 나아가서 바르셀로나와 애틀랜타에서 금메달을 땄다.

WRESTLING

레슬링

2012년 8월 5일~12일

엑셀 경기장

참가 선수: 344명 | 금메달: 18개

올림픽 참가

남자: 1896년, 1904년부터 현재까지. 여자: 2004년부터 현재까지.

올림픽 형식

2가지 방식이 있다. 허리 아래를 잡는 것이 금지되어 있는 그레코로만형과 자유형이다. 자유형에서는 허리 아래를 붙잡아도 된다. 여자 선수들은 올림픽에서 자유형만 경기한다.

게임의 강자들

그레코로만형에서는 러시아, 프랑스, 아르메니아, 쿠바가 강하고, 남자 자유형에서는 아제르바이잔, 이란, 러시아, 카자흐스탄이 강하다. 중국과 캐나다, 일본, 우크라이나는 여자 자유형의 강자들이다.

역대 챔피언

미국: 46개 | 소련: 28개 | 일본: 19개 | 터키: 16개

왜 레슬링을 보는가?

1988년 서울. 그레코로만형 슈퍼헤비급 결승전이 30초 남아 있었다. 125킬로그램이 넘는 불가리아 선수 란겔 게로프스키는 상대인 러시아의 알렉산드르 카렐린에게 3점 차로 앞서고 있었다. 도저히 뒤집을 수 없을 것 같은 점수였다. 이 거대한 시베리아인이 게로프스키를 잡아당겨 무릎을 꿇렸다. 그러고는 잡은 손을 놓지 않고 몸을 끌고 일어나더니 제 몸을 뒤로

홱 젖히면서 적수를 거꾸로 세웠다. 쓰러지면서 몸을 비틀고는 이 불가리아 선수를 어깨부터 그라운드에 처박았다.
잘 모르는 사람은 올림픽 레슬링을 별 취향도 특색도 없는 행사처럼 느낄 수 있다. 특히나 WWE나 멕시코의 루차 리브레의 극장에서 펼쳐지는 슬랩스틱에 이끌리는 사람이면 더욱 그러하리라. 올림픽 레슬링은 두 사람이 조금 품위 없는 방식으로 바닥을 구르고 다니는 것처럼 보일 수 있다. 하지만 선수들이 서로를 무력화하는 데 출중한 능력을 가지고 있어서 그렇게 보일 뿐이다. 보디빌더를 매트에 데려다놓아 보시라. 불과 몇 초도 지나지 않아 매트에서 날아가 떨어질 것이다.
레슬링은 올림픽에서 미학적으로 가장 우수한 경기는 아닐지 몰라도, 가장 유구한 역사를 자랑하는 스포츠에 걸맞게 무엇보다 원초적인 경기의 하나라는 사실은 분명하다. 경기 내내 살과 살이 맞부딪치는 스포츠여서 선수들의 힘과 재간은 가장 직접적인 방식으로 시험받는다.
레슬링을 지배하는 나라들이 전통의 강자들에서 새얼굴들로 바뀌고 있다. 레슬링은 중부와 서부 아시아에서 매우 중요한 스포츠이며, 국명이 '-스탄'으로 끝나는 나라들이 메달 순위표의 윗자리를 장식하곤 한다.

레슬링 이야기

이누이트 족과 마오이 족도 레슬링을 했다. 그 사이 어느 문화권에서나 레슬링은 꽤 보편적으로 나타난다. 말하자면 인간 정신에 아주 뿌리 깊게 자리 잡고 있다는 뜻이다.
선사시대에 레슬링의 중요성은 여러 문화권의 신화에 나타나 있는 것으로 확인할 수 있다. 창세기에서 야곱은 신비로운 이방인과 밤새도록 레슬링을 한다. 이 시합은 적이 야곱의 허벅지에 '파인 곳'을 치고 엉덩이뼈를 삐게 하고 나서야 끝난다. (성경의 작가는 이 행위를 분명히 파울로 보면서, 씨름은 본질에서는 그레코로만이 아닌가 하고 말하는 듯하다.)

고대 그리스의 레슬링.

신도의 전설에 따르면, 일본 군도의 신성한 소유권자는 천둥의 신인 다케미카즈치가 이즈모 해변('유도' 챕터를 보라)에서 벌어진 레슬링 시합에서 이겨서 결판이 났다. 그리스 신화에서 제우스는 올림피아의 동료 신들과 더불어 타이탄 족 신들을 제압하고, 아버지인 크로노스에게서는 격투 끝에 우주의 소유권을 빼앗아온다.

도시를 기반으로 한 제국들이 처음 세워질 무렵, 레슬링은 형식을 갖춘 스포츠로 발전한 상태였다. 수메르인들이 기원전 3000년에 벽에 새긴 그림을 보면, 시합에는 음악이 따랐다. 이집트인들은 그들 나름대로 레슬링을 과학으로 고양시켰다. 6가지 잡기 기술이 프타호테프의 묘(기원전 2300년경)에 묘사되어 있다. 그중 5가지 기술은 오늘날에도 올림픽 레슬링 선수들이 사용한다.

레슬링은 기원전 708년경 올림픽에 입성한 듯한데, 고대 올림픽이 지속되는 동안 필수 종목이 되었다. 레슬링 자체로도 큰 몫을 차지했을 뿐 아니라, 근대5종에서의 레슬링과는 생판 달랐다는 점에서도 그랬다.

고대 그리스에서 레슬링은 2가지 주요한 방식이 있었다. 칼로 팔레(그라운드 레슬링)는 현대의 자유형을 떠올리게 하는 방식으로 시합은 한쪽의 항복으로 끝났다. 또 하나는 오르티아 팔레(스탠딩 레슬링)인데, 현대의 그레코로만형에 가까운 이 방식이 더 지배적이었던 것 같다. 이 경기는 서서 시합을 벌이며 5라운드로 치렀다. 각 라운드는 한 선수가 바닥에 내동댕이쳐지면 끝났다. 시간제한도 체급 구분도 없었다. 벌거벗은 선수들이 맨땅에서 씨름을 했다. 땅은 비라도 내리면 진흙 천지로 변할 수도 있었다. 그 후 올리브 오일을 칠하고(현대 터키의 오일 레슬링과 비슷하다) 파우더를 잔뜩 뿌린 경기장 시대가 왔다.
중세에 이르러 수백 가지 민속 레슬링 방식이 생겨났다. 여기에는 아이슬란드의 글리마, 컴버랜드 레슬링이 포함되어 있다. 글리마는 가죽 용구를 차서 선수들이 잡을 곳을 만들었다. 컴버랜드 레슬링은 꼭 껴안고 경기를 시작한다.
19세기에 레슬링의 2가지 형태가 전문 스포츠로서 국제적으로 인정받으며 진화했다. 첫째는 플랫 핸드 혹은 프랑스 고전 레슬링이라고 알려진 것인데, 허리 아래 잡기를 금지하는 레슬링으로, 1840년대에 나폴레옹 시대의 전직 군인이었던 장 브로야스라는 사람이 개발했다. 그 자신이 힘이 장사였다. 19세기가 끝날 무렵에 이 방식의 레슬링은 프랑스와 이탈리아, 오스트리아, 헝가리, 러시아 제국에서 몹시 인기를 끌었다.
하지만 영어권 국가들에서 널리 유행한 방식은 몸의 거의 어느 곳이라도 붙잡고 경기할 수 있는 레슬링이었다. 이 방식의 레슬링은 영국과 미국에서 잘 자리 잡았고, 미국 전역의 대학들도 받아들였다.
레슬링이 올림픽에 입성하기 직전 플랫 핸드 레슬링은 그레코로만형 종목으로, 다 잡기 방식은 자유형으로 진화했다.

경기 시작: 레슬링의 기초

그레코로만 레슬링에서는 상대 선수의 벨트 아래를 붙잡거나, 다리를 '적극적으로' 이용하는 행위는 일절 금지되어 있다. 자유형은 조금 다르다. 상대의 머리나 목, 몸을 가위 모양으로 끼우는 것은 용납되지 않지만, 다리를 자유롭게 쓸 수 있다. 그것만 빼면 넓게 보아 두 방식의 규칙은 같다.
자유형은 좀더 역동적인 레슬링의 형태로, 선수들이 달려들 기회를 노리면서 서로 뱅뱅 도는 데 많은 시간을 쓴다. 그레코로만형 레슬링은 분명 우악스런 힘이 관건이긴 하지만 두 가지 방식 다 균형의 유지가 필수이다. 때로 아무것도 안 하는 상태로 멈추어 있는 것처럼 보이기도 하지만, 레슬러들은 평형이 깨지는 미묘한 시점을 항상 살피고 있다.
레슬링 선수들은 시합 중에 얘기를 해서는 안 된다. 상대의 머리카락을 뽑거나, 꼬집거나, 물거나, 박치기를 하거나, 성기를 공격하거나, 셔츠를 붙들거나, 발바닥을 붙들거나, 여하튼 상대 선수를 괴롭히는 짓은 대체로 하면 안 된다. 상대의 뒤에서 겨드랑이에 양팔을 끼고 뒤로 잡아당기는 더블 넬슨은 여자 레슬링에서는 엄격하게 금지한다.

매트

경기는 지름이 9미터인 원 안에서 치른다. 가장자리의 1미터는 레드 존이라고 알려진 구역이다. 레드 존은 선수와 관리자들에게 합법적인 레슬링 구역의 끝에 미쳤음을 깨닫게 해준다.
레드 존을 벗어나면 안전지대라고 부르는 1.5미터 너비의 지역이 있다. 레슬러의 발이 안전지대로 나가면 시합이 중단되고 상대 선수가 득점한다. 그러고 나서 매트 정중앙에서 시합을 재개한다.
매트 한가운데는 지름 1미터의 원이 있다. 경기를 처음 시작하거나 휴식시간 후에 재개할 때 이 매트 중앙에서 선수들은 클린치라는 흥미로운 동작으로 상대를 희롱하며 틈을 노리는 모습을 보인다.

복장 규칙

모든 남자 선수는 수염을 짧게 깎거나 그게 아니라면 여러 달 기른 수염을 하고 있어야 한다. 레슬링 강국인 몇몇 나라에서 매우 인기 있는 콧수염은 공식 규칙에서 거론하지 않고 있다. 선수들은 나일론이나 라이크라로 만든 파란색이나 빨간색 옷을 입는다. 쇠가 박혀 있지 않은 가벼운 소재의 무릎 패드는 부착해도 된다. 여자 선수는 와이어가 들어간 브라를 착용하는 것이 허용되지 않는다. 레슬러들은 진득진득하고 끈끈한 물질을 몸에 발라서는 안 된다. 손수건도 반드시 지참해서 몸에서 나오는 액체는 모두 닦아내야 한다. 손톱은 매우 짧게 깎아야 한다.

심판들

시합은 주심과 심판장, 부심이 주관한다. 주심은 목소리와 호루라기를 이용하여 매트 위에서 벌어지는 행위를 관리하며, 수신호로 점수를 표시한다. 심판장은 누적된 점수를 기록하고 주심의 2번째 눈 역할을 하는데, 주심이 중요한 것을 놓쳤을 경우 이를 일깨워준다. 심판장은 주심과 부심 사이에 의견이 다를 때 결정권자가 되며, 시간을 잰다.

대회 구조

50킬로그램부터 시작하는 체급이 7개 있다. 상당히 놀랍게도 이제 올림픽 레슬링에는 최고 120킬로그램의 체급도 있다.

각 체급 시합들은 단 하루 동안 열린다. 대회 초반 몇 시합은 패자 탈락 방식으로 겨루어 2명의 결승 진출자를 가린다. 이어 결승 진출자에게 패한 선수들이 시합한다. 그들은 어느 결승 진출자에게 졌느냐에 따라 2개 조로 나뉜다. 각 조는 미니 토너먼트를 벌여 승자가 동메달을 따낸다.

시합에서 이기는 법

올림픽 레슬링의 규칙과 득점 시스템은 성가실 만큼 빈번하게 바뀌어왔지만, 다음과 같은 규칙을 숙지하면 레슬링 게임이 어떻게 돌아가는지 감상할 수 있을 것이다.

주심이 보기에 충분히 오랫동안 한 선수가 상대 선수의 어깨를 바닥에 내리 눌렀다면 '폴'을 선언해 시합을 끝낸다. 상대방이 실격을 해도 이길 수 있다. 실격은 3차례 주의와 경고가 쌓이거나 심하게 상대 선수에게 위해를 가했을 경우에 당한다.

시합은 3라운드를 치르며 점수가 높은 쪽이 이긴다. 3가지 방법이 있다. 첫째는 기술 점수에서 압도하는 경우인데, 한 라운드에서 레슬러가 2분이 지나기 전에 크게 앞서고 있으면 승리가 선언된다. 둘째는 시합 중에 상대보다 더 많은 득점을 올리는 것이다.

한 라운드를 이기는 마지막 방법은 득점이 같을 경우에 승부를 가리는 방법이다. 그레코로만형 경기에서는 심판들이 주의와 높은 득점을 올린 플레이 등에 기반을 둔 복잡한 기준을 사용한다. 자유형에서는 30초 동안의 연장전을 치르고도 양 선수 다 기술 점수를 얻지 못했을 때는 클린치에서 짧은 제비를 뽑은 선수가 승리한다.

득점은 어떻게 나는가

라운드를 이기는 흔한 방법은 점수를 쌓는 것이다. 득점하는 방식은 다양한데, '위험 자세'의 정의를 머리에 담아두면 이해하기 쉬울 것이다. 어깨선이 매트와 90도가 덜 되는 각도로 위치해 있으면서 쓰러지는 수모를 피하려고 상체를 사용할 때 이런 상태에 있다고 할 수 있다.
그로부터 주요한 동작과 점수를 알아볼 수 있다.

테이크다운 중립 자세에서 상대 선수를 제압하는 것이다. 즉 상대 선수를 바닥에 넘어뜨리는 행위다.
5점 상대 선수를 크게 내던져서 직접적이고 즉각적인 '위험 자세'로 몰아넣었을 경우 주어지는 점수이다.
3점은 엄청난 충격을 안기며 상대 선수를 던지기는 했지만 상대를 직접 혹은 즉각 위험 자세에 빠뜨리지 못했거나 위험 자세로 몰아넣기는 했으나 잠시 충격을 주는 데 그쳤다면 주어지는 점수이다. 짧은 충격에 상대 선수를 위험 자세로 몰아넣지 못한 공격에는 1점을 받는다.
거꾸로 잡기 뒤에서 안긴 자세로, 즉 공격권이 상대에게 있는 상태에 있다가 공격권을 가져왔을 때 1점을 얻는다.
노출 던지기에 의해 위험 자세에 놓여 있을 때 노출되었다고 말한다. 상대 선수의 등을 매트에 '노출'시켰을 때마다 2점을 받는다. 누르거나 아니거나 상관없이 점수를 받는다. 상대를 5초간 계속 노출된 자세에 둘 수 있으면 1점을 더 얻는다.
벌칙 부상을 이유로 선수가 취할 수 있는 휴식 시간을 넘겼다면 상대 선수가 1점을 받는다. 단 선수가 피를 흘리고 있을 적에는 해당되지 않는다. 매트에서 도망 다니거나 대놓고 접촉을 거부하거나 상대에게 불법적인 홀드를 하거나 치면, 상대 선수가 1점이나 2점을 얻는다. 위반 행위의 심각성에 따라 점수가 정해진다. 위반한 쪽은 주의를 받는다. 심각한 벌칙을 3개 바등면 경기에서 아웃이다.

시합 일시 정지 선수의 발이 안전지대로 나가면 시합이 중지되고 상대 선수가 1점을 얻는다. 그후 매트 중앙에서 경기를 재개한다.

관전 포인트

그레코로만형 시합: 파테르

그레코로만형 레슬링에서 한 라운드는 보통 2분이지만 한 선수가 압도적으로 높은 점수를 얻으면 즉시 경기가 끝난다. 그런데 선수들이 선 자세로 라운드를 시작해서 서로 무너뜨리려고 60초를 보낸다. 그 경우에 좀 기이한 일이 일어난다. 파테르이다. 이 단계에서 뒤져 있는 선수, 혹은 동점인 상태인데 양면이 두 가지 색깔인 일종의 동전을 던져서 진 선수가 매트 중앙에 바닥에 손을 짚고 엎드린다. 상대 선수는 엎드린 선수의 옆구리 쪽을 양손으로 잡고 옆굴리기를 비롯한 다양한 공격을 퍼붓는다.

1936년 베를린 올림픽에서 두 레슬러가 격전을 벌이고 있다.

30초가 흘렀는데도 상대를 뒤집지 못하면 양 선수 다 일어설 수 있다. 이때 첫 파테르에서 어드밴티지를 쥐었던 선수가 무릎을 꿇는 자세로 들어간다. 파테르 어드밴티지를 받은 선수가 30초 동안에 기술 점수를 얻는 데 실패하면 상대 선수가 기술 점수를 얻는다.
그레코로만형 시합은 한 선수가 첫 1분이 지날 무렵에 위험 자세에 들어갔거나(이 경우에는 파테르 2개가 다 취소된다) 첫 파테르의 끝에 위험 자세에 들어가서 2번째 파테르가 취소되면 보통의 규칙을 적용하지 않는다.

자유형 시합

자유형의 한 라운드도 보통 2분이며, 한 선수가 큰 차이로 기술 점수를 얻으면 시간에 상관없이 바로 끝난다. 2분이 지나고 나서 점수가 0 대 0이면, 30초간 연장전을 치른다. 연장전에서 선수들은 클린치 포지션으로 시작한다. 이 상황에서 어드밴티지는 일종의 동전던지기로 결정한다.
자유형에서 클린치는 그레코로만형의 클린치와 다르다. 추첨에서 진 선수는 매트 중앙의 원에 한 다리를 놓아야 하며(어느 쪽 다리인지는 상대가 정한다), 다른 다리는 원 밖에 둔다. 그러고는 어드밴티지를 쥔 선수가 원 안의 다리를 양팔로 잡아서 상대 선수의 허벅지 바깥쪽에 자기 머리를 가져다댄다. 어드밴티지를 허용한 선수는 양손 모두 상대 선수의 어깨에 올려놓아야 한다. 주심은 이 사지의 배열이 만족스럽다 싶으면 호각을 불고 플레이가 시작된다. 첫 득점이 나면 라운드가 끝나고, 승자가 결정된다. 어드밴티지를 얻은 선수가 득점에 실패하면, 상대 선수에게 1점이 돌아간다.

올림픽에 간 레슬링

쿠베르탱 남작과 그의 친구들이 첫 근대 올림픽에 들어갈 종목의 목록을 정하고 있을 적에, 레슬링은 고대 올림픽 종목에도 있었던 만큼 쉽사리 낄 수 있었다. 하지만 어떤 형식의 레슬링 경기를 할지 정하기가 어려웠다.

1932년 올림픽에 앞서 미국 레슬링 팀이 파테르 연습을 하고 있다.

결국 아테네 올림픽의 집행위원들은 레슬링의 프랑스 판으로 결정했다. 오늘날의 그레코로만형이다. 고대 올림픽에서도 열렸던 종목과 비슷하거니와 세계선수권대회가 있었기 때문이다. 안타깝게도 영국과 미국인들은 프랑스 레슬링의 규칙을 알지 못했다. 1896년에 세계 최고의 선수들은 불참했다. 아테네 올림픽에는 무제한급 1종목만 있었고, 금메달은 163센티미터의 독일 선수 카를 슈만에게 돌아갔다. 그는 체조에서도 금메달을 3개 따내는 등 두드러진 활약을 했다.

아테네에서 초라한 꼴을 보인 탓인지 레슬링은 1900년 대회에는 들어가지 못했다. 1904년 세인트루이스에 대회에서 다시 돌아온 레슬링은 미국인에게 친숙한 자유형 경기로 진행되었다. 미국 선수들이 7개 체급 부문에서 모두 금메달을 따냈다.

1908년 대회에서는 올림픽 최초로 레슬링의 두 부문 경기가 모두 열렸다. 하지만 1912년 스톡홀름에서 열린 모든 레슬링 경기는 그레코로만형이었다. 핀란드와 스웨덴 선수들이 금메달 4개를 따갔다. 이 당시 시합은 한 선수가 쓰러지거나 실격하거나 기권해야 끝났기 때문에, 아무리 시간이 지나도 끝나지 않은 경우가 왕왕 있었다. 스톡홀름에서 가장 유명했던 시합이 에스토니아 선수 막스 클라인과 핀란드의 알프레드 아시카이넨 사이에 11시간 동안 벌어진 경기였다. 클라인이 결국 이겼지만 결승전을 치르기에는 너무 지쳐버려서 기권했고, 금메달은 스웨덴의 크라에스 요한슨에게 돌아갔다. 이렇게 지겨운 시합에 대한 불만이 터져나와, 1924년 파리 대회에서는 시간제한과 득점 시스템을 도입했다.

1920년 앤트워프 대회에서부터 모든 올림픽 대회에서는 자유형과 그레코로만형 경기가 벌어지고 있다. 스웨덴의 이바르 요한슨은 1932년 대회 미들급에서 금메달을 땄는데 24시간 후에 사우나로 5킬로그램을 빼고 그레코로만형 타이틀을 따냈다. 이는 올림픽 레슬링 하이라이트의 하나이다. 또 1960년 준결승전이 끝나기 1분 전에 소련의 아프탄딜 코르체가 불가리아의 디미트로 스토야노프의 귀에 뭐라고 속삭였는데, 그 말에 스토야노프는 곧장 폴을 내주고 말았다. 미국의 제프 블랜트닉은 1982년 호지킨병 진단을 받고 맹장과 비장을 제거하는 수술을 받았으나 2년 후 1984년 올림픽 그레코로만 슈퍼헤비급에서 우승을 따냈다. 이는 올림픽 레슬링 역사에서 아마도 가장 감동적인 사연일 것이다.

2004년에는 여자 자유형 경기를 벌이기로 결정했다. 하지만 여자 그레코로만 레슬링은 아직 올림픽에 들어가지 못했다. 중부 아시아 국가들은 남자보다는 여자 부문에서 약하다. 8개 금메달 가운데 일본이 4개, 중국이 2개, 우크라이나와 캐나다가 각각 1개씩을 땄다.

알렉산드르 카렐린

오늘날 올림픽 그레코만형의 가장 위대한 레슬러, 시베리아 태생의 알렉산드르 카렐린은 1988년 올림픽에서 금메달을 따고(이 장 초반에서 소개한 터무니없는 테이크다운을 해내면서), 2000년 시드니 올림픽까지 단 한 시합도 지지 않았다. 혹자는 그에게 '실험'이라는 별명을 붙여주기도 했다. 도핑 테스트를 족족 통과하기는 했지만, 그가 세운 입이 떡 벌어지는 기록의 근원이 실험실에 있을지도 모른다는 점을 암시하는 별명이다. 돌을 던지는 사람들에게 카렐린에게는 준비된 답이 있었다. "그 사람들이라면 하

실험: 알렉산드르 카렐린이 1996년 애틀랜타 올림픽에서 상대 선수를 반쯤 뒤집어 넘기고 있다.

루도 하지 않았겠지만, 나는 평생 하루도 빠짐없이 훈련을 한다." 오페라를 애호하며 나긋나긋하게 말하는 남자, 기운 센 천하장사 카렐린은 180킬로그램짜리 냉장고를 배달하면서 8층 아파트까지 계단을 오른 적도 있다고 한다. 그는 1999년부터 러시아 의회의 일원이 되었다.

MEDALS CEREMONY
메달 수여식

올림픽은 공식적으로는 이기는 게 아니라 참가하는 데 의의가 있다. 이것이 올림픽의 모토지만 메달 수여식에서 이런 감정을 찾아보기란 어렵다. 시상대에 오른 선수들은 그곳에 올라가기까지 믿을 수 없을 만큼 노력했고, 정부는 그 영광을 나누려고 수십억, 수백억을 쏟아 붓는다. 결과적으로 시상식은 예외 없이 격렬한 감정이 넘쳐나는 자리이다. 행복한 승자들과 때로 쓰라림에 빠진 패자들 모두에게 그렇다. 보는 사람들도 어쩌면 눈시울을 붉힐지 모를 일이다.

메달 수여식의 기초

메달리스트들은 시상식 중에 반드시 국가대표 공식 유니폼을 입어야 하며, 정치적인 의견을 표현해선 안 되거니와 어떤 발언도 해서는 안 된다. 그들은 동시에 입장해서 금메달리스트는 가운데 가장 높은 곳으로 올라가고 은메달리스트가 오른쪽, 동메달리스트가 왼쪽에 선다. 메달은 IOC 위원이 동메달, 은메달, 금메달 순으로 수여한다. 위원은 주최 도시의 자원봉사자의 수행을 받는데, 이제는 의무적으로 올림픽 부케를 들고 나온다. 그런 후에 금메달리스트의 국가가 연주되면서 세 메달리스트 출신국 국기가 전부 게양된다. 승자의 국기가 다른 국기들보다 높은 곳에 자리 잡는다. 이제 국가는 현장 연주가 아니라 미리 녹음해서 튼다.

메달은 반드시 최소 6센티미터 지름에 두께는 3밀리미터여야 한다. 이름은 다 다르지만, 대부분 은으로 만들어진다. 하지만 금메달은 적어도 6그램은 되는 금으로 도금해야 한다. 2012년 올림픽 메달이 가장 크다. 지름 8.5센티미터이며, 무게 400그램이다.

메달 수여식 이야기

고대 올림픽 우승자들은 소년들이 황금 낫으로 따온 올리브 화환을 선사받았다. 그다음에 자신들을 뒷받침해준 신들에게 제물을 바쳐야 했다. 1896년에 올림픽이 되살아났을 때, 승리자들은 올리브 가지로 만든 관과 우승 증명서, 은으로 만든 메달을 받았고, 차점자들은 월계관과 동메달을 받았다. 3위 선수들은 아무것도 받지 못했다. 정중한 분위기를 계속 유지하는 가운데, 올림피안들은 각 경기 결승이 끝난 후가 아니라 폐막식에서 이브닝드레스를 입고 상을 받았다.

1908년에 시상식은 시합과 함께 열리고 1등, 2등, 3등에게 금메달, 은메달, 동메달을 수여하면서 한층 친근해졌다. 하지만 이제 시상식 하면 연상하는 많은 요소를 도입한 올림픽은 1932년 로스앤젤레스 대회였다. 삼단으로 된 시상대, 메달리스트 출신국 국기의 게양, 국가 연주가 이때 등장했다.

보통 메달 수여식은 흐느낌으로 떨리는 입술과 다정하게 주고받는 악수로 흐뭇함을 안겨주지만, 가끔 예상치 못한 변수도 나온다. 1968년에 미국의 단거리 주자들인 토미 스미스와 존 카를로스는 시상대 위에서 검은 장갑을 끼고 주먹을 높이 치켜들었다. IOC는 이 상처에서 완전히 회복하지 못했다. 크게 체면을 구긴 다른 예로는 1972년 미국 농구 대표팀이 시상대에 나타나지 않은 일, 2000년 시드니에서 400미터 계주 금메달리스트들이 보디빌더 포즈를 취한 일, 2008년 베이징에서 그레코로만 레슬링 선수 아라 아브라하미안이 목에 걸었던 동메달을 떼어버리는 일이 있었다.

따뜻한 순간도 있었다. 1984년 로스앤젤레스에서 권투 헤비급의 새로운 챔피언이 된 유고슬라비아의 안톤 요시포비치가 동메달리스트인 에반더 홀리필드를 자기 연단에 끌어올렸다. 홀리필드가 준결승전에서 터무니없는 심판 판정 때문에 패했음을 알고 한 행동이었다. 더 가슴 저미는 장면은 베이징 올림픽 10미터 공기권총 시상식에서 나왔다. 그루지야의 니오 살루크바체와 러시아의 나탈리아 파데리나가 포옹하며 양국의 싸움을 멈추라고 요구한 것이다.

THE CLOSING CEREMONY

폐막식

2012년 8월 12일

올림픽 스타디움

참가 선수: 1만 2000명 전부 초대받지만, 많은 선수가 이미 고향으로 돌아가 있을 것이다.

올림픽 참가

1896년 아테네 대회 폐막식은 행진하는 악대, 메달, 승리 퍼레이드, 월계관이 인상적으로 뒤섞인 한바탕 잔치였다. 그후 (1900년 파리 올림픽을 제외하고) 모든 올림픽에서 어떤 식으로든 대회를 마치며 쇼를 벌여왔다. 1920년에 오륜기를 들이고 나서부터 폐막식은 지금의 형식과 가까워졌다.

올림픽 형식

국제올림픽위원회 규정에 따르면 연설과 각종 깃발 입장, 국가 연주 프로그램은 실행해야 하지만, 주최 도시가 온갖 종류의 예술적 해석을 할 여지는 아주 넓다.

게임의 주인공

런던이 쇼의 주연이지만, 다음 개최지인 리우데자네이루가 10분간을 할당받아 쇼를 연출한다 (이는 전통이 되었다).

폐막식을 왜 보는가?

지상에서 가장 위대한 쇼의 커튼은 어떻게 내리겠는가? 스포츠 경기에 2주간 격렬하게 몰두하고 나서, 1만 명이 넘는 선수들과 진행위원들, 구경꾼들은 그냥 귀가해서 일상으로 돌아갈 수가 없다. 무슨 일이 벌어졌는지 되돌아보고, 앞으로 올 일을 내다보면서 우리 모두 정말이지 좋은 친구들임을 확인할 기회가 있어야 한다. 바로 전 약 2주 동안에 서로 상대를 혼

쭐을 내주려고 온힘을 다 바쳤어도 말이다. 몇몇 엄숙한 의식에 이어 멋부린 연설이 행해지면 모든 이가 4년 있다가 다시 게임을 할 마음이 되는 것이다.

텔레비전 시청자들도 일상의 삶으로 어렵지 않게 돌아가게 할 의식에 참여할 수 있다. 그러니 의자를 빼고 쇼를 지켜보라. 세계의 선수들이 국적을 불문하고 한데 뒤섞여 함께 행진하는 기분 좋은 광경을 함께 나누라. 이양

런던 올림픽은 어쩌라고!

식 장면에서 다음 대회를 먼저 살짝 맛보라. 그리고 예기치 못할 일이 벌어질지도 모르니 눈을 계속 뜨고 있어라. 누가 벌거벗고 뛰어들거나, 비행접시가 날아오거나 간에, 폐막식은 잊지 못할 무엇을 내놓는 취미가 있다.

폐막식의 기초

폐막식을 시작하는 순간에 벌어질 일은 예측할 수가 없다. 과거의 시간이 흘러가고, 죽마를 타는 사람들이 연기를 하고, 무수한 불꽃이 피어오르고, 우주선이 착륙하는 일이 벌어졌다. 개막식과 마찬가지로 대니 보일이 연출할 2012년 런던 올림픽 폐막식에서는 언제쯤 팡파르가 울려 퍼지고, 마스코트들이 튀어 나오고, 카운트다운이 시작될지 예상해볼 수 있다. 초반에 영국 국가가 울리고, 영국 국기가 한 자리를 차지할 수도 있는데, 이 2가지가 이양식 때 나타날 수도 있다. 또 음악이 흘러나올 것이다. 나중에 CD로 살 음악은 아닐 개연성이 높다.

선수 퍼레이드

주요한 행사는 모든 참여 국가의 국기와 이름이 적힌 푯말의 입장과 함께 시작된다. 개막식과 비교해서 자비에 넘칠 만큼 빠르게 진행된다. 기수와 푯말을 든 사람들이 사라져서 어딘가에서 늘어선다. 아마도 오륜기 근처일 것이다. 그러고는 선수들이 되는 대로 뒤섞여서 나타난다. 그러면서도 그들이 얼마나 질서를 잘 지키는지 보라. 1968년 멕시코 대회는 나이지리아 선수들이 벌인 뜻밖의 질주로 길이 남았지만 말이다. 그들은 관중을 포옹하려고 무리에서 뛰쳐나갔다.

마라톤 메달

올림픽 마지막 날, 폐막식을 거행하는 날 낮에 남자 마라톤 경기가 벌어진다. 선수들은 올림픽 스타디움에 있는 결승선을 지난다. 마라톤 메달 수여식이 폐막식 중에 열린다. 지난 2주 동안 밤에 총 1만 시간이 넘는 스포츠 경기의 일부분이라도 보았다면 이것은 당신의 시상식이라 할 수도 있겠다. 초반부터 배구를 보다가 붙들려버린 밤들을 놓아주라. 50미터 소총 경기 초반 라운드를 지켜보며 생생한 고통을 참아낸 인내심이 옳았음을 느껴보라. 역도와 수구를 보느라 바친 그 시간들을 생각하고 당신 자신의 등을 토닥거려주라.

기와 연설

이제 깊은 숨을 들이마시고, 각종 깃발 의식을 보고 국가와 연설을 들어주어야 한다. 이 시점에서 팡파르가 다시 등장하기 십상이며, 거기에 특별히 만든 음악이 합쳐들 것이다. 예를 들어 애틀랜타는 '더 높게, 더 빨리, 더 강하게'라는 선율에 이어 글로리아 에스테판이 〈리치Reach〉라는 노래를 불러 선수들에게 헌정했다.
그다음에는 그리스 기를 내리면서 그리스 국가를 튼다. 그리고 다양한 언어로 소개하는 시간이 있고, 런던 올림픽 조직위원회의 주요 인사인 세바스찬 코 경이 자기 순서를 갖는다. 엄청나게 많은 이들에게 감사를 표하고, 이제 마음이 놓인다는 뜻을 살짝 전한 다음 고별의 말을 덧붙일 것이다. 마지막으로 IOC 위원장인 자크 로게가 마이크를 들 것이다.

> 이제 30번째 올림피아드의 폐막을 선언합니다. 전통에 따라 나는 세계의 젊은이들에게 지금으로부터 4년 후에 리우데자네이루에 모여 31번째 올림피아드를 축하하자는 부탁을 드립니다.

이제 위원장이 자기 의견을 피력할 기회이다. 로게의 전임자인 후안 안토니오 사마란치는 자신이 참여했던 모든 올림픽을 일일이 주워섬기면서 매

번 '역사상 최고의 올림픽'이었다고 하면서 1996년 애틀랜타에서는 그런 발언을 거두어들였다. 로게는 베이징 올림픽을 '진정으로 비범했던'이라고 묘사하면서, 자신은 그런 표현은 절대 하지 않을 것임을 분명히 했다.

이양식

연설이 끝나고, 다음 개최국(2012년 런던 대회에서는 브라질)의 국기가 게양되고 국가가 연주된다. 그러고 나서 오륜기가 내려오고 올림픽 찬가가 또 흘러나온다. 2016년 리우데자네이루의 대표들에게 배턴을 넘겨준다. 이제 약 10분간 그들이 판을 벌인다. 2008년 베이징에서 런던 대표단은 빨간색 2층 버스를 스타디움 한켠에 세웠는데, 그 안에서 가수 레오나 루이스와 레드 제플린의 기타리스트 지미 페이지, 데이비드 베컴이 나와 레드 제플린의 노래 〈호울 로타 러브(Whole Lotta Love)〉를 불러젖혔다. 세상의 반응은 약간 싱거웠다. 2012년 런던에서 브라질 사람들에게는 좀더 기대해보라. 몸을 한껏 노출한 사람들의 삼바 춤도 양껏 등장하리라.

소등!

마지막 의식은 올림픽 성화대에서 타오르는 불을 끄는 것이다. 간단한 일처럼 보이겠지만, 과거의 제작자들은 이 일도 대단한 장관으로 연출해내는 재주가 있었다. 필수 프로그램을 이렇게 다 마치면, 의식은 이제 음악으로 옮아간다. 선수들이 흐트러져 춤을 추고, 관중이 좌석에서 빠져나가는 장면을 보게 된다.

폐막식 이야기

고대 올림픽은 선서식과 숭배의식을 치르고, 먹고 마시는 잔치로 끝났다. 첫 근대 올림피아드의 개막식은 먹고 마시는 축제 때문이 아니라 앞이 보이지 않게 들이붓는 비로 하루 연기되었다. 하지만 1896년 아테네는 팡파르와 송가와 챔피언들에게 주는 은으로 만든 메달과 마라톤 우승자인 스피리돈 루이스를 필두로 한 모든 메달리스트들의 승리 행진과 함께 끝을 맺었다. 그리스의 왕(덴마크에서 태어난 게오르기스 1세)이 올림픽 폐막을 선언하고, 그리스 국가가 울려 퍼지는 가운데 사람들은 스타디움을 떠났다.

1920년 앤트워프 올림픽에서 오륜기가 첫선을 보였고, 그 대칭성이 얼마나 압도적이었는지 대회는 오륜기를 내리는 것으로 끝났다. 폐막식의 중심요소가 될 이 의식은 덴마크 포병대의 멋들어진 연속 사격과 대규모 합창단의 칸타타로 웅장한 기운을 더했다. 다음 1924년 파리 올림픽에서 주최측은 주최국으로서 프랑스 기를 게양하고 프랑스 국가를 불렀으며, 다음 주최국인 네덜란드는 이 올림픽기를 다음 주최국에 넘기는 의식을 최초로 이행했다. 매번 올림픽의 주최국이 되고 싶어 했던 그리스는 이 이양식에서 자국의 기가 올라가고 국가가 울려 퍼지는 것에 만족해야 했다.

대회를 완전히 끝맺는 성화 끄기는 1928년(성화가 처음으로 등장했던 올림픽)에서 소박하게 시작되었다. 그러나 성화대에 불을 붙이고 끄는 것이 올림픽의 고정된 요소가 된 대회는 1936년 베를린 올림픽이었다.

전후 얼마 지나지 않아 열린 대회들은 다소 절제된 행사였다. 우리의 T. S. 엘리엇이 표현했듯이, 요란하게 쾅하는 소리가 아니라 훌쩍이는 흐느낌과 함께 끝났다. 1948년 런던 대회에서는 영국 왕실 근위병 악대가 연주하는 음악에 맞추어 보이스카우트가 각국의 국명이 적힌 푯말을 들고 행진하는 의식을 했다. 밸모랄 성에 가서 꿩 고기 사냥철을 맞이하느라 런던을 비웠던 조지 6세와 엘리자베스 왕비가 대리인을 보냈다. 선수들 대부분도 고향으로 돌아가 버린 뒤였다. 하지만 1956년 멜버른 대회 폐막식은 좀더 활기가 감돌았고, 마지막 핵심 요소가 데뷔했다. 선수들이 국가별로 따로따로 입장하지 않고 섞여서 들어오는 방법을 택한 것이다. 익명의 제안을 받아들인 결과인데 나중에 17세였던 중국계 오스트레일리아인 존 이언 윙의 제안으로 밝혀졌다.

1960년 로마 대회 폐막식에서는 관중이 종이 횃불에 동시에 불을 붙였다.

2012년 올림픽의 화재안전위원회를 통과할 가능성이 있는 방법은 아니다. 로마 대회의 폐막식은 어마어마한 불꽃놀이로 막을 내렸다. 안타깝게도 뜨거운 불똥이 몬테 마리노 언덕의 메마른 잔디 위로 떨어져 내렸다. 수천 명이 불꽃놀이를 지켜보느라 몰려 있던 곳이었다. 화재가 일어나 군중들이 우왕좌왕 몰리는 바람에 10명이 부상했다.

논란은 다음 두 폐막식에서도 계속되었다. 1972년 뮌헨 올림픽 때의 일이었다. 앞서 11명의 이스라엘 선수가 암살당하고 나서, 생각 없이 이 사안을 희화화하는 바람에 문제가 되었다. 1976년 몬트리올 대회의 집행위원들은 원주민을 표현한 방법을 두고 이러지도 저러지도 못하는 곤란한 처지에 빠졌다. 스타디움 한복판에 원뿔형 천막 마을을 만드는 장면이 쇼에 포함되어 있었다. 원래는 전통 의상을 입은 캐나다 인디언들이 목걸이와 깃털 머리띠를 빼서 선수와 관중에게 주기로 했다. 캐나다 원주민의 영예를 기리려는 의도였지만, 조직자들은 한 몬트리올 극단을 섭외해서 엉성하게 캐나다 원주민들로 분장을 시키고 옷을 입혀 '야생의 춤'을 추게 했다. 이 뻔뻔스러운 연출은 미셸 뤼뒤크의 화답을 받았다. 그는 관중석에서 옷을 다 벗고 나와 공연자들 사이를 마구 헤집고 다녔다. 캐나다 기마 경찰관들은 나체에 대한 고대 올림픽의 사랑을 세상 사람들이 3분간 재발견하게 내버려둔 후에 경기장으로 들어갔다.

미셸 뤼뒤크란 사람이 1976년 몬트리올에서 벌거벗는 장면을 연출함으로써 고대 그리스의 전통을 되살려냈다.

올림픽에서 무용은 고정된 요소가 되었고, 1968년 멕시코에서는 멕시코 전통음악을 연주하는 초대형 마리아치 악단이 광란을 불러일으키려고 선수들 한복판에 나타났다. IOC로서는 조금 지나치다 싶게 품위가 없고 걱정스러운 일이었다. 다음 올림픽 개최지로서, 선수들의 활기를 가라앉히려던 뮌헨과 몬트리올의 조직자들에게도 마찬가지였다. 하지만 캐나다의 가짜 인디언 춤은 최소한 올림픽에는 칙칙한 의식과 찬가와 국가보다는 무언가 활기찬 것이 필요하다는 인식을 보여주었다.

1980년 모스크바 올림픽은 어설프나마 제대로 된 방향으로 또 한 걸음을 내디뎠다. 기가 올라가고 연설이 다 끝나자 쇼 타임이었다. 비록 80살 먹은 소련공산당의 정치적 계산에 따른 것이기는 했지만 말이다. 소련의 다양한 군부대에서 선발된 대규모 악대가 발을 구르며 걸어 나왔고, 수천 명의 리듬체조 선수가 대오를 이루어 리본을 휘둘렀으며, 거대한 러시아 인형들이 필드 주변을 뒤뚱거리며 걸었다. 그러고는 대회의 마스코트인 곰 미샤가 풍선 더미에 매달려서 너무나 작위적인 미소로 이별을 고했다. 카드섹션은 미샤가 우는 모습을 보여주었고, 슬라브 특유의 감상적인 분위기 속에서 풍선이 이 곰을 끌고 밤하늘로 가버리자 모든 사람들이 울었다.

냉전 논리에 따라 1984년 로스앤젤레스 올림픽은 공산주의자들에게 세계가 어떻게 돌아가는 곳인지 보여주어야 했다. 모스크바가 애써 카드섹션을 해야 했다면, 로스앤젤레스는 불을 밝히라고 10만 명의 관중에게 전기 횃불을 주었다. 그러고는 할리우드를 날았던 비행접시의 모방체가 스타디움 위를 맴도는 것이 아닌가. 마침내 우리는 적절한 올림픽 파티를 얻게 되었다. 과연 라이오넬 리치가 주도하는 디스코까지 등장했다.

파티, 피에스타, 파티를 벌여, 영원히……

1984년 로스앤젤레스 올림픽 이래로 대중음악 세계에서 최고 인기를 누리는 음악인이 나오지 않은 올림픽 폐막식은 없었다. 물론 사람들이 춤을 춤 노래를 가지고. 이제는 당연해 보이는 일이 한때는 미스터리였는데, 포문을 연 사람은 팔랑팔랑한 캘리포니아 소울의 왕 라이오넬 리치였다. 파란색 스팽글이 반짝거리는 재킷에 몸에 붙는 하얀색 바지를 입고 나온 순간부터 라이오넬은 품격과 자신감을 발산했다. 〈일요일 아침처럼 편하게(Easy Like Sunday Morning)〉 같은 노래를 들려준 사람답게, 라이오넬 리치는 예전에는 전적으로 스포츠만이 주인공이었던 행사에 매력적이고도 부드러운 분위기를 깔아주었다. 스타디움을 가득 메운, 네온을 밝힌 무대가 그의 주위로 진동하는 가운데 리치는 관중에게 감사 인사를 전하고서 올림픽 버전으로 편곡한 〈올 나이트 롱(All Night Long)〉을 불렀다. 이 노래는 살사 리듬과 부드럽게 미끄러지는 혼 섹션으로 양념을 친 디스코의 고전이었다.

관중과 함께 노래를 부르고 나서 리치는 진동하는 색색으로 수놓인 올림픽 연단으로 올라갔고, 그동안에 400명이 넘는 브레이크 댄서들이 무대에 자리 잡았다. 미라 형상을 한 사람들이 무대에 머리를 대고 돌았다. 빨간색 가죽 치마를 입은 여자들이 로봇 춤을 잠시 추었다. 세상에 보내는 리치의 명령인가? "파티하라, 피에스타하라, 잔치를 벌여라, 영원히." 그때부터 폐막식은 완전히 다른 것이 되었다.

1992년에 바르셀로나 폐막식은 행성 모양의 풍선들에 불춤이 수놓은 화려한 행사였다. 플라시도 도밍고와 호세 카레라스 그리고 스페인 혈통의 가수 사라 브라이트만이 아름답게 노래를 불렀고, 그 전 해에 세상을 떠난 프레디 머큐리는 최고로 잘 알려진 대회 주제가를 남겼다. 1996년 애틀랜타는 더 화려해졌다. 모든 사람이 빌 클린턴 대통령에게 OK 신호를 받았던 만큼, 비판자들(상업적인 어리석음이라는 비판이 있었고, 두 명을 죽이고 100명 넘게 부상을 입힌 100주년 올림픽 파크에 가해진 폭탄 공격도 논란을 야기했다)에게 콧방귀를 뀌었다. 클린턴은 보이즈 투 멘이 아카펠라로 미국 국가인 〈스타 스팽글드 배너〉를 부를 적에 히죽히죽 해맑게도 웃고 있었다. 보이즈 투 멘뿐만이 아니었다. 리틀 리처드, 스티비 원더, 글로리아 에스테판, 티토 푸엔테, BB 킹이 대거 등장했다. 어느 장면보다 압도적이었던 것은 알 그린 목사가 세계의 영혼을 향해 호소하며, 포인터 시스터스의 코러스를 받으며 〈나를 그 강으로 데려가주오(Take Me to the River)〉를 웅장하고 서사적으로 불러냈던 것이다.

2000년 시드니 올림픽은 오스트레일리아의 문화적 보석들을 내보냈다. 슈퍼모델 엘 맥퍼슨과 코미디언 폴 호건(일명 크로커다일 던디), 골프 선수 그레그 노먼, 그리고 물론 카일리 미노그가 있었다. 카일리 미노그는 장엄한 '댄싱 퀸'을 선보였고, 존 폴 영과 인엑시스의 강렬한 오스트레일리아 록이 함께 했다. 뒤따라 슬림 더스티가 오스트레일리아 민요 〈왈츠 추는 마틸다〉를 관중과 함께 불렀다.

돌이켜보면 2004년 아테네 올림픽 폐막식은 이 나라의 비극적인 빚더미를 설명해주는 통렬한 사례로 봐도 무리가 아니다. 식을 시작하는 음악은 아마도 채권 시장의 신들에게 바치는 것이었을까, 제목이 '영원히 춤추게 하라'였다. 어린 소녀가 훅 바람을 불자 성화가 꺼져 잔치가 끝났다. 이 얼마나 정확하게 전조를 표현했는가. 일은 마쳤고, 그리스는 나이 든 여가수, 멜랑콜리하고 말랑말랑한 남자 가수들, 테스토스테론 과다인 팝 가수들, 대규모 부주키 악단이 벌이는 광기의 파티 속으로 빠져들었다.

2008년 베이징 올림픽은 아크로바틱의 향연이기도 했지만, 음악 면으로는 가볍게 갔다. 이제 그들의 개막식을 넘어설 방법이 없는 판국에, 좀 아낀다고 누가 중국을 비난할 수 있겠는가. 그렇다고는 해도 영원한 올림픽의 불꽃을 상징하며 쌓아 올린 오렌지 색깔의 거대한 인간 탑, 무용수들, 수천 명의 북 치는 사람들, 한국의 비를 비롯한 동아시아 최고의 팝스타들이 무대를 장식했다. 베이징 올림픽은 중국이 세계의 떠오르는 힘이라는 사실을 유감없이 알려주었다. 비록 폐막식에서 내놓은 팝스타들이 중국의 아킬레스건을 드러내기는 했지만 말이다.

부록 1
중단된 올림픽 스포츠

들어가는 것도 일인데, 계속 머물러 있는 것도 보통 일이 아니다. 어떤 종목은 올림픽에서 1~2번쯤 모습을 드러냈다가 레이더에서 사라졌다. 올림픽에서 고인이 된 애석한 게임들의 사연을 올림픽에 나온 순서대로 정리했다.

줄다리기

1900년, 1904년, 1908년, 1912년, 1920년.

1920년 이후 줄다리기가 빠졌다. 올림픽에서 가장 흥미진진한 시합 가운데 하나를 앗아가 버린 것이다. 냉전 시대에 미국과 소련, 혹은 동독과 서독, 혹은 북한과 남한의 긴장감을 상상해보라. 이제까지도 그랬고, IOC가 이 스포츠를 다시 들여올 징조는 전혀 보이지 않는다.

줄다리기의 목표는 상대 팀을 원래의 위치에서 약 1미터 80센티미터 앞으로 끌어당기는 것이다. 5분 안에 이 일이 일어나지 않으면, 더 많이 잡아당긴 팀이 승리한다. 몇 센티미터밖에 끌어당기지 못했다고 해도 상관없다. 세인트루이스 올림픽에서부터 다음 몇 올림픽까지 팀 구성원의 수는 5~8

많은 사람들이 올림픽 종목 탈락을 애석해하는 줄다리기. 1912년 스톡홀름 올림픽.

명 사이에서 달라졌다.
올림픽 줄다리기는 올림픽에 들어간 초반기에 2번의 인상적인 시합을 남겼다. 1900년에 프랑스의 콩스탕탱 앙리케즈 드 쥐비에라가 올림픽에 출전한 최초의 흑인이 되었다. 8년 후에 줄다리기는 올림픽 사상 최초로 신발이 논란을 일으켰다. 리버풀 경찰 팀이 미국 상대 팀을 경기 시작 몇 초도 되지 않아 잡아당겼다. 미국은 리버풀 팀이 강철 스파이크를 박은 신의 도움을 받았다고 항의했다. 경찰들은 경찰이 지급하는 표준 신발을 신었다고 주장하며 미국의 주장을 반박했다. 미국 팀은 넌더리가 나서 포기했고, 리버풀 경찰들은 런던경찰청 동료들에게 결승전에서 패했다.

크리켓

1900년.
크리켓은 영국 제국과 탯줄로 연결돼 있다고 해도 과언이 아니어서 보편적인 올림픽 운동과 기이한 연관을 맺게 되었다. 1896년 올림픽에 크리켓 경기가 열리기로 되어 있었으나, 참가 팀이 한 팀도 없었다. 크리켓은 1900년 파리 올림픽 때 처음이자 마지막으로 경기했다.
12명이 한 팀을 이룬 시합이 명목상 영국 팀(사실은 데본과 소머셋 원더스 구단)과 명목상 프랑스를 대표한다는 팀(파리에 사는 영국인들로 이루어진 팀) 사이에 이틀간 열렸다. 시합은 뱅산느 벨로드롬에서 열렸다. 경사진 사이클 트랙이 별난 경계선이 되었다. 영국 교포들이 무참히 패배했다. 영국이 117점과 145점을 내고, 프랑스는 가련하게도 78점과 26점을 냈다.

라크로스

1904년, 1908년
라크로스는 하키와 비슷하지만 공을 잡고 던지는 데 쓸 수 있는 그물이 달린 스틱으로 경기한다. 19세기 초반에 몬트리올에 살던 프랑스 식민주의자들이 만들어낸 경기다. 그들은 본국 사람들이 스틱으로 하던 게임을 변형했다. 그들이 생각하기에 스틱은 주교의 십자가를 닮았기 때문에 라크로스라는 이름을 붙인 것이다. 라크로스는 프랑스어로 주교의 십자가라는 뜻이다. 1880년대에 이르러 라크로스는 캐나다에 두루 퍼졌고, 구단들은 영국과 미국에서 투어 경기를 벌였다. 후에는 오스트레일리아와 뉴질랜드까지 퍼졌으나, 비영어권 세계를 뚫는 데는 실패했다.

라크로스는 올림픽 공식 종목으로 두 번 채택되었다. 1904년에는 두 개의 캐나다 팀이 세인트루이스에 기반을 둔 팀과 경기했다. 사실상 프로페셔널한 팀이었던 위니펙의 샘록스 팀이 금메달을 땄다. 다른 캐나다 팀은 전부 모호크 족으로 구성돼 있었다. 라크로스는 1928년, 1932년, 1948년에 시범 종목으로 올림픽에 되돌아왔지만, 그후로는 등장하지 않았다. 최근에 아시아와 유럽에 몰아닥친 인기를 보면 기적적으로 돌아올지도 모를 일이지만 말이다.

크로케, 로케

1900년, 1904년.

1830년대 아일랜드에서 처음 경기했다는(이설에 따르면 '파이으 마이으'라는 프랑스 게임에서 나왔다고도 한다) 크로케는 영국 상류층의 깔끔하게 정돈된 잔디 위에서 펼쳐졌다. 특히 남녀가 함께 플레이할 수 있었기 때문에, 당시의 갑갑한 예의범절에서 한숨 돌릴 수 있었다. 따라서 커다란 잔디밭을 갖춘 프랑스와 북미의 귀족과 부르주아지들이 경기를 했다.

1900년 파리 대회의 공식 보고서에 따르면, "직업이 토목기사이며 크로케의 입법자인 앙드레 데스프레가 더없이 풍부한 지식과 헌신으로 대회를 아낌없이 돌보았다. 구르고 남작은 크로케 시합만을 위해 특별히 모래 코트를 지어주었다. 부르고뉴 부아의 세르클 구석에 큰 비용을 들여 경기장을 만들어준 것이다. 파리에 모인 최고의 선수들이 그곳에서 경기했다.

파리 올림픽 크로케는 순전히 프랑스인들의 잔치이기는 했지만, 올림픽 역사상 최초로 여자가 참가한 경기이다. 필르올 프로이 부인, 마리 오니에, 데스프레가 언론에 선수 명단으로 올라가 있었다. 애석하게도 이 기념비적인 시합에는 관중이 많이 들지 않았다. 한 기사를 인용한다. "관중은 몇 되지 않았다. 다만 크로케를 사랑하는 한 영국인이 니스에서부터 파리까지 그 먼 길을 왔다는 점은 언급하고 넘어가야겠다. 하지만 내가 아주 잘못 알고 있는 게 아니라면 이 신사는 표 값을 낸 유일한 구경꾼이었다."
크로케는 1904년 세인트루이스 올림픽에 돌아왔지만, 이건 로케라고 부르는 미국 버전이었다. 이 경기는 콘크리트 벽에 둘러싸인 딱딱한 바닥에서 했다. 존 스타인벡이 『달콤한 목요일』에서 묘사했다. "로케는 크로케의 복잡한 판형이다. 삼주문 사이로 손잡이가 짧은 타구봉을 사용해서 경기한다. 당구처럼 측면을 이용하기도 한다. 크로켓은 매우 복잡하다. 사람들 말로는 로케가 개성을 길러준다고 한다." 놀랍지 않게도 유일한 참가자는 미국이었다. 이 게임은 다시는 올림픽에 나오지 못했지만, 30년은 더 인기 스포츠로 남아 있었다. 공공노동 사업의 일환으로 많은 경기장을 짓던 1930년대 대공황기에 힘을 받은 결과였다. 1960년대에 이르러 이 미국판 게임은 거의 모습을 감추었다.

라켓 스포츠

1900년(펠로타), 1908년(죄 드 폼과 라케츠)
라켓 경기는 올림픽 로스터에 들어가는 데 어려움을 겪었다. 배드민턴은 1992년에야 정식 종목이 되었다. 테니스는 1924년부터 1988년 사이에는 올림픽에 끼지 못했다. 스쿼시는 한 번도 들어간 적이 없다. 펠로타와 죄 드 폼과 라케츠같이 비인기 종목은 1900~1908년에 딱 1번씩만 얼굴을 내밀었다.
프랑스와 스페인 바스크 지역에서 했던 빠른 속도의 게임인 펠로타에서, 선수들은 둥그스름한 통이나 비슷한 도구를 이용해서 벽을 향해 공을 던지고 잡았다. 죄드 폼은 론 테니스의 이전 모델로, 규격이 일정치 않은 비대칭 코트에서 네트 너머로 공을 치는 경기였다. 라케츠는 스쿼시의 전신인데 딱딱한 공으로 스쿼시보다 더 빠르고 맹렬하게 하는 경기였다.
펠로타가 단 한 지역에서 인기를 끌었다면, 죄 드 폼과 라케츠는 단 한 계층의 전유물이었다. 바로 영국과 미국의 상류층이다. 죄 드 폼의 경우에는 프랑스 상류층의 경기였다. 1908년에 열린 라케츠 시합은 영국의 공립학교와 옥스브리지 졸업생들로 이루어진 작은 그룹이 모여서 경기했다. 그해 죄 드 폼은 미국의 재벌 제이 굴드 2세가 우승했다. 그는 굴지의 철도부호인 바로 그 제이 굴드의 손자이다. 펠로타가 1924년, 1968년, 1992년에 시범종목으로 등장하기는 했지만, 이중 다시 돌아올 스포츠는 없을 듯하다.

모터 보트

1908년

1908년 모터 보트 경기는 모터 달린 기구로 하는 스포츠에 올림픽이 유일하게 낭비했던 사례이다. 성공과는 거리가 멀었다. 3개 부문에서 9차례 시합이 계획되어 있었다. 모든 경기는 사우스햄턴 주변의 약 15킬로미터 코스를 5회씩 도는 방식이었다. 궂은 날씨 때문에 9개의 레이스 중에 6개가 취소되었고, 그나마 열린 3경기에서도 배들의 속도가 안쓰러울 정도였다. 평균 시속이 약 30킬로미터에 그쳤던 것이다. 위치도 그렇거니와 끔찍한 날씨 탓에 사실상 아무도 경기를 볼 수 없었다.

폴로, 자전거 폴로

1900년, 1908년, 1920년, 1924년, 1936년(폴로), 1908년(자전거 폴로)

폴로는 귀족과 군대와의 관계 때문에 초창기 올림픽에 발을 들여놓을 수 있었다. 하지만 저변이 너무 협소한 데다 말을 움직이는 데 드는 비용이 커서 세계로 퍼져나가지 못했고 제2차 세계대전 이후 올림픽에서 빠졌다. 초창기 승자였던 영국도 폴로의 새로운 강자 아르헨티나에 왕좌를 내주었다. 1936년에 올림픽에서 최후로 실시된 폴로 경기에서 7만 5000명이 넘는 사람들이 아르헨티나가 영국을 11 대 0으로 격파하며 우승을 차지하는 장면을 지켜보았다.

한결 소박한 스포츠인 자전거 폴로는 1891년에 《아이리시 사이클링》지의 소유자이자 편집장이던 리처드 맥크레디라는 사람이 발명한 스포츠였다.

제1차 세계대전이 발발하기 수년 전부터 북미와 유럽, 영국 제도의 사람들이 자전거 폴로 경기를 벌였다. 1908 올림픽에 시범경기로 단 한 차례 경기가 열렸다. 잔디 위에서 열린 경기에서 아일랜드가 독일을 3 대 1로 물리쳤다. 자전거 폴로는 올림픽에 돌아오지 못하고 있다. 하지만 현재 한 팀에 3명씩 딱딱한 코트에서 벌이는 현대적 형태가 국제사이클연맹의 눈에 들었고 인기를 얻어가는 중이다.

1908년에 자전거 폴로가 영국 관중을 열광에 몰아넣고 있다.

야구, 소프트볼

1992~2008년(야구), 1996년, 2000~2008년(소프트볼)

야구와 소프트볼은 올림픽 대회와 이상한 관계를 맺고 있다. 야구는 8번이나 시범종목으로 채택되어 경기가 열렸고, 마침내 1992년에 정식종목이 되었다. 소프트볼도 8년 후에 같은 길을 따랐다. 그러나 베이징 올림픽 후에 두 종목 다 올림픽에서 제외되었다. 1930년대에 폴로가 잘려나간 후에 축출 이유가 이처럼 불투명한 경우도 없었다. 분명 올림픽 경기의 규모를 가다듬어야 한다는 압박은 있다. 하지만 야구와 소프트볼은 잘리기가 무섭게 골프와 럭비로 대체되어 2016년 리우데자네이루에서 경기가 열린다. 대조적으로 근대5종은 올림픽 바깥에서는 연명도 하지 못할 처지이다.

올림픽 야구의 사망 선고는 약물 섭취에 대한 프로 선수들의 다소 뻔뻔한 태도와 농구와 다르게 미국 프로 리그가 시즌 한복판에 최고의 선수들을 내놓길 꺼린다는 점이 작용한 결과일 것이다. 결과적으로 올림픽 시합에 대한 미국의 관심도 빈약했다. 이와는 반대로 쿠바는 국가적 스포츠로 삼고 있는 야구에서 금메달 3개를 따며 진탕 즐겼다.

올림픽에서 여자 부문만 있었던 소프트볼의 운명도 못난 형제와 같은 처지가 되고 말았다. 오로지 한 팀만 절대 군림하는 경기 결과를 냄으로써 스스로 불리한 처지에 빠진 측면도 간과할 수 없다. 금메달을 3번 딴 미국 여자 소프트볼 팀이 세 대회에서 상대 팀들과 경기해서 얻은 전체 스코어가 51 대 1이었던 것이다.

부록 2
26번의 이전 올림픽

1896년 아테네에서 241명의 아마추어 신사 스포츠맨들이 필드를 점한 이래 하계 올림픽은 기나긴 길을 걸어왔다. 2차례의 세계대전과 냉전을 겪으며 그저 살아남기만 한 게 아니라 번영을 이룩한 올림픽은 어마어마하게 막강한 짐승으로 자라났다. 어찌나 커지고 기업화했는지, 우리는 이 책에서 오륜기와 성화, (애석해라~) 마스코트들의 이미지를 담을 수 있는 허가를 받지 못했다.

1896년 아테네

참가국: 14개 | 참가 선수: 241명 | 종목: 9개 | 메달 부문: 43개

허리띠를 졸라맨 예산으로, 쿠베르탱 남작은 고대 올림픽을 근대적 형태로 소생시키겠다는 꿈을 실현시켰다. 선의는 현실이 되었다. 적어도 주최국에는 최고의 장면일 텐데, 그리스의 샘물 장수 스피티돈 루이스가 마라톤에서 우승을 차지했다.

1900년 파리

참가국: 24개 | 참가 선수: 997명 | 종목: 18개 | 메달 부문: 95개

사실상 만국박람회의 사이드쇼에 불과했던 파리 올림픽은 끔찍하게도 엉망진창으로 치러졌다. 테니스 선수인 샤를로트 쿠퍼가 올림픽 금메달을 차지한 최초의 여자 선수가 되었다. 미국의 앨빈 크랜즐린은 영웅이자 악당이었다. 육상에서 금메달 4개를 땄지만, 멀리뛰기에서 한 선수를 속여서 우승의 장애물을 없애버린 것이다.

1904년 세인트루이스

참가국: 12개 | 참가 선수: 651명 | 종목: 17개 | 메달 부문: 91개

이 올림픽은 세계박람회 때문에 휘청거렸다. 인종에 대한 주최국의 기이한 생각도 실험한 대회였다. 세계박람회에 참여했던 민족 집단끼리 올림픽 스포츠와 진흙 던지기와 나무 올라가기같이 '원시적'이라고 여겨졌던 경기를 동시에 했던 것이다. 미국의 레이 어리가 제자리뛰기에서 전 분야 우승을 휩쓸었다. 1900년에도 그랬고, 1908년에도 같은 위업을 쌓았다.

1908년 런던

참가국: 22개 | 참가 선수: 2008명 | 종목: 22개 | 메달 부문: 110개

원래 개최지가 로마였지만, 베수비오 화산 폭발로 이탈리아가 구제기금 마련에 돈을 다 써버리고 말았다. 영국이 구원의 길로 나서서 멋들어진 쇼를 마련했고, 다른 나라들을 다 합친 것보다 많은 금메달을 땄다. 그때 이후 비슷하게라도 나온 적이 없는 위업이다. 용기 있는 사람이었지만 마라톤에서 실격당한 이탈리아의 웨이터 도란도 피에트리는 조국의 귀염둥이가 되었다.

1912년 스톡홀름

참가국: 28개 | 참가 선수: 2407명 | 종목: 14개 | 메달 부문: 102개

스웨덴 사람들이 드디어 포부와 이름에 걸맞은 근대 올림픽을 생산해냈다. 쿠베르탱 남작의 주장에 따라, 예술 올림픽을 도입하기도 했다. 이 종목들은 1952년까지 스포츠의 어울리지 않는 카운터파트로 남았다. 이 선한 남작 자신도 필명을 사용하여 '스포츠에 보내는 송가'라는 제목의 시로 문학 부문 금메달을 땄다. 미국의 짐 소프가 근대5종과 10종경기에서 금메달을 따며 올림픽 대회의 스타가 되었다.

1920년 앤트워프

참가국: 29개 | 참가 선수: 2627명 | 종목: 22개 | 메달 부문: 154개

제1차 세계대전의 전장이 되고 만 벨기에가 보상을 받은 것이 1920년 대회이다. IOC는 개최국이 초청장을 보내도록 양보했다. 그러니 독일, 오스트리아, 헝가리, 터키가 리스트에 오르지 못한 것은 당연한 일이리라. 오륜,

깃발, 선수 선서가 이 대회에서 처음 등장했고, 오스카 스완이 72세의 나이에 스웨덴에 사격 금메달을 안겨주었다.

1924년 파리

참가국: 44개 | 참가 선수: 3089명 | 종목: 17개 | 메달 부문: 126개

1904년 같은 도시에서 열렸던 대회보다 어느 모로 보나 좋아진 대회였다. 1924년 파리는 처음으로 올림픽촌을 일부러 지은 대회이자, 올림픽 모토를 내세운 첫 대회였다. '날아다니는 핀란드인' 파보 누르미가 육상에서 5개의 중거리와 장거리 금메달을 차지하며 올림픽의 주인공이 되었다.

1928년 암스테르담

참가국: 46개 | 참가 선수: 2883명 | 종목: 15개 | 메달 부문: 109개

이 올림픽에서 관중들은 처음으로 올림픽 성화를 목격했다. 그리스가 참가국 가운데 맨 처음 입장했고(이것은 이후 관례가 되었다), 마침내 여자 선수들이 육상에서 뛸 수 있게 되었다. 우루과이가 아르헨티나를 물리친 축구 결승전을 보려고 4만 장밖에 안 되는 티켓에 25만 명이 구매 신청을 했다. 인도 남자 하키가 1960년에 가서야 끝맺을 연승 행진을 시작했다.

1932년 로스앤젤레스

참가국: 37개 | 참가 선수: 1332명 | 종목: 14개 | 메달 부문: 117개

대공황의 한복판에 사람들을 로스앤젤레스로 끌어 모으기란 쉽지 않은 일이었다. 많은 선수들이 참가하지 못했지만, 참가했어야 했다. 스타디움은 아름답고 날씨는 환상적이었다. 우리가 지금 보는 메달 수여식이 처음 선보였고, 모든 경기가 2주 안으로 압축되었다. 1932년 로스앤젤레스는 미래를 일별해주게 한 대회였다. 경기에서는 미국의 베이비 디드릭슨이 주인공이었다. 그녀는 육상 5개 부문에서 모두 예선을 통과했고, 2개의 금메달과 1개의 은메달을 땄다.

1936년 베를린

참가국: 49개 | 참가 선수: 3963명 | 종목: 19개 | 메달 부문: 129개

1936년 올림픽 개최 자격을 베를린에 주었을 때만 해도 IOC는 올림픽을 나치가 다룰 거라고는 전혀 생각하지 못했다. 히틀러는 올림픽 행정가인 카를 디엠이 생각을 돌려놓기 전까지는 올림픽에 미적지근한 반응을 보였다. 그의 체제는 올림픽을 강력한 선전 도구로 활용하기 위해 모든 수단을 동원했다. 미국의 제시 오언스는 대본대로 할 생각이 없었다. 그는 100미터, 200미터, 멀리뛰기, 400미터 계주에서 금메달을 땄다.

1948년 런던

참가국: 59개 | 참가 선수: 4104명 | 종목: 17개 | 메달 부문: 136개

세상은 폐허 속에 있었지만, 쇼는 계속되어야 했다. 올림픽촌은 없었으나, 대신 학교 교실이나 여러 시설을 개조해서 사용했다. 선수들은 비누는 지급받았지만, 수건을 직접 가져와야 했다. 네덜란드의 파니 블랑케르스-쿤이 여자 100미터, 200미터, 80미터 허들과 400미터 계주에서 금메달을 목에 걸었다.

1952년 헬싱키

참가국: 69개 | 참가 선수: 4955명 | 종목: 17개 | 메달 부문: 149개

냉전이 뜨겁게 달아올랐지만, 헬싱키는 모두에게 문을 개방했다. 소련이 처음으로 올림픽에 출전했고, 독일과 일본이 세계의 날개 아래 복귀했다. 그리고 이 행성은 스포츠에서 평정을 회복한 듯했다. 역대 어느 올림픽에서보다 이 대회에서 세계기록이 많이 깨졌다. 가장 훌륭했던 선수는 체코슬로바키아의 에밀 자토펙으로, 5000미터, 10만미터에서 우승했으며, 마라톤 생애 첫 출전에서도 금메달을 목에 걸었다.

1956년 멜버른

참가국: 72개 | 참가 선수: 3314명 | 종목: 17개 | 메달 부문: 145개

어떤 면에서 오스트레일리아가 일정을 맞추지 못할까 두려워 IOC는 개최지를 옮기는 문제를 고려하기도 했다. 하지만 대회는 성사되었다. 친선을 도모했던 대회라는 평을 받는 멜버른 대회는 그럼에도 소련과 헝가리 선수들의 맹렬한 육탄전으로 곤욕을 치렀다. 헝가리 봉기를 배경으로 수구 선수들 사이에서 난투극이 벌어진 것이다. 헝가리 사람들이 남자 수구에서 우승했고, 라지오 파프가 권투 금메달 3연패에 성공했다.

1960년 로마

참가국: 83개 I 참가 선수: 5338명 I 종목: 17개 I 메달 부문: 150개

로마 대회는 전적으로 아마추어리즘을 고수하고 상업적으로 치장하지 않는다는 쿠베르탱의 비전이 마지막으로 빛을 발한 때였다. 하지만 변화가 공중에 떠다니고 있었다. 최초의 올림픽 약물 스캔들이 터지고, 아디다스와 퓨마는 100미터 금메달리스트 아르민 하리에게 서로 자기네 신발을 신기겠다고 옥신각신했다. 대회는 2명의 슈퍼스타를 배출했다. 권투 라이트헤비급 챔피언인 미국의 캐시어스 클레이(무하마드 알리)와 에티오피아의 맨발의 마라토너 아베베 비킬라였다. 그는 아프리카 흑인 최초로 금메달을 딴 선수였다.

1964년 도쿄

참가국: 93개 I 참가 선수: 5151명 I 종목: 19개 I 메달 부문: 163개

일본이 전후 경제 기적에 힘입어 아시아에서 연 최초의 올림픽이었고, 일본이 국제사회의 심장부로 귀환한 계기였다. 베를린 올림픽 이래로 돈을 가장 많이 들인 대회였는데, 일본이 올림픽을 계기로 고속도로와 지하철을 건설하고 태평양을 전화선으로 연결하고 새로운 항만 시설을 장만했던 것이다. 홈 팬 입장에서는 '동쪽 마녀들'이 여자 배구 우승을 차지해 감격스러웠을 테고, 소련의 라리사 라티니나는 8번째 올림픽 체조 메달을 수집해 갔다.

1968년 멕시코시티

참가국: 112개 | 참가 선수: 5516명 | 종목: 18개 | 메달 부문: 172개

마스코트: 평화의 비둘기

1968년 대회는 현대화된 멕시코를 보여주려는 의도하에 열렸다. 개막식이 열리기 몇 주 전까지도 그렇게 보이지는 않았다. 거리에서 일어난 시위가 무자비하게 짓밟히고, 다수의 시민이 사망했던 것이다. IOC 위원장이던 에이버리 브런디지는 그럼에도 대회를 연기할 이유가 없다고 생각했고, 올림픽은 예정대로 열렸다. 멕시고 수도의 희박한 공기 속에서 10개도 넘는 세계기록이 경신되었다. 미국의 보브 비몬이 이전 기록보다 50센티미터나 멀리 뛰어 금메달을 따냈다. 인기 있었던 영웅은 체코슬로바키아의 베라 차슬라프스카였다. 여자 체조 종합 부문에서 우승하고 소련 국가를 욕보인 선수였다.

1972년 뮌헨

참가국: 121개 | 참가 선수: 7134명 | 종목: 21개 | 메달 부문: 195개

마스코트: 닥스훈트 왈디

서독은 1936년 베를린 대회와 모든 것을 달리 하기 위해 힘썼다. 제국주의적인 번드르르한 경기장보다는 안이 비치는 현대적 건물을 선호했고, 관계자들은 부드러운 색의 옷을 입었다. 비극적이게도, 스포츠 행사는 이스라엘 선수 11명이 팔레스타인의 검은 9월단에게 살해당한 일에 가려지고 말았다. 미국의 마크 스피츠가 물살을 갈라 7개의 금메달을 땄고, 소련의 올가 코르부트가 여자 체조에서 지구를 황홀하게 만들었다.

1976년 몬트리올

참가국: 92개 | 참가선수: 6084명 | 종목: 21개 | 메달 부문: 198개

마스코트: 비버 아미크

대회 개최에 들어갈 비용에 대한 우려가 커지자, 몬트리올 시장 장 드라포는 "올림픽은 사람이 아이를 키우는 것보다 적자 폭이 더 클 수가 없다"고 주장했다. 몬트리올은 2006년에 가서야 올림픽 빚을 비로소 청산했다. 이 대회의 헤드라인은 루마니아의 나디아 코마네치가 차지했다. 올림픽 체조 역사상 최초의 만점을 받더니, 6차례나 같은 위업을 달성했다.

1980년 모스크바

참가국: 80개 | 참가 선수: 5179명 | 종목: 21개 | 메달 부문: 203개

마스코트: 아기 곰 미샤

소련이 1952년에 올림픽에 처음 참가한 후부터 냉전의 기운이 매 대회 상공을 맴돌았다. 이곳에서 냉전은 절정에 이르렀다. 모스크바는 공산주의 체제 스포츠와 경제적 힘을 증명하기 위해 화려한 쇼를 벌이려 했지만, 고대했던 관중이 나타나지 않았다. 미국이 소련의 아프가니스탄 침공을 구실로 대회를 보이콧하기로 했기 때문이다. '코벳'(세바스찬 코와 스티브 오벳)이 중거리 메달을 영국에 안겨주었고, 테오필로 스테벤손이 3번째로 권투 헤비급 챔피언이 되었다.

1984년 로스앤젤레스

참가국: 140개 | 참가 선수: 6829명 | 종목: 21개 | 메달 부문: 221개

마스코트: 대머리 독수리 샘

"네가 할 수 있는 일이라면 내가 더 잘할 수 있다"가 1984년 로스앤젤레스의 주제가 될 참이었다. 공산주의 국가들이 보복성 보이콧을 감행했고, 로스앤젤레스 사람들은 기업들과 영화의 마법을 가동했다. 로스앤젤레스 올림픽은 밀려드는 후원과 화려한 베니스 해변의 드움으로 최초로 이윤을 낸 올림픽이 되었다. 미국의 칼 루이스가 48년이 지난 제시 오언스의 위업을 되풀이함으로써 불멸의 영역에 들어갔다.

1988년 서울

참가국: 160개 | 참가 선수: 8391명 | 종목: 23개 | 메달 부문: 237개

마스코트: 아기 호랑이 호돌이와 호순이

개최국의 역사 과정을 근본적으로 바꾸어놓은 유일한 올림픽이었을 서울 대회는 한국의 경제기적과 독재 정부를 미화하려는 의도를 품은 대회였다. 1987년에 어마어마한 민주화 운동이 일자, 지배자들은 피로 얼룩진 올림픽보다는 정치 개혁을 하는 편이 낫겠다고 결정했다. 한국은 올림픽과 새로운 헌법을 손에 넣었다. 미국의 그레그 루가니스가 영웅 중 1명이었다. 그는 다이빙 보드에 머리를 부딪히고 나서 금메달 2개를 따냈다. 캐나다의 벤 존슨은 빈손으로 돌아갔다. 그는 100미터 세계 신기록을 냈으나, 약물 검사 통과에 실패했다.

1992년 바르셀로나

참가국: 169개 | 참가 선수: 9356명 | 종목: 25개 | 메달 부문: 257개

마스코트: 양치기 개 코비

바르셀로나는 오페라 무대처럼 장식하고 도시를 새롭게 탈바꿈시켰다. 그리하여 수백 개 도시의 시장들은 올림픽 개최를 통해 도시를 다시 개발할 수도 있겠다는 생각을 하게 되었다. 냉전 후 첫 대회는 통일 독일 팀의 등장, 남아프리카공화국의 복귀, 소련을 떠난 선수들의 도착을 목격했다. 그들 중 한 선수인 벨라루스의 비탈리 셰르보는 남자 체조 부문에 걸린 8개의 금메달 중에서 6개를 쓸어갔다. 스웨덴 탁구 선수 얀-오베 발드너는 아시아의 독주를 저지했다.

1996년 애틀랜타

참가국: 197명 | 참가 선수: 1만 318명 | 종목: 26개 | 메달 부문: 271개

마스코트: 이지

근대 올림픽 100주년 대회로 야단스럽고 상업적이었으며 모든 사람의 입맛에 맞는 대회는 아니었다. 올림픽 100주년 공원에서 폭탄이 터져 2명이 죽고 100명이 넘게 다쳤다. 국제올림픽위원회 위원장이던 후안 안토니오 사마란치는 모든 올림픽이 '역사상 최고'여야 한다고 선언한 것으로 유명하지만, 그 클리셰를 애틀랜타 올림픽을 묘사하는 데 적용할 수는 없었다.

꾸준한 스포츠 영웅은 미국의 마이클 존슨이었다. 그는 황금 나이키를 신고 200미터 신기록을 세웠을 뿐만 아니라 400미터에서도 금메달을 땄다.

2000년 시드니

참가국: 199명 | 참가 선수: 1만 651명 |트종목: 28개 | 메달 부문: 300개

마스코트: 웃는물총새 올리, 오리너구리 시드, 바늘두더지 밀리

1956년 멜버른 대회는 앵글로 오스트레일리아에 대한 수수한 환호로 넘쳤다. 2000년 시드니는 달라진 나라에 속해 있었다. 다문화로 넘쳐나고, 열정으로 가득 충전되어 있었다. 스포츠와 사회적 유산은 조직자들의 주장에는 한참 미치지 못했지만, 오스트레일리아 사람들은 파티 벌이는 법은 확실히 알았다. 가장 돋보였던 주인공은 올림픽 성화대에 불을 붙이고 여자 400미터에서 힘차게 승리를 차지한 캐시 프리먼이었다. 영국의 스티브 레드그레이브는 올림픽 조정 부문에서 5회 연속 금메달을 땄다.

2004년 아테네

참가국: 201개 | 참가 선수: 1만 625명 | 종목: 28개 | 메달 부문: 301개

마스코트: 유달리 남근 형상이었던 인형 아테나와 페보스

국고를 텅텅 비우고 만 대회였다. 그리스는 국민 1인당 어느 나라보다 많은 비용을 들였다. 두당 1500달러를 쓴 것이다. 그들은 멋진 파티를 열었지만, 올림픽을 위해 지었던 여러 근사한 건물들이 지금은 빈 채로 부식해가고 있을 뿐이다. 이 대회에서 가장 뜻밖의 사건은 남자 농구에서 일어났다. 아르헨티나는 난공불락으로 여겨지던 미국을 준결승에서 물리치고 금메달까지 땄다.

2008년 베이징

참가국: 204개 | 참가 선수: 1만 942명 | 종목: 28개 | 메달 부문: 302개

마스코트: 물고기란 뜻의 베이베이, 판다를 뜻하는 징징, 올림픽 성화를 상징하는 환환, 영양을 상징하는 잉잉, 제비를 상징하는 니니. 합쳐서 푸와.

400억 달러를 들여 무엇을 얻을 수 있는가? 답: 사상 최대의 입성 파티. 역사상 가장 빠른 산업혁명의 무대에서, 개최자들은 베이징을 새로 짓고, 중국이 세계정세의 중심에 복귀했다는 사실을 아무도 의심하지 못하게 해버린 거인 나라의 쇼를 무대에 올렸다. 자메이카의 우사인 볼트가 땀 한 방울 흘리지 않은 듯한 모습으로 남자 100미터와 200미터 세계 신기록을 깼다. 미국의 마이클 펠프스는 수영장에서 8차례나 금물살을 가르며 마크 스피츠보다 금메달 하나를 더 따냈다.

역사와 기록, 규칙과 상식 그리고 승자와 패자
올 어바웃 올림픽

초판 1쇄 발행 2012년 7월 9일
초판 2쇄 발행 2012년 7월 30일

지은이 데이비드 골드블랫 & 조니 액턴
옮긴이 문은실
펴낸이 김선식

Chief editing creator 김현정
Editing creator 백상웅
Design creator 김태수

2nd Creative Story Dept. 김현정, 박여영, 최선혜, 유희성, 백상웅
Creative Design Dept. 최부돈, 김태수, 손은숙, 박효영, 이나정, 조혜상
Creative Marketing Dept. 이주화, 원종필, 백미숙
Communication Team 서선행
Online Team 김선준, 박혜원, 전아름
Contents Rights Team 김미영
Creative Management Team 김성자, 송현주, 권송이, 윤이경, 김민아, 한선미

펴낸곳 다산북스
주소 경기도 파주시 문발동 파주출판도시 529-2
전화 02-702-1724(기획편집) 02-703-1725(마케팅) 02-704-1724(경영지원)
팩스 02-703-2219
이메일 dasanbooks@hanmail.net
홈페이지 www.dasanbooks.com
출판등록 2005년 12월 23일 제313-2005-00277호

필름 출력 스크린그래픽센타
종이 월드페이퍼(주)
인쇄 · 제본 (주)현문

ISBN 978-89-6370-763-1 (13690)